鼇頭伺指令内訓　現行類聚
大日本六法類編
行政法〔第一分冊〕

玉乃世履題
三島毅序
加太邦憲訂正
小松恒編纂

明治十九年刊行

鼇頭 伺指令内訓 現行類聚 大日本六法類編 行政法〔第一分冊〕

日本立法資料全集 別巻1161

信山社

注記

一　玉乃世履題＝三島毅序＝加太邦憲訂正＝小松恒編纂『鼇頭伺指令内訓　大日本六法類編行政法』（花井卯助、一八八六〔明治一九〕年）は、その紙幅が多いため、第壹類から第九類までを第一分冊とし、第十類から第二十類までを第二分冊として、復刻することとした。

一　本書では、第九類が終わり第十類が始まるにあたって、改頁等の処理がされていないため、第九類の末尾及び第十類の冒頭に当たる六〇〇頁については、第一分冊と第二分冊の両方に収録することとした。

一　例言、目次等については、第二分冊においても、第一分冊所載のものをご参照いただきたい。

〔信山社編集部〕

大審院長従四位勲二等玉乃世履公題

大學校教授従五位三島毅先生序

鼇頭伺指令內訓 現行類聚

大日本六法類編

司法省權少書記官兼法學校長心得正七位 加太邦憲訂正

司法省法學校一等卒業生東京始審裁判所判事補 小松恒編纂

行政法

法令

規則

不可

雛鳥

頃刻

明治七年五月
書於熱海之
客舎

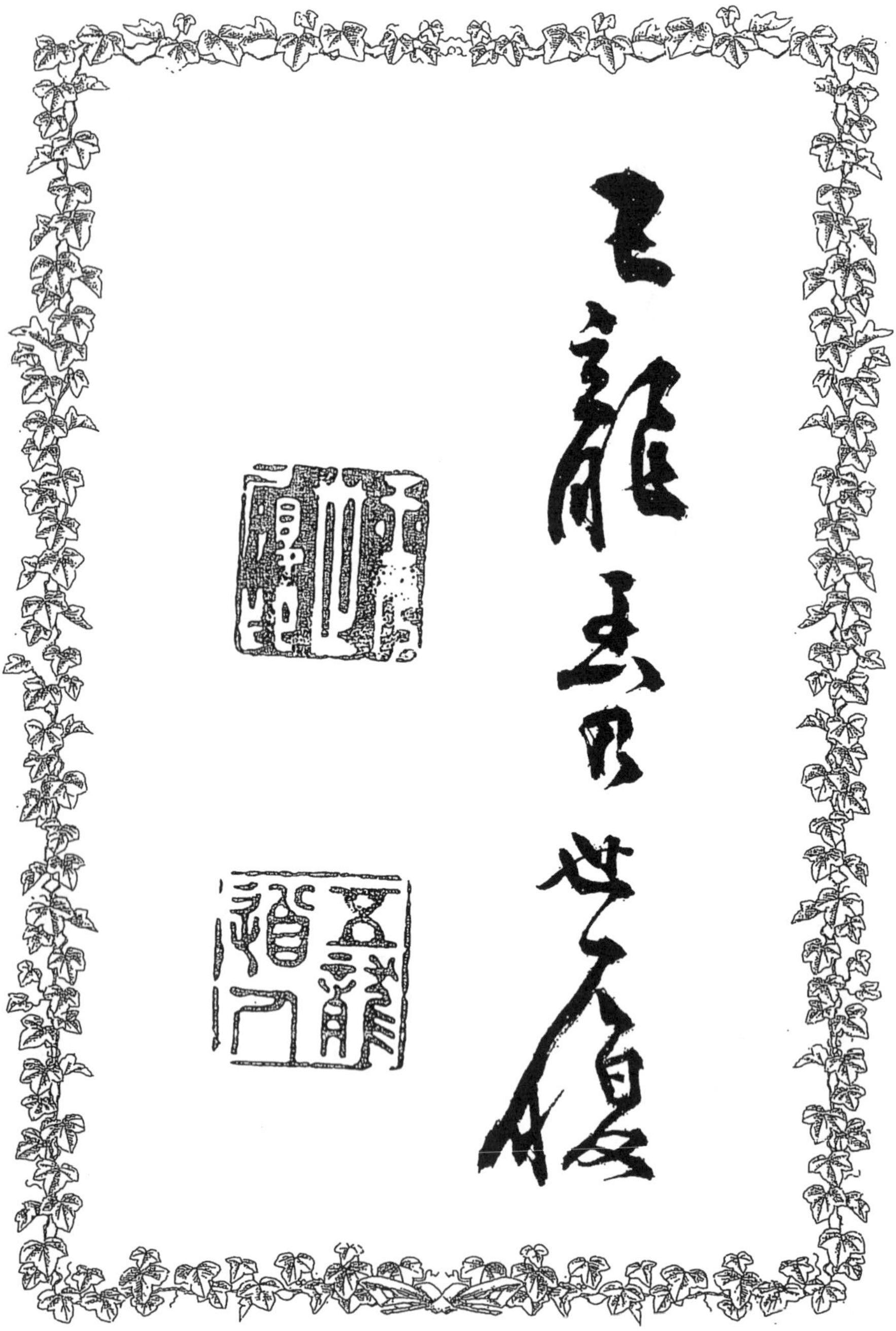

日本六法類編序

法律出于道德而不可相離猶木之有本支水之有源流也然道德一定千古不變不變則塞是以有法律從時因俗制其宜以變通之變通而不知則為吏者事務扞格為民者

動觸罪過是我小松子有之所以編輯現行法規也予有嘗學道德于余門去入司法省洽學精勉超羣不幾卒業現爲判事補官暇著此編來請序余閱之簡而不疎精而不繁非尋常坊間法律書之比此而出世爲

吏者免事務扞格為民者不陷罪過其益不淺少雖然道德本源也法律支流也人苟修道德雖不知法律不至大過失徒知法律而不修道德吏專弄法而不愛民民巧避法而不親吏吏民不親愛則離其害殆不

可言矣子有既學道德固能知之吾恐世之讀此編者或馳支派而遺本源也於是乎言

明治乙酉仲夏　大學教授三島毅撰

門人福井章書

鼇頭訓令内訓伺指令現行類聚 大日本六法類編

例言

一本書ノ編纂ハ明治元年ニ起リテ今茲十八年九月三十日ニ終ル其間官省ノ布告布達達告示等最モ日常百般之事ニ必要ナルモノヲ採リ以テ讀者ノ便ニ供セントス

一此編其主トスル所本ト現行ニ在ルヲ以テ既已ニ廢止セラレタル所ノ布告達ニ及ハサルノミナラス現行ノ布告達ト雖𪜈或ハ改正シ或ハ追加シ削除シタルモノハ其條項ニ就テ直ニ之ヲ改正加除シ而シテ終ニ其年月番號且變更セシ事由ヲ附記スルニ止ルノミ是レ專ラ簡且便ナルヿヲ圖ルニ由ル

一全編別テ六編トナス曰行政曰民事曰商事曰訴

訟曰刑事曰治罪行政別テ二十類トシ民事別テ八類トシ商事別テ十類トシ訴訟別テ五類トシ刑事別テ三類トシ治罪別テ四類トス類ヲ別テ章トナシ欵トナシ又小別シテ節トナス

一 一規則ニシテ二類若クハ數類ニ渉ルモノアリ如此ハ則其主眼トスル所ニ從テ編錄ス例ヘハ船税規則ヲ船舶ノ部ニ入レスシテ租税ノ類ニ從ヒ火藥類鐵道運送條規ヲ滊車ノ部ニ入レスシテ銃砲彈藥ノ類ニ從フカ如シ又主眼トスル所ハ全ク他ニアリト雖モ密接牽聯分離シ難キモノナキニアラス如此ハ則編類如何ニ拘ハラス其本源タル者ニ從テ合載ス例ヘハ鐵道犯罪罰例ヲ刑事諸罰令ノ中ニ收メスシテ鐵道略則ニ從ヒ賣藥印紙税則ヲ行政印紙ノ部ニ載セスシテ賣藥規則ニ從ハシムルカ如シ要スルニ皆

貫穿ニ利ニシテ索引ニ便ナルヿヲ圖レハナリ

一 編中多クハ單ニ何年何月ト書シテ明治ト云ハスシテ其日ヲ記セサルモノハ專ラ簡約ヲ旨トスルニ由ル各省ノ達若クハ告示ハ必ス其省名ヲ掲クト雖モ太政官ノ布告達ニ至リテハ皆略シテ其官名ヲ記セサルモノ亦同シ

一 凡ソ法令ハ時務ノ變遷人智ノ進度ニ隨ヒ之ヲ新設改廢セラルヽハ蓋シ自然ノ數ナリ之ヲ既往ニ徵シ以テ將來復タ此ノ如クナルヲ知ル可シ夫レ然リ故ニ本編ノ若キモ今日ニ在テハ現行ト云ト雖モ數年ノ後ニ至テ現行タルヿヲ保セス因テ逆メ購讀者ニ向テ約ス每年一回若クハ隔年ニ必ス其新設セラレ又ハ加除セラルヽ所ニ從ヒ本編ヲ改正裨補シ以テ時勢ノ遷ル所ト人智進步ノ程度トニ後クレサランヿヲ是レ

期ス

一上欄摘記セシ所ノ伺指令及内訓等ハ皆官報ヨリ抄録シ以テ法理ノ解釋ニ便ス然レ圧事一時ニ止マリ他日ノ考照ニ要セサルモノハ總テ之ヲ録セス其年月番號ヲ略スルモノハ簡約ヲ旨トスレハナリ

明治十八年十月

編者誌

鼇頭伺指令内訓現行類聚 大日本六法類編 上編 行政法

○第壹編 行政

○目次

○第壹類 官制

○第一章 布告達

○第二章　官吏

○第一類　華族

○第二類　叙勲褒賞

○第四類　教育宗教

○第五類 會議

○第十類　貨幣

○第十四類　徵兵徵發戒嚴

大書記官權大書記官少書記官權少書記官　卿ノ命ヲ受ケ各其主務ヲ幹ス

一等屬二等屬三等屬四等屬五等屬六等屬七等屬八等屬九等屬十等屬　各庶務ニ從事ス

大藏省（十三年十二月第六十號達）

大藏省ハ全國財政ニ關スル事務ヲ管理スルノ所ニシテ左ノ諸局各其主務ヲ幹理ス

書記局　議事局　租稅局　關稅局　國債局　出納局　造幣局

印刷局　常平局　記錄局　調查局　銀行局　會計局（十四年七月設置）

○太政官達第四拾五號

大藏省中主稅官ヲ置キ職制左ノ通相定候條此旨相達候事

但明治十年五月第四拾三號達ハ自今廢止ス

主稅官職制

主稅官長三等官

第一主稅局ノ長トシテ大藏卿ノ命ヲ奏シ諸稅及ヒ府縣徵稅費
ニ關スル一切ノ事稅ヲ管理ス
第二局中奏任以下部屬ヲ監督指揮ス
第三局中奏任以上ノ進退黜陟ハ大藏卿ニ具狀シ判任以下ハ之
ヲ專行ス

一等主稅官四等官　二等主稅官五等官　三等主稅官六等官
四等主稅官七等官

事ヲ主稅官長ニ承ケ各其主務ヲ幹理ス主稅官長事故アルト
キハ上席主稅官其事務ヲ代理ス

一等主稅屬八等官　二等主稅屬九等官　三等主稅屬十等官
四等主稅屬十一等官　五等主稅屬十二等官　六等主稅
屬十三等官　七等主稅屬十四等官　八等主稅屬十五等官
九等主稅屬十六等官　十等主稅屬十七等官

各其主務ニ從事ス

一等主稅監吏八等官　二等主稅監吏九等官　三等主稅監吏

○第十六類　出版集會請願

○第十七類　銃砲彈藥

○第十八類　衛生

○第十九類　外交

鼇頭伺指令内訓 現行類聚 大日本六法類編 上編 行政ノ部

司法權少書記官兼法學校長心得法學士　加太邦憲　訂正
司法省法學校一等卒業生東京始審裁判所判事補　小松愜　編輯

○第壹編　行政

第一類　官制

○第一章　布告達

第一節　布告布達告示發行

○十四年十二月第百一號達

本年十一月第九十四號ヲ以テ諸省事務章程通則相達候ニ付テハ法律規則ハ布告ヲ以テ發行シ從前諸省限リ布達セル條規ノ類ハ自今總テ太政官ヨリ布達ヲ以テ發行候條此旨相達候事

但太政官及ヒ諸省ヨリ一時公布スルニ止ルモノハ告示ヲ以テ發行シ諸省卿ヨリ府縣長官ヘ達ノ儀ハ從前ノ通

第一節ノ二　布告布達施行期限

○十六年五月第十七號布告

布告布達ノ施行期限左ノ通制定ス
第一條　布告布達ハ各府縣廳到達日數ノ後七日ヲ以テ施行ノ期限トス但到達日數ハ布達ヲ以テ之ヲ定ム
天災時變ニ因リ到達日數内ニ到達セサル時ハ其到達ノ翌日ヨリ起算ス
函館縣沖繩縣札幌縣根室縣ハ到達日數ヲ定メス現ニ縣廳ニ到達シタル翌日ヨリ起算ス
凡島地ハ所轄郡役所ニ到達ノ翌日ヨリ起算ス
第二條　布告布達ノ特ニ急施ヲ要シ即日ヨリ施行セシムル者及特ニ施行ノ日ヲ掲ケル者ハ總テ前條ノ例ニ在ラス

第一節ノ三　同到達日數

〇十六年五月第十四號布達
今般第十七號ヲ以テ布告布達施行期限ヲ改定シタルニ付到達日數左ノ通之ヲ定ム

京都府	四日	大坂府	四日
神奈川縣	即日	兵庫縣	四日
長崎縣	十一日	新潟縣	五日
埼玉縣	即日	群馬縣	即日
千葉縣	即日	茨城縣	二日
栃木縣	二日	三重縣	四日
愛知縣	三日	静岡縣	二日
山梨縣	二日	滋賀縣	四日
岐阜縣	四日	長野縣	四日
宮城縣	五日	福嶋縣	四日
岩手縣	七日	青森縣	十日
山形縣	五日	秋田縣	八日
福井縣	八日	石川縣	七日
富山縣	六日	鳥取縣	七日
嶋根縣	八日	岡山縣	六日

廣島縣	七日	山口縣	八日
和歌山縣	六日	德島縣	六日
愛媛縣	九日	高知縣	八日
福岡縣	九日	大分縣	十一日
佐賀縣	十一日	熊本縣	十一日
宮崎縣	十一日	鹿兒島縣	十二日

但富山佐賀宮崎ノ三縣ハ開廳ノ日マテ舊管廳ノ到達日數ニ依ル

第二節ノ一　內訓條例

○十五年五月司法省丙第十九號達

警視廳府縣

內訓條例別紙ノ通大審院諸裁判所ヘ相達置候處其廳府縣ニ於テモ法律上ノ疑義ニ付テハ該達ニ照依シ內訓ヲ請フコヲ得ヘシ此旨相達候事

大審院長諸裁判所長各撿事

今般內訓條例別紙ノ通リ相定候條此旨及內達候事

別紙

內訓條例

第一條　凡內訓條例ハ司法卿ト各裁判所（裁判官檢事）トノ間ニ於テ用ユル所ノ內規ニシテ專ラ情實踈通事理伸暢ノ爲メニ設クルモノナリ故ニ此條例ニ從フモノハ尋常伺指令ノ効力アラサルモノトス但伺指令ハ各其職務ノ權限ニヨリ發令スルモノナリ該條例ハ職權ニ不拘唯其注意ヲ要スル爲ニ發スルモノナルニヨリ必シモ準據セサルヘカラサルノ効力アラストス

第二條　凡民刑上疑問疑讞且裁判百般ノ事情其注意ヲ要スルモノハ總テ此條例ニ從フヘシ

第三條　凡此條例ニ從テ裁判官ヨリ司法卿ニ請フモノハ末文內訓ヲ請フト書シ尋常伺文ニ殊別スヘシ

第四條　凡此條例ニ從テ司法卿ヨリ各裁判所ヘ致スモノハ末文內訓ニ及フト書シ尋常ノ指令ニ殊別ス

第五條　凡裁判所ニ於テ尋常ノ伺トシテ出スモノト雖モ司法卿ニ於

テ內訓トナスヘク見込ム𪜈ハ末文內訓ニ及トナシ又內訓ヲ請フトシテ出スモ指令トナスヘシト見込ム𪜈ハ末文指令ニ及トナシ還付ス必ラスシモ原文ヲ改作セシムルヲ要セス簡便ニ從フヲ以テ旨トスレハナリ

第六條　內訓ハ指令ノ効力ナシト雖モ其從フ可カラサルモノハ其事理ヲ詳悉シ再ヒ之ヲ請ヒ反覆數回妨ケナキヲ以テ其定ムル所ヲ待ツヘシ亦事理申暢ノ意ナリ

第二節ノ二　職制章程

八年四月十四日達甲百三十一號

○正院職制章程別册之通被改正候條此旨相達候事（正院ノ稱廢止後ニ在リ）

太政大臣一員　天皇陛下ヲ輔弼シ立法行政ノ可否ヲ獻替スルヿヲ掌ル　○左右大臣各一員兼任元老院大審院長官　諸機務ヲ議判スルヿヲ掌ル太政大臣事故アル𪜈ハ其代理タルヲ得　○參議無定員諸機務ニ參與スルヿヲ掌ル　○內史（大內史少內史權大內史權少

內史）詔誥制勅官記位記等ヲ掌リ機務ノ文案ヲ草シ國史ヲ纂修シ及ヒ各課局ヲ分チ諸務幹理ス　○外史（大外史權大外史少外史權少外史）文書記錄受付傳達官中用度等ノヿヲ掌リ及ヒ各課局ヲ分チ諸務ヲ幹理ス　○主記（大主記權大主記中主記權中主記少主記權少主記）各課ニ屬シ書記計算等ノヿヲ掌ル　○大舍人（十四年十二月廢止）

正院章程

第一條　正院ハ天皇陛下万機ヲ總裁シ太政大臣之ヲ輔弼シ左右大臣參議之ニ議判參與シテ庶政ヲ統理スル所ナリ　○第二條　立法行政ノ事務ヲ區別シ立法ニ關スル者ハ之ヲ元老院ノ會議ニ附スヘシ　○第三條　凡ソ允裁ヲ乞フ奏書ハ之ヲ本帖副本ノ二通ニ寫シ本帖ニハ參議連印大臣鈐印シテ御批允裁ヲ受クヘシ　第四條　凡ソ制度條例及ヒ勅旨特例ノ事件ハ太政大臣ノ奉勅ヲ以テ發スヘシ　第五條　凡ソ奏任官以上ノ進退黜陟ハ其具狀ヲ勘シ其履歷ヲ審ニシテ後チ上奏制可ヲ乞フヘシ　第六條　內外史所屬ノ判任官進退ハ大內史之ヲ處

置スヘシ
内史所管課局　（内務課外務課財務課法制課履歴課兵務課飜譯局）
○外史所管課局　（記録課政表課用度課印書局）

參事院職制章程

議長　一人相當一等　副議長　一人相當一等　議官　無定員相當一等ヨリ三等ニ至ル　議官補　無定相當四等ヨリ七等ニ至ル　員外議官補　無定員（各省書記官ノ中ヲ以テ兼テ之ヲ充ツ相當本官ニ依ル）　書記官　無定員（議官補ノ中ヲ以テ兼テ之ヲ充ツ相當本官ニ依ル）　書記生　無定員相當八等ヨリ十七等ニ至ル

參事院章程

第一條　參事院ハ太政大臣ニ屬シ内閣ノ命ニ依リ法律規則草定參預スルノ所トス
第二條　參事院ノ職員ハ議長一人副議長一人議官及議官補員外議官補トス
第三條　議官ノ中議長ノ命ヲ以テ部長六人ヲ置キ各部ノ事務ヲ提

理ス
第四條　議官補ハ各部ニ分屬シ議案ヲ造リ及ヒ議會ニ列シ本案ノ趣旨ヲ辨明ス
第五條　員外議官補ハ諸省書記官ノ中ヲ以テ之ニ充ツ本職主任ノ件ニ限リ臨時議事ニ列席ス　○第六條　書記官ハ議官補ノ中ヲ以テ之ヲ充ツ議長内局ノ事ヲ幹ス　○第七條　參事院ノ事務左ノ如シ　第一發議ヲ以テシ又ハ内閣ノ命ニ因リ法律規則案ヲ起草シ理由ヲ具ヘテ内閣ニ上申ス　第二各省ヨリ上稟スル所ノ法律規則案ヲ意見ヲ具ヘ或ハ修正ヲ加ヘ内閣ニ上申ス　第三元老院ニ於テ議決スル所ノ法案ヲ審査シ時宜ニ依リ意見書ヲ具ヘテ内閣ノ命ヲ請ヒ元老院ノ再議ヲ求ムルコトヲ得或ハ内閣ノ命ニ依リ本院ノ委員ヲ差シ元老院ト叶議スルコトヲ得　第四　院省使廳府縣ヨリ上稟シタル諸般ノ文書ヲ内閣ヨリ下付スル片ハ意見ヲ具ヘテ上申ス　第五　各省ノ年報及ヒ諸般報告ヲ勘査ス
○第八條　前條ノ外參事院ハ仍ホ左ノ二件ノ事務ヲ行フ　第

一行政官ト司法官トノ際ノ權限ノ爭若クハ地方會議ト地方官トノ間ニ起ル所ノ法律上又ハ權限ノ爭ヲ審理ス　第二　法律規則ノ疑義ニ付省使廳府縣ノ質問ニ答ヘ説明ヲ與フ　○第九條　時宜ニ依リ特旨ヲ以テ議官ヲ内閣ニ召シ各別ニ意見ヲ上陳セシムルヿアルヘシ　第十條　議官ハ内閣ノ命ニ因リ内閣委員トナリテ元老院ニ出頭シ議案ヲ辨明スルヿアルベシ　○第十一條　本院中左ノ事務ヲ分掌スル爲メニ内局及ヒ六部ヲ置ク　内局　院ノ庶務及ビ圖書ノ事　外務部　外交ノ事　内務部　内治勸業工業敎育ノ事　軍事部　陸海軍ノ事　財務部　歲出歲入及ヒ國債貨幣租税ノ事　司法部　恩赦特典及ヒ裁判ノ章程權限並行政裁判ノ事　法制部　民法訴訟法商法刑法治罪法ノ事　○第十二條　本院ノ議事ハ分テ部會議總會議ノ二類トス部會議ハ一部ノ議官議官補會議シ若シ兩部以上關係アル議案ニ就テハ兩部以上ノ議官議官補聯合會議スル者トス總會議ハ六部ノ議官議官補共同會議スルモノトス　○第十三條　法律及外國條約案ニ係リ又ハ

第八條第二項ノ件ニ係ル者ハ總會議ヲ用ユヘシ其他議長ニ於テ重要事件ト思惟スル者ハ總テ之ニ準スベシ　○第十四條　部會議ノ成案ニ就キ議長ニ於テ意見アルトキハ更ニ總會議ニ付スベシ　○第十五條　總會議ニ於テ議長事故アリテ闕席スルトキハ副議長上席スベシ議長副議長共ニ事故アリテ闕席スルトキハ議長ノ撰ヲ以テ假ニ上席八ヲ定ムベシ　第十六條　部會議ニ於テ部長事故アリテ闕席スルトキハ該部長ノ撰ヲ以テ假ニ上席八ヲ定ムベシ　○第十七條　凡ソ會議ニ上席スルモノハ議事可否共ニ多數ヲ得サルトキニ當リ判決ノ權ヲ有ス　○第十八條　內閣員ハ臨時ニ總會議又ハ部會議ニ臨席シ意見ヲ述ルコヲ得　○第十九條　議案ノ總會議ヲ經タル者ハ議長ノ名ヲ以テ內閣ニ上申スヘシ其總會議ニ付セザルハ部會議ヲ經ルノ後內局ニ送リ議長之ヲ審署シ其名ヲ以テ內閣ニ上申スベシ　第廿條　凡ソ文案稽失スル者アレハ內局ニ於テハ書記官各部ニ於テハ部長各其責ニ任ズベシ

會計撿査院職制

長（二等官）○本院ノ官吏ヲ統率シテ主管百般ノ事務ヲ總理ス○本院官吏ノ進退黜陟奏任以上ハ之ヲ具狀シ判任以下ハ之ヲ專行ス○副長（三等官）職制長ニ亞ク ○以上勅任 ○一等檢查官二等檢查官三等檢查官四等檢查官 ○官金及物品出納官有財產管理方法ノ監查歲計ノ豫算決算ニ係ル事務ニ任シ會計主務官吏懲戒ノ斷按ヲ調整ス ○定員十名 大書記官權大書記官少書記官權少書記官 ○院長官房ノ事務及ヒ院中ノ庶務會計記錄ヲ幹理ス ○大少書記官ノ内二名ヲ定員トス ○以上奏任 ○檢查官補（相當八等官ヨリ十七等官ニ至ル）檢查局ニ屬シ檢查ノ事務ニ從事ス檢查官事故アルトキハ其事務ヲ代理スルヲ得 ○定員七十五名 屬（相當八等ヨリ十七等ニ至ル）書記官ニ屬シ文書計算ノ事務ニ從事ス

會計檢查院章程

第一條 會計檢查院ハ政府ノ歲計ヲ審查監督シ會計法規ノ統一ヲ主持スル所トス ○第二條 歲入出豫算ノ當否ヲ審查シ其意見ヲ内閣ニ具申ス 第三條 官金及ヒ物品ノ出納有財產管理ノ方法ヲ

監査ス　○第四條　會計檢査上ニ於テ各事業ノ審査ヲ要スル時ハ其實況ヲ視察シ其得失ヲ內閣ニ具申スルヿヲ得　○第五條　國庫及ヒ各廳收支ノ決算ヲ審査判定シ當該會計官吏ニ向テ決算ノ狀ヲ宣告ス　○第六條　前條ニ依リ爲シタル宣告ハ終審ノモノトス但內閣ニ於テ其宣告ヲ不當ト認メタル時ハ更ニ本院ニ下シテ再審セシムルヿヲ得　○第七條　歳入出決算ノ報告及ヒ行務ノ年報ヲ調整シ之ヲ內閣ニ進呈ス　○第八條　會計ニ關スル法律規則及院中處務課程ノ創定釐革ニ付其意見ヲ內閣ニ建議スルヿヲ得　○第九條　會計ニ關スル法規ノ疑條ヲ辨明シ之ヲ各處ニ通知スルヿヲ得　○第十條　地方稅收入支出ノ豫算及ヒ決算報告ヲ査閲ス　○第十一條　會計主務官吏會計ノ法規ニ違フタル時ハ懲戒ノ斷案ヲ草シ其奏任以上ニ係ル者ハ內閣ニ上申シ其判任以下ニ係ル者ハ所屬長官ニ通報ス但刑法ニ明文アル者ハ一面以テ之ヲ檢事ニ告知ス　○第十二條　會計檢査院ヨリ發スル文書ハ院長ノ名ヲ以テシ其決算ノ狀ヲ宣告スルモノ及ヒ懲戒ノ斷案ハ主任ノ檢査官之ヲ連署ス

十四年五月御達第四十九號

今般太政官中ニ統計院ヲ設置シ職制幷ニ事務章程別册ノ通相定候條此旨相達候事

統計院職制

院長　二等官（改正）事務章程ニ掲ル諸件ヲ施行スルノ責ニ任ス
院中奏任以上ノ官員及ヒ統計委員ノ進退ヲ上請スルヲ得　院中判任以下ノ官員ヲ任免スルヲ得　院中ノ官員ヲ國内ニ派遣スルヲ得　統計委員ノ全員或ハ其幾名ヲ招集シテ委員會ヲ開クヲ得

幹事　四等官　院長ヲ輔ケ事務ヲ施行シ院長事故アル片ハ其代理者タルヲ得

大書記官　權大書記官　少書記官　院長ノ命ヲ受ケ事務ノ一部ヲ幹理ス

統計委員　專ラ統計ニ關スル官廳ノ奏任官ヲシテ之ヲ兼務セシム
院長ノ尋問ニ對シテ意見ヲ述ヘ統計法ノ改良ヲ助クル者トス

屬　上官ノ命ヲ受ケ庶務ニ從事ス

統計院事務章程

第一　政治上其他諸般ノ事物ニ關スル統計表ヲ編製公布スル事
○第二　統計表ニ據テ政治上其他諸般事物ノ結果ヲ証明スル事
○第三　統計表ノ株式ヲ定ムル事　○第四　統計表ヲ編製スルノ材料ヲ各官廳其他ヨリ徵集スル事　○第五　各官廳其他ヨリ徵集スル報告書ノ株式ヲ定ムル事　○第六　報告書及ヒ統計ノ材料ヲ徵収スルノ期限ヲ定ムル事　○第七　統計ニ關スル新古ノ書類ヲ集メテ之ヲ保管スル事　○第八　各官廳ニ於テ編製スル統計區域ヲ定メ其統計表若クハ統計ニ關スル書類ノ株式ヲ改良セシムル事

○太政官達第拾號

明治八年十二月第貳百拾七號達元老院職制中左ノ通改正候條此旨相達候事

議　長　一員　一等相當　年俸六千圓　特選ヲ以テ之ニ任ス

議場ニ臨ミ云々

副議長　一員　一等相當　年俸四千八百圓　特選ヲ以テ之ニ任ス

議長缺員云々

幹事　二員　一等當相　年俸四千五百圓

議員中ヨリ云々

議官　壹等相當　年俸四千圓
二等相當　年俸三千五百圓
三等相當　年俸三千圓

本院ノ章程云々

元老院章程

第一條　元老院ハ議法官ニシテ凡新法制定舊法改正ヲ議定スル所ナリ　○第二條　議官ハ特選ヲ以テ任ス　○第三條　議官ニ勅任セラルヽ者ハ第一華族第二勅任官ニ昇リシ者第三國ニ功勞アリシ者第四政治法律ノ學識ヲ有スル者トス　○第四條　議案ハ勅命ヲ以テ内閣ヨリ交附ス　○第五條　議案本院ノ議定ニ係ル者ト撿視ヲ經ル者トノ類別アリ而テ其別ハ内閣ニ於テ之ヲ定ム　○第六條　急施ヲ要スル事件元老院ノ撿視ヲ經ルニ暇アラサル者ハ内閣ヨリ便宜布告シ後ニ撿視ニ付スルコヲ得　○第七條　元老院ハ新法ヲ制定シ若シクハ舊法ヲ廢止改正スヘキノ意見書ヲ上奏スルコヲ

得其批可スル者ハ内閣ニ於テ案ヲ成スノ後再ヒ本院ニ下シ議定若クハ撿視セシム　○第八條　參議省使長官及法制官ハ其主任ノ事案ニ就キ内閣ノ委員トシ元老院ニ至リ議案ノ理趣ヲ辨明ス　○第九條　大臣參議省使長官ハ元老院ニ出頭シ意見ヲ陳フルコヲ得但決議ノ員數ニ入ラス　○第十條　元老院ハ大臣參議省使長官ノ出頭ヲ求ムルコヲ得　○第十一條　元老院ハ立法ニ關スル建白書ヲ受ク　○第十二條　元老院ノ開閉ハ詔命ヲ以テス

外務省職制

外務省ハ外國交際ノ事務ヲ管理シ在外我交際官吏ヲ督監シ以テ國權ヲ保持スル處トス

職制

卿一人　部下ノ官員ヲ統率シテ主管百般ノ事務ヲ總理ス　○部下官員ノ進退黜陟ハ奏任以上ハ之ヲ具状シ判任以下ハ之ヲ專行ス　○外國ニ對スル勅書ニ署名押印ス　○主管ノ事務ニ付法律布令ヲ設ケ又ハ其補正ヲ要スルコアルトキハ其意見ヲ奏請スルコヲ得　○

施行主任アル法案ニ付テハ元老院ノ議席ニ列シ其利害ヲ辨論スルヿヲ得
大輔。卿ノ職掌ヲ輔ク　○卿事故アル片ハ其代理タルヿヲ行
少輔　掌大輔ニ亞ク
大書記官權大書記官少書記官權少書記官　卿ノ命ヲ受ケ各其主務ヲ幹ス
一等屬二等屬三等屬四等屬五等屬六等屬七等屬八等屬九等屬十等屬　各庶務ニ從事ス
特命全權公使辨理公使代理公使　外國ニ駐在シ外務卿ノ指揮ヲ受ケ其國ト交際ノ事務ヲ擔任ス
總領事領事副領事　外國ニ駐在シ外務卿大藏卿ノ指揮ヲ受ケ貿易事務ヲ管理シ兼テ我國人ノ其國ニ在留スル者ヲ保庇ス
書記官書記生（十四年八月改正）　公使領事ニ隨從シテ庶務ニ從事ス

内務省（十三年十二月第六十號達）

內務省ハ國內安寧人民保護ノ事務ヲ管理スルノ所ニシテ左ノ諸局各其主務ヲ幹理ス
內局　警保局（十四年一月改正）　地理局　戸籍局　社寺局　土木局　衞生局　圖書局　會計局　庶務局　取調局　監獄局（十四年四月他ノ四局廢止）

職制

卿一人　部下ノ官員ヲ統率シ兼テ府知事縣令ヲ監督シ主管百般ノ事務ヲ總理ス　○部下ノ官員並ニ神官及ヒ敎導職ノ進退黜陟ハ奏任以上ハ之ヲ具狀シ判任以下ハ之ヲ專行シ兼テ地方官奏任ノ進退黜陟ニ關シ其意見ヲ上陳スルヿヲ得（以上二項十三年十二月改正）○主管ノ事務ニ付法律布令ヲ設ケ又ハ其補正ヲ要スルコトアル時ハ其意見ヲ奏請スルコトヲ得　○施行ノ主任アル法案ニ付テハ元老院ノ議席ニ列シ其利害ヲ辨論スルヿヲ得　大輔　卿ノ職掌ヲ輔ク　○卿事故アルトキハ其代理タルヿヲ得
少輔　掌大輔ニ亞ク

大書記官權大書記官少書記官權少書記官　卿ノ命ヲ受ケ各其主務ヲ幹ス

一等屬二等屬三等屬四等屬五等屬六等屬七等屬八等屬九等屬十等屬　各庶務ニ從事ス

大藏省（十三年十二月第六十號達）

大藏省ハ全國財政ニ關スル事務ヲ管理スルノ所ニシテ左ノ諸局各其主務ヲ幹理ス

書記局　議事局　租税局　關税局　國債局　出納局　造幣局

印刷局　常平局　記錄局　調査局　銀行局　會計局（十四年七月設置）

○太政官達第四拾五號

大藏省中主税官ヲ置キ職制左ノ通相定候條此旨相達候事

但明治十年五月第四拾三號達ハ自今廢止ス

主税官職制

主税官長三等官

第一主稅局ノ長トシテ大藏卿ノ命ヲ奏シ諸稅及ヒ府縣徵稅費ニ關スル一切ノ事稅ヲ管理ス
第二局中奏任以下部屬ヲ監督指揮ス
第三局中奏任以上ノ進退黜陟ハ大藏卿ニ具狀シ判任以下ハ之ヲ專行ス
一等主稅官四等官　二等主稅官五等官　三等主稅官六等官
四等主稅官七等官
事ヲ主稅官長ニ承ケ各其主務ヲ幹理ス主稅官長事故アルトキハ上席主稅官其事務ヲ代理ス
一等主稅屬八等官　二等主稅屬九等官　三等主稅屬十等官
四等主稅屬十一等官　五等主稅屬十二等官　六等主稅屬十三等官　七等主稅屬十四等官　八等主稅屬十五等官
九等主稅屬十六等官　十等主稅屬十七等官
各其主務ニ從事ス
一等主稅監吏八等官　二等主稅監吏九等官　三等主稅監吏

十等官　四等主税監吏十一等官　五等主税監吏十二等官
六等主税監吏十三等官　七等主税監吏十四等官　八等主税監吏十五等官　九等主税監吏十六等官
各港海關輸出入税品ノ監視ニ從事ス
一等主税監吏補等外一等　二等主税監吏補等外二等
三等主税監吏補等外三等　四等主税監吏補等外四等
監吏ヲ助ク

○太政官達第四拾九號

大藏省職制中左ノ通追加候條此旨相達候事

卿職掌第二項

專行スノ「ス」ヲ「シ」ニ作リ「兼テ收税長ノ進退黜陟ニ關シ内務卿ト協議意見ヲ上陳スルコトヲ得」ノ三十字ヲ加フ

陸軍省職制幷事務章程（略之）

十三年十二月番外御達

其省職制事務章程中別紙ノ通追加改正相成候條此旨相達候事

陸軍省職制事務章程中改正追加

第一章中改正追加

第拾六條　近衞都督ノ四字削除　第十七條　主管ノ事務ニ付法律布令ヲ發シ又ハ其補正ヲ要スル𪜈ハ卿其意見ヲ奏請スルヿヲ得

第二章中改正　主管ノ事務左ニ記列スル者ハ卿其意見ヲ申奏シ裁可ヲ經テ然ル後施行ス其他ハ卿之ヲ專行スルコトヲ得　但其施行ニ付テハ卿其責ニ任ス　第一條　徵兵令內ノ條欵ヲ改正スル事

第二條　軍律內ノ條欵ヲ改正スル事　第三條　主管ノ事務ニ付布達スル事　第四條　新ニ諸局諸官廨ヲ設ケ又ハ之ヲ廢合スル事

第五條　諸局諸官廨ノ條例制規ヲ定ムル事　第六條　帷幕ヲ經由ノ將校ニ職課ヲ命スル事　第七條　會計監督長軍醫總監幷ニ勅任ノ文官ニ職課ヲ命スル事　第八條　軍人軍屬ノ賞典幷ニ特赦恩減ノ事　第九條　士官閉門以下ヲ除キ將校軍法ヲ犯ス者ヲ判決スル事　第十條　下士以下軍律ニ於テ死罪ニ抵ル者ヲ處決スル事　第十一條　部下ノ官吏幷ニ生徒ヲ外國ニ派遣スル事　第十二條　外

國人ヲ備入レ又ハ之ヲ解傭スル事　第十三條　新ニ事ヲ創メ又ハ舊規ヲ變更スル事

十四年五月御達第三十九號

陸軍省職制幷事務章程中別冊ノ通改正候條此旨相達候事

陸軍省職制中改正

第六條　參謀本部長ハ一般ノ參謀將校ヲ統轄シ併セテ兵略ニ關スル圖誌ヲ總理ス　第八條　戰時ニ在テ親裁ノ軍令ハ直チニ師團長若クハ特命司令將官ニ下シ帷幕ト相通報シテ間斷ナカラシム　第九條中（地理）ノ下（政誌）ノ二字ヲ加フ　○第十條（諸課ヲ置テ）ノ下（電信）ノ二字ヲ加フ（測量飜譯）ヲ（飜譯測量）ニ改ム　○第十二條以下條條中（監軍中將）ヲ（監軍部長）ニ改ム　○第十三條中（監軍中將ノ部內ニ各其幕僚參謀官）ヲ（各監軍部ニ幕僚諸官）ニ改ム　○第十五條中（參謀官）ヲ（諸官）ニ改ム　○第十六條中（委詳）以下二十三字ヲ删ル　○第十七條中（科）ノ字及ヒ（科ノ）ノ二字ヲ删リ（科並）ヲ（尉官並ニ）ニ改ム　○第二十條中（近衛）ノ下（二）ノ

字ヲ加ヘ（參謀官）ヲ（諸官）ニ改ム　○第二十一條　凡參謀將校ハ參謀本部ニ服務シ或ハ侍中武官陸軍卿官房總務局並ニ監軍部近衞鎭臺ノ幕僚ニ服務ス　○第二十四條中（科ノ）ノ二字ヲ刪ル　○第二十七條中（科）ノ字及ヒ（科ノ）ノ二字ヲ刪リ（任ス）ノ下（ル）ノ字及ヒ（其參謀）ノ下（部）ノ字ヲ加フ　○第三十三條中（陸軍本病院）ヲ（東京陸軍病院）ニ改ム　○第三十五條中及ヒ第三十七條中（科ノ）ノ二字ヲ刪ル　○第四十條中（將校）ヲ（士官）ニ改ム　○第四十一條中（等）ノ字ヲ刪ル　○第四十二條中（戸山學校及ヒ敎導團ハ少將各一人）ヲ（戸山學校ハ少將一人敎導團ハ大佐一人）ニ改ム　○第四十三條中（編製）ヲ（編制）ニ改ム　○第四十四條中（各科）ノ二字ヲ刪ル　○第四十五條中（之ヲ砲工）ノ下（兵）ノ字ヲ加フ　○第四十六條及第四十七條中（科）ノ字ヲ刪ル　○第四十八條中（砲工）ノ下（兵）ノ字ヲ加フ　○第五十條　近衞各鎭臺ノ下ニ軍樂隊ヲ置キ音樂ノ事ニ從ハシム

陸軍省職制事務章程中改正　第一章

第十六條中（軍醫總監）ヲ（軍醫本部長）ニ（馬醫監）ヲ（病馬廐長）ニ改ム

九年九月御達甲第二百五十五號

海軍省職制章程別冊ノ通被定候條此旨相達候事

別冊

其省職制章程別冊ノ通被定候條此旨相達候事

明治九年八月三十一日

海軍省職制及事務章程

第一章

第一條　海軍省ハ海軍戰艦ニ關スル一切ノ事務ヲ管理スル所トス

第二條　省務ヲ支分シテ六局ヲ置キ卿之ヲ統轄ス左ノ如シ（軍務局）（會計局）（水路局）（規程局）（醫務局）（兵器局）（調度局）○第三條　卿ノ職ハ海軍所管ノ軍人軍屬ヲ統率シ一切ノ事務ヲ總判スルヲ掌ス　○第四條　凡掌管ノ事務ニ於テハ太政大臣ニ對シ其當否便不便ヲ辨明スルヲ得而シテ亦擔保ノ責ニ任ス　○第五條　凡

制可ヲ乞フヘキ條欵ハ之ヲ上奏シ專決ヲ得ルモノハ便宜處分スルノ權ヲ有ス　○第六條　各所管長ヨリ具狀スルモノハ其緩急ヲ量リ便否ヲ審案シ先後取捨スルノ權ヲ有ス　○第七條　海軍文武官員奏任官以上ノ進退ハ太政官ニ於テ命スト雖𪜈其勤怠ヲ監察シ能否ヲ甄別シ黜陟ヲ具狀スルハ卿ノ任トス　○第八條　判任官以下ハ其所管長ノ具狀ニ由テ黜陟ヲナスノ權ヲ有ス　○第九條　元老院ノ會議ニ出席シ海軍事務ニ關スルモノハ其利害ヲ辨論スルヲ得

○第十條　卿欠席スルトキハ輔官ニ命シテ當務ヲ代理セシム

○第十一條　大輔ハ職掌卿ニ亞キ卿ヲ輔ケテ其事務ヲ調理ス　○第十二條　卿ヨリ代理ヲ命セラルヽトキハ一切ノ事務ヲ總理シ卿ノ意ヲ體シ區處スルヿヲ許ス　○第十三條　省中管掌ノ事務ニ於テハ卿ト同ク參朝シテ便否ヲ辨明スルヿヲ得其元老院ヘ出席スルモ亦卿ニ準ス　○第十四條　少輔ノ職掌大輔ニ亞ク大輔欠レハ少輔代理ニ任スルヲ得其他皆大輔ニ仝シ　○第十五條　將輔大佐大丞ノ内三名ヲ撰ミ長官ノ副官トシ省務ヲ三分シ之ヲ分掌セシム　○

第十六條　副官其分掌スル事務ニ於テハ卿ニ對シ擔保ノ責ニ任ス○第十七條　文武四等官以下ノ官員若干名ヲ撰ミ長官ニ係ル一切ノ事務ヲ分課處分セシム　○第十八條　主管ノ事務ニ付法律布令ヲ設ケ又ハ其補正ヲ要スルコトアル時ハ卿其意見ヲ奏請スルヿヲ得（此條及ヒ首項十三年十二月刪除改正）

第二章　改正（事務章程ニ付記載セス）

文部省職制

十三年十二月御達第六十號

文部省ハ全國教育ニ關スル事務ヲ管理スルノ所ニシテ左ノ諸局各其主務ヲ幹理ス

專門學務局　普通學務局　庶務局　内記局（十四年十一月改正）

卿一人　部下ノ官員ヲ統率シテ主管百般ノ事務ヲ總理ス　○部下以上ハ之ヲ具狀シ判任以下ハ之ヲ專行ス　○主管ノ事務ニ付法律布令ヲ設ケ又ハ其補正ヲ要スルコトアル時ハ其意見ヲ奏請スルヿヲ得　○施行ノ主任アル法案ニ付テハ元老院ノ議席ニ列シ其利害

ヲ辨論スルコトヲ得

大輔　卿ノ職掌ヲ輔ク　○卿事故アルトキハ其代理タルコトヲ得

少輔　掌大輔ニ亞ク

大書記官權大書記官少書記官權少書記官　卿ノ命ヲ受ケ各其主務ヲ幹ス

一等屬二等屬三等屬四等屬五等屬六等屬七等屬八等屬九等屬十等屬　各庶務ニ從事ス

十四年四月七日達二十五號

今般農商務省ヲ設置シ職制幷ニ事務章程別冊ノ通相定候條此旨相達候事

農商務省職制

卿　第一　農業商業工作技術漁獵商船海員(海軍所管ノ軍人ヲ除ク)發明商標度量衡開墾牧畜動物ノ育種獸醫會社(銀行會社ヲ除ク)山林驛遞ニ關スル法令ノ施行ヲ保持監督ス　第二　官立ノ農商工ノ諸學校(工部省所管ノ工部學校ヲ除ク)農工業摸範ノ建造物

及ヒ博物館（從前內務省所管ノ分ニ限ル）ヲ管理シ民立農商工ノ諸學校ヲ監督ス　第三　商法會議所及ヒ農工業ニ關スル議會米商會社株式取引所ヲ管理ス　第四　博覽會競進會博物ノ保存農商業工作技術ノ改良防害其器具ノ改良試驗地質調査ノ結果ニ因リ農工商ノ改進勸勵ニ關スル事務ヲ管理ス　第五　驛遞官ヲ統率シ驛遞及ヒ郵便爲換貯金預リノ事務ヲ總判ス　第六　官有ノ山林ヲ管轄シ其保蓄栽培伐木ニ係ル事務ヲ統理シ私有ノ山林保蓄栽培伐木ノ方ヲ監督ス　第七條　一般ノ統計表編製ノ材ニ供スルタメ農商工ノ盛衰郵便ノ增減物價ノ高低內外貿易ノ景況及ヒ山林ノ調査等ニ關スル文書ヲ採集ス　第八　部下ノ官員奏任以上ノ進退黜陟ヲ上請シ其他ノ屬官ハ之ヲ判任ス　第九　主管ノ事務ニ付テ又地方ニ向テ命令訓狀ヲ下スヲ得　第十　省中各局中長ノ任免ハ之ヲ上請シ省中ノ官員ニ課長以下ノ課務ヲ命スルヲ得但局中ニ課ヲ置キ課中ニ掛ヲ置キ及各局庶務規程ヲ創設シ若クハ之ヲ改正シ及ヒ主管ノ事務ニ付人民ニ布達セントスルトキハ上請裁可ノ上之ヲ處辨ス

ルヲ得　第十一　主管ノ事務ニ付法律規則ヲ設ケ又ハ其補正ヲ要スルコトアル時ハ其意見ヲ具狀スルヲ得　第十二　省中奏任以上ノ官員ヲ內地ニ派遣シ若クハ在勤セシムルコトヲ得但之ヲ外國ニ派遣シ及ヒ外國人ヲ雇役シ若クハ解傭セントスルトキハ上請裁可ノ上之ヲ決行スヘキモノトス　第十三　施行ノ任アル法律ノ制定若クハ改正ニ就テハ元老院ノ會議ニ附シテ辨論スルヿヲ得　大輔

少輔　卿ノ職掌ヲ輔ケ卿事故アルトキハ其代理ヲナスヲ得　大書記官　權大書記官　少書記官　權少書記官　卿ノ命ヲ受ケ卿管掌事務ノ一部ヲ幹理ス　屬（一等ヨリ十等ニ至ル）書記官ノ命ヲ受ケ庶務ニ從事ス

十四年八月御達第七十八號

農商務省職制第一項中會社ノ割注銀行ノ下鑛山鐵道燈臺電信ヲ追加候條此旨相達候事

十五年四月御達第二十號

明治十四年（四月）第二十五號農商務省職制第二項左ノ通改正候條

此旨相達候事

農商務省職制　其二

農學校博物館（以上從前内務省所管ノ分ニ限ル）及ヒ商船學校ヲ管理ス

十五年八月第四十七號

農商務省中驛遞官左ノ通増設シ驛遞一等屬上等給廢止候條此旨相達候事

五等驛遞官　奏任八等　月俸八十圓　六等驛遞官　仝上九等

月俸七十圓

工部省職制

十三年十二月御達第六十號

工部省ハ工業ニ關スル事務ヲ管理スルノ所ニシテ左ノ諸局各其主務ヲ幹理ス

鑛山局　鐵道局　燈臺局　電信局　工作局　營繕局　會計局

倉庫局　書記局

職制

卿一人　部下ノ官員ヲ統率シテ主管百般ノ事務ヲ總理ス　○部下官員ノ進退黜陟ハ奏任以上ハ之ヲ具狀シ判任以下ハ之ヲ專行ス○主任ノ事務ニ付法律布令ヲ設ケ又ハ其補正ヲ要スルコトアル時ハ其意見ヲ奏請スルコトヲ得　○施行ノ主任アル法案ニ付テハ元老院ノ議席ニ列シ其利害ヲ辨論スルコトヲ得

大輔　卿ノ職掌ヲ輔ク　○卿事故アルトキハ其代理タルコトヲ得

少輔　掌大輔ニ亞ク

大書記官權大書記官少書記官權少書記官　卿ノ命ヲ受ケ各其主務ヲ幹ス

一等屬二等屬三等屬四等屬五等屬六等屬七等屬八等屬九等屬十等屬　各庶務ニ從事ス

十三年十二月御達

司法省職制

司法省ハ裁判幷ニ司法警察ニ關スル事務ヲ管理スルノ所ニシテ左

ノ諸局各其主務ヲ幹理ス

議事局　刑事局　民事局

卿一人　部下ノ官員ヲ統率シ兼テ判事ヲ監督シテ主管百般ノ事務ヲ總理ス　部下官員並ニ判事ノ進退黜陟ハ奏任以上ハ之ヲ具狀シ判任以下ハ之ヲ專行ス　恩赦ノ特典ヲ奉行ス

主管ノ事務ニ付法律布令設ケ又ハ其補正ヲ要スルコトアル時ハ其意見ヲ奏請スルコトヲ得　施行ノ主任アル法案ニ付テハ元老院ノ議席ニ列シ其利害ヲ辨論スルコトヲ得

大輔　卿ノ職掌ヲ輔ク　卿事故アルトキハ其代理タルコトヲ得

少輔　掌大輔ニ亞ク

大書記官權大書記官少書記官權少書記官　卿ノ命ヲ受ケ各其主務ヲ幹理ス

一等屬二等屬三等屬四等屬五等屬六等屬七等屬八等屬九等屬十等屬　各庶務ニ從事ス

撿事　卿ノ命ヲ受ケ各裁判所ニ派出シテ撿彈及ヒ公訴ノ事ヲ掌理

ス
撿事補　事ヲ撿事ニ承ケ撿彈及ヒ公訴ノ事ヲ分掌ス
十四年十一月御達第九十四號
各省從前ノ事務章程ヲ廢シ今般諸省事務章程通則別紙ノ通被定候條此旨相達候事

諸省事務章程通則

第一條　各省卿ハ各省ノ行政事務ヲ總理ス　○第二條　各省卿ハ該省所部ノ官屬ヲ統率シ及ヒ監督シ奏任官ノ進退ヲ具狀其八等官以下ハ之ヲ判任ス　○第三條　各省卿ハ主管理ノ事務ニ付法律規則ヲ制定シ又ハ之ヲ廢止改正スルヲ要スルヿアル片ハ案ヲ具ヘテ上奏シ裁ヲ請フ可シ　○第四條　凡法律規則布達ノ其主管ノ事務ニ屬スルモノハ各省卿之レニ副署シ其執行ノ責ニ任スヘシ若シ兩省以上ニ關渉スルモノハ關渉ノ省卿均シク之ニ連署シ其責ニ任スヘシ　○第五條　各省卿ハ所部ノ官屬ニ指令又ハ訓條ヲ下付スルヿヲ得　○第六條　各省卿ハ主管ノ事務ニ付地方官ヲ監督ス可シ

若シ地方官ノ處分法律規則ヲ犯シ若クハ權限ヲ侵スモノアレハ之ヲ取消スコヲ得　○第七條　各省卿ハ主管ノ事務ニ付毎年一月前年ノ功程ヲ具ヘ報告書ヲ奏上ス　○第八條　府縣並ニ所管官屬ノ報告各省卿處分ニ屬スルモノ其事重大ナルハ仍ホ處分シテ後ニ奏上スヘシ　○第九條　各省ノ事務臨時ニ定額豫算外ノ費用ヲ要スルトキハ上奏シテ裁ヲ請フ可シ　○第十條　各省卿事故アルトキハ臨時命ヲ受ケテ他ノ省卿其代理ニ任スヘシ　○第十一條　各省輔官ハ卿ノ職ヲ輔ケ卿ノ命ヲ以テ各省內部ノ事務ヲ代理スルコヲ得

十四年十一月御達第九十五號

今般諸省事務章程通則第九十四號達ノ通被定候ニ付テハ管掌事務ノ區分ハ總テ從前執行スル所ニ依ル可シ此旨相達候事

別册

大審院裁判所職制章程別册ノ通改正候條此旨布告候事

十年二月十九日布告甲二百九拾六號

大審院職制

長一人　一等判事ヲ以テ之ニ充ツ　院長ハ課ヲ分チ主任ヲ命シ隨時各庭ニ臨ミ民刑事件ヲ聽理スルヿヲ掌ル　判事　第一　民事刑事ノ上告ヲ判理シ裁判ノ不法ナル者ヲ破毀シ及ヒ内外交渉ノ事件重大ナルモノ並ニ判事ノ犯罪ヲ審判スルヲ掌ル　第二　死罪ノ案ヲ審閲スルヿヲ掌ル　書記

大審院章程

第一條　大審院ハ民事刑事ノ上告ヲ受ケ上等裁判所以下ノ審判ノ不法ナル者ヲ破毀シテ法憲ノ統一ヲ主持スルノ所トス　○第二條　審判ノ不法ナル者ヲ破毀スルノ後他ノ裁判所ニ移シテ之ヲ判決セシムル又便宜ニ大審院自ラ之ヲ判決スルヿヲ得　○第三條　已ニ他ノ裁判所ニ移シテ之ヲ判決セシムルノ後其裁判所又大審院ノ旨ニ循ハザル時ハ大審院更ニ自ラ之ヲ判決ス　○第四條　陸海軍裁判所ノ裁判權限ヲ越ユル者ハ其裁判ヲ破毀シテ之ヲ當然ノ裁判所ニ付ス　○第五條　各判事ノ犯罪其違註犯ヲ除クノ外大審院之ヲ審判ス　○第六條　内外交渉民刑事件ノ重大ナル者ヲ審判ス　第

七條各上等裁判所ヨリ送呈スル所ノ死罪案ヲ審閲シ批可シテ送還ス其否トスルモノハ更ニ律ヲ擬シテ還付ス

上等裁判所職制

長一人　勅任判事ヲ以テ之ニ充ツ　所長ハ課ヲ分チ主任ヲ命シ隨時各庭ニ臨ミ民刑事件ヲ聽理スルヿヲ掌ル　判事　第一　管內ノ控訴ヲ受ケ之ヲ覆審スルヿヲ掌ル　第二　管內死罪ノ獄ヲ判決スルヿヲ掌ル　判事補　事ヲ判事ニ受ケ審判スルヿヲ掌ル　書記

上等裁判所章程

第一條　上等裁判所ハ地方裁判所ノ裁判ニ服セスシテ控訴スル者ヲ覆審ス　○第二條　各地方裁判所ヨリ具スル所ノ死罪ヲ判決シテ大審院ノ批可ヲ取リ然ル後原裁判所ニ付シテ宣告セシム　○第三條　各地方裁判所ヨリ送呈スル所ノ終身懲役罪案ヲ審批ス

地方裁判所職制

長一人　奏任判事ヲ以テ之ニ充ツ　所長ハ課ヲ分チ主任ヲ命スルヿヲ掌ル他ハ判事ニ同シ　判事　民事ヲ初審シ刑事懲役以下ヲ審

判スルコヲ掌ル　判事補　事ヲ判事ニ受ケ審判スルコヲ掌ル　書
記

地方裁判所章程

第一條　地方裁判所ハ一切ノ民事及刑事懲役以下ヲ審判ス　○第二條　地方裁判所ニ於テ審判シタル民事ハ輕重トナク皆初審トス　○第三條　民刑事ノ內外ニ交渉シタル者ハ其輕キハ直ニ之ヲ裁決シ其重キハ一面之ヲ聽理シ一面ハ之ヲ司法卿ニ具申スヘシ　○第四條　死罪ハ審訊シテ文案證憑及ヒ擬律案ヲ具ヘ上等裁判所ニ遞送シ其行下ヲ得テ宣告ス　○第五條　終身懲役ハ擬律案ヲ具ヘ上等裁判所ニ遞送シ其行下ヲ得テ宣告ス　○第五條　終身懲役ハ擬律案ヲ具ヘテ上等裁判所ノ審批ヲ取リ然ル後ニ宣告ス

十四年十二月廿八日御布達第二號

本年(十月)第五十三號布告ヲ以テ各裁判所ノ位置及ヒ管轄ノ區畫改正候ニ付テハ從前布告布達中上等裁判所トアルハ控訴裁判所地方裁判所トアルハ始審裁判所トアルハ治安裁判所ト改マリ候儀ト

心得可シ右布達候事

十一年七月御達第三十二號

明治八年十一月第二百三號達府縣職制並事務章程ヲ廢シ府縣官職制別冊ノ通被定候條此旨相達候事

○明治十八年第三十四號達

警視廳職制並事務章程左ノ通改定候條此旨相達候事

警視廳職制並事務章程

職制

警視廳　東京府下警察事務ヲ總理シ消防隊並監獄ヲ管轄ス

警視總監

内務卿ノ管轄ニ屬シ警視以下ノ諸員ヲ統督シ警察事務ヲ總管ス廳中奏任官ノ進退黜陟及賞罰ハ内務卿ニ具申シ判任以下ハ之ヲ專行ス

各省卿權内ノ警察事務ニ付テハ直ニ其命令ヲ受ク

國事警察ニ付テハ直ニ大臣參議ノ命令ヲ受クルコトアルヘ

シ
警察事務ニ付テハ府下郡區長戸長ヲ指揮ス
警視副總監
總監ノ職掌ヲ輔ク
總監事故アルトキハ其代理タルコトヲ得
一等警視
二等警視
三等警視
四等警視
五等警視
總監ノ命ヲ受ケ各其主務ヲ幹ス
警視屬
各其庶務ニ從事ス
警部
警視ノ命ヲ受ケ警部補以下ヲ指揮シ警戒按察ノ事ヲ掌ル

警部補
警部ノ職掌ヲ補助ス
巡査
警邏査察ニ從事ス
消防司令長
總監ノ命ヲ受ケ本署屬員ヲ監督指揮シ火水消防ノ事ヲ幹ス
消防司令副長
司令長ノ職掌ヲ助ク
司令長事故アルトキハ其代理タルコトヲ得
消防司令
司令長ノ命ヲ受ケ消防隊ヲ監督指揮ス
消防司令補
司令ノ職掌ヲ補助ス
典獄

總監ノ命ヲ受ケ未決已決各四監獄ヲ管掌シ書記看守長以下ノ諸員ヲ監督ス

副典獄

典獄ノ職掌ヲ助ク

典獄事故アルトキハ其代理タルコトヲ得

書記

典獄ノ命ヲ受ケ庶務ニ從事ス

看守長

典獄ノ命ヲ受ケ看守ヲ指揮シ監獄ヲ看守ス

看守副長

掌看守長ニ亞ク

看守

監獄看守ニ從事ス

諸局及部署ヲ設ケ各其事務ヲ幹理セシムルコト左ノ如シ

書記局

長　警視ヲ以テ之ニ充ツ

次長　仝上　便宜之ヲ置ク

課長　仝上

課僚　警視屬ヲ以テ之ニ充ツ

書記局ハ廳員ノ進退賞罰恩給並規程及訓令ノ立案調査文書ノ往復電信編纂統計製圖翻譯並書籍ノ管守其他諸局部署ノ主管ニアラサル庶務ヲ掌ルノ所トス

第一局

局員　仝上

但課僚ハ警視屬並警部警部補ヲ以テ便宜之ニ充ツ

第一局ハ諸營業並市場度量衡政事ニ關セサル結社集會神佛祭典遊觀場遊藝人建築道路車馬水陸運輸危險物衛生及健康ニ害アル物品ノ製造販賣屠獸場墓地火葬場ニ係ル取締ノ事ヲ掌ルノ所トス

第二局

局員　仝上

第二局ハ犯罪ニ關スル事風俗ニ關スル事並遺流失物失踪者瘋癲者棄兒貧窮無告者被監視者ニ係ル事ヲ掌ルノ所トス

第三局

局員　仝上

第三局ハ政事ニ關スル結社集會新聞紙雜誌其他圖書ノ刋行宗教碑表銃器彈藥銃獵並外國人ニ關スル取締ノ事ヲ掌ルノ所トス

會計局

局員　仝上

但課僚ハ警視屬ヲ以テ之ニ充ツ

會計局ハ金錢出納及需用物品ノ調度廳舍ノ營繕ニ係ル事ヲ掌ルノ所トス

巡査本部

本部長　警視ヲ以テ之ニ充ツ

本部次長　仝上　便宜之ヲ置ク

本部員　警視並警部警部補ヲ以テ之ニ充ツ

巡査本部ハ巡査ヲ管攝シ巡邏査察ノ事ヲ掌ルノ所トス

警察署

署長　四等警視若クハ五等警視ヲ以テ之ニ充ツ

署員　警部警部補巡査ヲ以テ之ニ充ツ

警察署ハ所管内一切ノ警察事務ヲ掌ルノ所トス

消防本署

司令長

司令副長　便宜之ヲ置ク

署員　司令司令補ヲ以テ之ニ充ツ

消防本署ハ火水消防ニ關スル一切ノ事務ヲ掌ルノ所トス

典獄

副典獄　便宜之ヲ置ク

署員　書記看守長看守副長看守ヲ以テ之ニ充ツ

監獄本署ハ監獄ニ關スル一切ノ事務ヲ掌ルノ所トス

事務章程

主管ノ事務左ニ記列スル者ハ總監其意見ヲ內務卿ニ申稟シ認可ヲ經テ然ル後施行ス其他ハ總監之ヲ專行スルコトヲ得

第一條　各局並各部署ヲ廢置變換スル事

第二條　部下ノ官吏ヲ外國ニ派遣スル事

第三條　外國人ヲ傭入レ又ハ之ヲ解傭スル事

勅任		
三等	警視總監	
四等	警視副總監	
五等	一等警視	
六等	二等警視	消防司令長
七等	三等警視	
八等	四等警視	消防司令副長
九等	五等警視	

奏任以上ノ月給ハ文官一般ノ例規ニ従フ
但八等相當ノ月給ハ八拾圓七拾圓六拾圓ニ區別ス

判任	月給	等外	月給
警視屬	七拾五圓以下拾貳圓以上	巡査	拾圓以下六圓以上
警部	四拾五圓四拾圓三拾五圓 三拾圓貳拾六圓貳拾貳圓		
警部補	拾八圓　拾五圓　拾貳圓		
消防司令	四拾五圓四拾圓三拾五圓 三拾圓貳拾六圓貳拾貳圓		
消防司令補	拾八圓　拾五圓　拾貳圓		
典獄	七拾五圓　六拾圓　五拾圓	看守	拾圓以下六圓以上
副典獄	四拾五圓四拾圓三拾五圓		
書記	三拾圓以下拾貳圓以上		
看守長	三拾圓貳拾六圓貳拾貳圓		
看守副長	拾八圓　拾五圓　拾貳圓		

府縣官職制

府　知事　一人
縣　令　一人

第一　府知事縣令ハ部内ノ行政事務ヲ總理シ法律及政府ノ命令ヲ執行スルコヲ掌ル
第二　府知事縣令ハ内務卿ノ監督ニ屬スト雖ヿ各省主任ノ事務ニ就テハ各省卿ノ指揮ヲ受ク
第三　府知事縣令ハ法律及政府ノ命令ヲ執行スル爲ニ要用ナリトスルトキハ其實施ノ順序ヲ設ケテ部内ニ布達シ及其適宜處分ヲ許サレタル事件ニ就テハ規則ヲ設立シテ部内ニ布達スルコヲ得而シテ發行ノ後直ニ各省主務ノ卿ニ報告スヘシ
第四　府知事縣令ノ布達若クハ處分法律若クハ政府ノ命令ト相背キ又ハ權限ヲ侵シタルトキハ太政大臣若クハ各省主務ノ卿ヨリ取消ヲ命セラルヽコトアルヘシ
第五　府知事縣令行政事務ニ就キ主務ノ卿ニ稟請シ指揮ヲ待テ

處分スヘキ者ハ別ニ定ムル規則ニ從フヘシ

第六　府知事縣令ハ地方税ヲ徴收シテ部內ノ支費ニ充ツルヲ得而シテ其豫算決算ヲ具ヘテ內務卿大藏卿ニ報告スルヲ要ス其府會縣會アル地方ハ之ヲ會議ニ付スヘシ

第七　府知事縣令ハ屬官ヲ判任進退シ其分課ヲ命ス

第八　府知事縣令ハ郡長以下郡ノ吏員ヲ判任進退シ郡務ヲ指揮監督ス

第九　府知事縣令ハ非常事變アレハ鎭臺若クハ分營ノ將校ニ通議シテ便宜處分スルコヲ得

第十　府知事縣令ハ府會縣會ヲ召集シ及其會議ヲ中止スルコヲ得

第十一　府知事縣令ハ議案ヲ發シテ府縣會ニ付シ決議ノ後之ヲ認可シ或ハ認可セザルコヲ得

大書記官　少書記官（府ハ大小各々一員ヲ置キ縣ハ大小ノ內一人ヲ置ク開港所ノ縣事務繁劇ナルハ上請ニ依リ府ト同ク各々一

員ヲ置クコヲ許ス）

第一　書記官ハ府知事縣令ヲ輔ケテ部内ノ行政事務ヲ參判スルコヲ掌ル

第二　府知事縣令不在ノ時又ハ事故アルトキハ書記官ハ代理ノ任ヲ受ク

屬　（一等ヨリ十等ニ至ル）

屬ハ事ヲ府知事縣令ニ受ケ庶務ヲ分掌ス

警部　警部補

警部ハ府知事縣令ニ受ケ管內ノ警察ヲ掌ル

郡長　（八等相當）一人

第一　郡長ノ俸給ハ地方稅ヨリ支出ス一月八十圓以下各地方ノ便宜ニ從ヒ府知事縣令之ヲ定ム

第二　郡長ハ該府縣本籍ノ人ヲ以テ之ニ任ス

第三　郡長ハ事ヲ府知事縣令ニ受ク法律命令ヲ郡內ニ施行シ一郡ノ事務ヲ總理ス

第四　郡長ハ法律命令又ハ規則ニ依テ委任サルヽ條件及府知事縣令ヨリ特ニ分任ヲ受クル條件ニ付キ便宜處分シテ後ニ府知事縣令ニ報告ス

第五　郡長ノ處分不當ナリトスル片ハ府知事縣令ヨリ取消ヲ命セラルヽヿアルヘシ

第六　郡長ハ町村戸長ヲ監督ス

郡書記（十等ヨリ十七等ニ至ル）定員ナシ

郡書記ノ俸給ハ地方税ヨリ支出ス一ヶ月貳拾圓以下府知事縣令ノ適宜ニ定ムル所ニ從フ其選任進退ハ郡長ノ具狀ニ依リ府知事縣令ノ命スル所タリ

市街ノ地ニ置ク所ノ區長並書記ハ總テ郡長郡書記ニ同シ

府縣ノ事務主務ノ省ニ稟請シテ後ニ處分スヘキ者ハ左ノ件々トス

○第一　郡ヲ分チ及數郡ニ一郡長ヲ置キ及區ヲ定ムルヿ○第二　郡區經界ノ組替及町村ノ飛地組替ノヿ○第三　官給ニ係ル經費ヲ

豫算シテ一歳ノ常額ヲ定ムルヿ○第四　例規ナキ官金出納ノヿ○第五　管金管守ノ規則及爲替又ハ預ケノ方法ヲ設クルヿ○第六府縣官舍及監獄ヲ新ニ建築スルヿ○第七　水旱災ニ罹リシ者ノ租税延納ヲ許スヿ○第八　水火災ニ罹リ家屋蕩盡スル者租税皆濟期限後二ヶ月以外延期ノヿ○第九　地種變換ノヿ○第十　土地ノ變替ニ依リ地租ヲ減スルヿ○第十一　地價ヲ撿シテ租額ヲ定ムルヿ（但潰地荒地起返シ又ハ開墾地年期明ニ至リ租額ヲ定ムルハ此限ニ在ラス）○第十二　河港道路堤防橋梁開墾等ノ類他管ニ關渉スルモノ及定額外官費ノ支出ニ係ル土功ヲ起スヿ○第十三　諸貸下金返納期限六ヶ月以外ノ延期ヲ許可シ又ハ之ヲ棄捐スルヿ○第十四　官林伐採ノヿ（但治水修路ノ爲メ三等官林ノ竹木ヲ用ユルハ此限ニ在ラス）○第十五　官地官宅及其木石ヲ賣却スルヿ○第十六　酒類ノ税率ニ用ユル價ヲ定ムルヿ○第十七　官用ノ爲メ土地ヲ買上ルヿ○第十八　社寺除税地ノ境域ヲ更正スルヿ○第十九官林拂下ノヿ○第二十　官民有禁伐林ノ事○第廿一　森地林及竹

木官民有ノ區別ヲ定ムルコ○第廿二　鑛山借區境界ノコ○第廿三鑛山借區税猶豫並減免ノコ○第廿四　抗法違犯ノ者處分ノコ○第廿五　舊金銀及ヒ通貨損傷ノモノヲ交換スルコ○第廿六　外國人内地旅行ノコ○第廿七　外國人居留地外住居ノコ○第廿八　居留地地所外國人ヘ競貸ノコ○第廿九　内外人結婚願ヲ許可スルコ○第三十　學校補助金ヲ例規外支消スルコ○第三十一　私立學校ヲ停止スルコ○第三十二　府知事縣令ノ名ヲ以テ外國人ト條約ヲ結フコ○第三十三　府知事縣令ノ名ヲ以テ官金辨償トナルヘキ貸借ノ契約ヲナスコ○第三十四　例規ナキ恩典ヲ施行スルコ

一布告布達達指令ヲ以テ專任サレタル事件並ニ定規成例アルノ事件ハ地方官各自ノ責任ヲ以テ處分シ上司ニ稟請スルノ例ニ在ラス其例規ニ依リ難キ事情アリテ特別ノ處分ヲ要スルモノニ限リ理由ヲ具シテ申請スルヲ得

一諸會社設立願諸鑛開採願圖書版權願賣藥願等ノ條例規則ニ依リ地方官ヲ經由スル者ハ府縣賞管ノ事務各省ニ稟請スルノ類ト同

シカラサルヲ以テ知事令ハ事實ヲ公證スル爲ニ奥書若クハ加印シテ主務ノ省ニ進達スルモノトス

一嗣後發行スル法律規則中ノ條件府縣長官ノ上司ニ禀請シテ然ル後處分スヘキモノハ毎件明文ヲ掲クヘシ

一事重大ニ屬シ例規ナキモノ及非常ノ事件ヲ除クノ外凡ソ地方ノ常務前條々ニ掲載セサル條件ハ地方長官ノ便宜處分シテ後ニ報告スルヲ許ス

戸長職務ノ概目

○第一　布告布達ヲ町村內ニ示スコ○第二　地租及諸稅ヲ取纒メ上納スルコ○第三　戸籍ノコ○第四　徴兵下調ノコ○第五　地所建物船舶質入書入並ニ賣買ニ奥書加印ノコ○第六　地劵臺帳ノコ○第七　迷子捨子及ヒ行旅病人變死人其他事變アルトキハ警察署ニ報知ノコ○第八　天災又ハ非常ノ難ニ遭ヒ目下窮迫ノ者ヲ具狀スルコ○第九　孝子節婦其他篤行ノ者ヲ具狀スルコ○第十　町村ノ幼童就學勸誘ノコ○第十一　町村內ノ人民ノ印影簿ヲ整置スル

ヿ○第十二　諸帳簿保存管守ノヿ○第十三　官費府縣費ニ係ル河港道路堤防橋梁其他修繕保存スヘキ物ニ就キ利害ヲ具狀スルヿ
右ノ外府知事縣令又ハ郡區長ヨリ命スル所ノ事務ハ規則又ハ命令ニ依テ從事スヘキヿ其他町村限リ道路橋梁用惡水ノ修繕掃除等凡ソ協議費ヲ以テ支辨スル事件ヲ幹理スルハ此ニ揭クル所ノ限ニアラス

地方ノ事務郡區長ニ於テ處分シテ後知事令ニ報告スルヲ得ルモノ左ノ件々トス

○第一　徵税並地方税徵收及不納者處分ノヿ○第二　徵兵取調ノヿ○第三　身代限財產取扱ノヿ○第四　逃亡死亡絶家ノ財產處分ノヿ○第五　官有地ノ倒木枯木ヲ賣却スルヿ○第六　電線道路田畑水利ニ障碍アル官有樹木ヲ伐採スルヿ○第七　河岸地借地撿查ノヿ○第八　職遊獵願威銃願ノヿ○第九　印紙罫紙賣捌願ノヿ○第十　小學校學資金ノヿ
右ノ外府知事縣令ヨリ特ニ委任スル條件

十四年十一月御達第九拾九號
府縣官職中左ノ通増補候條此旨相達候事
大小書記ノ下第二項ヘ　警部長　一人　第一　警部長ハ事ヲ府知事縣令ニ承ケ其府縣警察上一切ノ事務ヲ調理ス　第二　警部長ハ國事警察ニ付テハ直ニ内務卿ノ命令ヲ奉シ又ハ直ニ其事情ヲ具狀スルコトアルヘシ
十四年十一月内務省乙第五拾五號
明治十一年(七月)第三十二號公達府縣官職制中郡區長ニ於テ處分スヘキ條目第五項ニ掲載有之倒木古木云々ハ天災ノ爲ニ轉倒シタル者及ヒ天然枯死ノ者ニ限リ候儀ニシテ其枝葉若クハ樹幹ノ幾分ヲ枯凋シタル損木ノ如キハ本項ニ含蓄セル儀ト可心得此旨相達候事
十六年二月御布告第七號
郡區長ノ給料及ヒ旅費ハ來ル十六年度以後國庫ヨリ支辨ス
同年三月内務省御達乙第九號

今般第七號布告ニ付テハ郡區長ニ屬スル滿年賜金其他ノ諸給與其渾テ國庫ヨリ支辨ノ筈ニ候條此旨相達候事

十三年十二月御達第六十一號

明治十一年七月第三十二號達府縣官職制府縣ノ事務ノ省ヘ稟請シ後處分スヘキ條件中左ノ一項增加候條此旨相達候事

第三十五條　社寺創立再興復舊等員數增加ニ係ル願ヲ許否スル事

十四年三月御達第十六號

府縣官職制中左ノ通追加候條此旨相達候事

典獄　典獄ハ事ヲ府知事縣令ニ受ケ監獄署ノ事務ヲ總理ス　副典獄　掌典獄ニ亞ク　書記　各其主務ニ從事ス　看守長　監獄ノ戒護ヲ掌リ兼テ看守ノ勤惰ヲ視察ス　看守　監獄ノ戒護ニ從事ス

十四年五月御達第三十八號

明治十一年七月第三十二號達中府縣ノ事務主務ノ省ニ稟請シテ後

ニ處分スヘキ條目ノ内第十一項ノ但書ヲ刪除シ左ノ一項ヲ追加候條此旨相達候事

第十六　開墾地鍬下十ヶ年荒地免税五ヶ年ヨリ以上ノ年季ヲ付與スル事但繼年季ヲ要スル時當初ヨリ通算シテ此年限ヲ越ユルモ本文ニ準ス

十六年二月御達第三十二號

明治十一年七月第三十二號達府縣官職制中郡長ノ條項第一左ノ通改正候條此旨相達候事

郡長（八等相當）一人但特別ノ詮議ヲ以テ奏任トナスヿヲ得

第一　郡長ノ俸給左ノ如シ

一等給八拾圓　二等給七拾圓　三等給六拾圓　四等給五拾圓

五等給四拾五圓　六等給四拾圓　七等給三拾五圓　八等給三拾圓

十一年十二月御達第五十三號

戶長職務ニ勉勵スル者ハ一ヶ年給料ノ高ヲ超ヘサル金額ヲ以テ賞

賜スルヲ得但シ其費用ハ地方税ヨリ支出スヘキ者トス此旨相達候事

○明治十七年五月太政官第四拾八號達

府縣官職制中左ノ通增補候條此旨相達候事

警部長ノ下第二項ノ次ヘ

収税長

第一収税長ハ事ヲ府知事縣令ニ承ケ収税ニ關スル一切ノ事務ヲ管理ス

第二収税長ハ収税撿査ノ景況報告書及ヒ収入金員科目ヲ記載シタル計算ヲ作リ府知事縣令ノ撿印ヲ受ケ之ヲ主税官長ニ報告ス

第三収税長ハ収税事務ニ付直ニ主税官長ノ指揮ヲ受ケ又ハ直ニ之ヲ具申スルコトアルヘシ

警部ノ次ヘ

収税屬

各其主務ニ從事ス

○明治十七年十月太政官第八拾號達

宮內省中式部寮ヲ廢シ更ニ式部職ヲ被置職制俸給左ノ通被定候條此旨相達候事

式部職

帝室ノ祭典禮式ヲ掌リ及雅樂ノ事ヲ管理スル所トス

長官

帝室ノ祭典禮式雅樂等ノ事ヲ總轄シ所管判任官以下ノ進退黜陟ヲ卿ニ具狀スルヲ得

次官

職掌長官ニ亞ク長官事故アルトキハ代理スルヲ得

式部官　奏任　自四等相當至九等相當

禮式ノ事ヲ掌リ職中ノ事務ヲ整理ス

一等屬　八等　二等屬　九等

三等屬　十等　四等屬　十一等

五等屬　十二等　六等屬　十三等
七等屬　十四等　八等屬　十五等
九等屬　十六等　十等屬　十七等
諸務ニ從事ス
掌典長
祭典一切ノ事ヲ整理ス
掌典　奏任　自四等至九等相當
祭典ノ事ヲ掌ル
掌典補　自十等至十七等相當
祭典ニ從事ス
內掌典　十四等相當
權內掌典　十五等相當
賢所日供ノ事ヲ掌ル
雅樂長　式部官之ヲ兼ヌ
雅樂ノ事ヲ整理ス

雅樂師長　奏任　八等相當
樂道諸般ノ事ヲ掌ル
雅樂師副長　奏任　九等相當
職掌雅樂師長ニ亞ク雅樂師長事故アルトキハ代理スルヲ得
雅樂師　自十一等至十三等相當
雅樂正儛ノ事ヲ掌ル
雅樂手　自十五等至十七等相當
雅樂正儛ニ從事ス
雅樂生　自等外一等至等外四等相當
樂事ニ服事ス
十六年九月御達第四十號
今般京都ニ宮內省支廳設置候條此旨相達候事
同年同月御達第四十一號
京都宮內省支廳中左ノ職員被置候條此旨相達候事
殿掌　奏任取扱　殿部　判任取扱　殿丁　等外取扱

○内務省伺指令
山形縣ヨリ官吏席次之儀ニ付伺

第一條　譬ヘハ五等屬ヨリ收税屬十二等官相當及無等判任官月俸三拾五圓等ヘ轉任ノトキ席次ハ新任ト同樣末席ニ列シ可然哉又ハ同相當官及同俸ノ者ノ上席トシ可然哉

第二條　甲廳ヨリ乙廳ニ同等官ニテ轉任ノトキハ前任年月日ニ拘ハラス更ニ轉任ノ日ヲ以テ席次相定ノ例ニ付テハ甲廳ニテ本官ノ者乙廳相當官或ハ無等判任官ニ轉任スルモ同樣

○第一欵

第一節　行政官吏服務紀律

○十五年七月第四十四號達

第一條　凡ソ官吏ハ法律及職務章程ニ從ヒ其職ヲ盡スヘシ

第二條　凡ソ官吏ハ太政大臣又ハ本屬長官ヨリ下ス所ノ達示ヲ循守スヘシ

第三條　所屬官ハ事ヲ本屬長官ニ受ケ其命ニ順ヒ職務ヲ執行スヘシ

第四條　凡ソ官吏ハ職務ノ内外ヲ論セス廉耻ヲ勵マスコトヲ務ムヘシ

第五條　官吏官ノ機密ヲ漏洩スルコトヲ得ス其職ヲ退クノ後ニ於テモ亦同樣タルヘシ

第六條　官吏本屬長官ノ許可ヲ得ルニ非ザレハ其職務ニ關シ他人ノ贈遺ヲ受クルコトヲ得ス

第七條　官吏本屬長官ノ許可ヲ得ルニ非サレハ直接ト間接トヲ論セス本職ノ外ニ給料ヲ得テ他ノ事務ヲ行フコトヲ得ス

轉任日ヲ以テ順序相定可然哉
第三條 官ノ都合或ハ本人ノ情請等ノ節ハ降等官ノ上席ニ列シ可然哉
明治十八年五月八日
指令
第一條前段伺之通
第二條伺之通
第三條允請鷂退スルモノハ同官ノ上席允請ニアラスシテ降等スルモノハ同官ノ末席トス
但同時ニ同官ニ昇等及新任ノ者アルトキハ其上席タルヘシ
明治十八年六月十五日

第八條　官吏他人ノ請託ヲ受ケ私ニ徇ヒ公ヲ亂ルコトヲ得ス

第九條　官吏本屬長官ノ許可ナクシテ擅ニ職役ヲ離ルヽコトヲ得ス及ヒ事ニ托シ疾ヲ引キ職事ヲ曠廢スルコトヲ得ス

第十條　官吏前ノ各條ニ違ヒ顯狀アル者ハ本屬長官其輕重ニ從ヒ旨ヲ諭シ職ヲ辭セシメ又ハ懲戒例ニ依リ處分スヘシ其功過相補フヲ以テ處分ヲ宥恕スヘシト認ムル者ハ本屬長官其情狀ヲ具シ太政大臣ニ上申シテ量定ヲ請フヘシ

第十一條　長官ハ各其所屬官ヲ撿察スルノ務ニ任スヘシ

第十二條　臨時巡察使ヲ派出シテ官吏ノ治績及ヒ功過ヲ撿察シ狀ヲ具シテ直ニ太政大臣ニ上申セシムヘシ

第一節ノ二　同說明書

〇十五年七月無號達

今般第四拾四號ヲ以テ行政官吏服務紀律相定候ニ付テハ心得ノ爲メ別紙說明書下附候條其旨趣貫徹候樣注意致スヘシ此旨內達候事

官吏服務紀律說明

刑法ノ外ニ記律アルハ風紀ヲ肅シ節制ヲ嚴ニスル所以ナリ行政官吏ハ政府ノ機關ニシテ治化ノ本源タリ宜シク特別ノ紀律アリテ以テ精神ヲ維持シ義務ヲ嚴明ニセサルヘカラス紀律ノ重キ者ハ一ニ曰ク法ヲ守ル二ニ曰ク順從三ニ曰ク廉恥四ニ曰ク愼密五ニ曰ク淸白六ニ曰ク公正七ニ曰ク勤勉

第一條　凡ソ大小官吏奉シテ以テ準繩尺度トナス所ノモノ第一法律第二職制章程ノミ若シ法律ト職制章程トヲ以テ一定ノ準ト爲サヾレハ官事百端其局ニ當ル者各意ヲ以テ左右スルトキハ將ニ其弊ニ堪ヘサランドス故ニ其職ヲ行フニ於テ法律ニ違ヒ若クハ職制章程ニ違ヒ威權ヲ弄シ弊端ヲ作シ又ハ權限ヲ越ヘ職事ヲ慾マル者ハ重キ者ハ刑法ニ條アリ輕キ者ハ懲戒ヲ加フトアリ而シテ其人ニ損害ヲ加フルニ至ツテハ更ニ賠償ノ責ヲ免レサランドス

第二條　ハ現行ノ達シ內諭內達及ヒ將來ニ行フ處ノ達ヲ兼テ稱スルナリ現行ノ達シハ即チ明治八年四月廿三日官吏商業ヲ營ム事ヲ禁スルノ達シ十四年五月六日官吏商業株主タルコトヲ禁スルノ達シ

ノ類是ナリ

第三條　ハ順從ヲ示スナリ本屬長官ノ所屬官ニ於ケル手ノ指ヲ使フカ如ク遞次ニ聯串シテ精神始メテ通ス故ニ所屬官タル者其職ヲ行フニ當ツテ長官ノ命ニ順ヒ專ラ其指示スル所ニ依ルヘシ蓋シ人心同シカラス意見各異ナリ若シ人々各其是トスル所ヲ行ハシメハ機關澁滯シテ事務壅塞シ空議日ヲ曠クシテ終ニ成功ナキニ歸セントス若シ所屬官長官ノ處分又ハ指令ヲ以テ不法非理ナリト思惟スル片ハ敬禮ヲ失フコト無ク及ヒ遲滯シテ事ニ害アルトキニ至ルコト無ク意見ヲ具陳シテ長官ノ採用ヲ仰キ諄々忠告シテ諱マザルベシ若シ長官ニ於テ仍ホ前令ヲ執リ之ヲ改メサルトキハ屬官タル者己ヲ舍テ命ニ順フノ外唯タ職ヲ辭シ官ヲ去ルノ一途アルノミ但シ輔官ノ輔弼ノ責アル議事官ノ任アルニ至ツテハ一例ヲ以テ概スルヿヲ得サルナリ

第四條　法ノ及バザル所律ノ問ハザル所唯々廉耻アリテ以テ之カ防ヲ爲ス官吏ノ身ヲ處スル職務ノ内外ヲ論セス人民ノ具ニ瞻ル所ナ

リ苟クモ廉恥ヲ失ヒ貪汚ノ行アルニ至ラハ官吏ノ体面何ニ由テ之ヲ保タン而シテ政府ノ威信將ニ是ニ由テ地ヲ拂フニ至ラントス

第五條　ハ愼密ヲ示スナリ機密ニ二樣アリ第一ハ事固ヨリ機密ニ屬スル者其二ハ長官ヨリ特ニ機密約束スル是ナリ機密ヲ漏洩スル者懲戒重キヲ加フルハ行政ノ已ムコトヲ得サルニ出ルナリ其職ヲ退クノ後ニ於テモ亦同シキ者ハ道義ノ宜シク然ルヘキナリ

第六條第七條　ハ淸白ヲ望ムナリ官吏他ノ事務ヲ行フモ本職ヲ缺カザルトキハ事ニ害ナキカ如シト雖モ志嚮一ナラスシテ職務專ナラザレハ以テ官ニ居ルヘカラサルナリ但シ給料ナキノ事務ハ之ヲ行フコトヲ妨ケス長官ノ許可ヲ得ルトキハ給料ヲ得テ事務ヲ行フモ亦妨ケス猶狹隘ニ失ハサルナリ職務ニ關シ他人ニ勞効アリ從テ禮儀ヲ以テ贈遺報酬ス然ルニ猶長官ノ許可ヲ要シ始メテ收受スルコトヲ許ス者ハ官吏私ヲ以テ物ヲ受クルハ淸廉ヲ傷ル、嫌アレハナリ

第八條　ハ公正ヲ重スルナリ人ヲ用ヒ事ヲ處スルノ際請謁ヲ納レ貨

賄ニ瀆ルヽトキハ情實ノ弊終ニ公義ヲ亂ルニ至ル是レ尤モ官吏ノ意ヲ致スヘキ所ナリ

第九條　ハ勤勉ヲ重スルナリ倨傲怠慢ハ官ニ居ルノ道ニ非ス事意ニ協ハサルコトアリ誠ヲ竭シ忠言スルヿ可ナリ若シ長官ノ許可ナクシテ擅ニ其任地ヲ去リ其職務ヲ離レ或ハ事ニ托シ疾ヲ引キ以テ自ラ高シトナスカ如キニ至テハ義ヲ棄テ務ヲ敗ル公ニ於テ政機ヲ愆マリ私ニ於テ忠亮ニ乖ク是レ懲戒ノ宜シク加フヘキ所ナリ或ハ僚友朋比シテ故意ニ連串シ相率ヰテ退引スルカ如キニ至テハ情罪尤モ重シトス

第十條　ハ處分ヲ示スナリ凡ソ紀律ニ違フヲ以テ職ヲ辭セシメ又ハ懲戒スル者ハ必ス其顯狀ニ據ルヘシ曖昧ノ隱事及ヒ風聞ヲ以テ處分スルヿヲ得ス其過失アリト雖モ素ヨリ功勞アリ以テ相補フヘクシテ處分ヲ宥恕スヘキ者ハ本屬長官其情狀ヲ酌ミ一定ノ尺度ニ拘泥スヘカラス是レ其刑法ト同シカラサル所以ナリ但シ宜シク狀ヲ具ヘテ太政大臣ノ量定ヲ請フヘクシテ本屬長官意ニ任シ上下スル

コトヲ得サルハ其私ニ庇蔭スルコトヲ防クナリ其輕重ニ從ヒ小過ヲ略シ才能ヲ使フ等機宜活用スルハ宜シク長官ノ意見ニ任スヘキナリ

第十一條　長官ノ所屬官ニ於ケルハ固ヨリ監督ノ責アリ從テ撿察ノ務ニ任スヘシ但シ長官ニ大明ヲ欲シテ細察ヲ尙ハス是レ其意ヲ加ヘテ操縱スヘキ所ナリ

第十二條　官吏ハ固ヨリ其本屬長官監督ノ下ニ屬スト雖モ其治績ヲ考ヘ其功過ヲ計ルニ於テ勢極メテ難キ者アリ是レ巡察使ノ臨時ニ派遣スルコト已ムヲ得サル所以ナリ大寶令太政官部ニ巡察使掌三巡察二諸國一不二常置一應須二巡察一權二於二内外官一取二清正灼然者一充巡察事情及他人數臨時量定

第一節ノ三

大審院裁判所職員考績條例

○十七年十二月司法省無號達

第壹條　考績ハ判事撿事以下職員ノ功過行能ヲ考覈シ司法卿ノ銓定ニ供スルモノトス

第貳條　考績ノ法四善十最三殿ト爲ス其目左ノ如シ

一　操心公正ナルヲ一善トス

一　制行廉潔ナルヲ一善トス

一　學識博高ナルヲ一善トス

一　職務勉勵ナルヲ一善トス

以上四善

一　法理ニ精ク事體ニ達シ明斷嚴肅廳務整理シ所部ヲ奬勵シ兼テ人望アルヲ院長所長ノ最ト爲ス

一　法令ヲ遵奉シ所部ヲ監視シ明敏勇毅能ク職務ヲ盡シ兼テ人望アルヲ檢事長ノ最ト爲ス

一　聽訟聰敏與奪理ニ當リ判文申暢ナルヲ民事掛判事ノ最ト爲ス

一　審理情ヲ盡シ裁決法ニ適シ判文申暢ナルヲ刑事掛判事ノ最ト爲ス

一　糺問敏詳擧證明確判文申暢ナルヲ豫審判事ノ最ト爲ス

一　搜査精密起訴嚴明良ヲ扶ケ奸ヲ懲シ法律ヲ保護シ公安ヲ維持

スルヲ撿事ノ最ト爲ス

一　忠恕倦マス懇篤勸解シ能ク治安ヲ保維セシムルヲ勸解判事ノ最ト爲ス

一　記錄詳明文理通達簿册整頓處務敏捷兼テ書算ヲ善クスルヲ書記ノ最ト爲ス

一　淸白强幹書算ヲ善クシ出納ヲ謹ミ帳簿ヲ整ヘ勘査明確ナルヲ會計屬ノ最ト爲ス

一　供承懈ラス職掌闕クルコトナキヲ附屬員ノ最ト爲ス

以上十最

一　愛憎情ニ任セ處斷法ニ違フヲ一殿トス

一　公ヲ忘レ私ニ徇ヒ職務廢闕アルヲ一殿トス

一　諂諛名ヲ求メ巧詐貪汚ナルヲ一殿トス

以上三殿

第三條　院長所長撿事長（始審廳ハ上席撿事）ハ各其廳及ヒ管轄廳ノ職員ヲ監視シ其功過行能ノ實ヲ精密調査シ左ノ雛形ニ照準シテ功過明細書ヲ

作リ毎年九月司法卿ニ上申ス可シ

大審院又ハ何裁判所職員功過明細書

族籍

官氏名

年齢

一　奉職年月日　本年本月迄何年何月

一　赴任年月日　同上

一　現時爵位勳等俸給

但何年何月増俸

功ノ部

一　此部ニハ專ラ職務上ノ功績ニ係ル事件ヲ記ス即チ勤勉、年勞、事務練達、裁判允當、公訴嚴正、庶務整理、會計精確、ノ類ナリ

過ノ部

一　此部ニハ專ラ職務上ノ過愆ニ係ル事件ヲ記ス即チ怠慢、闕勤、諂諛、貪穢、事務延滯、裁判不法、起訴錯誤、庶務紛雜、會計無

度、其他曾テ懲戒ヲ受ケタルノ類ナリ

行ノ部

一　此部ニハ專ラ品行ノ善惡ニ係ル事件ヲ記ス即チ性質ノ忠邪、制行ノ良否、交際ノ得失、活潑、愼重、健康、病患、驕奢、淫佚、其他人望ノ有無、親族ノ關係、及ヒ負債重積、屢訴訟ヲ受クルノ類ナリ

能ノ部

一　此部ニハ專ラ學識才藝ニ係ル事件ヲ記ス即チ法律、經濟、文學等、諸般ノ學科ヲ修メ及ヒ其學位ヲ有シ又ハ才力、敏智、決斷、辯舌、書算ヲ善クシ、其他外國語ニ通シ、外國文ヲ綴ルノ類ナリ

備考ノ部

一　此部ニハ前四部中ニ記載セサル事項ヲ記ス即チ本人ノ技量、民刑及ヒ撿察事務ノ適否、交際ノ摸様、其他學業ノ敎授、若クハ著述、等ノ類ナリ

右注狀ノ通確實ナルニ依リ此段上申候也

大審院長又ハ何裁判所長

又ハ撿事長撿事

年　月　日　　　　官　氏　名

第一節ノ四　官吏ノ演說

○十三年五月九日公達

凡ソ官吏タル者其職務ニ係ル外政談講學ヲ目的トシテ公衆ヲ聚メ演說ノ席ヲ開ク等不都合ノ儀無之樣各々長官ニ於テ取締可致此旨相達候事

第一節ノ五　官吏非職條例

○十七年一月第三號達

第一條　官吏判任以上幷ニ出仕御用掛モ之ニ準ス奉職中各官廳ノ事務張弛其他疾病等ノ事故ニ因リ本屬長官ハ其僚屬ノ官吏ニ非職ヲ命スルコトヲ得但勅任官ノ非職ハ上裁ニ依リ奏任官ハ太政大臣ノ認可ヲ經テ之ヲ命ス（十七年四月第三十九號達改正）

第二條　非職員ハ其本官ヲ奉シテ常ニ其職務ニ從事セス其他總テ在職官吏ニ異ナルヿナシ

第三條　本屬長官ハ事務ノ都合ニ依リ何時ニテモ非職員ヲシテ更ニ其職務ニ從事セシムルヿヲ得

非職員復職スルトキ勅任官ハ上裁ニ依リ奏任官ハ太政大臣ノ認可ヲ經テ之ヲ命ス

第四條　非職ハ三年ヲ一期トス期滿レハ其官ヲ免ス

第五條　非職中ノ俸給ハ現俸三分ノ一ヲ支給ス

第六條　廢廳廢官ノ際御用滯在ヲ命スル者アルトキハ本條例ニ準據ス（十七年四月第三十九號達追加）

第七條　非職員ハ特ニ本屬長官ノ許可ヲ得テ地方病院學校及ヒ農工商陸海運輸等會社ノ業務ニ從事シ其役員ト爲ルコトヲ得

本屬長官ハ其非職員ノ勅任官ニ係ルモノハ上裁ニ依リ奏任官ニ係ルモノハ太政大臣ノ認可ヲ經テ之ヲ許可ス

第八條　非職中第七條ノ業務ニ從事シ其給料ヲ受クルノ時間ハ第五

條ノ俸給ヲ支給セス（十七年九月第七十七號達第七條第八條追加）

第一節ノ六　月俸規則幷旅費定則

七年五月御達六十一號

月俸規則別冊ノ通相定候條此旨相達候事（第二條追加後ニ出ツ參看スヘシ）

月俸規則

第一條　諸官員月俸ハ毎月十七日支給スルヲ定規トス（但免職病死旅行其他非常ノ事故アル時ハ此限ニアラス）〇第二條　月俸ハ一月ヲ前後ニ分チ新任十五日前ニ在ル者ハ其全額ヲ給シ十六日後ハ半額ヲ給ス昇等増給モ亦之ニ準ス降等及ヒ免職十五日在ル者ハ猶舊等ノ俸半額ヲ給シ十六日後ハ其全額ヲ給スヘシ（但免職ノ者其擔當セシ事務引渡シニ付時日ヲ要スルモ別ニ俸ヲ給セス尤モ更ニ引渡事務ヲ命スル者又ハ後日調査等ノ爲メ出廳ヲ命スル者ノ如キハ此限ニ非ス）〇第三條　上下半月內ニ免職ノ者再任スレハ前官ノ俸ハ勿論後官ノ俸ヲ併セ給ス譬ヘハ十四日免職即日再任スル

○太政官伺指令
會計撿查院ヨリ月俸規則第四條但書適用上之儀ニ付伺

月俸規則第四條但書日給ヨリ月給ニ轉シ月給ヨリ日給ニ轉スルノ如キハ總テ其月ハ月給同樣見做シ十五日前後ヲ以テ區分シ其多キ方ニ因テ之ヲ給ストアリ而シテ各廳支給上ヲ觀查スルニ別紙ノ如ク三樣ノ異例ニ涉ルモノアリ即日給月給者ノ大ノ月若クハ二月ニ於テ轉給アルトキ其算出上ヨリ生スルモノニシテ畢竟規則ノ解釋ヲ異ニスルニ因ルモノト被存候右ハ

トモ前官ノ俸半額ヲ後官ノ俸全額ヲ支給スルノ類ナリ（但官等給額ヲ改正スルヿアレハ新舊比較シテ其寡額ヲ給ス三條十四條モ亦之ニ準ス）○第四條　一月內再三轉任スル者ハ月俸支給ノ定日在職ノ廳ニ於テ十五日前後ノ區分ヲ以テ通算シ其官相當ノ俸ヲ給ス若シ十八日後轉任昇等ノ者ハ新任ノ廳ニ於テ其增額ヲ給スヘシ（但武官月俸ハ日割ヲ以テ給ス故ニ武官ヨリ文官ニ轉任スルトキハ總テ其月ハ月給同樣見做シ十五日前後ヲ以テ區分シ其多キ方ニ因テ之ヲ給ス右ノ外日給ヨリ月給ニ轉シ月給ヨリ日給ニ轉スルノ如キハ總テ此例ニ準スヘシ）○第五條　外國並ニ內國トモ遠隔ノ地ニ在留ノ者轉任黜陟スルトキハ宣旨其地ニ達シ當人受書ヲ出シタル日ヲ推シ十五日前後ノ區分ヲ以テ本官ノ月俸ヲ給シ又ハ給セサルヘシ○第六條　數官ヲ兼任ノ者ハ月俸ノ多キ方ニ就キ其廳ニ於之ヲ給シ同等ノ兼任ハ本務ノ廳ニ於テ之ヲ給ス兼任ノ月俸ハ別ニ給セサルヘシ（但文武官兼任ノ者ハ文官月俸ノ內祿稅ヲ除キ武官ノ俸給ニ比較シ其多キ方ヲ以テ支給スヘシ　作業ニ關スル者ニ限リ月

何レノ支給方ヲ以テ其解釋ノ正當ヲ得タルモノト相心得可然哉

明治十八年二月廿日

指令

伺ノ趣ハ第一項解釋ノ通可心得事

明治十八年七月十五日

（別紙）

第一 規則第四條但書中其月ハ月給同樣見做スト云フノ文ヲ主眼トシ即チ其轉給ノ月ニ在テハ已ニ日給ノ性質變シテ月給トナルヲ以テ其全月ノ日給額ヲ積算シテ之ヲ月給額トナシ其支額ヲ筭定スルニ在リ例ヘハ日給壹圓ノモノ大ノ月

俸ハ現ニ勤務スル所ノ廳ヨリ支給スヘシ第十一條モ亦之ニ準ス）○第七條　他所出張又ハ在勤命セラレ其地ニ於テ月俸支給スヘカラサルモノハ公務ノ長短ヲ量發程ノ節月俸三ケ月迄ハ操上ケ支給スルモ妨ケナシトス三ケ月ヲ經テ猶ホ滯在ヲ要スルトキハ亦右例ニ隨テ送致スヘシ○第八條　外國出張ノ者ハ發程ノ節月俸六ケ月迄ハ操上ケ支給スルモ妨ケナシトス六ケ月ヲ過テ猶在留スルトキハ亦右例ニ隨テ送致スヘシ（但六ケ月ヲ過キ猶在留スル者留守宅ニ於テ受取ント欲スル者ハ名代人ヲ定メ發程前其旨申立置ヘシ　在留中免職ノ者ハ其月十五日前後ノ區分ヲ以テ計算シ過給ノ分ヲ返納セシム）○第九條　公使領事書記官書記生等ヘ轉任及同官ヨリ他ヘ轉任スルトキハ月ノ十五日前後ニ拘ハラス月俸ハ其月ノ日數ニ分割シ轉任前日迄前官廳轉任當日ヨリ後官廳ニ於テ支給スヘシ　公使領事書記官書記生等ヲ拜命シ出發前ニ他ニ轉任スル者ハ十五日前後ノ區別ヲ以テ後官相當ノ月俸ヲ後官廳ニ於テ支給スヘシ○第十條　轉任ニ就キ前官ニテ擔當セシ事務引渡シノ爲メ時日ヲ經未タ

二十一日十六日後ニ於テ月給三拾圓ニ轉スル時ハ其日給積算額ヲ以テ月給額トセシモノヽ半額ヲ以テ新俸ノ半額ト比照シ其多キ方拾五圓五拾錢ヲ給ス即チ上半月ノ拾五圓五拾錢前ノ日給額ヲ以テ月給額トセシモノヽ半額ヲ合セテ三拾壹圓トナル第二　其月ハ月給同様見做スト月ノ文字ハ單ニ給額算出上ノ用語ニ止メ其支給上ニ至テハ十五日前後ヲ以テ日給ト月給トヲ區分スルニアリ例ヘハ（轉給ノ月及ヒ新舊俸額前同例日給積算額三拾壹圓ヲ以テ新俸三拾圓ニ比

當官ノ事務ニ着手セサルモ月俸ハ當官ヲ以テシ新任ノ廳ニ於テ給スヘシ○第十一條　公事ノ便宜ニ因リ雙方示談ノ上甲廳ノ官員ヲ乙廳ヘ借用スルヿアルモ其月俸ハ甲廳ヨリ給スヘシ○第十二條　廢廳廢官ノ節遠隔ノ地ニ在勤又ハ出張ノ者ハ達書拜承（私事旅行ノ者ハ在廳ト見做ス）迄在官ト同視ス尤引渡事務ヲ命スル者ハ仍ホ舊官ノ俸ヲ給ス（但引渡事務取扱中官等給額ヲ改正スルヿアレハ比較シテ其寡額ヲ給ス第十三條第十四條モ亦之ニ準ス）内外國派出ノ者廢官ノ節復命ノ爲メ歸廳セシムル時ハ引渡事務取扱ノ例ニ準ス○第十三條　免職ノ者事務引渡濟ノ後在職中ノ事件ニ付更ニ出廳ヲ命スルトキハ舊官俸給半額日割ヲ以テ之ヲ給スヘシ（但在職中自己不正ノ事件ニ付キ出廳セシムル時ハ給セサルヘシ）○第十四條　免職ノ上御用滯在ヲ命スル者ハ滯在手當トシテ舊官月俸三分ノ一ヲ給ス（但右手當ハ上半月内免職ノ者ハ下半月ヨリ之ヲ給シ下半月内免職ノ者ハ翌月ヨリ之ヲ給ス滯在中再任上半月内ニアル者ハ其月分ヲ給セス下半月内ニアル者ハ上半月分ヲ給シ下半

照シ其多キ方即チ三拾壹圓ヲ取リ之ヲ折半シテ拾五圓五拾錢ヲ得而ル後其前半月分ハ之ヲ扣除シ下半月ニ於テ拾五圓五拾錢ヲ給シ前半月ハ舊日給額拾五圓（病氣其他ノ減給スヘキ者ハ總テ之ヲ減ス）ヲ給ス此給額合メ三拾圓五拾錢トナル第三　規則第四條但書ニ十五日前後ヲ以テ區分スト云フノ文ヲ主眼トシ即チ其轉給ノ十五日前ト後トヲ區分シ其轉給ニ係ル半月ノ日數ニ應シタル日給積算高（此半月ハ月俸ト見做スヲ以テ病氣其他ノ減給スヘキモノアルモ總テ之ヲ減セス）ト月給ノ半額トヲ比照シ以テ其給額ヲ定ム

月分ハ給セサルヘシ）○第十五條　許可ヲ得テ歸鄉スル者ハ給暇中月俸半額ヲ給スヘシ（但シ計算方法譬ヘハ十五日前奉職地ヲ發足スル者ハ下半月分ヨリ減給シ十六日後發足スル者翌月ヨリ減給スヘシ公事旅行中（赴任及並旅行ノ如キ一日行程定アルノ類）許可ヲ得テ歸鄉スル者公事旅行日積（任所ト御用先トノ間片路一日十里詰）中ハ月俸ヲ減スルヿナシ若シ日積ヲ超過スレハ其日ヨリ前項ノ區分ニ據リ支給スヘシ　歸鄉中時宜ニヨリ公務ヲ命スルトキハ奉務中月俸全額ヲ給スヘシ但シ其日數ハ給暇中ニ算入セス且ツ已ムヲ得サル事アリテ延期追願シ許可ヲ得ル者モ亦本條ノ通タルヘシ尤計算方法ハ前條ニ準據ス）○第十六條　病氣引ノ者ハ四ケ月ノ間月俸全額ヲ給シ其後ハ三分ノ一ヲ給スヘシ（但病氣引十五日ニ至テハ必ス醫案ヲ副ヘ屆ケ出猶ホ荏苒數月ニ亙フトキハ六十日每ニ更ニ其病狀ヲ屆ケ出ヘシ病氣引日數ハ引籠ノ日ヨリ起算スヘシ若シ醫案ニ因リ奉職ノ地ヲ離レ鄉里又ハ地方ニテ治療セント欲スル者ハ病症ノ輕重ニ從ヒ療養ノ日限ヲ定メ願出スヘシ尤モ許可限

ルニアリ例ヘハ（前同上）前半月ハ其日給額拾五圓病氣其他減給スヘキモノハ總テ之ヲ減スヲ給シ下半月ニ於テ日給十六日分即チ拾六圓ト月給ノ半額拾五圓トヲ比照シ其多キ方拾六圓ヲ給ス此給額合シテ三拾壹圓トナル以上三樣ノ支給例ニ依リテ其金員ノ差異アルモノヲ對照スレハ左ノ如シ

日給壹圓ノモノ大ノ月三十一日十六日後ニ於テ月給三拾圓ニ轉給ノ件

例	前半月給額	後半月給額	計
第一	拾五圓五拾錢	拾五圓五拾錢	三拾壹圓
第二	拾五圓	拾五圓五拾錢	三拾圓五拾錢
第三	拾五圓	拾六圓	三拾壹圓

日給壹圓ノモノ二月二十八日十六日後ニ於テ同上ノ件

第一	拾四圓	拾五圓	二拾九圓
第二	拾五圓	拾五圓	三拾圓
第三	拾五圓	拾五圓	三拾圓

滿チ未タ全癒ニ至ラサルトキハ更ニ其狀ヲ具シ延期ヲ追願スヘシ此場合ニ於テハ奉職地出發前後ノ日數ヲ合算シ本條ニ據テ給スヘシ歸鄕中發病續キテ療養セント欲スル者ハ右同樣上請スヘシ此場合ニ於テハ其月俸仍ホ第十五條ノ通リ給スヘシ尤モ歸鄕許可ノ日限ヲ除キ四ヶ月以上ニ及フトキハ本官月俸三分ノ一タルヘシ（右病氣引四ヶ月計算ノ方法譬ヘハ十五日前引籠ノ者ハ下半月ヨリ之ヲ算シ十六日後引籠ノ者ハ翌月ヨリ之ヲ算スヘシ）○第十七條　奉職ノ地ニ於テ父母病氣看護ノ爲メ休暇ヲ與フル者ハ第十六條ニ準ス

○第十八條　公事失錯等ニテ糺問中ハ月俸全額ヲ給ス私事ニ涉ル糺問ト雖トモ日數十五日マテハ尙ホ全額ヲ給スヘシ預ケ中或ハ事故アリテ出仕差止ル者及ヒ私事糺問日數十六日以上ニ及フ者等ハ其月十五日前後ヲ區分シ減シテ五分ノ一ヲ給ス實決闘刑ニ處セラル者ハ一切給セサルヘシ（但出仕差止ル者及私事糺問十六日以上ニ及フト

○太政官
大藏省ヨリ月俸規則第貳拾三條ノ儀ニ付伺

茲ニ等外吏滿四年餘勤續ノ末判任ヘ昇進シ滿五年餘勤務一且依願免職諭旨同月更ニ等外吏被申付尚又一ケ年餘勤務ノ後依願免職諭旨ノ者有之右ニ支給スル一時賜金ノ儀前等外吏奉職年數ハ容年六月當省伺ニ對シ判任ニ進ミタル等外吏ハ月俸規則貳拾三條ニ

雖モ無罪ニ歸スル圧ハ全額ヲ給スヘシ　私事訴訟ノ原被告人又ハ證人引合人トナリ之カ爲メ出勤セサル日數十六日及フ者ハ本項ニ準シ減シテ五分ノ一ヲ給スヘシ）○第十九條　忌引中ハ月俸全額ヲ給シ且ツ父母忌中墓參ノ爲メ歸鄉ヲ請フモノハ其忌日限中ハ同ク之ヲ給シ其餘ノ日數ハ十五日前後ノ區分ヲ以テ第十五條ノ通リタルヘシ（但歸鄉給暇中父母ノ喪ニ遭フ者モ亦本條ニ據ルヘシ）○第二十條　各廳ノ適宜ニ因テ御用掛無等ノ出仕或ハ雇拘並書記等ノ名義ヲ以テ出仕セシムルモノ其他邏卒門番等給料ノ多寡ニ不拘月給ノモノハ總テ前各條ニ準據スヘシ）○第二十一條　同上ノ內日給ノ者及ヒ小使諸職人其他小者ノ類ハ多寡ニ不拘雇人並放免ノ月端日數ハ總テ日割ヲ以テ給與スヘシ○第廿二條　免職又ハ奉職中病死ノ者ニハ其節ノ月俸半額ヲ以テ勤續キ一ケ年トナシ勤續年數ニ乘シテ之ヲ給スヘシ　若シ破廉耻甚及私罪懲役一年以上ノ罪ヲ犯ス者同上ノ罪ヲ犯シ自首免罪糺問中免職處決ノ後同上ノ罪ニ該ル者懲戒ニ由リ免職ノ者ハ之ヲ給セス（但シ年月計算ハ舊曆

據ルノ限リニ無之旨御指示ノ趣ニ準シ其判任ニ昇等ノ日ヲ境トシ自然消滅ニ屬シ候儀ト被存候ニ付單ニ判任奉職ト後ノ等外吏奉職ノ年數トヲ通算滿六年餘トナル規則第貳拾三條ニ據リ支給スル儀ト心得可然哉

（指令）十八年二月十日

伺ノ趣月俸規則第貳拾三條ハ等外吏勤續ノ者ニ限ル儀ト心得ヘシ

閏月ヲ除キ十二ヶ月ヲ以テ拜任ノ月ヨリ免職ノ月マテ通算スヘシ任免ノ月並壬申十二月ハ端日數ト雖モ概シテ一ヶ月ト爲ス　滿年賜金ハ免職ノ節賜ルヘシ但免職ノ上即日再ヒ拜任スルト雖モ固ヨリ勤續キニ非サルヲ以テ他日免職ノ節再任ノ月ヨリ更ニ起算スヘシ

滿年ノ賜金ハ御用掛無等ノ出仕雇抱等ノ者ヘハ賜ハラス後日等內外ニ遷リ勤續キニナルモ右名義中ノ年月ハ算入スヘカラス尤モ己巳八月以前ハ此限ニアラス（但等內外官吏ヨリ御用掛無等ノ出仕雇抱等ヘ轉シ候節ハ免職ニ非スト雖モ其際打切各條ニ據リ前官廳ニ於テ賜ルヘシ）　女官ハ此規則ノ外タルヘシ廢廳廢官ノ節第十二條中官ト同視スルモノハ勤續年月ニ算入ス

九年六月御達第六十四號

明治五年十月第三百九號達旅費定則及爾後追々改正增加ノ分共本年六月三十日限リ相廢シ更ニ別冊ノ通相定七月一日ヨリ施行候條此旨相達候事

旅費定則

○内務省
岡山縣ヨリ警部持區内晝夜急行出張ノ節旅費支給方ノ儀ニ付伺
警部巡査給與規則第十三條ニ警部ノ旅費ハ一般ノ定規ニ依ル其持區内出張及ヒ巡回ハ一日金一圓同滯在日當一日金五拾錢トシ右支給方ハ一般ノ定規ニ依ルヘキ旨明治十四年貴省乙第十二號ヲ以テ改正御達ニ基キ右金額支給致來候處其持區内ニシテ至急ノ公務ニ依リ三里

内國之部

第一章　陸路水路トモ渾テ旅中一切ノ費用トシテ表面ノ通旅費日當ヲ支給スヘシ

第二章　陸路旅費ヲ三分シテ並旅行赴任旅行晝夜急行トナシ各一日十里詰ヲ以テ表面ノ日當ヲ給スヘシ（十里以上ノ端里數滿一里以上ハ日當一日分ヲ給シ一里未滿ハ切捨トス）

第一項　並旅行ハ該廳ヨリ片道六里以上ヨリ之ヲ給ス（片道六里未滿ハ第四項ニ準ス）

第二項　赴任旅行ハ在勤（本廳支廳ノ別ナク總テ其所ノ常務ニ服スルヲ云）及新任轉任ノ節該廳ヘ三里以上ヨリ（三里未滿ハ一切給セス）之ヲ給ス尤新任ノ者ハ第十七章ノ相當ヲ以テ支給ス（新任轉任ノ者旅費ハ其採用ノ官廳ヨリ給ス尤モ便宜ノ爲メ一時其先官廳又ハ在籍ノ管轄廳ニテ操替渡スモ追テ其採用ノ官廳ヨリ返附ス可シ但甲廳ノ官吏ヲ乙廳ヘ借用スルノ類ニ於テ給ス）

以外ノ地ヘ晝夜急行旅費額支給不相成儀ニ候哉然ルニ通常出張ト異リ實際車馬賃等ノ増費ヲ要スル儀ニ付縦令持區内出張ト雖モ急行ノ向ニ限リ管内出張ト見做シ當縣適宜減額晝夜急行旅費額支給シ可然哉

明治十八年五月十四日指令
書面後段伺ノ通
明治十八年六月一日

第三項　晝夜急行（晝夜ヲ兼テ急行スルヲ云）ハ第一項ニ準シ急行ノ日當ヲ給ス（一日或ハ半日間急行スルモ亦仝シ）

第四項　該廳ヨリ片道六里未滿ノ旅行ハ總テ（出張巡回ニ拘ハラス）近方派出トシ片道三里未滿ニテ日歸ナレハ日當ヲ給セス一泊スレハ滯在日當ヲ給シ片道三里以上六里未滿ハ日歸一泊ノ別ナク往返ニテ並旅行日當一日分ヲ給シ滯在スレハ滯在日當ヲ給ス

第五項　出張先滯在中片道三里以上ノ地ヘ派出ノ節ハ第四項ニ準シ並旅行ノ日當ヲ給ス尤三里未滿ノ地ヘ同斷ノ節ハ第三章滯留日當ノ外一切給與セス（事業中縱横奔走ノ里數ハ算入セス）

第六項　行旅中渡海ニ非サレハ至リ難キ場所ハ陸路ノ割合ヲ以テ赴任旅行ハ該日當ヲ給シ其他ハ並旅行日當ヲ給ス尤官船乘組渡海ノ節ハ第四章ニ準據ス

第七項　巡回（檢田測量其他巡視等ノ類ヲ云）ハ總テ日數ニ應シ

(里程ハ算セス)並旅行日當ヲ給ス但近方派出ハ第四項ニ準シ滯在ノ節ハ第三章ニ準ス

第八項　十里外ヨリ始ル巡回及此地ヨリ彼地ヘ移ルトキ十里以上ノ場所ハ本章ニ準シ並旅行日當ヲ給シ即日巡回スルトモ其日ハ別ニ日當ヲ給セス尤十里未滿ハ第七項ニ準シ日數ヲ以テ給ス

第九項　測量或ハ堤防等ノ事業ニテ巡回滯在中旅宿ヨリ其測量ノ場所ヘ日々派出スルモ日歸ナレハ(里程ニ拘ラス)別ニ旅費ヲ給セス滯在日當ノミヲ給ス(一泊以上ハ里程ニ拘ラス第七項ニ準ス)

第十項　並旅行ハ一日十里詰ト定ムルト雖モ御用柄ニヨリ百里ノ行程ヲ十二三日ニ旅行スルカ如キ事實不得止節ハ右增日數ニ應シ表面ノ通滯留日當ヲ給スヘシ

第十一項　地方出張ノ者甲乙丙ノ各地ヘ兼行スルトキハ都テ本廳ヨリ丙地迄ノ片道里程ヲ通算シ途中尙各地ヘ立寄トモ別段區

分セス丙地迄ノ里程ヘ合算シ十里詰ノ割ヲ以テ旅費日當支給スヘシ

第十二項　各廳及ヒ支廳又ハ出張所ニ三里以上ノ地ヨリ採用シ該廳在勤ヲ命セス一時滯留セシメ追テ任所ヘ赴ク者ハ本人現住ノ地ヨリ滯留ノ地迄ハ第十七章ノ相當ヲ以テ給シ夫ヨリ任所迄ハ直路里程ニ應シ官等相當ノ赴任旅費ヲ給シ滯留中ハ拜命前後ヲ區分シテ滯留日當ヲ給ス其三里以內ノ地ヨリ採用セシ者ハ滯留地ヨリ任所迄前同樣赴任旅費ノミヲ給スヘシ但官ノ都合ニ因リ支廳又ハ出張所ノ近傍ヘ特ニ止宿セシムル時ハ滯留日當ヲ給ス

第三章　地方出張（本廳ヨリ支廳ヘ臨時出張支廳在勤先ヨリ本廳ヘ同斷ノ節モ亦仝シ）ハ着翌日ヨリ滯留日當ヲ支給スヘシ

第一項　晝夜急行或ハ便船等ニテ陸路日積ヨリ早着スル𪜈本章ニ準シ滯留日當ヲ給ス

第二項　旅行中川留雪支或ハ病氣等ニテ延滯セシ向ハ增日數ノ

分滯留日當ヲ給ス但シ川留雪支ハ其所戶長ノ證書病氣ハ醫師ノ診斷書ヲ差出スヘシ

第三項　出張先病氣ニテ許可ヲ得事務半途ニシ本廳ヘ歸ル者ハ旅費ヲ給シ重症ニテ一時其地ニ滯在ヲ乞フ者ハ醫師ノ斷診書ヲ以テ願出レハ滯留日當及歸廳ノ節ハ旅費ヲ給ス

第四項　三里以上ノ地ヨリ採用ノ向ハ着翌日ヨリ拜命ノ前日マテ第十七章ノ相當ヲ以テ滯留日當ヲ給ス

第五項　歸省或ハ養痾ニテ他所滯在中轉任ノ者ハ其滯在地ヨリ新任廳マテノ旅費ヲ給シ滯在地ヨリ前官廳マテ旅費ハ給セス

第四章　官船或ハ各廳ノ備船等ニテ國內航海並海路巡回ハ日數ニ應シ日當及ヒ賄料ヲ支給スヘシ

第一項　官吏ヲ以テ仕賄ノ節ハ旅費ノ等級一二等ニ該ル者ハ主從ヲ合セテ上等壹人下等二人同三等ハ上等壹人下等壹人マテ現員ヲ以テ賄ヒ仝四等ハ上等仝五等ハ中等（中等ナキトキハ下等）給仕小使諸職人等ハ下等各壹人ノ割ヲ以テ仕賄フ可シ故

ニ本章ノ賄料ハ給與セス
第二項　各廳ノ便宜ニヨリ便船乘組渡海ヲ命スル節船賃ハ（旅費ノ等級一等ヨリ四等マテハ上等仝五等ハ中等但シ中等無之トキハ五等ヲ下等トシ給仕諸職人等ハ下等トス）悉皆官費ヲ以テシ別ニ本章ニ準シ乘組日當ヲ給ス尤從者召連ル節旅費ノ等級一二等ハ下等二人仝三等ハ下等一人ノ船賃ノミヲ支給ス
（自己ノ便宜ニヨリ乘船スル向ハ本項ノ例ニアラス）

第五章　東京横濱及ヒ京都大阪神戸間ノ瀛車賃ハ表面ノ通支給シ時ニヨリ一日間ニ往來シ又ハ二日ニ往來スルトモ日數ニ應シ別ニ賄料トシテ滯留日當ノ額ヲ給ス若シ到着ノ上滯留アラハ第三章ニ準據ス可シ
第一項　京都ヨリ神戸ニ至ル瀛車ハ一線路ニ付滯留日當ハ本章ニ準シ支給スヘシ
第二項　赴任及ヒ免職歸鄕ノ者ハ表面赴任瀛車賃及賄料トシテ滯留日當ノ額ヲ支給ス

第三項　東京橫濱並京都大阪神戶間ノ線路中間ノ「ステーション」ヘ東京ヨリ神奈川迄大阪ヨリ西ノ宮迄京都ヨリ茨木迄ノ類）行旅スルモノ赴任ハ陸路三里以上ヨリ並旅行ハ片道六里以上ヨリ本章ニ準シ六里未滿ハ第二章四項ニ準シ往返ニテ表面滊車賃及ヒ滯留日當一箇ヲ給ス尤下車ノ上陸路一里以上經過スルモノハ此例ニアラス

第六章　使府縣管內旅行ハ表面ノ通旅費日當ヲ支給スヘシ

第一項　管內旅行ノ節道路ノ便宜ニヨリ他ノ管轄地ヲ通過スル

ノ類モ管內ニ準ス尤管內ト雖モ支廳等ヘ在勤並管外派出其他

晝夜急行及ヒ任免轉任ノ節旅費等ハ總テ管外ニ準シテ之ヲ給ス

第二項　各廳ノ官員本廳支廳ヲ論セス其在勤地府縣ノ管內旅行ノ節ハ本章ニ準據ス（神官及華士族平民等管內旅行ノ節モ亦仝シ）

第三項　開拓使管內ハ本廳支廳各其所管ノ部內ヲ以テ管內トシ（其部外ハ管外トス）本章ニ準シ旅費ヲ給ス

第七章　免職ノ者其日ヨリ三十日以内ニ歸郷願出ル者ハ前官ヲ問ハス第十七章ノ相當ヲ以テ表面ノ赴任旅行日當ヲ歸郷旅費トシテ其在勤又ハ出張ノ地ヨリ郷里マテ（里程制限ハ第二章第二項ニ準ス）支給スヘシ

第一項　免職後歸郷セサル内ニ再任スル者ハ旅費悉皆返納スヘシ

第二項　歸省或ハ養痾ニテ他行中免職又ハ死去ノ者モ本章ニ準シ奉職ノ地ヨリ郷里マテ歸郷旅費ノ額ヲ手當トシテ給ス在勤地ニ於テ死去ノ者モ亦同シ

第三項　他方在勤ノ者免職ノ節復命セシムルトキハ其地ヨリ復命スル地マテハ前官相當ノ旅費ヲ給シ夫ヨリ郷里マテ歸郷ノ旅費ヲ給ス

第四項　出張先ニ於テ免職ノ節家事取纏メノ爲メ從前在職ノ地ヘ立戻ル者ハ出張先ヨリ從前在職ノ地マテハ第十七章ノ相當ヲ以テ並旅行日當ヲ給シ夫ヨリ郷里マテ歸郷ノ旅費ヲ給ス尤復命セシムルトキハ第三項ニ準據ス（出張先ニ於テ死去ノ節ハ

該地ヨリ從前在職ノ地マテハ第十七章ニ準シ並旅行日當ノ額夫ヨリ郷里マテハ歸郷旅費ノ額ヲ手當トシテ給ス）

第五項　官吏犯罪又ハ嫌疑等ニテ鞠問中職ヲ免スル者其處決ノ上罪破廉恥甚ニ該ル歟又ハ死罪懲役一年以上ノ刑ヲ受ル者ハ歸郷旅費ヲ給セス

第八章　神官ハ總テ左ノ等級ヲ以テ支給スヘシ

官等	旅費等級
神宮祭主	三等
神宮宮司○（官幣）（國幣）大社宮司○神宮禰宜（官幣）（國幣）中社宮司	四等
（官幣小社）別格官幣社）（國幣小社）宮司○（官幣）（國幣）大社禰宜○神宮主典（官幣）（國幣中社禰宜○（官幣小社）別格官幣社）（國幣小社禰宜○神宮宮掌○（官幣）（國幣）大社主典○（官幣）（國幣）中社主典○（官幣小社）別格官幣社）國幣小社）主典	五等

第一項　神官ヨリ教導職兼務教導職ヨリ神官兼務ヲ命シ或ハ免スル節旅費ハ總テ神官相當ノ旅費ヲ給ス尤說教ノ爲メ各地方ヘ出張ノ旅費ハ一切之ヲ給セス

第二項　（十年十月删除）

第九章　御用掛無等ノ出仕又ハ術業其他傭抱等ノ名義ヲ以テ出仕セシムル者ハ月俸金額ノ寡ヲ以テ左之通支給スヘシ

月俸金額	旅費等給
三百五拾圓以上	三等
三百五拾圓未滿三拾圓迄	四等
三拾圓未滿	五等

第一項　月給ハ三十日分ヲ積算シ月俸同樣見做シ本章ニ準據ス

第二項　該廳ヘ三里以外ノ地ヨリ呼寄セシ向ニ限リ雇入並罷免ノ旅費ヲ給ス但三里未滿ノ地ニテ雇入ノ者ト雖モ地所在勤中或ハ出張先ニ於テ罷免ノ節ハ該地ヨリ歸鄉ノ旅費ヲ給ス

第十章　給仕小使諸職人ノ類（陵墓丁獄丁等ニ亦仝シ）左ノ通支給スヘシ

六拾錢　並旅行日當　三拾錢　滯留日當　壹圓五拾錢　晝夜急行日當　三拾錢　官船渡海日當　五拾錢　仝上賄料

第一項　諸職人等出張先ニテ其業ニ就キ相當ノ賃錢ヲ支給スル分ハ該地滯在中日當ハ　五拾錢　東京横濱大坂神戸　間滊車賃　六拾錢　京都大坂　間滊車賃給セス

第十一章　外國人ニ附添旅行ノ節乘馬ヲ用ル時等外ハ旅費日當ノ外馬飼料一日六拾錢ヲ給シ口附ノ者召連ル節ハ別ニ第十章ニ準シ旅費日當ヲ支給ス可シ

第一項　判任ハ馬飼料ヲ給セスト雖モ口附ノ者召連ル節ハ第十章ニ準據ス

第十二章　官用荷物運搬費ハ勿論總テ現費支給ノ分證書ヲ添ヘ詳細勘定書ヲ以テ申請スヘシ證書之ナキ分ハ一切支給セサルヘシ

第十三章　他方在勤或ハ出張ヲ命スル後其廳ノ都合ニヨリ免セシ者又出發前死去ノ者ハ片道里程三分一ノ旅費ヲ給シ巡回ハ見積

リ總日數（十里外ヨリ始ル巡回及ヒ此地ヨリ彼地ヘ移ル片ノ並旅行里程ハ日數ニ直シ算入シ滯留日數ハ算入セス）六分一ノ旅費ヲ給ス尤モ願ニ因リ免シタルモノハ一切支給セサルヘシ

第一項　並旅行ノ者出發後半途以內ヨリ呼戾セシ者ハ片道分ノ旅費ヲ給シ半途ヲ過キ同樣ノ者ハ其里程ニ應シ相當ノ旅費ヲ給ス

第二項　巡回ノ者出發後半途（見積總日數四分ノ一ヲ云）以內ヨリ呼戾セシ節ハ見積リ總日數（計算法本章ニ仝シ）半數ノ旅費ヲ給シ半途ヲ過キ同樣ノ節ハ日數又ハ里數ニ應シ相當ノ旅費ヲ給ス

第十四章　廢廳ノ節人選ノ上事務引渡シヲ命シ旅行セシムル者仍ホ舊官相當ノ旅費ヲ支給スヘシ

第一項　免職ノ者事務引渡濟ノ後在職中ノ事件ニ付更ニ出廳ヲ命スル片ハ第十七章ノ相當ヲ以テ給ス尤當時在職ノ者ハ其官相當ヲ以テ支給ス

第二項　往時奉職中ノ公務ニ付糺彈鞫問等ノ呼出ヲ受ル節モ亦第一項ニ準ス但處決ノ上私罪ニ該ル者ハ一切之ヲ給セス

第十五章　並旅行ヨリ晝夜急行ニ轉スル如キハ總里數ヲ十里每ニ區分シ其十里內互ニ相跨ル里數ハ總テ旅費額ノ多キ方ヲ以テ支給スヘシ十里未滿ノ旅行モ亦之ニ準ス

第一項　一日ノ內陸路ヨリ官船等ヘ乘組又ハ上陸ノ節陸路片道一里以上ノ分ハ本章ニ準シ陸路ノ旅費日當ヲ給シ其日ノ乘組日當ハ之ヲ給セス餘之ニ準據ス（賄料モ籠ル傭船等ニテ當日既ニ官費支賄ヒシ分ハ別ニ返償スルニ及ハス）

第十六章　在官者ハ位勳ニ拘ラス總官等ニ據リ旅費ヲ給ス數官兼任ノ者ハ比較シテ各旅費ノ多キ方ニ從ヒ支給スヘシ

第十七章　華族及ヒ有位ノ四民公用ニテ旅行ノ節ハ旅費ノ四等ヲ以テ給シ無位ノ四民（生徒モ仝シ）僧侶等同斷ノ節ハ旅費ノ五等ヲ以テ支給スヘシ（但別段ノ成規アルモノハ此限ニアラス）

第十八章　外國行ノ者發程並歸朝ノ節內地陸路通行ノ旅費ハ前各

章ニ準シ國内ノ定規ヲ以テ支給スヘシ（航海ノ都合ニヨリ内地上陸ノ節モ亦本章ニ準シ日當ヲ給ス）

第十九章　歸省其他養痾等許可ヲ得ル者ト雖モ私事ニ渉ル旅行ハ一切支給セサルヘシ但公事旅行中（赴任及並旅行ノ如キ一日行程定アルノ類）歸省等ノ許可ヲ得テ迂路ヲ經ルト雖モ直路ノ旅費ヲ減スルヿナシ

第二十章　各廳ノ便宜ニ依リ此定則ニ基キ適宜減少ノ方法ヲ設クルハ苦シカラズ

第二十一章　百里外　行幸　行啓ノ節供奉ノ者ヘ支度料左ノ通支給スヘシ

太政大臣 左右大臣	金三百圓	一等官	金二百圓
二等官 三等官	金百五十圓	奏任官	金百圓
判任官	金五十圓	等外吏	金十五圓

但五十里外供奉ノ者ヘハ本文金額三分二ヲ給ス

一供奉ヲ命スル後其廳ノ都合ニヨリ免シタルモノ又ハ出發前死者ハ半額ヲ給ス願ニ依リ免シタルモノハ之ヲ給セス

一供奉出發後途中ニ於テ免シタルモノ又ハ死去セシ者ハ全額ヲ給スヘシ

外國ノ部

第一章　外國在勤又ハ出張ノ者ハ支度料日當表面ノ通リ支給スヘシ

第一項　在勤又ハ出張中事務ノ都合ニ依リ一旦歸朝再ヒ出發シ又ハ外國ニ於テ此國ヨリ彼國ニ移轉スルモ別ニ支度料ヲ給セス尤御用濟歸朝ノ後更ニ在勤出張ヲ命スル節ハ此限リアラス

第二項　日當ハ渡航ノ初日ヨリ內地ヘ歸着ノ日マテヲ通算シテ之ヲ給ス

第三項　在勤又ハ出張ヲ命スル後其廳ノ都合ニヨリ免シタルモノ又ハ出發前死去ノ者ハ支度料半數ヲ給ス尤願ニ依リ免シタルモノハ之ヲ給セス

第二章　外國航海客料並着船ノ港ヨリ出張或ハ在勤ノ都府マテ滊車滊船或ハ馬車賃其他私屬荷物運賃等表面ノ通定額又ハ概額ヲ

以テ之ヲ給ス尤定額ハ過不足精算ニ及ハス概額ハ實費過不足ヲ精算スヘシ

第一項　陸路旅費ハ表面ノ通概額ヲ以テ給ス故ニ滊車賃ハ判任以下上等等外ハ中等其他諸費トモ右ニ準シ實費仕拂ヲナス可シ

第三章　外國出張中旅舍賄料ハ日數ニ應シ表面ノ通支給スヘシ

第一項　賄料ハ着港ノ日ヨリ給シ航海中ハ之ヲ給セス

第二項　航海中郵船ノ都合ニヨリ不得止上陸スルトキハ其日數ニ應シ賄料ヲ給ス

第四章　公用荷物運賃並本國其他ヘ公信郵便電信料公事交際ノ費用等ハ現場仕拂ノ高ヲ以テ官費トナスヘシ

第五章　私屬ノ荷物運賃ハ勅奏判任一人ニ付三十五貫目等外一人ニ付二拾貫目マテハ官費ヲ以テ之ヲ給シ其以上ハ自費タルヘシ尤航海中ハ別ニ支給セサルヘシ

第六章　官船或ハ各廳ノ傭船等ニテ航海スル者ハ船客料ヲ給セス

内國旅費日當表官船渡海ノ賄料ヲ支給スヘシ

第一項　官費ヲ以テ仕賄ノ節ハ勅奏任ハ主従ヲ合セテ上等一人下等一人マテ現員ヲ以テ賄ヒ判任ハ上等等外ハ中等（中等ナキトキハ下等）其以下ハ下等各一人ノ割ヲ以テ賄フヘシ

第七章　華族及士民等公用ニテ航海スルトキハ内國ノ部第十七章ニ照シ御用掛無等ノ出仕又ハ術業其他傭抱等ノ名義ヲ以テ出仕セシムルモノハ同斷第九章ニ準シ（内國旅費ノ三等ハ外國旅費ノ奏任同上四等ハ判任五等ハ等外トス）前各章ニ據リ支給スヘシ

第八章　諸職人小使ノ類支度料及ヒ渡航ノ初日ヨリ内地ヘ歸着ノ日マテ左ノ日當ヲ給シ其他船客料旅舍賄料滊車賃ハ等外ニ準シ支給ス尤私屬荷物ノ運賃ハ別ニ給セサルヘシ

拾貳圓五拾錢　支度料　拾八錢　日當

第九章　從者ハ願ニヨリ勅奏任官ニ限リ壹人ヲ許可シ往返幷在留國内外公用旅行ノ節船客料及滊車賃行旅中賄料共等外ニ準シ支給スルト雖モ支度料日當滯在中賄料ハ總テ支給セサルヘシ

第十章　全權大使等ノ如キ重大ノ御用ニテ出張ノ向並各國公使領事館在勤ノ者及朝鮮行船客料賄料等ハ此定則ノ外タルヘシ

内外國旅費日當表（卷末ニ載ス）

十五年四月御達第十九號

月俸規則第二條但書ヘ左ノ一項ヲ增加候條此旨相達候事

一新任ノ者宣旨拜受々書差出置出仕セサル内辭表差出スモノハ月俸一切給セサルベシ

十六年十二月御達第五十四號

月俸規則第十八條第二十二條本條及旅費定則第七章第五項第十四章第二項左ノ通改正ス

月俸規則

○第十八條　一官吏職務上ノ事件ニ關シ訴訟ノ原被告人又ハ證人引合人トナリ缺勤ヲ爲ス者或ハ事故アリテ出仕差止ル者ハ其月十五日前後ヲ區別シ減シテ五分ノ一ヲ給ス○第二十二條　一免職又ハ奉職中病死ノ者ニハ其節ノ月俸半額ヲ以テ一ケ年ノ賜金トナシ

勤續數ニ乘シテ之ヲ給スヘシ　但書從前ノ通

旅費定則

第七章　○第五項　官吏罪ヲ犯シ官職ヲ失フ者及ヒ懲戒ニ由リ免職ノ者ハ歸鄕旅費ヲ給セス　第十四章　○第二項　往時奉職中ノ公務ニ付訴訟ノ被告人又ハ證人引合人トナリテ出廷スルトキモ第一項ニ準ス但刑事ノ被告人トナルモノハ此限ニアラス

十七年一月御達第五號

月俸規則第二十二條ヲ廢シ更ニ左ノ兩條追加候條此旨相達候事

○第二十二條　官吏滿五年以上十五年未滿奉職ノ者死去又ハ廢官廢廳若クハ諭旨退官セシメタルトキハ左ノ金額ヲ一時限リ支給ス可シ但恩給ヲ受クル者及等外吏御用掛雇又ハ罪ヲ犯シ官職ヲ失フ者並ニ懲戒ニ因リ免官ノ者ハ之ヲ支給セス

滿五年以上十年未滿ニシテ死去又ハ退官ノ者　現俸給　三個月分

滿十年以上十五年未滿ニシテ死去又ハ退官ノ者　同四個月分

○第二十三條　等外吏奉職滿五年以上ニシテ死去又ハ退官シタルトキハ其月俸半額ヲ以テ奉職年數ノ一個年ニ當テ勤續年數ニ應スルノ金額ヲ一時限リ支給ス可シ但罪若クハ懲戒ニ因リ免官ノ者ハ之ヲ支給セス

十七年一月御達第六號

旅費定則中左ノ通改正候條此旨相達候事

○第五章第二項中（及ヒ免職歸鄉）ノ六字ヲ删ル　○第七章　他方在勤ノ者免職ノ節復命セシムルトキハ其地ヨリ復命スル地迄ハ前官相當ノ旅費ヲ給ス　○第九章第二項中（并罷免）ノ三字及（但）以下四十六字ヲ删ル

十六年十二月御達第五十六號

明治九年六月第六十四號達旅費定則第八章中神官旅費等級左ノ通改正候條明治十七年一月一日ヨリ施行可致此旨相達候事

官幣小社

別格官幣社　宮司　四等

国幣小社

○太政官第五十號達

明治七年五月第六十一號達月俸規則及同九年六月第六十四號達旅費定則中左ノ通改正追加候條此旨相達候事

明治十八年九月五日

月俸規則

第三條

一上下半月內ニ免職更ニ任官ノモノハ都テ第四條轉任ノ例ニ準シ其俸ヲ支給スヘシ

第四條但書第二項追加

國庫支辨ヨリ地方稅支辨ニ轉シ若クハ地方稅支辨ヨリ國庫支辨ニ轉スルモノモ總テ此例ニ準スヘシ

旅費定則

第九章

一無等ノ出仕準官勅奏判等外ハ各本官ノ旅費等級ニ準シ支給シ術業又

ハ雇抱等ノ名義ヲ以テ出仕セシムル者ハ月俸金額ノ多寡ヲ以左ノ通支給スヘシ

以下從前ノ通

第一節ノ七　乘馬飼養令

○十七年八月第六十六號達

第一條　勅奏任文武官ハ乘馬ヲ飼養スヘシ

但陸軍武官幷ニ警視官等ニ〆乘馬本分ノ職ヲ奉スル者ハ其本分ノ馬匹ハ各其規則ニ依ル海軍武官ハ海上勤務奉職中ノ者ヲ除ク

第二條　文武官飼養ノ馬匹ハ戰時若クハ事變ニ際シ軍用ニ供給スルノ義務アルモノトス

第三條　勅奏任官ハ年俸ト月俸トヲ問ハス一箇月俸給百圓以上ヲ受ル者（出仕御用掛モ包含ス）限リ左ニ揭クル馬數ヲ飼養ス可シ

但各自ノ便宜ニ依リ定數以上ノ馬匹ヲ飼養スルコト及乘馬ヲ馬車馬ニ換フルコトハ妨ケナシ

俸給百圓以上三百圓未滿ノ者　　乘馬一頭

同　三百圓以上四百圓未滿ノ者　同　二頭
同　四百圓以上五百圓未滿ノ者　同　三頭
同　五百圓ノ者　同　四頭
同　六百圓ノ者　同　五頭
同　八百圓ノ者　同　六頭

第四條　乘馬ハ各自ノ望ニ任セ陸軍省ヨリ官馬ヲ拂下ク可シ
但百圓以上二百圓未滿ノ俸給ヲ受クル者ニ限リ其代價ハ月賦ニテ上納セシム

第五條　事故アリ定數ノ乘馬ヲ飼養スルコト能ハサル者ハ飼養料トシテ毎一頭一箇月金十圓（百圓以上百五十圓未滿ノ俸給ヲ受クル者ハ七圓）ノ割合ヲ以テ毎月本管廳ニ納メ本官廳ハ其金額ヲ取纏メ翌月之ヲ陸軍省ニ送付スヘシ
但飼養料ヲ上納スル者ハ臨時陸軍省ヨリ官馬ヲ借用スルコトヲ得

第六條　陸軍省ニ於テハ第四條ノ官馬拂下ケ並ニ第五條ノ飼養料ニ

充ツ可キ馬匹ヲ備ヘ置キ拂下ケ及臨時貸與ノ方法ヲ定ム可シ
第七條　各自乘馬ヲ飼養スル準備ノ爲メ本令頒布ノ日ヨリ左ニ掲クル年月日其飼養ヲ猶豫スルコトヲ得
但本令頒布ノ後新ニ任官シタル者若クハ百圓未滿ヨリ百圓以上ノ俸給ニ昇進シタル者ハ其新任若クハ昇進ノ日ヨリ起算ス又海軍武官ノ海上勤務ヨリ陸上勤務ニ轉シタル者ハ其轉職ノ日ヨリ起算ス可シ

俸給百圓以上百五拾圓未滿ノ者	一ケ年
同　百五拾圓以上二百圓未滿ノ者	十ケ月
同　二百圓以上三百圓未滿ノ者	六ケ月
同　三百圓以上四百圓未滿ノ者	二ケ月
同　四百圓以上ノ者	一ケ月

○明治十八年六月太政官第貳拾八號達
明治十七年八月第六拾六號達乘馬飼養令中左ノ通加除候條此旨相達候事

第一條文武官」ノ下ヘ（海軍武官ヲ除ク）ノ七字ヲ加ヘ但書（海上勤務奉職中ノ者ヲ除ク）ノ十七字ヲ削ル

第七條但書「起算」ノ下（シ又海軍武官ノ海上勤務ヨリ陸上勤務ニ轉シタル者ハ其轉職ノ日ヨリ起算）ノ三十三字ヲ削ル

第二節　官吏懲戒例附尚達

○九年四月第三十四號達

第一條　自今私罪ヲ除クノ外ハ官吏職務上ノ過失ハ本屬長官ニ於テ懲戒ノ權ヲ有スヘシ

第二條　懲戒法三種第一譴責第二罰俸第三免職

第三條　譴責ハ懲戒ノ輕キモノトシ本屬長官ヨリ譴責書ヲ付ス

第四條　罰俸ハ一月分ヨリ少ナカラス三月分ヨリ多カラサルノ俸ヲ奪フ（俸ヲ追スル法其一月給俸半額以下ハ一月俸中ニテ追了シ其以上ハ毎月給俸ノ半額ヲ領置シ數滿チテ大藏省ニ送付ス）

第五條　懲戒ヲ以テ免職スル者ハ本屬長官ノ意見ニ從ヒ其奏任ハ具狀奏請シテ之ヲ免シ位記ヲ返上セシム但懲戒ニ由ルニアラスシテ

免職スルモノハ長官旨ヲ諭シ本人ヨリ辭職ノ願ヲ出サシメ然ル後ヲ免許スヘシ

第六條　諸省長官ハ所屬奏判任官ヲ懲戒ス

第七條　府縣奏任官ハ太政大臣之ヲ懲戒ス府縣並ニ警視廳判任官ハ其長官之ヲ懲戒ス

第八條　四等以下ノ判事ハ司法卿之ヲ懲戒ス府縣官判事ヲ兼ルモノ丶其所屬判任官ニ於ケルハ他ノ奏任以上府縣官ノ協議ヲ得タル後之ヲ懲戒ス

第九條　府縣長官警視長官其所屬判任官ヲ懲戒スルニ其譴責ヲ專行スルヿヲ得ルヲ除クノ外其罰俸免職ヲ行フハ便宜處分シテ速カニ內務卿ニ屆出ヘシ府縣官判事ヲ兼ルモノ其所屬判任官ノ罰俸免職ヲ行フハ便宜處分シテ速カニ司法卿ニ屆出ヘシ

第十條　其有心故造私罪ニ入ルモノハ職務上ノ罪ト雖モ之ヲ司法官ニ移シ長官專ニ處分スルヿヲ得ス

○九年六月內務省番外達

本年四月第三十四號達官吏懲戒例ノ儀ニ付尙又左ノ通相達候事

一準官吏並ニ等外吏ハ本例ニ照シテ處分シ傭其他種々ノ名義ヲ以テ公事ニ關スル者ハ本屬長官ノ見込ヲ以テ適宜處分スヘシ

一官國幣社神官並ニ敎導職ノ過失發見スル時ハ所在地方官ヨリ其狀ヲ具シ敎部省ヘ屆出スヘシ

一（十三年第二十三號達削除）

一民費ヲ以テ給俸ニ充ル者ノ罰俸ハ各其民費ニ割戻スベシ

○九年四月司法省第十四號達

官吏懲戒例第十條ニ有心故造私罪ニ入ル者ハ職務上ノ罪ト雖モ之ヲ司法官ニ移シ云々ト有之ニ付テハ以來右等ノ者ハ司法卿若クハ檢事直チニ之ヲ受ケ司法卿若クハ檢事ニ於テ其有心故造ニアラス又律ニ觸レサルコトヲ判スル時ハ之ヲ本屬長官ニ還付シテ其處分ニ任スヘキ儀ト可相心得此旨相達候事

第二節ノ二　長官懲戒處分心得

○九年四月十四日番外公達

一各長官ハ平生其所屬官ヲ監督シ若シ過失アレハ懲戒例ニヨリ處分スヘシ

一過失トハ過誤失錯不注意ニ出ル者ヲ云フ其怠惰ニ出ル者亦過失トス其素行脩ラスシテ官吏ノ體面ヲ汚ス者亦過失ニ准シテ懲戒ヲ加フヘシ

一過失ノ事ニ害アル者ハ重キニ從テ論ス其事ニ害アリト云ヘ𪜈猶改正スヘキ者及ヒ事ニ害ナキ者ハ輕キニ從テ論ス

但其情狀ニ從ヒ輕重ヲ酌量スルハ專ラ本屬長官ノ所見ニ任ス

一同僚ノ官吏共同シテ過失ヲ犯ス者ハ主任ノ上官（省務ハ省長寮司長廳務ハ廳長一科一局一掛ノ事務ハ各々其主任長）其責ニ任スヘシ而シテ次官以下遞ニ從ヲ以テ論ス下官其造意ヲ以テ所行シ猶上官ノ許可ヲ得タル者ハ上下官共ニ均ク其責ニ任スヘシ下官職權内ノ事ヲ以テ所行シタル者ニハ上官其責ニ任セス若シ下官其職權ヲ越ヘ專斷所行シタル者ハ重ニ從テ論ス

一所屬官自ラ過失ヲ覺擧シ進退伺ヲ捧クルトキハ本屬長官之ヲ推糾シ

其過失ニ止ル者ハ例ニ依リ處分ス其有心故造ニ渉リ司法官ニ付ス
ヘシトスル者ハ懲戒例第十條ニ依リ長官ヨリ之ヲ司法官ニ移ス
（司法卿若クハ撿事其撿事ヲ置カサル地方ニ於テハ判事）若シ司法
官其有心故造ニ非ス又律ニ觸レサル事ヲ判スルトキハ之ヲ本屬長
官ニ還付シ長官ハ仍ホ懲戒例ニ依リ處分スル事ヲ得

一懲戒ニ依リ免職スル者ハ二ケ年以上ヲ經ルノ後ニ非レハ再ヒ收用
スル事ヲ許サス

一懲戒ニ依ルト否トヲ論セス凡ソ免職スル者ヲ他ノ官廳ヨリ收用セ
ソトスルトキハ必ス舊本屬長官ニ通牒シテ其意見ヲ問ヒ答復ヲ得ヘ
シ

一過失ニ由ラスシテ免職スル者ハ長官ヨリ旨ヲ諭シ辭表ヲ捧ケシム
其旨ニ違ヒ辭表ヲ捧ケサル者ハ直ニ免職スル事ヲ得

一舊任中過失アル者轉任ノ後發覺若クハ自ラ覺擧スル者ハ舊任本屬
長官ト通牒シテ新任本屬長官ヨリ之ヲ懲戒スヘシ

第二節ノ三　海軍懲罰令

○十八年一月海軍省丙第一號達

第一章　總則

第一條　此令ハ軍人ノ故意疎虞懈怠過失ノ輕犯ニシテ刑法ニ該ラサル者或ハ素行修マラス軍人ノ體面ヲ汚ス者ヲ懲戒スルノ罰典トス

但他ノ法律規則ニ依テ論ス可キ者ハ各其法律規則ニ從フ

第二條　各所管長官ハ部下軍人ノ此令ヲ犯シタル者ヲ處分スヘシ

第三條　艦船營ニ於テハ左ノ權限ニ從テ處分スヘシ

一　艦船營長ハ部下ノ軍人三十日以內ノ謹愼監倉

但艦船營長欠員ノ時ハ副長其權ヲ有ス

二　艦船營副長ハ部下ノ准士官十日以內ノ謹愼下士二十日以內ノ監倉卒三十日以內ノ監倉

三　分隊長機關長番兵司令ハ部下ノ下士十日以內ノ監倉卒二十日以內ノ監倉

第四條　分隊長機關長番兵司令ハ部下軍人ノ犯行權限外ノ日數ニ該ルト認ムルトキハ意見ヲ附シテ副長ニ具申シ副長其權限外ノ日數ニ

該ルト認ルトキハ亦意見ヲ附シテ艦船營長ニ具申シ其處分ヲ請フ可シ

第五條　所管長官ニ屬スル所轄長ハ部下ノ准士官十日以内ノ謹愼下士二十日以內ノ監倉卒三十日以内ノ監倉ニ該ル者ヲ處分ス可シ所轄長部下軍人ノ犯行權限外ノ日數ニ該ルト認ムルトキハ意見ヲ附シテ所管長官ニ具申シ其處分ヲ請フ可シ

第六條　所管長官ハ部下准士官以上ノ懲罰ニ處セラレタル者アルトキハ之ヲ海軍卿ニ報告ス可シ

艦船營長及ヒ所轄長ハ部下軍人ノ懲罰ニ處セラレタル者アルトキハ之ヲ所管長官ニ報告ス可シ

第七條　艦船營ニ於テハ此令ニ依テ罰シタル者ヲ戴罪服務ノ例ニ從ヒ其勤務ニ服セシムルヿヲ得

第八條　軍屬此令ヲ犯シタルトキハ軍人ト同シク處分ス海軍所屬ノ生徒乘艦中此令ヲ犯シタル時亦同シ但九等以上ノ軍屬ハ將校ニ十等ノ軍屬ハ准士官ニ十一等以下ノ軍屬及ヒ生徒ハ下士ニ等外其他ノ

軍屬ハ卒ニ準シ處分ス可シ

第二章　罰例

第九條　准士官以上ニ科ス可キ罰目

一　重謹愼

二　輕謹愼

第十條　下士以下ニ科ス可キ罰目

一　重監倉

二　輕監倉

第十一條　謹愼ハ勤務ヲ停メ他出及ヒ外人ト接見通信スルコヲ禁ス

其日數ハ一日以上三十日以下トナス

第十二條　謹愼ハ自宅若クハ艦船營內ニ於テス重謹愼ハ俸給ノ半額ヲ減シ輕謹愼ハ其四分ノ一ヲ減シ加俸ハ總テ之ヲ給セス

第十三條　謹愼限內疾病アレハ醫ヲ延クコヲ許シ水火等ノ災害アル片ハ防救遷徙スルコヲ許ス

第十四條　監倉ハ海軍監獄內ノ監倉或ハ艦船營ノ檻牢又ハ一室內若

クハ帆布圍內ニ錮ス其日數ハ一日以上三十日以下トナス

第十五條　艦船營內ニ於テ三日以外ノ監倉ニ處スル者アルトキハ指定シタル場所ニ於テ毎日午前一時午後一時間運動ヲ爲サシム可シ

第十六條　重監倉ハ勤務及ヒ演習ヲ停メ輕監倉ハ勤務ヲ停メ演習ハ之ヲ爲サシム

第十七條　重監倉ハ下士卒ニ在テハ俸給十分ノ八ヲ減シ其他ノ者ニ在テハ半額ヲ減シ輕監倉ハ下士卒ニ在テハ其十分ノ六ヲ減シ其他ノ者ニ在テハ四分ノ一ヲ減シ加俸ハ總テ之ヲ給セス

第十八條　第三章ニ揭クル所ノ犯行疎虞懈怠若クハ過失ニ係ル者ハ輕謹愼輕監倉ニ處シ其故意ニ係ル者ハ重謹愼重監倉ニ處ス

第十九條　監倉ニ處ス可キ者艦船營外若クハ已ムヲ得サル場合ニ在テハ下士ハ禁足ニ卒ハ科役ニ換フルコトヲ得

第二十條　禁足科役ニ處スル時其日數ハ重監倉ノ一日ヲ三日ニ輕監倉ノ一日ヲ二日ニ計算ス

禁足科役ハ俸給十分ノ二ヲ減ス

第二十一條　禁足ハ勤務及ヒ演習ノ外他出スルヿヲ禁ス但水火災疾病アル時ハ此限ニ在ラス

第二十二條　科役ハ勤務及ヒ演習ノ外他出スルヿヲ禁シ雜役ヲ執ラシム

第二十三條　此令ノ犯行數個俱ニ發シ若クハ海軍省ニ於テ定メタル他ノ懲罰則等ニ觸ルヽ𪜈ハ一ノ重キ者ニ從テ處罰ス

第二十四條　此令ノ犯行違警罪ニ觸レ既ニ處斷ヲ受ケタル𪜈ハ其罰ヲ科セス

第二十五條　此令ニ依リ處分シタル軍屬ノ犯行ハ官吏服務規律ニ觸ルヽモ懲戒處分ヲ爲スヿナシ

第二十六條　海軍部内甲所ニ於テ此令ヲ犯シ未タ處分ヲ經スシテ乙所ニ轉シタル者ハ甲乙互ニ通議シ乙所ニ於テ之ヲ處分ス可シ

第二十七條　此令ヲ犯シタル者未タ處分ヲ經スシテ左項ノ一ニ該ル𪜈ハ其罰ヲ科セス

一　退職罷役ト爲リ若クハ海軍ノ名籍ヲ除カレタル時

二　滿六ヶ月ヲ經過シタル時

第三章　犯行

第二十八條　犯行ノ欵目左ノ如シ

一　過誤失錯ニ因テ艦船若クハ其他ノ物件ヲ毀損シタル者

二　職務ノ權限ヲ誤リタル者

三　命令ヲ誤リ若クハ之ヲ誤リ傳ヘタル者

四　官ノ機密ヲ漏洩シタル者

五　上申下達其他定期アル時日ヲ稽緩シタル者

六　抗言恃頑從順ノ道ヲ失ヒタル者

七　擅ニ本隊若クハ職役ヲ離レタル者

八　演習集合ノ期ニ後レ若クハ之ヲ缺キ或ハ之ヲ懈リタル者

九　徵召ノ命ヲ受ケ故ナク到着ノ期限ニ後レタル者

十　允許ヲ得テ他方ニ赴キ故ナク歸省ノ期限ニ後レタル者

十一　言語所爲詐僞ニ涉ル者

十二　暴行脅迫シタル者

十三　軍人濫リニ銃砲ヲ發シ又ハ劒ヲ拔キタル者
十四　罵詈侮慢若クハ鬪爭シタル者
十五　犯罪アルヲ知テ之ヲ曲庇シタル者
十六　人ヲ懲罰ニ陷ルヽタメ申告ヲ爲シタル者
十七　人ヲ毆打シテ創傷疾病ニ至ラサル者
十八　疎虞懈怠ニ因テ官ノ文書若クハ器具ヲ毀損遺失若クハ汚シタル者
十九　文書計算ヲ誤リタル者
二十　物件ノ調製貯藏運搬若クハ支給ヲ誤リタル者
廿一　官金ヲ借用シ又ハ貸付シタル者
廿二　故ラニ糧食分配ノ不平均ヲ致シタル者
廿三　官物ヲ擅用若クハ浪費シタル者
廿四　酩酊シテ事ヲ省セサル者
廿五　兵器其他物件ノ配置法ニ違ヒタル者
廿六　法則命令ヲ誹謗シ若クハ之ニ違ヒタル者

廿七　軍人禮式ヲ失シタル者
廿八　軍人其態度ヲ失シタル者
廿九　軍人服裝式ニ違ヒ又ハ制規外ノ著服ヲ爲シタル者
三十　下士以下故ナク定數ノ被服ヲ所持セサル者
卅一　受寄ノ財物若クハ借用物ヲ與却シタル者
卅二　允許ヲ得スシテ官給其他渡付ノ物品ヲ他人ニ貸與シ又ハ他人ヨリ借用シタル者
卅三　濫リニ他人ノ物品ヲ使用シタル者
卅四　濫リニ爆發物ヲ携帶シタル者
卅五　濫リニ大聲疾呼又ハ放歌シタル者
卅六　守兵ニ對シ談話ヲ挑ミ又ハ之ニ戲レタル者
第二十九條　前條ノ外尙ホ艦船營內ニ於ケル犯行ノ款目左ノ如シ
一　擅ニ艦船屯營ヲ離レ若クハ勤務ヲ缺キ或ハ之ヲ懈リタル者
二　艦船營內等ニ於テ醜行ヲ爲シタル者
三　允許ヲ得スシテ艦船營內ニ酒類ヲ携ヘ歸リ又ハ賣買シタル者

四　艦船營若クハ屯集所內ニ於テ擅ニ鳥獸類ヲ蓄フ者
五　許可ナキ物品ヲ艦船ニ積載シタル者
六　濫リニ定所外ニ睡眠シタル者
七　巡檢後故ナク寢所ヲ離レタル者
八　下士以下濫リニ士官以上ノ室ニ入リ若クハ甲板上ノ定所外ニ運動シタル者
九、濫リニ砲門ヨリ出入シタル者
十　濫リニ庖廚ニ入リタル者
十一　定所外ニテ飮食シタル者
十二　定時限ノ外又ハ禁制ノ場所ニ於テ燈火其他ノ火ヲ用ヰ若クハ吹煙シタル者
十三　砲具其他凭ルヘカラサル場所ニ凭リ休憩シタル者
十四　守所又ハ整列中ニ在テ喧嘩若クハ雜話シタル者
十五　定所外ヨリ物品ヲ投棄シタル者
第三十條　前二條ニ記載シタル犯目ノ外素行修マラサル者或ハ海軍

ノ規則若クハ艦船營等ノ規則ニ背キタル者ハ此令ニ依テ處分スル
コトヲ得

第二節四　工兵方面條例

○明治十八年六月陸軍省甲第三拾貳號達
工兵方面條例左ノ通改正候條此旨相達候事
工兵方面條例
第一條　工兵方面ハ陸軍所屬ノ要塞城堡海岸砲臺其他屯營官廨館舍倉庫等ノ建築修繕並ニ其保存監守ヲ掌ルノ所トス但砲兵方面及ヒ砲兵工廠ニ屬スルモノハ此限ニアラス
第二條　凡ソ陸軍所管ノ地所ハ工兵方面ニ於テ一切之ヲ管轄ス但砲兵方面所用ノ地所ハ該方面ノ管轄ニ屬スト雖𪜈其受領返付並ニ地券ノ格納等ニ在テハ皆工兵方面ニ於テ之ヲ掌ル
第三條　工兵方面ハ工鍬兩兵ニ屬スル器具ノ製造修理並ニ分配支給ノ事ヲ掌ル
第四條　工兵方面ハ之ヲ分テ二トス第一方面ハ第一第二第三及ヒ第

七軍管ヲ包括シ其本署ヲ東京ニ置キ第二方面ハ第四第五及ヒ第六軍管ヲ包括シ其本署ヲ大坂ニ置ク

第五條　工兵方面提理ハ工兵大中佐ノ内一名ヲ以テ之ニ任シ直ニ陸軍卿ニ隷シ方面一切ノ事務ヲ統理シ且諸材料ノ貯藏買収並ニ諸費用ノ出納等ヲ監査ス而シテ其掌管ノ事務ニ於テハ陸軍卿ニ對シ擔保ノ責ニ任ス

第六條　提理ハ方面ノ事業ヲ分テ部下管僚ニ賦課シ其勤惰能否ヲ甄別シテ陸軍一般ノ定規ニ據リ之ヲ措置ス

第七條　工兵方面副提理ハ工兵少佐或ハ大尉ノ内一名ヲ以テ之ニ任シ提理ノ職務ヲ補佐ス

第八條　工役長ハ工兵大中尉ノ内ヲ以テ之ニ任シ提理ニ隷屬シテ一部ノ工役ヲ擔當ス故ニ工役中ハ勿論竣工ノ後ト雖圧其工作上謂レナク損害ヲ生シタル片ハ其責ニ任スルモノトス

第九條　工役長ハ新築修繕等ニ方リテハ提理ノ命ヲ受ケ屬僚ヲ率ヒテ先ツ仕方按計費按及ヒ圖面ヲ製シ起業着手順序ノ概略ヲ豫定シ

又工事ニ就クトキハ衆工ノ課程ヲ立テ毎日工場ヲ巡回シテ工程ノ進歩ヲ視察シ監護以下ノ勤惰ヲ監視ス又工事竣ルトキハ該事業ニ係ル要用ノ書類圖面並ニ竣工録ヲ整理シ其新築ニ係ルモノハ建造物履歷表ヲ製シ之ヲ提理ニ呈スルモノトス

第十條　工役長ハ提理ノ命ヲ受ケ家屋木石等不用ニ屬スルモノアルトキハ屬僚ヲ率ヒテ其地ニ就キ數量ヲ査覈シ並ニ其價位ヲ評定シテ之ヲ提理ニ申告ス可シ又地所ノ授受等ニ就テハ其測量ヲ爲シ縮圖ヲ製ス可シ

第十一條　上等監護ハ文書ノ草案牒簿ノ記注諸報告等一切ノ庶務ヲ分掌ス就中費用ニ係ルモノニ在テハ最モ其記注ヲ簡明ニシ以テ照査ニ便ニシ又時宜ニ依リ提理ノ命ヲ受ケ仕方按計費按及ヒ圖面等ヲ製シ或ハ工役長ニ屬シ一工場ノ庶務ニ任シ且工場ヲ巡廻シ諸作業進否ノ監視ヲナスヿアル可シ

第十二條　上等監護ハ方面所屬ノ材料工鍬兩兵器具工事所用器具天幕消防具及ヒ圖書籍ヲ主管シ各之カ牒簿ヲ備ヘ品數ヲ明瞭ニシ其

倉庫ノ管鑰ヲ掌ル尤モ其出納ニ至テハ毎事提理ノ命ニ依ル可シ又工鍬両兵器具ノ新調修理ヲ掌リ工事所用器具天幕消防具ノ新調修理アルトキハ之カ撿査ヲナシ其適否ヲ提理ニ申告スルヲ任トス

第十三條　上等監護ハ地所家屋ノ圖面履歴表及ヒ授受證書等ヲ主管シ且提理ノ命ニ因リ之カ増補改正ノ事ヲ掌ル

第十四條　監護ハ工役長ニ屬シ新築若クハ修繕ノ工事ヲ分掌シ工役長ヨリ受クル所ノ指示ト圖面仕法等ニ據テ職工役夫ヲ指揮シ材料ノ良否ヲ甄別シ作業ノ當否ヲ監視シ毫厘モ差異ナカラシムルヲ要ス但監護ハ工役長定ムル所ノ時限ニ先チ工場ニ臨ミ後レテ工場ヲ退ク可シ

第十五條　監護ハ工場ニ在テハ工業日記ヲ備ヘ職工役夫ノ人員材料ノ員數及ヒ工事ニ係ル緊要ノ事項ヲ詳細ニ登記シ又大建築ニ在テハ毎月ノ始メニ前日ノ工業進歩ノ度ヲ閲シ毎週ノ始メニハ前週ニ使用セル職工役夫ノ賃錢並ニ輸入セル材料ノ價格ヲ既ニ決定下付セラレタル入費明細書ニ照シ費用ノ計算ヲナシ之ヲ工役長ニ報告

ヌ可シ但細小ノ工事ニ在テハ竣成ヲ俟テ之ヲ報告ス可シ

第十六條　監護ハ工事所用ノ材料器具並ニ諸物品ノ購買新調修理或ハ賣却等ノ事アルトキハ其時々提理ノ命ヲ奉シ會計部長ノ命ヲ受ケ計官ニ屬シ其事ニ從フ可シ

第十七條　管廨ハ十三等以下ノ文官ヲ以テ之ニ任シ官廨館舍等ヲ分管セシム故ニ其管スル所ニ在テ常ニ内外ヲ巡視シ破損若クハ不潔ノ箇所アレハ其原由ヲ詳記シ又火災水害風損等ノ事アルニ方リテハ直ニ其場ニ臨ミ勉メテ之カ防護ヲナシ其景況ヲ錄シ速ニ之ヲ本署ニ報告ス可シ但空營空舍及ヒ土地等ノ管掌ニ在テモ亦本條ニ準シ且其管鑰ヲ掌ル而シテ其管スル所ニ於テ工事アルトキハ監護ノ命ヲ受ケ工人役夫ノ督責ヲモ兼掌スルモノトス

第十八條　書記ハ十一等以下ノ文官ヲ以テ之ニ任シ上等監護ニ屬シテ文書ノ淨書及ヒ日記記注等ノ事ヲ分掌セシム

第十九條　方面内ニ會計部ヲ置キ會計二等副監督一名ヲ部長トシ會計一等軍吏一名ヲ計管トシ會計二三等軍吏若干名ヲ副計官トシ其

下ニ會計書記若干名ヲ附ス

第二十條　部長ハ方面内ノ諸給與工事所用ノ材料及ヒ器具天幕消防具並ニ諸雜品ノ購買新調修理廢物賣却其他金錢出納ニ關スル會計經理一切ノ事務ヲ整理シ且會計主務官吏ノ任ヲ負擔ス但工事所用ノ材料器具購買新調修理或ハ廢物賣却等ノコアルトキハ主任ノ監護ヲ指揮シ事ニ從ハシムヘシ

第二十一條　部長ハ常ニ部下會計吏員ノ勤惰能否ヲ監視シ其情狀及ヒ事務ノ景況ヲ會計局長ニ報告ス可シ

第二十三條　部長ハ提理ノ指揮ニ從フハ固ヨリ其分タリト雖モ事若シ成規ナキモノハ自己ノ意見ヲ陳述シ尙已ムヲ得サル場合ニ在テハ施行ノ後速ニ其事由ヲ會計局長ニ報告ス可シ

第二十四條　部長ハ時トシテ工場ヲ巡視シ會計ニ關スル諸牒簿及ヒ諸物品出納ノ當否ヲ點撿ス可シ

第二十五條　部長ハ總テ工事ノ受負及ヒ不用家屋賣却等ノ入札開緘ニ會同シ其意見アルモノハ之ヲ提理ニ陳述ス可シ

第二十六條　計官副計官ハ計算出納諸給與及ヒ材料其他器具物品ノ購買新調修理廳中諸品ノ分配支給並ニ物價取調等ノ事務ヲ分擔ス
但工事所用ノ材料及ヒ器具天幕消防具等ノ購買新調修理ノ事アルトキハ必ス其主任官ノ撿査ヲ受ク可シ

第二十七條　會計書記ハ諸文書ノ記錄諸牒簿ノ記載其他瑣末ノ事務ヲ分掌ス

第二十八條　近衞鎭臺營所分營若クハ要塞等所在ノ地ニハ工兵科士官若クハ上等監護ヲ以テ營舍主管トシ之ニ監護以下若干名ヲ附屬セシメ總テ其管轄ノ屯營官廨館舍倉庫等ノ保存修繕ノ事ヲ掌ラシム

第二十九條　營舍主管及ヒ附屬ノ下士ハ近衞ニ在テハ都督鎭臺營所若クハ要塞ニ在テハ司令官分營ニ在テハ鎭臺若クハ營所司令官ニ隷屬スト雖モ尙方面提理ノ統轄内ニアルモノトス而シテ其服務ノ要目ハ營舍官員服務概則ニ詳ナルヲ以テ玆ニ掲示セズ

第三十條　凡ソ要償砲臺屯營官廨及ヒ館舍等ノ翌年度會計年度ニ依ルニ於

テ新築増築ヲナスヘキモノ又ハ修繕ヲ加フヘキモノハ其所司ノ請求ニ係ルト否ラザルトヲ區分シ工事ヲ與スヘキ時期ヲ豫定シ其利害得失ヲ詳ニセル考按書ヲ作リ費用ノ豫算書ヲ添ヘ前年度ノ七月廿日迄ニ提理之ヲ陸軍卿ニ呈ス可シ

第三十一條　凡ソ地所ヲ要スルニ當リ陸軍卿ヨリ其所用ノ事由地積ノ數及ヒ略圖等ヲ下付セラレ調査ノ命アルトキハ提理先ツ其地方廳ニ商議シ次テ官僚ヲ派出シ地方官ト共ニ實地ニ就キ該郡區長及ヒ戸長ヲ會シテ地所ヲ點檢シ其經界ヲ明瞭ニセル實測圖ト景況書ヲ作ラシメ又屋舍及ヒ樹木石礴等アルトキハ其員數ヲ査覈シ一々之ヲ記載シ買上代價等ハ例規ニ基キ又官有民有地ノ區別其他受領ノ順序等ヲ調査セシム可シ而シテ提理ハ此調査書ニ據リ買上代價等ニ於テ之ヲ適當ト認ルトキハ其圖面書類及ヒ地方廳承諾書寫等ヲ添ヘ陸軍卿ニ申報ス可シ

第三十二條　地所受領ノ命ヲ受レハ提理其地方廳ニ移牒シ官僚ヲ派出シ地方官若クハ該地所有主ニ實地ニ會シ前條ノ圖面調査書ニ照

シ其境界ヲ確定シ又屋舍及ヒ樹木石磚等アルトキハ其員數等ヲ一々査覈シ然ル後交受ノ局ヲ結了ス可シ但前條及ヒ本條ノ塲合ニ在テハ時宜ニ依リ方面ノ官僚ヲ派出セス所管ノ司令官ニ稟議シ該地所在ノ營舍主官ヲシテ其事務ヲ辦理セシムルコトアル可シ

第三十三條　交受了ルノ後提理ハ其所用ノ目的ニ應シ日ヲ期シテ之ヲ測量シ縮圖ヲ製シ又家屋樹木ノ有無等ハ別記ニ開列シテ之ヲ陸軍卿ニ申報ス可シ

第三十四條　其後來城堡若クハ海岸砲臺ヲ築ク可キ地所ニシテ遽ニ測量シ難キモノハ其築設ノ緩急ニ因リ測量ノ人員ヲ定メ時日ヲ期シテ事ニ從ハシム可シ

第三十五條　凡ソ地所ノ測量其境界内ハ專ラ方面ノ預ル所タレハ最モ精密ヲ要スヘシト雖モ之ニ連帶セル山川丘陵海面村落寺社等ノ如キニ至テハ別ニ陸軍卿ノ命ヲ受クルニ非サレハ只其梗概ヲ擧ケテ足レリトス

第三十六條　地所ノ既ニ陸軍管轄トナルモノハ管廨ヲ派遣シ之ヲ管

掌セシム可シ然レ𪜈其未タ建築ノ用ニ供セス或ハ境界内ニ家屋樹木等盜患ノ虞ナキトキハ近隣ノ居民ニ約束シテ之ヲ監守セシムル等便宜ノ處分ヲナシテ然ル後之ヲ報告ス可シ

第三十七條　凡ソ地所若クハ屋舍等姑ラク其用ニ供セサルモノニシテ一時貸渡ヲ願フ者アルトキハ例規ニ準據シ陸軍卿ノ許可ヲ得テ借料ヲ課シ貸渡スヿアルヘシ

第三十八條　城堡及ヒ海岸砲臺等攻守ノ利害ニ關スル建築ニ在テハ陸軍卿其圖式法按ヲ定メ方面提理ニ下付スルヲ例トス但臨時建築署ニ下付スルモノハ此限ニアラス

第三十九條　方面提理之ヲ受レハ部下官僚ヲ率ヒ實地ニ就キ其圖式法按ニ則リ建築ノ方法材料ノ運輸職工ノ種類役夫ノ多寡等ヲ量定シ計費按ヲ作リ陸軍卿ニ呈ス可シ

第四十條　其金額度支ノ方法既ニ決スレハ陸軍卿再ヒ之ヲ提理ニ下シテ事ニ從ハシム而シテ提理ハ工役長以下專務ノ員ヲ定メ材料ノ使用ヨリ職工役夫ノ配賦ニ至ルマテ悉ク其方法ヲ示授シ以テ事業

ニ就カシムヘシ但工役長以下専務ノ員ハ陸軍卿ノ許可ヲ得テ之ヲ定ムヘシ

第四十一條　近衛鎮臺其他所司ノ長官ヨリ其屯營又ハ官廨館舎倉庫等ノ新築増築大修繕等ヲ臨時ニ陸軍卿ニ申牒シ卿之ヲ須要ナリトスル件ハ方面提理ニ下シ先ツ其圖面ヲ作リ仕法及ヒ計費ヲ調査セシメ然ル後工事ニ就カシム但事急施ヲ要スルニ方リテハ直ニ起工ノ命ヲ下スコアル可シ

第四十二條　提理前條調査ノ命ヲ受レハ工役長若クハ上等監護ニ命シ其地ニ就テ圖面並ニ仕法案計費案ヲ作ラシメ之ヲ陸軍卿ニ呈シ許可ヲ得テ工役長ニ命シ起工セシムルヲ例トス

第四十三條　凡ソ工役中提理ハ一週ニ一次副提理ハ一週ニ二次必ス工場ヲ巡視シ作業ノ精疎及ヒ諸牒簿材料物品其他會計上等百般ノ物件一々之ヲ點驗實查シ法ニ違ヒ又ハ不良ノ事ハ速ニ矯正セシム可シ但往復五里以上ノ巡視ハ此限ニアラス

第四十四條　陸軍卿ヨリ工兵隊ヲ以テ工業ニ從事セシムヘキ命アル

トキハ提理該隊長ト協議ヲ遂ケ事ニ就カシムヘシ又提理ヨリ之ヲ請求セント欲スルトキハ其事由ヲ陸軍卿ニ上申シ許可ノ後之ヲ施行スルモノトス

第四十五條　屯營官廨舘舍等總テ工事落成シ若クハ方面所管ノ家屋等ヲ其所司ニ交付スルトキハ建造物履歴表ヲ添ヘ陸軍卿ニ上申許可ヲ得ルノ後其建物ノ大小ニ準シ雙方ヨリ若干ノ委員ヲ出シ土地家屋授受ノ成規ニ基キ之ヲ授受シ畢テ陸軍卿ニ報告ス可シ然レトモ修繕及ヒ瑣末ノ工事ニ在テハ落成交付スルノ後報告スルヲ許ス其不用ニ屬シ方面ヘ返付受領スルモ亦本條ニ準ス但方面所用ノ家屋ハ工事落成ノ報告ト共ニ履歴表ヲ差出ス可シ

第四十六條　前條受領ノトキニ方リ若シ其屋舍ニ缺損破壞等ノ箇所アレハ委員ハ其原由ヲ究メ自然ノ朽腐等ニ出ルモノハ提理ニ申告シテ修繕ノ手續ヲナシ若シ故意ニ屬スルトキハ其事由書ヲ取リ提理ニ出シ提理之ヲ陸軍卿ニ報告ス可シ

第四十七條　凡ソ臨時ニ起工セシカ爲メ若クハ登時起工セサルモ他

曰此工事ヲ起スヲ以テ陸軍卿之ヲ必用トシ其目的ヲ指示シテ調査ノ命ヲ下ス丆アレハ提理之カ考按ヲ作リ陸軍卿ニ呈ス可シ

第四十八條　凡ソ工事ハ永久ノ堅牢ヲ期スルアリ或ハ竣功迅速ヲ要スルアリ或ハ費用ヲ厭ハス急成ニシテ堅牢ヲ要スルアリ或ハ兼テ觀美ヲ要スルアリ或ハ實用ニ適シテ止ムアリ然レ氏成ルヘク費用ハ節減シ搆造ハ堅牢ナルヲ要ス故ニ考按ヲ作ル先ツ其目的ヲ審ニシ而シテ其材料ノ良否運輸ノ便宜時日ノ期限用工費用ノ多寡ヲ詳陳スルヲ例トス

第四十九條　既ニ考按ヲ呈シ陸軍卿採擇シテ之カ指令ヲ下スキハ更ニ圖面並ニ計費豢仕法案ヲ呈シ許可ヲ得テ事ニ從フ可シ

第五十條　凡ソ瑣細ノ修繕其金額一作業ニ就キ貳百圓ニ上ラサル者ニ在テハ前條ノ手續ヲ用ヒズ提理直ニ起工スル丆ヲ許シ工事竣リテ後圖面計費按ヲ附シ之ヲ報告ス可シ其他模様變換ニ係ルハ瑣末ノモノト雖モ悉ク陸軍卿ノ決裁ヲ請フ可シ

第五十一條　火災水害或ハ風損等ニテ臨時急速ニ着手ス可キ工事ニ

在テ一時假屋等ヲ要スル𠀋ハ其所司ト商議シテ之ヲ設クルコヲ許ス但其現狀ヲ陸軍卿ニ急報ス可シ

第五十二條　風害震災等アルニ方リ其景況ニヨリ提理之ヲ必要ト認ル時ハ官僚ヲシテ所轄内ノ建造物ヲ巡檢セシメ破損雨漏等アレハ之ニ就テ其原因ヲ探究シ搆造ノ得失ヲ審ニシテ他日ノ參考ニ供シ且陸軍卿ニ具狀ス可シ但營舍主管ヨリ其報告ヲ受クル𠀋ハ點檢ノ上具狀ス可シ

第五十三條　凡ソ工事ノ城堡砲臺等ニアラスシテ一時ノ建築ニ屬スルモノハ全ク市井ノ受負人ニ委シテ之ヲ受負ハシメ又瑣細ノ修繕ニ在テハ受負ノ法ヲ用ヒス常備ノ職工ヲ置キ其工事ニ充テシムルコアル可シ

第五十四條　工事ノ受負材料等ノ買辨及ヒ不用家屋木石等ノ賣却ハ廣ク商人ヲシテ入札セシメ其取扱ハ計官及ヒ上等監護ヲシテ之ヲ爲サシム但其入札ノ開緘ハ提理ノ前ニ於テシ出張所等ニ在テ之ヲ爲ス𠀋ハ工役長ノ前ニ於テス

第五十五條　受負ニ屬スル工事ノ監視法ハ材料ノ良否工作ノ方法ヲ精査シ其約定面ト違戻セサルヤ否ヲ視察スルニ在リ職工ノ監査ニ至テハ其任スル所ニアラスト雖𪜈極テ巧手ヲ要スルノ所ニ於テ拙工ヲ用ユル等ノ事ナキ様嚴ニ受負人ヲ督責ス可シ

工兵方面定員表

官等		第一方面	第二方面
四等	大佐	提理 一	提理 一
五等	中佐	副提理 一／會計部長二等副監督 一	副提理／會計部長二等副監督 一
六等	少佐並同等官		
七等	大尉並同等官	工役長 六／計官一等軍吏 一	工役長 五／計官一等軍吏 一
八等	中尉並同等官	副計官二(三)等軍吏 二	副計官二(三)等軍吏 一
九等	少尉並同等官		
十等	上等監護	八	六
十一等	監護	十二／書記 四／一(二)(三)等書記 若干	十／書記 四／一(二)(三)等書記 若干
十二等			
十三等		管廨 若干	管廨 若干
十四等			
十五等			
十六等			
十七等			

備考
本表工役長以下ノ定員ハ其最上數ヲ示スモノニシテ必スシモ此員ヲ全備スルモノニ非ス故ニ工事ノ繁閑或ハ其他ノ景況ニ依リ多少減員スルヿアル可シ

第二節ノ五　陸軍々人軍屬之懲罰

○九年五月陸軍省第九十號達

先般太政官第三十四號ヲ以テ官吏懲戒例御達相成候所陸軍軍人軍屬ノ儀ハ右例ニ不該儀ト可相心得此旨相達候事

第二節ノ六　巡査懲罰例

○九年八月內務省乙第九十二號達

○内務省同指令
東京集治監ヨリ看守休暇概則ノ儀ニ付伺
本年七月三十日本省番外ヲ以テ看守休暇概則御達相成候ニ付テハ其細目順序取調可及御屆ノ處該則第四條休暇日數通算方ノ儀新拜命ノ者ハ其當日ヨリ欠勤ノ者ハ

第一條　凡職務ノ規則ニ違背シ及ヒ怠慢失誤アルモノハ其情狀ヲ審案シ俸給一ケ月百分ノ一ヨリ少ナカラス一月ヨリ多カラサル罰金ヲ科シ輕キモノハ呵責ニ止ム

第二條　凡犯狀ノ職務ヲ耻カシムルニ係ルモノハ免職ス

第三條　凡罰金未タ完納セサル中免職死亡等ニ係ルモノハ追徵スルヿヲ免ス

第四條　凡罰金ハ毎月ノ俸給ヲ控除シテ完納セシム
但シ月俸ノ三分一ヲ過クルヿヲ得ス

第五條　凡官物ヲ遺失及ヒ毀損スルモノハ相當ノ罰金ヲ科シ尚ホ其代價ヲ賠償セシム

第二節ノ七　看守懲罰

○十六年四月内務省乙第十七號達
看守懲罰ノ儀ハ自今巡査懲罰例ニ準據スヘシ此旨相達候事

第三節　判事登用規則

出勤ノ日ヨリ起算シ定則ノ休暇日數ヲ與フヘキ哉將タ新舊ノ者ヲ問ハス計算方ハ其月ノ十五日前後ヲ以テ區分致シ可然哉右兩條疑義ヲ生シ候ニ付此段相伺候也
明治十八年八月一日

指令
書面前段伺ノ通
明治十八年八月十一日

○十七年十二月第百一號達

第一條　判事ニ登用スルハ法學士代言人及ヒ試驗ヲ行ヒ及第シタル者ニ限ルヘシ
但外國ニ於テ法學士狀師ノ稱號ヲ受ケタル者ハ尚ホ試驗ヲ行フヘシ

第二條　法學士代言人及ヒ試驗及第者ヲ登用スル時ハ先ツ始審裁判所ノ御用掛ヲ命シ一年以上事務ヲ見習ハシメ判事定員ノ缺アルニ隨ヒ其本官ニ任スルモノトス
法學士ニシテ代言人タル者ハ二年以上其他ノ代言人ハ五年以上其業ヲ務メ學識經驗卓絶ナル者ハ判事定員ニ缺アル時直ニ其本官ニ登用スルコトアルヘシ
御用掛服務一年以上ノ者ハ時宜ニ因リ檢事ニ登用スルコトアルヘシ

第三條　左ニ掲クル者ハ登用スルコトヲ得ス
一　丁年未滿ノ者

一　品行方正ナラサル者
一　身代限ノ處分ヲ受ケ負債ノ辨償ヲ終ヘサル者
一　重禁錮一年以上ノ刑ニ處セラレシ者
一　重禁錮一年未滿及ヒ輕禁錮一年以上ノ刑ニ處セラレ其刑期ノ終リシ日ヨリ五年ヲ經過セサル者
一　盜罪贓罪詐欺取財ノ罪ニ付刑ニ處セラレシ者
一　貨幣僞造ノ罪印章文書僞造ノ罪及ヒ僞證誣告ノ罪ニ付刑ニ處セラレシ者
一　賭博犯ニ付懲罰一年以上ニ處セラレシ者
一　懲戒ニ依テ免官ト爲リタル者
第四條　試驗ハ司法省ニ於テ隨時之ヲ擧行ス但其期日及ヒ試驗出願等ノ手續ハ司法卿之ヲ定メ六箇月前ニ告示スヘシ
第五條　司法卿ハ試驗ヲ擧行スル毎ニ試驗委員及ヒ委員ヲ命スヘシ
第六條　司法卿ハ試驗科目ヲ定メ試驗二箇月前ニ之ヲ告示スヘシ
第七條　試驗ノ方法ハ筆記口述ノ二樣トス但筆記試驗ニ不合格ナル

者ハ口述試驗ヲ爲サス
第八條　試驗及第者ニハ試驗委員連署ノ及第證書ヲ授與ス
第九條　左ニ揭クル者ハ試驗及ヒ御用掛ノ例ヲ用ヒス補缺ノ爲メ直ニ判事ニ任スルコトアルヘシ
一　判事補ノ職ヲ奉シ五年以上恪勤シ學識經驗判事ノ資格ニ適スル者
一　曾テ判事ノ職ヲ奉シ五年以上恪勤シ轉官シタル者
一　法學士代言人及ヒ試驗及第者ニシテ判事ノ職ヲ奉シ轉官シ若クハ法學士ニシテ他ノ官廳ニ奉職ノ者
第十條　撿事ノ職ヲ奉シ五年以上恪勤シタル者ハ判事定員ニ缺アル時判事ニ轉任セシムルコトアルヘシ

第三節ノ二　出願人心得

〇十八年一月司法省甲第二號告示
第一條　試驗科目ハ試驗二箇月前之ヲ告示スヘシ
第二條　試驗ノ方法ハ筆記口述ノ二樣トス（但筆記試驗ニ不合格ナ

ル者ハ口述試驗ヲ爲サス）

第三條　試驗合格ノ者ニハ及第證書ヲ附與ス可シ

第四條　試驗及第者ヲ登用スルニハ先ツ始審裁判所ノ御用掛ヲ命シ一年以上事務ヲ見習ハシメ判事定員ノ缺アルニ隨ヒ本官ニ任セラルヘシ（但時宜ニ因リ撿事ニ登用セラルヽヿアルヘシ）

第五條　當期登用人員ハ三十名ヲ限トス

第六條　登用人員ニ定限アルヲ以テ試驗合格者ヲ悉ク登用スルヿ能ハサル場合ハ合格者中ニ就キ之ヲ選用ス

第七條　左ニ掲ル者ハ試驗ヲ許サス

一　丁年未滿ノ者

一　品行方正ナラサル者

一　身代限ノ處分ヲ受ケ負債ノ辨償ヲ終ヘサル者

一　重禁錮一年以上ノ刑ニ處セラレシ者

一　重禁錮一年未滿及ヒ輕禁錮一年以上ノ刑ニ處セラレ其刑期ノ終リシ日ヨリ五年ヲ經過セサル者

一　盜罪贓罪詐欺取財ノ罪ニ付刑ニ處セラレシ者
一　貨幣僞造ノ罪印章文書僞造ノ罪及ヒ僞證誣告ノ罪ニ付刑ニ處セラレシ者
一　賭博犯ニ付懲罰一年以上ニ處セラレシ者
一　懲戒ニ依テ免官ト爲リタル者
第八條　現ニ官廳ニ奉職スル者及ヒ徴兵現役ニ該ルヘキ者ハ出願スルヿヲ得ス
第九條　法學士代言人ハ試驗ヲ行ハス（但外國ニ於テ法學士狀師ノ稱號ヲ受ケタル者ハ尚ホ試驗ヲ行フヘシ）
第十條　一タヒ官廳ニ奉職シ免官ト爲リタル者ハ其辭令書ノ寫ヲ願書ニ添ヘ差出スヘシ
第十一條　試驗願書式履歷書式
（書式省略）

第三節ノ三　陸軍滿期下士文官採用規則

○十六年一月第二號布達

第一條　陸軍服役滿期ノ下士ハ本人ノ請願ニ因リ此規則ニ照ラシ各官廳ニ於テ文官ニ採用ス可キモノトス

第二條　左ニ揭ルモノハ文官奉職ヲ請願スルコトヲ得

一　再服役以上滿期ノ下士ニシテ精勤證書ヲ所持スル者

二　兵卒ヨリ下士トナリ陸軍服役實期十ヶ年以上ニシテ七ヶ年以上下士ノ職ヲ奉シ精勤證書ヲ所持スル者

三　戰役若クハ公務上ノ傷痍疾病ニ因リ免官シ尙文官ノ勤務ニ堪ル者

第三條　文官奉職ノ請願ハ服役滿期前六ヶ月間又滿期若クハ免官後十二ヶ月間ニ限ル

第四條　請願者ハ左ノ項目ニ照シ試驗ヲ爲シ合格ノ者ニ限リ採用ス可キモノトス

讀書　漢文有點ノ書（日本外史日本政記ノ類）或ハ假名交リノ書（常山紀談兵要地理小誌ノ類）

寫字　片假名交リ及平假名交リ

作文　片假名交リノ文（紀行ノ類）通俗文（書柬ノ類）

和洋算術　四則比例ノ内

第五條　試驗項目ノ外仍ホ他ノ學術ノ試驗ヲ受ンコトヲ請フ者ハ之ヲ許ス

第六條　請願者ニ於テ特別ノ試驗ヲ要スル職務ヲ奉センコトヲ願フ者アルトキハ第四條試驗合格不合ニ拘ハラス其官廳ノ試驗ヲ受ケシムヘシ

第七條　陸軍省ニ於テハ試驗了ルノ後其書類ヲ審査シ合格不合格ヲ定メ合格者ニハ合格證書ヲ付與シ不合格者ニハ其旨ヲ告知ス可シ

第八條　試驗合格者ノ名簿ハ本人願出ノ順序ニ從ヒテ調製シ之ヲ陸軍省ニ備置ク可シ

第九條　各官廳ニ於テハ別表採用比例ニ准シ欠員アルトキ又ハ増員ヲ要スルトキハ當リ先ツ請願者ヲ採用ス可シ

第十條　各官廳ニ於テ請願者ヲ採用スルトキハ大率判任官十一等以下十七等以上タル可シ

第十一條　各官廳ニ於テ請願者ヲ採用スルトキハ陸軍省ニ照會シ直

ニ本人ヲ其廳ニ呼出ス可シ

第十二條　陸軍省ニ於テハ前條ノ照會ニ依リ合格者名簿ノ順序ニ從ヒ其履歴書並ニ試驗書類ヲ其官廳ニ交付ス可シ

第十三條　請願者ニ於テ其請願ヲ取消サント欲スルトキハ陸軍省ニ屆出可シ

第十四條　此規則ヲ施行スル爲メニ必要ナル細則ハ陸軍卿之ヲ定ム可シ

採用比例表

官署	十一等官以下十七等官以上欠員及ヒ増員ノ際請願者ヲ採用スヘキ割合	採用年齢定限
太政官	六分ノ一	
外務省	六分ノ一	
内務省	六分ノ一 監獄局集治監ハ六分ノ三	
大藏省	六分ノ一	

陸軍省	六分ノ四	
文部省	六分ノ一	滿四十以內
農商務省	六分ノ一 山林局驛遞局ハ六分ノ三	
工部省	六分ノ一 鐵道局倉庫局ハ六分ノ二 電信局營繕局ハ六分ノ三	
司法省	六分ノ一	
宮內省	六分ノ二 門監長門監掌典補ハ六分ノ一	
元老院	六分ノ一	
警視廳	六分ノ二	
府縣	六分ノ一 警察署監獄署ハ六分ノ二	
備考	一文部省中音樂取調掛ハ軍樂隊下士工部省中電信局ハ電信隊下士營繕局ハ工兵下士倉庫局ハ會計下士宮內省馭者ハ砲兵及ヒ輜重兵下士給人ハ軍樂隊下士ニ限リ採用スルモノトス	

第三節ノ四　海軍退職下士文官採用規則

○明治十八年六月海軍省乙第八號達

海軍退職下士文官採用規則別冊ノ通相定メ候條此旨爲心得相達候事

海軍退職下士文官採用規則

第一條　凡ソ退職下士ハ本人ノ志願ニ依リ此規則ニ照シ海軍部内各廳ノ文官ニ採用ス可キモノトス

第二條　左ニ掲クル者ハ文官奉職ヲ志願スルヿヲ得

第一　禁錮以上ノ刑ニ處セラレタル者

第二　下士トナリ五箇年ニ滿タサル者

第三條　前條第二項ニ當ル者ト雖𪜈戰役若クハ公務上ノ傷痍疾病ニ因リ退職シ尙ホ文官ノ勤務ニ堪ル者ハ文官奉職ヲ志願スルヿヲ得

第四條　本則ニ據リ文官奉職ヲ志願スル者ト雖𪜈平素品行不良ノ者ハ之ヲ許可セズ

第五條　志願ハ服役滿期或ハ恩給令第三條ニ掲グル定限ノ年齡ニ達スル前六箇月間又退職後十二箇月間ニ限ル

第六條　志願者ハ左ノ項目ニ照シ試驗ヲ爲スモノトス

第一　讀書　日本外史　日本政記ノ類
第二　作文　記事文　公文　通俗文
第三　算術　四則　比例
第四　書體　楷行草

第七條　試驗項目ノ外仍ホ他ノ學術試驗ヲ受ケンコトヲ請フ者ハ之ヲ許ス

第八條　志願者ニ於テ特別ノ試驗ヲ要スル職務ヲ奉セントヲ願フ者ハ之ヲ許シ第六條ノ試驗ニ及第スルト否トニ拘ハラス其試驗ヲ受ケシムル可シ

第九條　第六條ノ試驗ハ每一科目全點ヲ百點トシ其全點數ノ十分ノ五以上ヲ得其點數ヲ合算シ總全點數ノ十分ノ六以上ヲ得タル者ヲ及第トス

第十條　試驗及第者ニハ其證書ヲ附與シ落第者ニハ其旨ヲ告知ス可シ

第十一條　試驗ハ海軍卿臨時委員ヲ命シ之ヲ施行ス

第十二條　試驗委員ハ佐官一名士官三名トス但臨時文官ヲ以テ委員トスルヿアルヘシ
第十三條　試驗了レハ委員ハ試驗成績表ヲ製シ意見書ヲ附シテ海軍卿ニ呈ス可シ
第十四條　第八條ニ揭クル特別ノ試驗ヲ要スル職務ハ左ノ如シ
一　技術官
二　測量術ヲ要スル職務
第十五條　特別ノ試驗ヲ要スル者ハ第六條ノ試驗ヲ爲シタル後各其奉職志願ノ廳ニ移シ相當ノ試驗ヲ受ケシム
第十六條　特別ノ試驗ヲ爲シタル各廳ニ於テハ速ニ試驗科目書試驗成績表及ヒ意見書ヲ附シテ及第者ノ姓名書ヲ海軍卿ニ進達ス可シ而シテ及第者ニハ其證書ヲ附與シ落第者ニハ其旨ヲ告知ス可シ
第十七條　試驗及第者ノ名簿ハ其優等者ノ順序ニ從ヒ調製シテ之ヲ總務局ニ備置ク可シ
第十八條　試驗及第者ノ名簿ハ試驗每ニ優等者ノ順序ニ從ヒ記載ス

優劣ナキ者ハ官等ノ上ナル者又同等官ナル𪜈ハ年長ノ者ヨリ順序ニ記載ス但第二回試驗ノ及第者ハ第一回試驗ノ及第者ノ次ニ記載スルモノトス其他之ニ準ス

第十九條　第八條ノ特別試驗ニ及第シタル者ノ名簿ハ別ニ之ヲ製シ通常試驗ノ及第落第ヲ記シ其他ハ前條ノ例ニ準ス但試驗ヲ受ケタル廳每ニ調製スルモノトス

第二十條　志願者ハ服役中ニ在テハ第一號書式ニ照シ所管長官ニ宛又退職後ニ在テハ第二號書式傷痍疾病ニ因リ退職後ニ在テハ第三號書式ニ照シ戶長ノ奧書證印ヲ受ケ地方廳ヲ經テ海軍省ニ願出可シ

第一號書式（料紙美濃紙以下倣之）

來ル年月日服役滿期相成候ニ付海軍退職下士文官採用規則ニ據リ文官奉職仕度候間御撿査ノ上御採用相成候樣御取計被下度別紙履歷書相添此段奉願候也

何艦乘組（何營在勤）（何部局官廨出勤）

年號月日　　　官　姓　名　印
年號月何年何ケ月

職官姓名殿

第二號書式　　　　　　　　　　某　儀

過ル年月日退職被申付候處今般海軍退職下士文官採用規則ニ據リ文官奉職仕度候間御撿査ノ上御採用相成候樣其筋ヘ御申立被下度別紙履歴書相添此段奉願候也

何府(縣)何國郡(區)何町(村)族籍 寄留ノ者ハ寄留地モ記スヘシ

退職

年號月日　　　官　姓　名　印
年號月何年何ケ月

前書ノ通相違無之候也

何府(縣)何郡(區)何町(村)戶長
姓　名　印

何府知事
何縣令　姓名殿

前書願出ニ付本人御撿査ノ上御採用有之度候也

年號月日

何府知事
何縣令　姓名印

海軍卿姓名殿

第三號書式

某戰役（公務上）ノ傷痍（疾病）ニ因リ過ル年月日退職被申付候處今般海軍退職下士文官採用規則ニ據リ文官奉職仕度候間御檢査ノ上御採用相成候樣其筋ヘ御申立被下度別紙履歴書並ニ診斷書（傷痍若クハ疾病ヲ證スル爲メ豫テ下附セラレタルモノヲ云フ）寫相添此段奉願候也

何府（縣）何國郡（區）何町（村）族籍（寄留者ハ寄留地モ記ス）

退職

官　姓名印
（年號月何年何箇月）

年號月日

前書ノ通相違無之候也

何府（縣）何郡（區）何町（村）戸長

姓名印

何府知事
何縣令　姓名殿

前書願出ニ付本人御檢査ノ上御採用有之度候也

年號月日

何府知事
何縣令　姓　名　印

海軍卿姓名殿

第二十一條　第八條ニ據リ特別ノ試驗ヲ願フ者ハ其奉職志願ノ廳名ヲ願書中ニ記載シテ差出ス可シ

第二十二條　所管長官ニ於テ願書ヲ受領スル片ハ履歷書ヲ調査シ意見書ヲ附シテ海軍卿ニ進達ス可シ

第二十三條　海軍部内各廳ニ於テ文官ヲ要スル片ハ先ツ志願者ヲ採用スルヲ法トス

第二十四條　各廳ニ於テ文官ニ缺員アルカ又ハ增員ヲ要シ志願者ヲ採用セントスル片ハ海軍卿ニ上請ス可シ

第二十五條　海軍卿前條ノ上請ヲ受ケタル片ハ試驗及第者名簿ノ順序ニ從ヒ之ヲ任補ス但其職務ニ依リ特別ニ選拔シテ任補スルコアル可シ

第二十六條　志願者ヲ採用スルニ當リ其官等ハ試驗ノ優劣ト舊官等

ヲ參互斟酌シテ之ヲ定ムルモノトス
第二十七條　試驗及第者名簿ニ於テ採用ノ順ニ當ル者ト雖氏服役中ハ採用セラレサル者トス
第二十八條　志願者試驗ノ爲メ其場所ヘ往復スル旅費ハ總テ自辨トス但第二十五條ニ據リ採用シ赴任スル時ハ定則ノ旅費ヲ支給ス
第二十九條　志願者ニ於テ其志願ヲ取消サントト欲スル者ハ之ヲ許ス
第三十條　志願者採用セラレサル中年齡六十歲ニ滿チ又ハ禁錮以上ノ刑ニ處セラレタル時ハ其志願無効ニ屬スルモノトス
第三十一條　第二十九條ニ據リ若シ其志願ヲ取消サント欲スル時又ハ志願者ノ身上ニ異動ヲ生シ或ハ轉居轉籍若クハ賞罰等ニ關シ履歷上改正ヲ要スルヿアル時ハ其旨ヲ詳記シ最初願出ノ手續ニ依リ屆出可シ但服役中願出後退職シタル者ハ退職者願出ノ手續ニ依ル可シ

第三節ノ五　陸軍々人休暇規則

○明治十八年八月陸軍省達甲第三拾七號達

陸軍軍人休暇規則左ノ通相定候條此旨相達候事

但明治十四年達甲第三拾號陸軍武官休暇規則同十五年達甲第四拾四號達同附錄ハ廢止ス

陸軍軍人休暇規則

第一條　凡軍人歸省或ハ轉地療養其他事故アリテ休暇ヲ要スル時ハ此規則ニ據リ請願スヘシ

第二條　准士官以上ハ往復ヲ除キ四週日以內ノ休暇ヲ請願スルヲ得但轉地療養及ヒ休暇中發病ノ者ハ延期ヲ願フコトヲ得ヘシ

第三條　將官並ニ同等官ノ休暇願ハ陸軍卿ヲ經テ太政官ヘ上申シ許可ヲ請フヘシ

第四條　各所管ノ長官タル上長官ノ休暇願ハ陸軍卿ノ許可ヲ請フヘシ

第五條　准士官以上ノ休暇願ハ其所官之ヲ許可スヘシ但陸軍省內各局並ニ砲工兵會議出仕ノ准士官以上ノ休暇願ハ其長ヨリ陸軍卿ニ上申シ許可ヲ請フヘシ

旅團長營所司令官ハ其部下准士官以上二週日以內ノ休暇願ハ之ヲ許可スヘシ

第六條　准士官以上ノ休暇願書ハ其要スル旨趣及ヒ日數ヲ記載シ差出スヘシ但轉地療養並ニ延期及ヒ休暇中發病延期ヲ願フ時ハ陸軍醫官若クハ地方醫師ノ診斷書ヲ添フヘシ

第七條　下士卒父母病氣或ハ死亡等ニテ歸省ヲ願フ時ハ其情實ニ由リ往復ヲ除キ二週日以內ノ休暇ヲ許スヘシ故ニ右等ノ事故ニテ休暇ヲ願フ時ハ親族ニ於テ願書ヲ作リ（病氣ナレハ醫師ノ診斷書ヲ添ヘ）戶長（戶長アラサル地ハ區長以下之ニ同シ）ノ奧書證印ヲ受ケ本人所屬ノ隊或所管ヘ差出スヘシ

第八條　隊附下士卒ノ轉地療養ハ陸軍醫官ノ診斷書ニ依リ之ヲ命スルヲ以テ本人ヨリ請願スルヲ許サス隊外下士卒ニ在テハ陸軍醫官（醫官アラサル地ハ地方醫師）ノ診斷書ヲ添ヘ本人ヨリ請願スル時ハ往復ヲ除キ四週日以內ノ休暇ヲ許スコトアルヘシ若シ其日限中快復ニ至ラサル時ハ醫師ノ診斷書ヲ添ヘ追願スヘシ

第九條　隊附下士卒ノ休暇ヲ許可スル手續ハ各兵內務書中ニ記載ス

ルカ如シト雖モ旅團附下士ニ在テハ旅團長之ヲ許可シ隊外下士卒ニ在テハ各所管長若クハ營所司令官之ヲ許可スヘシ

第十條　下士卒休暇ノ免許ヲ得タル者ニハ左式ノ免許證及ヒ宿泊證書ヲ與フ

六寸

四寸

表

兵種隊號

官(卒)姓　名

何日間依願休暇免許證　（該隊之印）

聯隊長（聯隊ヲ爲サヽル隊ハ其隊長）（軍用電信隊提理）　職官姓名印

裏

此免許證ハ何年何月何日何時ヨリ何年何月何日何時マテ休暇ヲ與フル證ナレハ其期限ニ至レハ必ス歸營スヘシ休暇中ト雖モ陸軍ノ法令ヲ遵奉シ且地方ノ命令ニ服從スヘシ表書官(卒)所持金若干アリ又其所持品左ノ如シ

金何々　何々　何々

何何々　何々　何々

此官(卒)右ノ通金子並ニ諸品ヲ所持スレハ其往来途中ニ於テ他人ノ扶助ヲ受ルヿナカルヘシ

年號月日　中(小)隊長(聯(大)隊副官)（軍用電信隊長）　職官姓名印

隊附下士卒ニ與フル證書式

宿泊證書

兵種隊號

官(卒)姓　名

依願休暇ニ在テハ免許證ニ記載スル日數內ニ往復スルモノナリト雖モ迂路ヲ取リ或ハ舟車ノ便宜ヲ臆度シ歸營延期ニ及フ者ハ嚴重ニ其處分ヲ爲スヘシ褒賞休業中歸省或ハ他行外泊等ヲ爲ス者ニ在テハ時宜ニ依リ途上ニ滯泊シ或ハ半途ニシテ歸營スルモ妨ケナシト雖モ舟車ノ便ヲ顧ミ迂路ヲ取リ期日ニ後ルヽ者ハ嚴重ニ其處分ヲ爲スヘシ

往

何年何月何日何地發程

何月何日何地某方ニ泊ス

何府(縣)何郡(區)何町(村)戶(區)長姓名印

何月何日何地某方ニ泊シ何月何日マテ病氣或ハ何々ニ依リ滯在

右同斷

何月何日何船乘船

何月何日何地上陸

何船長姓名印

還

何年何月何日何地發程

書法上ニ同シ

隊外下士卒ニ與フル證書式

宿泊證書

所管兵種

官(卒)姓　名

休暇ノ許可ヲ得タル者ハ免許證ニ記載スル日數內ニ往復スルモノナリ若シ迂路ヲ取リ或ハ舟車ノ便ヲ顧ミ歸着ノ期ニ後ルヽ者ハ嚴重ニ其處分ヲ爲スヘシ

往

何年何月何日何地發程

書法上ニ同シ

還

何年何月何日何地發程

書法上ニ同シ

休暇免許證ハ隊附ノ者ニ與フル書式ヲ示スモノトス故ニ隊外ノ者ニ在テモ亦之ニ準シ調製付與スヘシ一休暇免許證及ヒ宿泊證書ハ兩面ヲ用ユル爲メ共ニ厚紙ニテ製シ若シ宿泊證書紙幅足ラサル時ハ別紙ヲ以テ補綴スヘシ

第拾壹條　下士卒休暇ノ免許ヲ得タル者ハ休暇免證及ヒ宿泊證書ヲ所持シ略帽衣袴及ヒ脚絆ヲ着シ脚絆ヲ着スルト着セサルトハ兵種ニヨルヘシ帶革並ニ銃劍或ハ軍刀ヲ佩ヒ且外套ヲモ所持スヘシ

第拾貳條　下士卒旅行中宿泊或ハ乘船スル時ハ所在ノ戸長或ハ船長ニ免許證ヲ示シ宿泊證書ニ捺印ヲ受クヘシ若シ其途中發病川留等ニテ滯留スル時ハ戸長ヨリ其事由書ヲ取リ或ハ醫師ノ診斷書ニ戸長ノ奥書證印ヲ受ケ歸着ノ上之ヲ差出スヘシ

第拾三條　下士卒歸郷若クハ某地ニ滯留スル時ハ直ニ其地ノ戸長ニ休暇免許證ヲ示シ宿泊證書ニ捺印ヲ受ケ其宿泊證書ハ期日マテ戸長ニ預ケ置キ且地方ノ掟軍人ノ到ル間敷個所等ヲ承知スヘシ而シテ出發ノ期ニ至レハ宿泊證書ヲ受取其發途ヲ證スル爲メ重子テ之

ニ戸長ノ捺印ヲ受クヘシ且歸郷中父母病死スト雖モ期日ニ至レハ必ス速ニ歸着スヘシ

第拾四條　下士卒歸郷中本人病氣ニテ期日ニ出發シ難ク延期ヲ要スル時ハ願書ニ陸軍醫官若クハ地方病院醫師ノ診斷書ヲ添ヘ戸長ノ與書證印ヲ受ケ所屬ノ隊或ハ所管ニ送呈スヘシ若シ其地方ニ陸軍醫官若クハ病院ナキ時ハ其治療ヲ受ケタル醫師ノ診斷書ヲ添フヘシ

第四節　戸長選任及選擧

○十七年五月第四十一號達

戸長ハ府知事縣令之ヲ選任ス但町村人民ヲシテ三人乃至五人ヲ選擧セシメ府知事縣令其中ニ就テ選任スルコトヲ得ヘシ此旨相達候事

○十七年五月内務省乙第二十五號達

本年第四十一號公達ニ據リ町村人民ヲシテ戸長ヲ選擧セシムルトキハ其選擧方ハ區町村會議員選擧ノ例ニ照準ス可シ此旨相達候事

第四節ノ二　戸長身分

○十五年十二月第七十一號達

○太政官
農商務省伺
官吏技術上死傷手當ノ儀ハ是迄明治十二年二月第四號御達就業上死傷手當內規ニ據リ處分致來候處本年一月第一號ヲ以テ文官恩給令御布達相成

戸長身分取扱ノ義明治七年三月第二十八號ヲ以テ相達置候處自今左ノ通改定シ其俸給ハ府知事縣令適宜之ヲ定ムヘシ

第四節ノ三　戸長職務上ノ過失

○十八年二月內務省甲第四號達

戸長職務取扱上過失アルトキハ總テ官吏懲戒例ニ依リ處分スヘシ但明治十一年乙第八十號達第五項ハ廢止ス

○第二款　恩給

第一節　官吏恩給令

明治十八年七月太政官第四拾貳號達

明治十七年一月第壹號達官吏恩給令第十條第二項左ノ通改正候條此旨相達候事

判任官ハ公務ニ依リ死去セシトキニ限リ其情狀ニ依リ特旨ヲ以テ本條及第十二條第十三條第十四條ニ準スルコトアル可シ但其扶助料ハ轉給セス

第一條　官吏恩給ハ文官勅任官奏任官判任官其本官奉職ノ年數及ヒ其年齡ニ依リ退官後之ヲ支給ス但出仕ハ本官ニ準ス

候得共一時ノ手當ト終身ノ恩給トハ自ラ御旨趣ノ異ナル者ニ候得ハ幷行シテ抵觸セサルハ勿論ト存候何トナレハ恩給令ハ勅奏判任官奉職ノ年數及ヒ其年齡ニ依リ退官者ヲ待ツ所ノ恩典ニシテ其第二條第三條第四條ノ如キ未タ年數ノ滿タスシテ不治ノ病ニ罹リ又ハ重傷ヲ負ヒタル者ニ恩典ヲ賜ル所ノモノニメ別ニ同令中死傷手當内規ニ據リ手當ヲ受ルモノハ恩給ヲ支給セストノ明文ナキヲ以テナリ依テハ扶助料給與ノ後尚恩給ヲ上請シ不苦義ト存候

第二條　恩給ハ官吏滿十五年以上奉職シ年齡六十歳ニ至リテ退官ヲ許シタル者又ハ年齡六十歳ニ至ラスト雖モ滿十五年以上奉職シタル後廢官廢廳若クハ不治ノ疾病ニ罹リ其職ニ堪ヘサル確證アル者ニ終身之ヲ給ス

大臣參議各省卿元老院議長參事院議長ハ滿二年以上奉職シタルノ後退官スル時ハ特旨ヲ以テ終身恩給ヲ支給スルコトアル可シ

第三條　在職滿十五年以內ト雖モ公務ニ依リ不治ノ病ニ罹リ又ハ重傷ヲ負ヒ其職ニ堪ヘス退官セシメタル者亦終身恩給ヲ支給ス

第四條　公務ニ依リ重傷ヲ負ヒ若クハ不治ノ病ニ罹リ開業醫ノ診斷書ヲ具ヘテ其職ニ堪ヘサル旨ヲ證明スルコトヲ得ル時ハ其退官ヲ許シ在職年數ニ拘ハラス終身恩給ヲ支給ス

第三條及ヒ前項ノ塲合ニ於テ盲聾或ハ一肢以上ノ用ヲ失ヒ不治ノ症ニ罹リタル者ハ其退官ヲ命シタルト又ハ退官ヲ許シタルトニ拘ハラス其情狀ニ依リ特旨ヲ以テ現官相當恩給ノ外ニ猶其最下金額十分ノ七迄ヲ增給スルコトアル可シ

得共聊カ疑關ニ渉リ候義モ有之候間此段相伺候也
明治十七年九月十九日
指令
伺之趣恩給ヲ受クル官吏ヘハ療養料ヲ除クノ外ハ給與スル限リニ非ラズト可相心得事
明治十七年十二月廿二日

○內務省
大分縣ヨリ療治料支給方伺
警部警部補ニシテ貨幣贋造放火人殺強盗其他ノ行兇者逮捕ニ際シ非常ニ盡力シ遂ニ負傷明治十七年第壹號公達官吏恩給令ニ該當セサルモノセシモノア

開業醫ノ診斷書ニ就キ疑フ可キモノアルトキハ本屬長官ハ更ニ醫員ヲ派遣シ其診斷ニ依リ事實ノ當否ヲ判定ス可シ

第五條　恩給ハ退官現時ノ俸額ニ依ル其給額ハ奉職滿十五年ニシテ俸給年額ノ四分ノ一即チ二百四十分ノ六十トシ爾後滿一年每ニ二百四十分ノ一ヲ加ヘ滿三十五年ニ至リ二百四十分ノ八十即チ俸給年額ノ三分ノ一ニ至ッテ止ム但非職中退官スル者ト雖モ恩給ハ其在職俸給ノ年額ニ照シテ之ヲ支給ス

第二條ノ第二項幷ニ第三條第四條ニ掲クル所ノ十五年未滿ノ奉職者ニ恩給ヲ支給スルコトアルトキハ其給額ハ俸給年額二百四十分ノ六十ニ當ルノ額ヲ以テス

進級後一年未滿ニシテ退官シタル者ハ前官ノ俸給ニ依リ恩給ヲ支給ス但公務ニ起因スル傷痍疾病ノ爲メ退官シタル者ハ此限ニアラス

第六條　奉職滿十五年ニ超ル者ト雖モ年齡未タ六十歳ニ至ラスシテ自己懲戒處分若クハ刑事裁判ニ依リ免官セシ者ハ恩給ヲ支給セス

第七條　奉職年數ノ計算ハ明治四年八月ヨリ起算ス其以後任官ノ者

ル時ハ明治八年第三號公達吊祭扶助療治料規則ニ照準シ相當療治料支給方取計追テ御屆ケ及ヒ可然哉

明治十八年五月廿二日

指令

伺ノ趣警察官職務上負傷シタル者ヘハ醫員ノ申立書ニ由リ傷痍ノ輕重療養ノ事体ニ從ヒ療治料實費ヲ以テ警部給與ヨリ支給スヘキ事

但施行濟ノ上ハ明治十七年當省乙第貳拾貳號達ニ據リ屆出ヘシ

明治十八年八月三十一

ハ其拜命ノ月ヨリ起算ス但年齡二十歲未滿ノ奉職年數ハ算入セス

明治四年八月以前ヨリ奉職シタル者ハ明治四年七月ノ現官等ニ對スル月俸ノ半額ヲ以テ奉職年數ノ一個年ニ當テ其年數ニ應スルノ金額ヲ以テ別ニ一時賜金トシテ給與ス（明治十七年四月第三十五號達改正）

第八條　武官ヨリ文官ニ轉シ若クハ退官後再ヒ任官シタル者ハ前官後官ノ奉職年數ヲ通算ス但御用滯在中ノ年月及ヒ當テ滿年賜金若クハ退官一時賜金ヲ受ケタル者ノ前官年數ハ算入セス

第九條　恩給ヲ受クル者再ヒ官ニ就キ爾後退官ノ節其俸額前官ヨリ少キトキハ尙ホ前官ノ俸額ニ依リ恩給ヲ支給ス

第十條　勅奏任官奉職中既ニ恩給ヲ受ク可キ期ニ至リタル者及ヒ其退官恩給ヲ受クル者死去セシトキ又ハ其期ニ至ラスト雖モ公務ニ依リ死去セシトキハ其情狀ニ依リ特旨ヲ以テ其寡婦ニ扶助料トシテ死者生存中ノ恩給年額四分ノ二以內ヲ終身支給スルコトアル可シ寡婦ナケレハ其繼嗣ノ孤兒（男女並ニ實子養子ヲ問ハス）滿二十歲ニ至ル迄之ヲ

日

○大藏省

栃木縣ヨリ官吏恩給金出途及科目整理方其他ノ儀ニ付伺

一本年一月第壹號恩給令公達ニ依リ給與可相成恩給金及今般月俸規則第二十二條四月二十五日第三十五號ヲ以テ被廢官吏恩給令ヘ第二十九第三十両條追加公達相成旨賜金ノ義共總テ別途御下

給スルヿアル可シ但寡婦ハ其本夫ノ在官中ニ入籍シタル者ニ限ル判任官ハ奉職中既ニ恩給ヲ受ク可キ期ニ至リタル者ニシテ公務ニ依リ死去セシトキニ限リ其情狀ニ據リ特旨ヲ以テ本條ニ準スルヿアル可シ但其扶助料ハ寡婦ニ止マリテ孤兒父母祖父母兄弟姉妹ニ及ハス

第十一條　寡婦復籍若クハ再嫁シ又ハ死去シタルトキハ其扶助料ハ更ニ繼嗣ノ孤兒（二十歳未滿ノ者）ニ給ス

扶助料ヲ受クル孤兒既ニ嫁娶シ若クハ官廳ヘ奉職シ俸給ヲ受ケ又ハ諸官立學校ノ官費生徒ト爲リタルトキハ其扶助料ヲ給セス

第十二條　扶助料ヲ受ク可キ寡婦孤兒ナク又ハ扶助料ヲ受ケタル寡婦復籍若クハ再嫁シテ孤兒ナク尚ホ從來死者ニ依リテ生活セル父母又ハ祖父母アリテ他ニ之ヲ奉養スルノ子孫ナキトキハ其情狀ニ依リ特旨ヲ以テ寡婦ニ相當セル扶助料三分ノ二以內ヲ終身支給スルコトアル可シ

第十三條　其扶助料ハ父母祖父母共ニ存在スルトキハ先ツ之ヲ父ニ

付可相成義ニ候哉

一官吏恩給令ニ依リ郡區書記ニ支給スヘキ恩給ハ國庫ヨリ支辨候儀ト可相心得旨公達ニ依リ三月廿六日内務卿ヨリ被相達候ニ付是又前陳ノ如ク相心得可然哉

一前條恩給金御下付可相成儀ニ候ハヽ毎歳豫算相立經費豫算帳ヘ編入スヘキヤ又ハ恩給々與ノ時々請求可致儀ニ候哉且科目ノ儀ハ何レノ目ヲ設ケ整理候テ可然哉

（十七年五月十六日）

（指令）十七年七月十

給シ其父死歿若クハ其恩典ヲ失フコトアレハ轉シテ之ヲ母ニ給ス以下其母ヨリ祖父ニ祖父ヨリ祖母ニ順次此例ニ依リ之ヲ轉給ス可シ但父及ヒ祖父ハ年齢五十歳以上其未滿ハ癈疾又ハ不具ニシテ産業ヲ營ムヿ能ハサル者又母及ヒ祖母ハ夫ナキ者ナレ𪜈本人死歿ノ際年齢五十歳以上ニシテ其戸籍ニ在リシ者ニ限ル

第十四條　扶助料ヲ受ク可キ寡婦孤兒又ハ父母祖父母ナクシテ從來死者ニ依リ生活セル二十歳未滿又ハ二十歳以上ト雖モ癈疾不具ノ兄弟姉妹アリテ之ヲ救育スルノ親族ナキ者ハ其情狀ニ依リ特旨ヲ以テ寡婦ニ相當セル扶助料一個年分ヨリ少カラス五個年分ヨリ多カラサル額ヲ一時限リ支給スルヿアル可シ

第十五條　恩給ハ在官者退官ノ翌月ヨリ支給ス扶助料ハ恩給ヲ受ケ又ハ受ク可キ者死去ノ翌月ヨリ支給ス其轉給スル者亦同シ

第十六條　恩給及ヒ扶助料ノ給否ハ本屬長官若クハ其所管地方長官ノ證明ニ依リ恩給局ノ審査ヲ經テ太政大臣之ヲ裁定ス

恩給及ヒ扶助料ノ給與ニ關シ若シ穩當ナラサル廉アルコトヲ覺知

四日）伺之趣左之通可相心得事
第一項第二項伺之通
但十六年度ニ屬スル分ハ從前滿年賜金ノ殘餘ヲ以テ仕拂本年當省第十八號達ニ準據シ整理スヘシ
第三項一時賜金ヲ要スル時々請求スヘシ經費科目ハ大科目ヲ一時賜金トシ中科目ヲ文官トシ小科目ヲ退官賜金トシテ整理スヘシ

○大藏省
三重縣ヨリ官吏恩給令ニ依リ費途ノ儀ニ付伺

シタル者ハ之ヲ其本屬長官若クハ地方長官ニ請願シ而シテ猶ホ穩當ノ指令ヲ得サルトキハ本人ヨリ直ニ之ヲ太政官恩給局ニ請願スルコトヲ得但之ヲ裁判所ニ訴フルヿヲ許サス

第十七條　恩給若クハ扶助料ヲ給スル本人ニハ太政官ヨリ其證書ヲ下付ス

第十八條　恩給ヲ受クル者公權ヲ剝奪セラレタルトキハ全ク之ヲ止メ又左ノ各項ニ該ルトキハ其時間ノミ之ヲ停ム

一　公權ヲ停止セラレタル時
二　再ヒ官ニ就キ俸給ヲ受クル時
三　事故アリテ日本人タルノ分限ヲ失フ時
四　政府ノ許可ナクシテ日本國外ニ出タル時

第十九條　扶助料ヲ受クル者禁錮以上ノ刑ニ處セラルヽトキ又ハ第十八條ノ第三項若クハ第四項ニ該ルトキハ之ヲ止ム

第二十條　恩給ヲ支給ス可キ退官者アルトキハ本屬長官ハ本人ノ履歴書其傷痍疾病ニ起因スルモノハ其證書ヲ具シ且事實ヲ證明シテ

一本年三月御省第十八號御達中第五號公達ニヨリ右ニ屬スル仕拂有之節ハ廳費中退職賜金ノ細科目ヲ設ケ整理可致旨敬承致候其後同年四月第卅五號公達ニテ官吏恩給令ヘ第二十九條第三十條追加相成候得共前顯第十八號御達ノ通相心得可然乎

一前條果シテ然ラハ郡區書記ヘ恩給令ニヨリ支給スヘキ一時賜金ノ金額ハ其時々御省ヘ請求候儀ト相心得可然乎

但本文ノ通リニ候ハヽ何レ

之ヲ太政官ヘ進達シ以テ恩給ノ下付ヲ請求ス可シ

第二十一條　扶助料ヲ願ハントスル者ハ本人主名ヲ以テ親族二名（後見人アレハ其後見人ヲ加フ）親族ナキトキハ同郷ノ戸主二名連署セシ願書ニ其戸籍ノ寫（恩給若クハ扶助料給與ノ證書アル者ハ其證書）又公務ニ依リ死亡セル者ハ其原因症候等照査ニ供ス可キ證據書ヲ添ヘ之ヲ所管地方廳ニ出願ス可シ地方長官ハ其事實ヲ證明シテ之ヲ太政官ニ進達シ以テ扶助料ノ下付ヲ請求ス可シ但一箇年經過ノ後出願スル者ハ之ヲ受理セス

第二十二條　恩給若クハ扶助料ノ支給ヲ止ムルトキハ恩給局ヨリ所管地方廳ニ達シ二週日以內ニ其給與ノ證書ヲ收メシム又恩給若クハ扶助料ヲ受クル者死去又ハ除籍シ扶助料ヲ繼受スル者ナキトキハ遺族若クハ親族ヨリ其死亡又ハ除籍ノ證書ヲ添ヘ一箇月以內ニ之ヲ所管地方廳ニ屆出テ該長官ハ事由ヲ具シ其證書ト共ニ之ヲ恩給局ニ進達ス可シ

第二十三條　恩給及ヒ扶助料ノ金額ハ毎年六月十二月ニ於テ其前半年分（半年ニ滿タサルモノハ月ヲ以テ計算ス）ヲ大藏省ヨリ本人所在ノ地方廳ヲ經由シ

ノ科目ヘ編入可然哉

一 郡區長ニ非職ヲ命シタル時ノ俸給ハ其員額取調御省ヘ請求シ郡區長諸給與ノ小科目ヘ編入整理候テ可然乎（十七年五月十四日）

（指令）（十七年七月十四日）伺之趣左ノ通可相心得事

第一項第二項本年五月第五十五號公達ノ通タルヘシ其經費科目ハ大科目ヲ一時賜金トシ中科目ヲ文官トシ小科目ヲ退官賜金トシテ整理スヘシ但十六年度ニ屬スル分ハ從

テ之ヲ交付ス

第二十四條　恩給若クハ扶助料ノ金額ヲ受領セントスル者ハ其證書及ヒ本人生存證書ヲ表證シ別ニ受領證書ヲ差出スヘシ

第二十五條　恩給若クハ扶助料ヲ受クル者其金額受領ノ地ヲ轉セントスルトキハ金額交付期月ノ三箇月前ニ其所在ノ地方廳ニ願出可シ若シ其期ヲ過クル者ハ仍ホ元所在地ニ於テ之ヲ交付ス

第二十六條　恩給並ニ扶助料ハ一箇年以上其受領ヲ請求セサルトキハ其時間ノ金額ハ支給セス

第二十七條　恩給並ニ扶助料ニ關スル願書ハ郡區長戸長證書ハ戸長ノ奥印ヲ要ス

第二十八條　盜難若クハ水火災等ニテ恩給若クハ扶助料給與ノ證書ヲ失ヒタルトキハ速ニ所管地方廳ヲ經テ恩給局ニ其旨屆出可シ

第二十九條　官吏滿五年以上奉職ノ者十一年未滿ニシテ退官セシ時ハ現俸給三ヶ月分ヲ給シ其滿十一年以上十五年未滿ニシテ同上ノ者ニハ現俸給四ヶ月ヲ給ス但恩給ヲ受クル者並ニ自己ノ便宜ニ依

前満年賜金ノ殘餘ヲ以テ仕拂本年三月當省第十八號達ニ準據シ整理スヘシ

第三項　郡區長諸給與ノ内ヨリ支給シ其科目及ヒ整理方ハ本年當省第十八號達ニ據ルヘシ

○太政官　陸軍省伺

官吏奉職満五年以上十五年未満ニシテ退官ノ者一時賜金ノ儀ハ官吏恩給令第貳十九條ノ通ニ有之候處右五年以上奉職ノ者退官更ニ御用掛ヲ命セラレタル者ニアリテハ前官ニ對スル

リ退官ヲ請フ者又ハ服務紀律ニ違ヒタル者ノ諭旨退官及ヒ懲戒處分若クハ刑事裁判ニ依リ免官セシ者ニハ總テ之ヲ給セス（明治十七年四月第三十五號達追加）

第三十條　官吏在官中死去ノ者ハ現俸給三ケ月分ヲ給ス（明治十七年四月第三十五號達追加）

第一節ノ二　同附則

○十八年三月第十五號達

第一條　本令第二條第三條及第四條ニ該ル者退官スルトキハ同時ニ其恩給願書及證據書類ヲ本屬長官ニ差出スヘシ但廢官廢廳ニ係ル者ハ其事務ノ引繼ヲ受ケタル長官ニ之ヲ差出スヘシ

第二條　本令第十條第十一條第十二條第十三條及第十四條ニ該ル者ハ其扶助料願書及證據書類ヲ本籍地方長官ニ差出スヘシ

第三條　恩給願書若クハ扶助料願書ヲ受領セシ長官ハ査覈ノ上轉給願書ヲ除クノ外其計算書ヲ製シ本令第二十條ニ據リ該書類ヲ太政官ニ進達スヘシ

一時賜金ハ他日御用係被免候際支給シ又本官ニ再任スル者ハ前後奉職年數通算致シ可然哉此段相伺候也

明治十七年九月二十二日

指令

伺之通

明治十七年十月十三日

○太政官

工部省伺

恩給令第三十條ニ官吏在官中死去ノ者ハ現月俸三箇月分ヲ給スト有之單ニ官吏在官中死去ノ者ト有之上ハ奉職ノ年數及死者ノ年齡ニ關セサルハ勿論ノ儀ニテ同令第七條但書中年齡二十歲未滿ノ奉職年數ハ算入セスト

第四條　恩給願書ニ添フヘキ證據書類ハ左ノ如シ

一　履歴書

二　戸籍寫

三　診斷書（負傷若クハ罹病者ニ要ス）

四　見證證書（公務ニ依リ負傷シタル者ニ要ス）

第五條　本令第四條ニ揭クル最下金額十分ノ七迄ノ增給差等ハ左ノ如シ

一　二肢ヲ亡シ或ハ兩眼ヲ盲スル者	十分ノ七
二　前項ニ等シキ傷痍或ハ疾病ヲ受ケシ者	十分ノ六
三　一肢ヲ亡シ或ハ全ク二肢ノ用ヲ失フ者	十分ノ五
四　前項ニ等シキ傷痍或ハ疾病ヲ受ケシ者	十分ノ四
五　全ク一肢ノ用ヲ失フ者	十分ノ三
六　前項ニ等シキ傷痍或ハ疾病ヲ受ケシ者	十分ノ二

第六條　本令第三條ニ揭クル公務ニ依リ不治ノ病ニ罹リ又ハ重傷ヲ負フトハ一肢以上ノ用ヲ失ヒ或ハ失フニ等シキ者ニ限ル

有之ハ只奉職年數ノ計算方ヲ示スニ止リ第三十條ニハ吏ニ關係無之樣被存候就テハ年齡二十歲未滿ノ者ト雖モ苟モ官吏ニシテ死去候節ハ同條ニ依リ下賜候儀ト相心得可然哉此段相伺候條至急御指揮有之度候也

明治十七年十二月廿二日

指令

伺ノ趣官吏恩給令ハ二十歲未滿ノ者ニ適用不致義ト可心得事

明治十八年一月廿四日

第七條　公務ニ依リ不治ノ病ニ罹リ又ハ負傷シ恩給ヲ受ケタル者仍ホ重症ニ趨キシトキ左ノ期限內ニ出願スレハ查覈ノ上更ニ增加恩給ヲ下賜スヘシ

一　一肢ノ用ヲ失ヒ或ハ一肢ノ用ヲ失フニ等シキ者ハ二箇年

二　一肢ヲ亡シ或ハ二肢ノ用ヲ失ヒ又ハ兩眼ヲ盲シ或ハ二肢ヲ亡スル者及之ニ等シキ者ハ三箇年

第八條　前條ニ該當シ增加恩給ヲ願ハントスル者ハ其願書（第五書式）ニ診斷書及恩給證書ヲ添ヘ之ヲ本籍地方長官ニ差出スヘシ

第九條　年齡六十歲未滿ト雖モ滿十五年以上奉職シ服務紀律違犯ノ故ニ非スシテ諭旨退官ノ者若クハ非職滿期免官ノ者ハ本令第二條廢官廢廳ノ例ニ依ル

第十條　官吏滿五年以上奉職ノ後本官ヲ免シ直ニ御用掛或ハ准官吏等ニ採用ノ者ハ其際恩給或ハ本令第二十九條ノ一時賜金ヲ給セス其御用掛或ハ准官吏退職ノトキニ於テ前官ニ對スル恩給若クハ一時賜金ヲ下賜ス但御用掛或ハ准官吏奉職中自己ノ便宜ニ依リ其職

ヲ辭スル者及服務紀律ニ違ヒ諭旨退職ノ者又ハ懲戒處分若クハ刑事裁判ニ依リ免職ノ者ハ恩給或ハ一時賜金支給ノ限ニ在ラス

第十一條　奉職年數ハ月ヲ以テ計算スヘシ但退官同月内ニ再任セシ者ハ其月ヲ二箇月ニ算スルヲ得ス

第十二條　非職中ノ年月ハ奉職年數ニ算入スヘシ但官吏非職條例第七條ニ該ル者ニシテ非職俸ヲ受ケサルノ年月ハ之ヲ除算ス

第十三條　本令第七條第二項ニ揭クル月俸トハ明治四年六月東京淺草米廩ノ平均相場ニ依リ當時ノ官祿一箇月分ニ相當スル金額ヲ云フ

第十四條　本令第二十九條及第三十條ノ一時賜金ハ非職中退官或ハ死去スル者ト雖モ其本俸ノ額ニ照シテ之ヲ支給ス

第十五條　自己ノ便宜ニ依リ退官シタル者又ハ服務紀律ニ違ヒ諭旨退官ノ者及懲戒處分若クハ刑事裁判ニ依リ免官ノ者再ヒ任官スルコトアルモ其前官年數ハ之ヲ通算セス

第十六條　公務ニ依リ死去ノ者アルトキハ其事實ヲ保證シタル書面見證人アレハ其證書ヲ添ヘ及履歴書又恩給ヲ受クルノ期ニ達シタル者死去セシ

トキハ其履歴書ヲ本屬長官ヨリ遺族ニ下付スヘシ

第十七條　扶助料願書ニ添フヘキ證據書類ハ左ノ如シ

一　死者履歴書在官中死去シタルトキニ要ス

二　戸籍寫

三　恩給證書轉給ノトキニ要ス

四　醫師ノ死亡屆書若クハ檢案書公務ニ依リ死去シタルトキニ要ス

五　本屬長官保證書公務ニ依リ死去シタルトキニ要ス

第十八條　本令第十三條及第十四條ニ掲クル癈疾又ハ不具ノ者扶助料ヲ願ハントスルトキハ前條書類ノ外仍ホ其診斷書ヲ添フヘシ

第十九條　本令第十條ニ掲クル恩給年額四分ノ二以內ノ差等ハ公務ニ依リ死去セシ者ノ寡婦ニハ四分ノ二其他ノ寡婦ニハ四分ノ一トス

第二十條　本令第十條ニ掲クル恩給ヲ受クヘキ期ニ至ルトハ奉職滿十五年以上ヲ云フ

第二十一條　扶助料ヲ受ケタル寡婦其支給ヲ止メラルヽトキハ轉シ

テ之ヲ繼嗣ノ孤兒ニ給ス

第二十二條　扶助料ヲ受ケタル寡婦死去シテ孤兒ナク又ハ扶助料ヲ受ケタル孤兒死去シ仍ホ其亡夫或ハ亡父ノ父母又ハ祖父母アルトキハ本令第十二條ノ例ニ依ル

第二十三條　本令第十三條ニ揭クル母及祖母癈疾又ハ不具ニシテ産業ヲ營ムコト能ハス他ニ之ヲ奉養スル者ナキトキハ同條但書父及祖父ノ例ニ依ル

第二十四條　恩給或ハ扶助料ノ出願ヲ許可セシトキ恩給許可令ハ本屬長官ヲ經テ直ニ本人ニ下付シ扶助料許可令ハ内務省ニ交付シ内務省ハ本籍地方廳ヲ經テ之ヲ本人ニ下付ス

恩給證書ハ總テ内務省ニ交付シ内務省ハ本籍地方廳ヲ經テ之ヲ本人ニ下付ス

第二十五條　本令第十六條第二項ニ揭クル請願ノ期限ハ恩給證書受領ノ日ヨリ三箇月トス其期限ヲ過ルモノハ受理セス

第二十六條　本籍地方廳ニ於テ本令第二十五條ノ出願ヲ許可シタル

トキハ直ニ大藏省ニ屆出テ且本人移住ノ地方廳ニ通牒スヘシ

第二十七條　恩給ヲ受クル者賭博犯處分規則ニ依リ懲罰ニ處セラレタルトキハ本令第十八條第一項ニ準シ扶助料ヲ受クル者同上ノトキハ本令第十九條ニ準ス

第二十八條　恩給若クハ扶助料ヲ受ケタル者本令第十一條第二項第十八條第三項第四項ニ該ルトキハ其本籍地方廳ヨリ直ニ恩給局ニ屆出ツヘシ

本令第十八條ニ掲クル再ヒ官ニ就キ俸給ヲ受クルトハ准官吏以上ヲ云フ

第二十九條　恩給若クハ扶助料ヲ下賜シ又ハ其支給ヲ止メ若クハ停メタル時ハ恩給局ヨリ之ヲ大藏省及會計撿査院ニ通牒スヘシ

（諸書式略）

○明治十八年六月太政官第貳拾七號達

各廳ニ於テ左ノ各項ニ該ル者アルトキハ其旨恩給局ニ通牒スヘシ此旨相達候事

恩給ヲ受ル者ヲ准官吏以上ニ採用シ又ハ之ヲ差免シタルトキ扶助料ヲ受ル者ヲ歳出科目表俸給ノ部ヨリ俸給ヲ支給スヘキ者ニ採用シ又ハ之ヲ差許シタルトキ

明治八年四月第四拾八號達陸軍武官傷痍扶助死亡ノ者祭粢家族扶助概則及同年八月第百四拾八號達海軍退隱令ニ據リ扶助料若クハ退隱料ヲ受ル者前二項ニ該ルトキ

官吏恩給令ニ據リ扶助料ヲ受ル者ヲ官立學校ニ於テ官費生徒ニ命シ又ハ之ヲ差免シタルトキ

○十八年四月内務省甲第十一號達

一戸長滿五年以上奉職十一年未滿ニシテ退官セシトキハ現俸給三個月分ヲ給シ其滿十一年以上ニシテ同上ノ者ニハ現俸給四箇月分ヲ給ス但自己ノ便宜ニ依リ退官ヲ請フ者又ハ服務規律ニ違ヒタル者ノ諭旨退官及ヒ懲戒處分若クハ刑事裁判ニ依リ免官セシ者ニハ總テ之ヲ給セス

一戸長在職中死亡ノ者ヘハ現俸給三箇月分ヲ給ス

第一節ノ四　文官傷痍疾病等差例

〇十八年三月第十六號達

官吏恩給令附則第五條傷痍疾病等差例左ノ通相定候條右ニ據リ取調候儀ト可心得此旨相達候事

文官傷痍疾病等差例

公務ノ爲メ傷痍ヲ受ケ又ハ疾病ニ罹リ遂ニ一肢以上ノ用ヲ失フニ等シキ不治ノ症トナリ官吏恩給令附則第五條ニ揭クル各項ニ該當スル者ニ等差ヲ付スルヿ概子左ノ如シ

第一條　偏眼ヲ盲ヌル者全鼻ヲ失ヌル者ハ共ニ第五項トシ之ニ偏耳ノ官能ヲ併セ癈スル者ハ第四項トヌ

第二條　兩耳ヲ聾スル者ハ第四項トス

第三條　偏眼兩耳ノ官能ヲ併セ癈スル者ハ（輕重ヲ酌量シテ）第二項或ハ第三項トヌ

第四條　一眼ヲ失ヒ他ノ一眼瞎眛シ僅ニ自己ノ用ヲ辨スルヲ得ル者ハ第二項トス

第五條　咀嚼言語ノ兩機ヲ併セ癈スル者ハ（輕重ヲ酌量シテ）第一項或ハ第二項トス

第六條　咀嚼ノ用ヲ癈スル者ハ（輕重ヲ酌量シテ）第二項或ハ第三項トシ幾分ノ障碍アル者ハ第五項其輕キ者ハ第六項トス

第七條　精神亡失或ハ錯亂シテ常ニ看護ヲ要スルモノハ第一項トス

第八條　癡呆若クハ健忘症ヲ遺シ常ニ看護ヲ要セサル者ハ（輕重ヲ酌量シテ）第三項若クハ第五項トス

第九條　神經痛ヲ遺シ常ニ看護ヲ要セサル者ハ（輕重ヲ酌量シテ）第五項或ハ第六項トス

第十條　言語ノ機能ヲ癈スル者ハ第三項トシ言語ノ機能ヲ妨ケラレタル者ハ（輕重ヲ酌量シテ）第五項或ハ第六項トス

第十一條　胃腸膀胱等ニ瘻管ヲ遺ス者ハ（輕重ヲ酌量シテ）第二項或ハ第三項トス

第十二條　腸歇爾尼亞ヲ遺ス者ハ（輕重ヲ酌量シテ）第五項或ハ第六

項トス
第十三條　陰莖或ハ睾丸ヲ全失スル者ハ第三項トス
第十四條　陰莖ヲ半失スル者偏睪丸ヲ失スル者ハ共ニ第六項トス
第十五條　頸項背腰諸筋ノ運用ヲ妨クル者ハ（輕重ヲ酌量シテ）第五項或ハ第六項トス
第十六條　一肢ヲ失ヒ且他肢ノ用ヲ全癈スル者ハ第一項トス
第十七條　一上肢ヲ失フ者ハ肩關節ヨリ腕關節ニ至ル間ハ何レノ部位ヲ論セス第三項トス
第十八條　肩關節ヨリ腕關節ニ至ル間ノ關節作用ヲ癈スルモ全肢ノ用ヲ癈スルニ至ラサル者ハ第六項トス
第十九條　一手ニ於テ四指以上ヲ失スル者ハ第四項トシ五指癒着若クハ強硬等ノ爲メニ把握採摘ノ用ヲ癈スル者ハ第五項トス
第二十條　一手ニ於テ四指或ハ五指ノ各一部ヲ失スルモ尙把握ノ用ヲ爲シ得ル者ハ第六項トス
第二十一條　一手ニ於テ拇指示指ヲ併セ失スル者或ハ拇指示指ヲ除

キ他ノ三指ヲ失スル者ハ第六項トス

第二十二條　一下肢ヲ失スル者ハ股關節ヨリ踝關節ニ至ルノ間ハ何レノ部位ヲ論セス第三項トス

第二十三條　股關節ヨリ踝關節ニ至ル間ノ作用ヲ妨ケラレタル者ハ（輕重ヲ酌量シテ）第五項或ハ第六項トス

第二十四條　跗骨ヨリ蹠骨ニ至ルノ部ヲ失スル者ハ何レノ部位ヲ論セス第四項トス

第二十五條　一足ニ於テ五指ヲ失スル者ハ第五項トシ第一指ヲ併セ三指ヲ失スル者ハ第六項トス

第二十六條　不治病ノ爲メ常ニ看護ヲ要スル者ハ（輕重ヲ酌量シテ）第一項或ハ第二項トス

第二十七條　不治病前項ヨリ輕キモ歩行スル能ハサル者ハ第三項トス

第二十八條　不治病前項ヨリ輕キモ自己ノ用辨ニ妨碍アル者ハ第四項トス

第二十九條　不治病前項ヨリ輕キモ營業ヲ爲シ難キ者ハ第五項トス
第三十條　不治病前項ヨリ輕キモ營業ニ妨ケアル者ハ第六項トス

第一節ノ五　收稅官吏給與規則

○明治十八年七月大藏省第四拾三號達
收稅官吏給與規則左ノ通相定候條來ル八月一日ヨリ施行スヘシ
右相達候事

收稅官吏給與規則

第一條　月俸ハ一般ノ月俸規則ニ據リテ支給スルモノトス
第二條　府縣管內並旅行日當ハ奏任官金貳圓判官任金壹圓三拾錢巡廻日當ハ奏任官金壹圓五拾錢判任官金壹圓ヲ支給スルモノトス
第三條　前條出張巡廻トモ本廳ヨリ片道壹里以上三里未滿ニシテ即日歸着スルトキハ手當トシテ奏任官一日金五拾錢判任官一日金三拾錢ヲ支給スルモノトス
第四條　本則第二條第三條ニ揭クル外ハ總テ一般旅費定則ノ日當額ヲ支給スヘシ

第五條　本則第三條ノ場合ヲ除クノ外旅費支給方法ハ一般旅費定則ニ據ルヘシ

第六條　筆墨代料ヲ以テ給與スルトキハ壹名一ケ月金拾錢ヲ支給スヘシ

但書記專務ノ者ハ金貳拾錢ヲ支給スルヲ得

第七條　前條任免其他ノ事故ニ依リ就職一ケ月ニ滿タサルトキハ其月十五日前後ヲ以テ全半ヲ分チ支給スヘシ

第八條　宿直其他ノ賄料ハ一般例規ノ通支給スベシ

第一節ノ六　巡查看守給助例

〇十五年七月第四十一號達

巡查看守給助例別紙之通相定候條各地方ニ於テ給助金額ヲ定メ內務卿ノ認可ヲ經テ施行可致此旨相達候事

但實施ノ府縣ハ八年(一月)第三號達並九年(八月)第八十號達別表中免職歸國旅費ハ相廢候儀ト相心得ヘシ

巡查看守給助例

第一條　給助ハ退職給助傷痍給助死亡給助療治料祭祀料ノ五種トス

第二條　給助ヲ與ル者ハ左ノ如シ

一　退職給助　勤續（巡査ヨリ看守ニ看守ヨリ巡査ニ轉スルモ總テ勤メ續トス）滿五年以上ニシテ退職スルモノニハ終身之ヲ給ス

二　傷痍給助　職務ノ爲メ負傷スル者ニ終身之ヲ給ス

三　死亡給助　職務ノ爲メ重傷死ニ至ル者及ヒ負傷後其傷痍ニ原シテ死亡スル者又ハ職務上傳染病ニ罹リ死亡スル者ノ遺族ニ之ヲ給ス

四　療治料　職務ノ爲メ負傷シ若クハ傳染病ニ罹ル者ニ之ヲ給ス

五　祭祀料　奉職中死亡スル者ニ之ヲ給ス

第三條　退職給助ノ額

一　勤續滿五年ノ者ハ一時金二十圓ヨリ少カラス三十圓ヨリ多カラサル額ヲ給ス滿六年以上九年迄ハ一年毎ニ金三圓ヨリ少カラス五圓ヨリ多カラサル額ヲ増給ス

二　勤續十年ノ者ハ年金二十五圓ヨリ少カラス三十圓ヨリ多カラ

サル額ヲ給ス十一年以上ハ一年毎ニ金五十錢ヨリ少カラス壹圓ヨリ多カラサル額ヲ増給ス

第四條　傷痍給助ノ額

一　一等傷終身不具トナリ自用ヲ辨スル能ハサル者ハ年金三十圓ヨリ少カラス四十圓ヨリ多カラサル額ヲ給ス

二　二等傷終身不具トナリ自用ヲ辨シ得ル者ハ年金二十圓ヨリ少カラス三十圓ヨリ多カラサル額ヲ給ス

第五條　死亡給助ノ額

一　寡婦又ハ相續ノ孤兒アル時ハ年金三十圓ヨリ少カラス五十圓ヨリ多カラサル額ヲ給ス寡婦再嫁シ孤子廿歳ニ至レハ廢止ス

但寡婦アレハ孤兒ニ給セス

二　寡婦又ハ孤兒ノ給助ヲ受ル者ナク祖父母父母又ハ二十歳未滿ノ兄弟姉妹ニシテ死者ニ依リ從來生計ヲ爲セシ者アルトキハ一時金五十圓ヨリ少カラス百圓ヨリ多カラサル額ヲ給ス

三　相續者タル孤兒滿二十歳ニ至ルモ癈篤疾ナルトキハ年金ヲ廢

止スルニ際シ一時金五十圓ヨリ少カラス百圓ヨリ多カラサル額ヲ給ス

第六條　療治料ハ傷痍又ハ疾病ノ輕重ニ依リ其適度ヲ量リ之ヲ給ス

第七條　祭祀料

一　奉職一年未滿ニシテ死亡スル者ハ一時金十圓ヨリ少カラス十五圓ヨリ多カラサル額ヲ給ス滿一年以上一年每ニ金三圓ヨリ少カラス五圓ヨリ多カラサル額ヲ增給ス

二　職務ノ爲メ死亡スル者ヘハ前項ノ外一時金五十圓ヨリ少カラス百圓ヨリ多カラサル額ヲ給ス

第八條　左ノ各項ニ該ル者ハ給助ヲ受ルヲ得ス

一　公權ヲ剝奪セラレタル者

二　懲罰ニ依リ免職セラレタル者

第九條　左ノ各項ニ該ル者ハ其時間給助ヲ停止ス

一　俸給ヲ受ルノ官職ニ就キタル者

二　公權ヲ停止セラレタル者

○内務省伺指令
宮城集治監ヨリ看守休暇ノ儀ニ付伺（電報）
看守ノ休暇豫備軍ニテ點呼演習ノ日ハ欠勤日數ニ算セスシテヨキヤ
明治十八年八月四日
指令
看守休暇日數計算方ニ付本月四日電報ヲ以テ伺出ノ處豫備後備軍ニ點呼召集ニ應シ出勤セサル日數ハ勤務及ヒ欠勤ノ日數ニ算入セサル儀ト心得ヘシ此旨及指令候事
明治十八年八月五日

三　失踪シタル者
四　許可ヲ得スシテ外國ニ出テ一年以上歸朝セサル者

第一節ノ二　巡査看守休暇概則

明治十八年七月内務省務外達

巡査看守休暇概則左ノ通相定候條其細目順序ハ適宜相定可屆出此旨相達候事

但本文ニ抵觸スル從前ノ指令ハ取消候事

巡査看守休暇概則

第一條　巡査看守ハ常ニ定員ノ充足ヲ要スルヲ以テ休暇ヲ許サヽルヘキモノナレ𪜈其勤務上差支ナキニ於テハ皆勤ノ者ニ限リ特ニ慰勞ノ爲メ休暇ヲ與ルコトヲ得

第二條　休暇ノ日數ハ左ノ割合ニ從フ

休暇日數
一ヶ年間皆勤ノ者　三週間
半ヶ年間皆勤ノ者　一週間

明治十八年九月二日
○内務省
愛媛縣ヨリ巡査看守休暇概則ノ儀ニ付伺
一本年御省番外ヲ以テ達セラレタル休暇概則第一條云々皆勤ノ者ニ限リ特ニ慰勞ノ為メ休暇ヲ與フルヿヲ得ト明記アリ之ニ由テ之ヲ觀レハ一日缺勤ナレハ無論休暇ハ消滅スヘシ夫レ如斯一日ノ缺勤ヲ以テ忽チ休暇消滅スル旹ハ平素孜々勵精ノ鋭氣ヲ挫キ却テ怠心ヲ生セシムルノ嫌ナシトセス仍テ半ケ

第三條　非番父母祭日及ヒ職務上負傷者ノ欠勤ハ欠勤日數ニ算入セス

第四條　休暇日數ハ數年ニ通算シテ併與スルヲ得ス

明治十八年七月内務省番外

看守休暇概則左之通相定候條其細目順序ハ適宜相定可屆出此旨相達候事

但本文ニ抵觸スル従前ノ指令ハ取消候事

（看守休暇概則ハ前項番外達巡査看守休暇概則ニ同シ）

第二節　陸軍恩給令

○十六年九月第三十七號達

陸軍恩給令別冊ノ通改正候條此旨相達候事

但陸軍罷役俸並恤金令ハ廢止ス

陸軍恩給令

陸軍恩給令目錄

第一章　總則

年間三日迄缺勤アル者ハ缺勤日數ヲ遞減シ殘餘日數休暇ヲ與ヘ可然哉

一 傳染病流行ニ付職務ヲ行フ際該病ニ感染治療ノ爲缺勤シ及家族等傳染病ニ罹リ直接看護シタルヲ以テ他ニ傳染ヲ憂慮シ豫防ノ爲缺勤シ又ハ交母ノ看護引籠並忌引缺勤日數ハ概則第三條ニ準シ缺勤日數ニ算入セサル儀ト心得可然哉

一 女監取締敎悔師授業手押丁ハ看守休暇ニ準據シ半ク年間皆勤ノ者ハ五日間一ケ年

陸軍恩給令

第一章　總則

第一條　陸軍恩給ハ陸軍諸種ノ勤勞ニ依リテ之ヲ給スル者ナリ其種類別テ左ノ五項トス

一　退職恩給
二　免除恩給
三　寡婦（孤兒）扶助料
四　賑恤金

間省勤ノ者ハ十五日休暇ヲ與ヘ不苦哉
明治十八年八月十五日
指令
第一條　聞届難シ
第二條　傳染病流行ノ際職務上該患者ニ直接シ之レカ爲メ感染シタル者治療中ノ日數ハ概則第三條職務上負傷者ノ例ニ準シ取扱フヘシ
但忌引日數ハ勤務又ハ缺勤ノ日數ニ算入セズ其他ハ缺勤日數ニ算入スル儀ト心得ヘシ
第三條　女監取締等ノ者ハ看守休

五　給助金

第二條　退職恩給免除恩給寡婦扶助料ハ本人ノ終身孤兒扶助料ハ男女共ニ二十歳ニ至ル迄之ヲ給シ賑恤金給助金ハ一時限リ之ヲ給ス

第三條　軍人ハ定限ノ年齢ニ達スレハ現役ヲ辭シテ恩給ヲ受クルヲ例トス其定限左ノ如シ（明治十七年四月第三十七號達改正）

會計監督　軍醫監　藥劑監	六十
憲兵大中佐　會計副監督　軍醫正　藥劑正　馬醫監	五十七
歩騎砲工輜重兵大中佐　憲兵少佐　會計監督補 會計一等官吏　一等軍醫　一等藥劑官　一等馬醫	五十四
歩騎砲工輜重兵少佐　憲兵大尉　會計二等軍吏 二等軍醫　二等藥劑官　二等馬醫　砲工兵上等監護	五十一
歩騎砲工輜重兵大尉　憲兵中少尉　會計三等軍吏 三等軍醫　三等藥劑官　三等馬醫　軍樂長 砲工兵監護　砲兵監守　砲兵監査　諸工長 諸工下長	四十八

暇ニ準據スル限ニアラス

歩騎砲工輜重兵中少尉　憲兵下士　會計書記｝四十五
看護長　馬醫生　軍樂次長　軍樂手
歩騎砲工輜重兵下士　憲兵卒　雜卒　諸工　四十
歩騎砲工輜重兵卒　三十五

第四條　軍人定限ノ年齡ニ達スト雖モ前途尙ホ任用ニ堪ヘ若クハ材能特拔又ハ老練者ヲ要スル職務ニ在ル者ハ仍ホ留任ヲ命スルコトヲ得但强テ現役ヲ辭スル者ハ此限ニアラス

第五條　上長官士官准士官未タ定限ノ年齡ニ達セスト雖モ服役實期十一年以上ノ者ニシテ服役ニ堪ヘサルヲ認メタル時ハ士官以上ハ陸軍卿准士官ハ其所管長官旨ヲ諭シテ現役ヲ退キ恩給ヲ願ハシムルコトアル可シ

第六條　恩給ハ公權奪剝ノ時ハ全ク之ヲ止メ左ノ各項ニ該ル時ハ其時間ノミ之ヲ停ム

一　公權停止ノ時
二　事故アリテ日本人タルノ分限ヲ失フ時

三　政府ノ許可ナクシテ日本國外ニ出タル時

第七條　恩給ヲ受ケタル者再ヒ現役ニ就キ若クハ文官ニ任シ俸給ヲ受クル時ハ其間該恩給ヲ停ム但其負傷増加恩給ハ仍ホ之ヲ給ス

第八條　寡婦（孤兒）扶助料ハ當該軍人死歿ノ日（戰地等ニテ死歿ノ者ハ陸軍官廨ヨリ報告ノ日）ヨリ一個年間願出サル者ハ其權利消絶ス

恩給及ヒ扶助料ハ一個年以上其金額ノ受領ヲ怠ル時ハ其怠リタル年間金額ハ之ヲ給セス

第九條　恩給及扶助料ノ金額計算ニ就キ違算アリト思惟スル時ハ初メテ金圓ヲ受領セシ日ヨリ三個月以内ニ管轄地方廳ヲ經テ陸軍卿ニ上申ス可シ若シ此期限ヲ過クル時ハ之ヲ受理セス

第二章　恩給及ヒ増加

第十條　退職恩給ハ准士官以上服役實期十一年以上ニシテ定限ノ年齡ニ達シ又ハ傷痍ヲ受ケ若クハ疾病ニ罹リ査問會議ノ處決若クハ陸軍卿ノ諭旨ニ依リ退職スル者ニ之ヲ給ス（本條一項二項及第十

一條一項ハ十八年第四號達加字）

戰鬪及ヒ戰時平時ニ拘ハラス公務ノ爲メニ傷痍若クハ疾病ヲ受ケ一肢以上ノ用ヲ失ヒ或ハ之ヲ失フニ等シト認ムル者又ハ戰地ニ於テ流行病ニ罹リ或ハ健康ニ有害ナル感動ヲ受クルヲ顧ミルヿ能ハスシテ非常ノ勞動及ヒ困苦ヲ忍ヒ勤務ニ從事シ爲メニ健康ヲ妨害シ全ク職務ニ堪ヘサルニ至リ其證據明亮ニシテ退職スル者ハ服役實期十一年未滿ト雖モ亦之ヲ給ス其退職恩給ノ額ハ十一年ヨリ三十九年ニ至リ年々差等アルコト甲號表面ノ如シ但十一年未滿者ニ給ス可キ恩給ハ其十一年ニ等シキ額ニ依ル

第十一條　免除恩給ハ下士及ヒ卒服役實期十一年以上ニシテ定限ノ年齡ニ達シ或ハ服役滿期トナリ或ハ傷痍若クハ疾病ノ爲メ免官若クハ免役スル者ニ之ヲ給ス

前條第二項ニ揭クルカ如キ傷痍疾病ヲ受ケ永久健康ヲ妨害シ全ク兵役ニ堪ヘス其證據明亮ニシテ免官若クハ免役スル者ハ服役實期十一年未滿ト雖モ亦之ヲ給ス

其免除恩給ノ額ハ十一年ヨリ三十九年ニ至リ年々差等アルコト乙號表面ノ如シ但十一年未滿者ニ給ス可キ恩給ハ十一年ニ等シキ額ニ依ル

第十二條　准士官以上傷痍ヲ受クルト雖モ尚ホ奉職セシメ後日退職スル者ハ現官等ニ依リ恩給ヲ給ス但負傷增加恩給ハ負傷當時ノ官等ニ依リ之ヲ給ス

第十三條　傷痍疾病ニ起因シ恩給ヲ願出ル者ハ其原因症候トモ詳細之ヲ開陳ス可シ

第十四條　傷痍疾病ヲ受ケシ事故及ヒ其原因ハ見證證書又ハ公文若クハ査問會議口供書ノ寫ヲ以テ之ヲ證明ス可シ

第十五條　傷痍疾病不治ノ狀ハ陸軍病院長及ヒ主任醫官（地方病院ニ於テ治療ヲ受ケシ者ハ其院長並ニ主任醫師）ノ診斷證書ヲ以テ之ヲ證ス可シ

其診斷證書ハ傷痍疾病ノ原因症候及ヒ其治療方法ヲ述ヘ以テ不治ノ狀ヲ詳悉ス可シ

病院ニ就キ治療ヲ受ケサル者ト雖モ陸軍病院長若クハ地方病院長ノ診斷書ヲ要ス

第十六條　傷痍疾病不治ノ狀ハ軍醫若クハ地方醫師ノ證書ニ依ルト雖モ其軍務ニ堪ヘサルヤ否ヤハ當該所管ニ於テ檢查判定シ尙ホ監軍部長ノ審查ヲ經テ之ヲ陸軍卿ニ移ス可シ陸軍卿ハ更ニ軍醫本部ニ下シテ覆覈セシメ以テ之ヲ決定ス

第十七條　恩給ハ軍人ノ現官階ニ依リ之ヲ給ス但下士以上其官階ニ進ミ未タ進級條例ノ停年最下限ノ半ニ至ラスシテ退職免官ヲ願フ時ハ前官ニ準シテ之ヲ給ス其戰鬪若クハ公務ノ爲メ傷痍ヲ受ケ或ハ戰地ニ於テ受ケタル疾病ノ爲メ恩給ヲ給スルハ此限ニアラス

第十八條　准士官以上退職恩給ヲ願フ時所管長官ハ陸軍卿ニ呈スル進達書ノ日ニ於テ直ニ休暇ヲ命ス下士卒免除恩給ヲ願フ時亦該長官同上ノ日ニ於テ直ニ免官若クハ免役ス可シ

第十九條　戰鬪及ヒ戰時平時ニ拘ハラス公務ノ爲メ傷痍ヲ受ケ左ノ

各項ニ該ル者ハ恩給ノ外更ニ丙號表面ノ金額ヲ加給ス但公務ノ爲メ疾病ニ罹リ遂ニ一肢以上ノ用ヲ失フニ等シキ不治ノ症トナル者モ亦本條ニ準ス

一　兩眼ヲ盲シ或ハ二肢ヲ亡スル者

二　前項ニ等シキ傷痍ヲ受ケシ者

三　一肢ヲ亡シ或ハ全ク二肢ノ用ヲ失フニ至ル者

四　前項ニ等シキ傷痍ヲ受ケシ者

五　全ク一肢ノ用ヲ失フ者

六　前項ニ等シキ傷痍ヲ受ケシ者

第二十條　傷痍疾病ニ罹リテ恩給ヲ受ケ引續キ重症ニ趨キ或ハ現役ヲ離レシ後重症ニ趨キタル者左項ノ期限内ニ願出ル時ハ檢査ノ上事實相違ナキニ於テハ更ニ恩給ヲ給シ更ニ負傷增加恩給ヲ給ス可シ但更ニ恩給ヲ願フハ現役ヲ離ルヽノ際其傷痍ノ爲メ服役シ難キ確定ヲ得タル者ニ限ル

一　一肢ノ用ヲ失ヒ或ハ一肢ノ用ヲ失フニ等シキ者ハ現役ヲ離レ

シ日ヨリ貳箇年

二　一肢ヲ亡シ或ハ二肢ノ用ヲ失ヒ或ハ兩眼ヲ盲シ或ハ二肢ヲ亡スル者ハ現役ヲ離レシ日ヨリ三箇年

第三章　寡婦(孤兒)扶助料

第二十一條　寡婦扶助料ハ左ノ項目ニ該ル者ニ之ヲ給ス其給額ハ當該軍人ノ官階ト死傷ノ縁故トニ依リテ差アリ

一　戰闘或ハ公務ノ爲メ死歿シ或ハ之ニ依リテ受ケタル傷痍ニ原因シテ死歿シ又ハ戰地ニ於テ流行病ニ罹リ或ハ健康ニ有害ナル感動ヲ受クルヲ顧ミルコト能ハスシテ非常ノ勞動及ヒ困苦ヲ忍ヒ勤務ニ從事シ爲メニ發病死歿シ又ハ平時當務ニ依リ傳染病者ニ接シ該病毒ニ感染シ死歿シタル軍人ノ寡婦

二　退職若クハ免除恩給ヲ受ケタル後或ハ之ヲ受ク可キ權ヲ有シテ死歿シタル軍人ノ寡婦

其扶助料ノ額第一項ニ該ル者ハ丁號表面ニ依リ第二項ニ該ル者ハ戊號表面ニ依ル

第二十二條　戰鬪及ヒ公務ノ爲メ傷痍ヲ受クルト雖モ其傷痍ニ原因セサル他病ニテ死歿シタル軍人ノ寡婦ハ扶助料ヲ給セス

第二十三條　戰鬪中蹤跡ヲ失フ者其死亡公務ニ原因セシニ相違ナキヲ確認スル時ハ第二十一條第一項ヲ適用ス

第二十四條　寡婦ハ陸軍簿籍ニ登記セシ者ニシテ其夫ノ現役ヲ去ルノ時ヨリ一箇年以前ニ嫁シタル者ニ限ル可シ但前妻若クハ現時ノ妻ニ生レタル兒子アレハ嫁時年月ノ査覈ヲ要セス又戰死或ハ傷痍疾病ニ原因シテ死シタル軍人ノ寡婦ハ嫁時ノ年月ニ關セス負傷又ハ發病前ニ婚配セル者ニ限ル

第二十五條　寡婦其家ヲ去リ若クハ再婚スル時ハ扶助料ヲ受クルノ權消絕ス

第二十六條　寡婦死去シ或ハ前條ノ事故アリテ扶助料ヲ受クルノ權消絕スル時ハ當該軍人ノ孤兒（嫡子庶子養子ヲ論セス戶籍ニ登記セシ者但養子ハ死傷前ノ養子ニシテ男女ニ拘ハラス家名ヲ繼襲スル者ニ限ル）ニシテ其家名繼襲ノ者ニハ婦ト等シキ扶助料其他ノ

者ニハ其額三分ノ二ヲ給ス又當該軍人ノ死シタル時孤兒ノ母在ラサル者ハ直ニ其孤兒ニ給ス

第二十七條　孤兒扶助料ハ數子アル時ハ其年長ナル者ニ給シ權利消絕ノ期ニ至レハ順次年少者ニ及フ但二十歲未滿ト雖モ官署ニ奉職シ俸給ヲ受ケ或ハ其戶籍ヲ去リ或ハ男女共ニ嫁娶シタル時ハ其權消絕ス

第二十八條　扶助料ヲ受クル者禁錮以上ノ刑ニ處セラルヽ時ハ之ヲ止メ更ニ其轉給ヲ受ク可キ者ニ之ヲ給ス

第二十九條　軍人死歿シ扶助料ヲ受ク可キ寡婦孤兒ナク又ハ扶助料ヲ受クル寡婦再嫁若クハ復籍シテ孤兒ナク尙ホ從來死者ニ依リテ生活セル父母又ハ祖父母アリテ他ニ之ヲ奉養スルノ子孫ナキ時ハ其情狀ニ依リ寡婦ニ相當セル扶助料三分ノ二ヲ終身給スルヿアル可シ

其扶助料ハ父母祖父母共ニ存在スル時ハ先ツ之ヲ父ニ給シ其父死歿若クハ權利消絕スルヿアレハ轉メ之ヲ母ニ給ス以下其母ヨリ祖

父ニ祖父ヨリ祖母ニ順次此例ニ依リテ之ヲ轉給ス可シ
但父及ヒ祖父ハ年齢五十歳以上其未滿ハ癈疾又ハ不具ニシテ産業ヲ營ムヿ能ハサル者又母及ヒ祖母ハ夫ナキ者ニメ且孰レモ軍人死歿ノ際年齢五十歳以上ニシテ其戸籍ニ在ル者ニ限ル
第三十條　扶助料ヲ仰カントスル時ハ本人主名ヲ以テ親族二名及ヒ後見人アレハ其後見人若シ親族ナキ時ハ同郷ノ戸主二名連署シ其郡區長戸長ノ奥印セル願書ヲ以テ之ヲ地方廳ニ呈ス可シ
其夫若クハ父戰死其他公務ノ爲メ直ニ死亡セシ者ハ見證證書若クハ公文ノ内其一ヲ證據ニ供シ其傷痍疾病ニ基ク者ハ該書類ノ外尚ホ軍醫若クハ地方醫師ノ診斷證書ヲ證據ニ供ス可シ
但地方醫師ノ診斷ヲ受ケタル時ハ尚ホ地方官吏ノ撿視證書ヲ添附シ死沒ノ原因ヲ證明ス可シ

第四章　服役年算則

第三十一條　服役年ノ始期及ヒ終期ノ例ハ左ノ各項ニ依ル可シ
一　明治四年八月ヲ以テ始期トス故ニ其以前ヨリ勤仕ノ者ト雖モ

總テ同月ヲ以テ始トス

但明治四年八月以前ヨリ勤仕シタル者ハ明治四年七月ノ現官等ニ對スル俸給ノ半額ヲ以テ奉職年數ノ一箇年ニ當テ其年數ニ應スルノ金額ヲ以テ恩給支給ノ際別ニ一時賜金トシテ給與ス

二　下士以上ハ其初任當日ヨリ起算ス

三　徵兵ノ入營初日即チ每年四月二十日ヨリ起算ス

四　壯兵其他諸種ノ方法ヲ以テ軍籍ニ入リタル者ハ其就役ノ當日ヨリ起算ス

五　上長官士官准士官ハ退職恩給ノ願書該長官ヨリ陸軍卿ニ呈スル進達書ノ日ヲ以テ終期トス

六　下士卒ハ免官免役ノ日ヲ以テ終期トス

第三十二條　十七歲未滿ハ恩給服役年ノ計算ニ算入セス

士官以上待命及ヒ非職中ノ月日ハ服役實期ニ算入ス但非職中地方病院學校及ヒ其他ノ事業ニ從事シ其給料ヲ受ケ非職俸ヲ給セサル

時間ハ之ヲ除算ス

第三十三條　海軍軍人轉シテ陸軍軍人トナル者ハ海軍服務ノ年月ヲ通算ス又文官轉シテ陸軍軍人トナリタル者並ニ陸軍軍人ノ現役ニ在ラスシテ文官ヲ兼任シ文官ノ俸給ヲ受クル者恩給ヲ受クルノ期ニ至ル迄ハ其文官奉仕中ノ年月ハ十六箇月ヲ以テ一年トシ之ヲ通算ス

第三十四條　豫備後備ニ在ルノ月日ハ服役實期ニ算セスト雖モ復習ノ外現役ニ徴集スルコトアル時ハ前後ノ現役ヲ通算ス

第三十五條　退職免役ノ後再ヒ現役ニ就ク者ハ前後ノ現役ヲ通算ス

第三十六條　逃亡ノ者其逃亡以前ノ現役ハ其歸營以後ノ現役ニ通算ス

第三十七條　處刑中ノ日數ハ現役年數中ヨリ除算ス

第三十八條　戰時虜獲ニ遭ヒ俘囚トナリタル月日ハ猶ホ平時現役ニ在ルト同シク之ヲ算ス

第五章　從軍年算則

第三十九條　從軍年ハ服役實期外ノ年月ト爲シ之ヲ其服役年數ニ加算スル者トス但其服役實期十一年未滿ニシテ退身スル者ニハ之ヲ加算セス

第四十條　從軍年加算ノ法ハ左ノ各項ニ依ル可シ

一　日本國外ノ戰地ニ於テ服役スル時ハ二箇年ヲ增加ス

二　出征軍ニ編入セラレ或ハ合圍若クハ臨戰地境內ニ於テ服役セシ時又戰時平時ヲ論セス日本國外ノ地ニ於テ鎭戍ノ軍隊ニ在リシ時及ヒ海戰ニ當リ其船中ニ在リシ時ハ一箇年ヲ增加ス

三　海戰ニ當リ海岸防禦ニ從事セシ時ハ半箇年ヲ增加ス

第四十一條　出征軍ノ定メニアラスシテ一時出兵ノ時ト雖モ出征軍ト視做ス可キ場合ニ於テハ陸軍卿上請シテ從軍年ニ算入スルコトヲ決定ス

第四十二條　從軍年ヲ算スルノ法ハ十二箇月間數回ノ戰役ニ從フト雖氏重複シテ之ヲ算セス但其一年以上ニ跨リ十二箇月ニ餘ル所ノ

分數ハ前條ニ依リ之ヲ計算ス

第六章　恩給支給順序

第四十三條　恩給ノ願書ハ所管長官ヨリ撿閲監軍部長ヲ經テ陸軍卿ニ呈シ陸軍卿之ヲ太政官ニ上申ス

寡婦(孤兒)扶助料ノ願書ハ居住地地方廳ヨリ内務卿ニ呈シ内務卿之ヲ陸軍卿ニ移シ陸軍卿ヨリ太政官ニ上申ス

第四十四條　太政官ニ於テハ之ヲ審査シタル後恩給許可令及ヒ恩給登錄寫帖ヲ内務大藏陸軍三卿ニ下シ内務卿ヨリ管轄地方廳ヲ經テ之ヲ本人ニ下シ依テ以テ年々金圓受領ノ證ト爲サシム

恩給登錄寫帖ヲ下付スルノ前ニ於テ陸軍卿ハ其恩給ヲ受ク可キ本人ニ計算書ヲ下シ以テ其算則ヲ示ス

第四十五條　退職及ヒ免除恩給並ニ給助料下賜ノ始期ハ左ノ各項ニ依ル

一　准士官以上ハ計算書日附ノ翌日

二　下士卒ハ免官免役ノ翌日

三　寡婦(孤兒)扶助料ハ當該軍人死去ノ翌日

第四十六條　恩給及ヒ扶助料ハ一月四月七月十月ニ前三箇月分ノ金額ヲ大藏省ヨリ本人所在ノ地方廳ヲ經テ之ヲ下付ス但其交付者ハ恩給登錄寫帖ヲ披閱ノ上戶長ノ證セル本人生存書及ヒ金額受領證書ト引替ニ其金額ヲ交付ス

恩給若クハ扶助料ヲ受クル者其金額受領ノ地ヲ轉セントスル時ハ金額交付期月ノ三箇月前ニ其所在ノ地方廳ニ願出可シ若シ期日ヲ過クル者ハ仍ホ元所在地ニ於テ之ヲ交付ス

第四十七條　恩給若クハ扶助料ヲ受クル者權利消絕ニ屬スル時ハ地方廳其恩給登錄寫帖ヲ収メテ內務省ニ出シ內務省ハ之ヲ太政官ニ還付シ其旨ヲ大藏省陸軍省ニ報告ス但扶助料移轉ス可キ者アル時ハ恩給登錄寫帖ヲ收メス更ニ扶助料請願ノ證ト爲サシム

第四十八條　恩給登錄寫帖ヲ受領セシ者盜難水火災等ノ爲メ之ヲ失亡スル時ハ速ニ其旨ヲ屆出可シ此場合ニ於テハ內務卿ヨリ證明書ヲ下付ス

第七章　賑恤金

第四十九條　賑恤金ハ左ノ項目ニ該ル者ニ之ヲ給ス

一　下士卒戰鬪或ハ戰地ニ於テ公務ノ爲メ傷痍疾病ヲ受ケ服役ニ堪ヘス免官除隊ストト雖モ第十九條末項ヨリ輕傷ニシテ免除恩給ヲ受ケサル者ハ其官階ニ應スル負傷增加表第五項ノ一箇年分ヨリ少カラス十箇年分ヨリ多カラサル金額ヲ給ス

二　下士卒平時公務ノ爲メ傷痍疾病ヲ受ケ前項ト等シキ者ハ其官階ニ應スル負傷增加表第六項ノ一箇年分ヨリ少カラス十箇年分ヨリ多カラサル金額ヲ給ス

三　下士卒服役實期滿五年以上十一年未滿ノ者公務ノ故ニアラスシテ傷痍疾病ヲ受ケ全ク服役ニ堪ヘス其營業ヲ妨クルニ至ル者及ヒ其五年未滿ト雖モ一肢以上ノ切斷ヲ受ケ若クハ兩眼ヲ盲スル者ハ其官階ニ應スル負傷增加表第六項ノ一箇年分ヨリ少カラス五箇年分ヨリ多カラサル金額ヲ給ス

四　扶助料ヲ受ク可キ寡婦孤兒又ハ父母祖父母ナクシテ從來死者

ニ依リ生活セル二十歳未滿又ハ二十歳以上ト雖モ癈疾ノ兄弟姉妹アリテ之ヲ救育スルノ親族ナキ者ハ其寡婦ニ相當セル給助料一箇年分ヨリ少カラス五箇年分ヨリ多カラサル金額ヲ給ス

第五十條　前條ノ賑恤金ハ本人ノ請願又ハ所管長官ノ申請ニ依リ陸軍卿之ヲ詮議シ太政官特別ノ裁可ヲ以テ之ヲ下賜ス其金額ハ大藏省ヨリ地方廳ヲ經テ之ヲ下付ス

第八章　給助金

第五十一條　給助金ハ下士以上現役中死歿シ又ハ五年以上勤續キノ後罷役或ハ免官トナリ恩給ヲ賜ハラサル者ニ之ヲ給ス其給額ハ乙號表面ニ依ル但懲戒ノ爲メ免官或ハ刑名宣告ニ至ラサルモ不正ノ所業確認ノ者ニハ之ヲ給セス（明治十七年四月第三十七號達改正）

陸軍恩給金額表

甲號　退職恩給表

年數＼官等	一等	二等	三等	四等	五等	六等	七等	八等	九等	十等
十一年	千五百円	千二百円	千五十円	七百五十円	六百円	四百五十円	三百円	二百二十五円	百八十円	百五十円
十二年	千五百二十五円	千二百二十円	千十七円五十銭	七百六十二円五十銭	六百十円	四百五十七円五十銭	三百五円	二百二十八円七十五銭	百八十三円	百五十二円五十銭
十三年	千五百五十円	千二百四十円	千八十五円	七百七十五円	六百二十円	四百六十五円	三百十円	二百三十二円五十銭	百八十六円	百五十五円
十四年	千五百七十五円	千二百六十円	千百二円五十銭	七百八十七円五十銭	六百三十円	四百七十二円五十銭	三百十五円	二百三十六円二十五銭	百八十九円	百五十七円五十銭
十五年	千六百円	千二百八十円	千百二十円	八百円	六百四十円	四百八十円	三百二十円	二百四十円	百九十二円	百六十円
十六年	千六百二十五円	千三百円	千百三十七円五十銭	八百十二円五十銭	六百五十円	四百八十七円五十銭	三百二十五円	二百四十三円七十五銭	百九十五円	百六十二円五十銭
十七年	千六百五十円	千三百二十円	千百五十五円	八百二十五円	六百六十円	四百九十五円	三百三十円	二百四十七円五十銭	百九十八円	百六十五円
十八年	千六百七十五円	千三百四十円	千百七十二円五十銭	八百三十七円五十銭	六百七十円	五百二円五十銭	三百三十五円	二百五十一円廿五銭	二百一円	百六十七円五十銭
十九年	千七百円	千三百六十円	千百九十円	八百五十円	六百八十円	五百十円	三百四十円	二百五十五円	二百四円	百七十円
二十年	千七百二十五円	千三百八十円	千二百七円五十銭	八百六十二円五十銭	六百九十円	五百十七円五十銭	三百四十五円	二百五十八円七十五銭	二百七円	百七十二円五十銭
廿一年	千七百五十円	千四百円	千二百二十五円	八百七十五円	七百円	五百二十五円	三百五十円	二百六十二円五十銭	二百十円	百七十五円
廿二年	千七百七十五円	千四百二十円	千二百四十二円五十銭	八百八十七円五十銭	七百十円	五百三十二円五十銭	三百五十五円	二百六十六円廿五銭	二百十三円	百七十七円五十銭
廿三年	千八百円	千四百四十円	千二百六十円	九百円	七百二十円	五百四十円	三百六十円	二百七十円	二百十六円	百八十円
廿四年	千八百二十五円	千四百六十円	千二百七十七円五十銭	九百十二円五十銭	七百三十円	五百四十七円五十銭	三百六十五円	二百七十三円七十五銭	二百十九円	百八十二円五十銭
廿五年	千八百五十円	千四百八十円	千二百九十五円	九百二十五円	七百四十円	五百五十五円	三百七十円	二百七十七円五十銭	二百廿二円	百八十五円
廿六年	千八百七十五円	千五百円	千三百十二円五十銭	九百三十七円五十銭	七百五十円	五百六十二円五十銭	三百七十五円	二百八十一円二十五銭	二百廿五円	百八十七円五十銭
廿七年	千九百円	千五百二十円	千三百三十円	九百五十円	七百六十円	五百七十円	三百八十円	二百八十五円	二百廿八円	百九十円

年數										
二十八年	千九百二十五円	千五百四十円	千三百四十七円五十錢	九百六十二円五十錢	七百七十円	五百七十七円五十錢	三百八十五円	二百八十八円七十五錢	二百三十一円	百九十二円五十錢
二十九年	千九百五十円	千五百六十円	千三百六十五円	九百七十五円	七百八十円	五百八十五円	三百九十円	二百九十二円五十錢	二百三十四円	百九十五円
三十年	千九百七十五円	千五百八十円	千三百八十二円五十錢	九百八十七円五十錢	七百九十円	五百九十二円五十錢	三百九十五円	二百九十六円二十五錢	二百三十七円	百九十七円五十錢
三十一年	二千円	千六百円	千四百円	千円	八百円	六百円	四百円	三百円	二百四十円	二百円
三十二年	二千廿五円	千六百二十円	千四百十七円五十錢	千十二円五十錢	八百十円	六百七円五十錢	四百五円	三百三円七十五錢	二百四十三円	二百二円五十錢
三十三年	二千五十円	千六百四十円	千四百三十五円	千二十五円	八百二十円	六百十五円	四百十円	三百七円五十錢	二百四十六円	二百五円
三十四年	二千七十五円	千六百六十円	千四百五十二円五十錢	千三十七円五十錢	八百三十円	六百二十二円五十錢	四百十五円	三百十一円廿五錢	二百四十九円	二百七円五十錢
三十五年	二千百円	千六百八十円	千四百七十円	千五十円	八百四十円	六百三十円	四百二十円	三百十五円	二百五十二円	二百十円
三十六年	二千百二十五円	千七百円	千四百八十七円五十錢	千六十二円五十錢	八百五十円	六百三十七円五十錢	四百二十五円	三百十八円七十五錢	二百五十五円	二百十二円五十錢
三十七年	二千百五十円	千七百二十円	千五百五円	千七十五円	八百六十円	六百四十五円	四百三十円	三百廿二円五十錢	二百五十八円	二百十五円
三十八年	二千百七十五円	千七百四十円	千五百二十二円五十錢	千八十七円五十錢	八百七十円	六百五十二円五十錢	四百三十五円	三百廿六円廿五錢	二百六十一円	二百十七円五十錢
三十九年	二千二百円	千七百六十円	千五百四十円	千百円	八百八十円	六百六十円	四百四十円	三百三十円	二百六十四円	二百二十円
四十年	二千二百廿五円	千七百八十円	千五百五十七円五十錢	千百十二円五十錢	八百九十円	六百六十七円五十錢	四百四十五円	三百三十三円七十五錢	二百六十七円	二百二十二円五十錢

乙號　免除恩給表

官等＼年數	十一年	十二年	十三年	十四年	十五年	十六年
	一級					
十一等	六十圓					
十二等	五十四圓					
十三等	四十八圓					
諸卒	三十六圓					

十七年　十八年　十九年　二十年　二十一年　二十二年　二十三年　二十四年　二十五年　二十六年　二十七年　二十八年　二十九年　三十年　三十一年　三十二年　三十三年　三十四年　三十五年　三十六年　三十七年　三十八年　三十九年　四十年

二級	三級	四級	五級
七十五圓	九十圓	百五圓	百二十圓
六十七圓五十錢	八十一圓	九十四圓五十錢	百八圓
六十圓	七十二圓	八十四圓	九十六圓
四十五圓	五十四圓	六十三圓	七十二圓

丙號　負傷増加恩給表

官等＼項目	一項	二項	三項	四項	五項	六項
一等	千五十円	九百円	七百五十円	六百円	四百五十円	三百円
二等	八百四十円	七百二十円	六百円	四百八十円	三百六十円	二百四十円
三等	七百卅五円	六百三十円	五百廿五円	四百二十円	三百十五円	二百十円
四等	五百廿五円	四百五十円	三百七十五円	三百円	二百廿五円	百五十円
五等	四百二十円	三百六十円	三百円	二百四十円	百八十円	百二十円
六等	三百十五円	二百七十円	二百廿五円	百八十円	百三十五円	九十円
七等	二百十円	百八十円	百五十円	百二十円	九十円	六十円
八等	百五十七円五十銭	百三十五円	百十二円五十銭	九十円	六十七円五十銭	四十五円
九等	百廿六円	百八円	九十円	七十二円	五十四円	三十六円
十等	百五円	九十円	七十五円	六十円	四十五円	三十円
十一等	五十二円五十銭	四十五円	三十七円五十銭	三十円	二十二円五十銭	十五円
十二等	四十七円二十五銭	四十円五十銭	三十三円七十五銭	二十七円	二十円廿五銭	十三円五十銭
十三等	四十二円	三十六円	三十円	二十四円	十八円	十二円
諸卒	三十一円五十銭	二十七円	二十二円五十銭	十八円	十三円五十銭	九円

丁號　戰鬪及公務ニ因リ死亡者ノ寡婦孤兒扶助料表

一等	千円
二等	八百円
三等	七百円
四等	五百円
五等	四百円
六等	三百円
七等	二百円
八等	百五十円
九等	百二十円
十等	百円
十一等	五十円
十二等	四十五円
十三等	四十円
諸卒	三十円

戊號　寡婦（孤兒）扶助料表

一等	五百円
二等	四百円
三等	三百五十円
四等	二百五十円
五等	二百円
六等	百五十円
七等	百円
八等	七十五円
九等	六十円
十等	五十円
十一等	二十五円
十二等	二十二円五十銭
十三等	二十円
諸卒	十五円

已號　給助金表

一等	千五百円
二等	千二百円
三等	千五十円
四等	七百五十円
五等	六百円
六等	四百五十円
七等	三百円
八等	二百廿五円
九等	百八十円
十等	百五十円
十一等	六十円
十二等	五十四円
十三等	四十八円

第二節ノ二　陸軍恩給令付則

○明治十八年七月太政官第四拾號達

陸軍恩給令附則左ノ通相定候條此旨相達候事

陸軍恩給令

第一條　屯田兵ノ恩給ハ左ノ各條ニ據ル可シ

第二條　屯田兵上長官士官ノ恩給幷ニ其寡婦孤兒等ノ扶助料ハ凡テ本令ニ據リ支給ス

第三條　屯田兵下士ノ内北海道ニ移住ノ節定規ノ給助ヲ受ケサル者ニアリテハ總テ本令ニ據リ各種ノ恩給ヲ支給ス

第四條　屯田兵下士卒ニシテ定規ノ給助ヲ受ケサル者ニアリテハ服役年ノ爲メニ恩給ヲ受クルノ權ナシト雖モ戰闘或ハ戰時平時ニ拘ラス軍隊勤務中公務ノ爲メ死沒又ハ傷痍疾病ヲ受ケ職務ニ堪サルニ至リ其證據明亮ニシテ免官免役スル者ハ凡テ本令ニ據リ各種ノ恩給ヲ支給ス但免除恩給ハ服役年數ニ關セス十一年ニ等シキ額ヲ給ス

第五條　北海道ニ移住ノ節定規ノ給助ヲ受ケサル者ノ服役年計算ハ

本令ニ據ル可シト雖モ給助ヲ受ケシ下士卒ヨリ出身ノ士官ハ就任ノ日ヨリ起算ス可シ

第六條　屯田兵上長官士官下士ノ現役ヲ辭シテ恩給ヲ受タルノ例ハ本令第三條憲兵ノ年齡ニ準ス

○明治十八年九月太政官第四拾九號達

陸海軍恩給令ニ依リ恩給ヲ受クル者賭博犯處分規則ニ依リ懲罰ニ處セラレタルトキハ同令第六條第一項ニ準シ扶助料ヲ受クル者同上ノトキハ同令（陸軍ハ第二十八條　海軍ハ第二十九條）ニ準スヘキ儀ト可心得此旨相達候事

但明治八年（四月）第四拾八號達陸軍武官傷痍扶助死亡ノ者祭粢家族扶助概則及同年（八月）第百四拾八號達海軍退隱令ニ據リ扶助料若クハ退隱料ヲ受クル者モ本文ニ準スヘシ

第二節ノ三　海軍恩給令

○十六年九月第三十八號達

海軍恩給令別冊ノ通相定候條此旨相達候事

但從前ノ海軍退隱令ハ廢止ス

○太政官伺指令

海軍省ヨリ海軍恩給令中疑義ノ儀ニ付伺

文武ヲ論セス判任以上免官若クハ卒免役ノ後滿年賜金等ヲ受ケサル者再ヒ軍人トナリタルトキハ恩給支給ノ際前後ノ退職年數ヲ通算シ可然哉官吏恩給令第八條ニハ明文有之候得共海軍恩給令ニ第三十五條ノ外明文無之聊カ疑義ニ渉リ目下取扱上ニ差支ヲ生シ候條至急何分ノ御指令相成度此

海軍恩給令

海軍恩給令目錄

海軍恩給令

第一章　總則

第一條　海軍恩給ハ海軍諸種ノ勤勞ニ依リテ之ヲ給スル者ナリ其種類別テ左ノ五項トス

一　退職恩給

段相伺候也

明治十七年十二月一日

指令　伺ノ趣滿年賜金ヲ受ケサル者ノ前官年數後官ノ年數ヘ通算スヘキモノハ退官ノ三十日以內ノ再任者及ヒ廢官後廳ニ依リ事務取扱中再任ノ者前官年數ニ限ル儀ト可心得事

明治十八年六月十日

二　退役恩給

三　寡婦（孤兒）扶助料

四　賑恤金

五　給助金

第二條　退職恩給退役恩給寡婦扶助料ハ本人ノ終身孤兒扶助料ハ男女共ニ二十歳ニ至ル迄之ヲ給シ賑恤金給助金ハ一時限リ之ヲ給ス

第三條　軍人ハ定限ノ年齡ニ達スレハ退職退役シテ恩給ヲ受クルヲ例トス此定限左ノ如シ

軍醫大監　主計大監	六十五
機關大監　機關中監　軍醫中監　軍醫少監 主計中監　主計少監	六十
大佐　中佐　機關小監　大軍醫　中軍醫　大主計 中主計　兵曹上長　木工上長　機關工上長 兵曹長　木工長　機關工長　樂長	五十五

（以上二行及第三十二條ノ一十七年九月第七十六號達改正）

少佐　大機關士　中機關士　少軍醫　少主計　下士	五十
大尉　中尉　少機關士　卒	四十五
少尉　軍醫補　主計補	四十
小尉補　機關士補	三十

第四條　軍人定限ノ年齡ニ達スト雖モ前途尚ホ任用ニ堪ヘ若クハ材能特拔又ハ老練者ヲ要スル職務ニ在ル者ハ尚ホ留任ヲ命スルヿアル可シ但强テ現役ヲ辭スル者ハ此限ニアラス

第五條　軍人未タ定限ノ年齡ニ達セスト雖モ服役實期十一年以上ノ者ニシテ服役ニ堪ヘサルヲ認メタル時ハ海軍卿旨ヲ諭シテ現役ヲ退キ恩給ヲ願ハシムルコトアル可シ

第六條　恩給ハ公權剝奪ノ時ハ全ク之ヲ止メ左ノ各項ニ該ル時ハ其時間ノミ之ヲ停ム

一　公權停止ノ時

二　事故アリテ日本人タルノ分限ヲ失フ時

三　政府ノ許可ナクシテ日本國外ニ出タル時

第七條　恩給ヲ受ケタル者再ヒ現役ニ就キ若クハ文官ニ任シ俸給ヲ受クル時ハ其間該恩給ヲ停ム但其負傷增加恩給ハ仍ホ之ヲ給ス

第八條　寡婦若クハ孤兒扶助料ハ當該軍人死歿ノ日（戰地等ニテ死歿ノ者ハ海軍官憲ヨリ報告ノ日）ヨリ一箇年間願出サル時ハ其權利消絶ス恩給及ヒ扶助料ハ一箇年以上其金額ノ受領ヲ怠リタル時ハ其怠リタル間ノ金額ハ之ヲ給ス

第九條　恩給及扶助料ノ金額計算ニ就キ違算アリト思惟スル時ハ初メテ金圓ヲ受領セシ日ヨリ三箇月以內ニ管轄地方廳ヲ經テ海軍卿ニ上申スヘシ若シ此期限ヲ過クル時ハ之ヲ受理セス

第二章　恩給及ヒ增加

第十條　退職恩給ハ准士官以上服役實期十一年以上ニシテ定限ノ年齡ニ達シ又ハ傷痍ヲ受ケ若クハ疾病ニ依リ查問會議ノ處決若クハ海軍卿ノ諭旨ニ依リ退職スル者ニ之ヲ給ス（本條一項二項及第四十九條一ト乙號恩給表ノ表題ト十八年一月第五號達加字）

戰鬪及ヒ戰時平時ニ拘ハラス公務ノ爲メニ傷痍若クハ疾病ヲ受ケ

一肢以上ノ用ヲ失ヒ或ハ之ヲ失フニ等シト認ムル者又ハ戰地ニ於テ流行病ニ罹リ或ハ航海中若クハ戰時ニ於テ健康ニ有害ナル感動ヲ受クルヲ顧ミルコト能ハスシテ非常ノ勞動及ヒ困苦ヲ忍ヒ勤務ニ從事シ爲メニ健康ヲ妨害シ全ク職務ニ堪ヘサルニ至リ其證據明亮ニシテ退職スル者ハ服役實期十一年未滿ト雖モ亦之ヲ給ス

其退職恩給ノ額ハ十一年ヨリ三十九年ニ至リ年々差等アルコト甲號表面ノ如シ但十一年未滿ノ者ニ給ス可キ恩給ハ其十一年ニ等シキ額ニ依ル

第十一條　退職恩給ハ下士退役恩給ハ卒服役實期十一年以上ニシテ定限ノ年齡ニ達シ或ハ服役滿期トナリ或ハ傷痍若クハ疾病ノ爲メ退職若クハ退役スル者ニ之ヲ給ス

前條第二項ニ揭クルカ如キ傷痍疾病ヲ受ケ永久健康ヲ妨害シ全ク兵役ニ堪ヘス其證據明亮ニシテ退職若クハ退役スル者ハ服役實期十一年未滿ト雖モ亦之ヲ給ス

其退職退役恩給ノ額ハ十一年ヨリ三十九年ニ至リ年々差等アルコ

ト乙號表面ノ如シ但十一年未滿ノ者ニ給ス可キ恩給ハ十一年ニ等シキ額ニ依ル

第十二條　軍人傷痍ヲ受クルト雖モ尙ホ奉職セシメ後日退職若クハ退役スル者ハ現官等ニ依リ恩給ヲ給ス但負傷増加恩給ハ負傷當時ノ官等ニ依リ之ヲ給ス

第十三條　下士以上ノ恩給願書ハ所管長官ヲ經テ海軍卿ヘ卒ハ所管長官ヘ其履歷書ヲ副呈ス可シ

第十四條　傷痍疾病ニ起因シ恩給ヲ願出ル者ハ其原因症候等詳細之ヲ開陳ス可シ

第十五條　傷痍疾病ヲ受ケシ事故及ヒ其原因ハ見證證書又ハ公文若クハ査問會議口供書ノ寫ヲ以テ之ヲ證明ス可シ

第十六條　傷痍疾病不治ノ狀ハ海軍病院長並ニ主任醫官（地方病院ニ於テ治療ヲ受ケシ者ハ其院長並ニ主任醫師）ノ診斷證書ヲ以テ之ヲ證ス可シ

其診斷證書ハ傷痍疾病ノ原因症候及ヒ其治療方法ヲ述ヘ以テ不治

ノ狀ヲ詳悉ス可シ
病院ニ就キ治療ヲ受ケサル者ト雖モ海軍病院長若クハ地方病院長ノ診斷證書ヲ要ス
第十七條　傷痍疾病不治ノ狀ハ軍醫若クハ地方醫師ノ證書ニ依ルト雖モ其軍務ニ堪ヘサルヤ否ヤハ當該ノ所管ニ於テ撿査判定シ之ヲ海軍卿ニ呈スヘシ海軍卿ハ臨時調査委員ヲ選定シ更ニ覆覈セシメ以テ之ヲ決定ス
第十八條　下士以上恩給ヲ願フ時ハ所管長官其海軍卿ニ呈スル進達書ノ日ニ於テ直ニ休暇ヲ命シ卒恩給ヲ願フ時亦所管長官同上ノ日ニ於テ直ニ免役ス可シ
第十九條　凡恩給ハ軍人ノ現官階ニ依リ之ヲ給ス但其官階ニ進ミ未タ滿十八箇月ニ至ラスシテ退職若クハ退役ヲ願フ時ハ前官ニ准シテ之ヲ給ス其戰鬭又ハ公務ノ爲メ傷痍ヲ受ケ或ハ戰地若クハ航海中ニ於テ受ケタル疾病ノ爲メ恩給ヲ給スルハ此限ニアラス
第二十條　戰鬭及ヒ戰時平時ニ拘ハラス公務ノ爲メ傷痍ヲ受ケ左ノ

各項ニ該ル者ハ恩給ノ外更ニ丙號表面ノ金額ヲ加給ス但公務ノ爲メ疾病ニ罹リ遂ニ一肢以上ノ用ヲ失フニ等シキ不治ノ症トナル者モ亦本條ニ準ス

一　兩眼ヲ盲シ或ハ二肢ヲ亡スル者

二　前項ニ等シキ傷痍ヲ受ケシ者

三　一肢ヲ亡シ或ハ全ク二肢ノ用ヲ失フニ至ル者

四　前項ニ等シキ傷痍ヲ受ケシ者

五　全ク一肢ノ用ヲ失フ者

六　前項ニ等シキ傷痍ヲ受ケシ者

第二十一條　傷痍疾病ニ依リテ恩給ヲ受ケ引續キ重症ニ趨キ或ハ現役ヲ離レシ後重症ニ趨キタル者左ノ期限内ニ願出ル時ハ撿査ノ上事實相違ナキニ於テハ更ニ恩給ヲ給シ或ハ負傷増加恩給ヲ給ス可シ但更ニ恩給ヲ願フハ現役ヲ離ルヽノ際其傷痍ノ爲メ服役シ難キ確定ヲ得タル者ニ限ル

一　一肢ノ用ヲ失ヒ或ハ一肢ノ用ヲ失フニ等シキ者ハ現役ヲ離レ

シ日ヨリ二箇年

二　一肢ヲ亡シ或ハ二肢ノ用ヲ失ヒ或ハ両眼ヲ盲シ或ハ二肢ヲ亡スル者ハ現役ヲ離レシ日ヨリ三箇年

第三章　寡婦(孤兒)扶助料

第二十二條　寡婦扶助料ハ左ノ項目ニ該ル者ニ之ヲ給ス其給額ハ當該軍人ノ官階ト死歿ノ縁故トニ依リテ差アリ

一　戰鬪或ハ公務ノ爲メ死歿シ或ハ之ニ依リテ受ケタル傷痍ニ原因シテ死歿シ又ハ戰地ニ於テ流行病ニ罹リ或ハ航海中若クハ戰地ニ於テ非常ノ勞動及ヒ困苦ノ勤務ニ服シ爲メニ健康ヲ害セラレ發病終ニ死歿シ又ハ平時當務ニ依リ傳染病者ニ接シ該病毒ニ感染死歿シタル軍人ノ寡婦

二　退職若クハ退役恩給ヲ受ケタル後或ハ之ヲ受クヘキ權ヲ有シテ死歿シタル軍人ノ寡婦

其扶助料第一項ニ該ル者ハ丁號表面ニ依リ第二項ニ該ル者ハ戊號表面ニ依ル

第二十三條　戰鬪若クハ公務ノ爲メ傷痍ヲ受クルト雖モ其傷痍ニ原因セサル他病ニテ死歿シタル軍人ノ寡婦ハ扶助料ヲ給セス

第二十四條　戰鬪中蹤跡ヲ失フ者其死亡公務ニ原因セシニ相違ナキヲ確認スル時ハ第二十二條第一項ヲ適用ス

第二十五條　寡婦ハ海軍簿籍ニ登記セシ者ニシテ其夫ノ現役ヲ去ルノ時ヨリ一箇年以前ニ嫁シタル者ニ限ル可シ但前妻若クハ現時ノ妻ニ生レタル兒子アレハ嫁時年月ノ査覈ヲ要セス又戰死或ハ傷痍疾病ニ原因シテ死シタル軍人ノ寡婦ハ嫁時ノ年月ニ關セス負傷又ハ發病前ニ婚配セシ者ニ限ル

第二十六條　寡婦其家ヲ去リ若クハ再婚スル時ハ扶助料ヲ受クルノ權消絶ス

第二十七條　寡婦死去シ或ハ前條ノ事故アリテ扶助料ヲ受クルノ權消絶スル時ハ當該軍人孤兒（嫡子庶子養子ヲ論セス戸籍ニ登記セル養子ハ死傷前ノ養子ニシテ男女ニ拘ハラス家名ヲ繼襲スル者ニ限ル）ニシテ其家名繼襲ノ者ニハ寡婦ト等シキ扶助料其他ノ者ニ

ハ其額三分ノ二ヲ給ス又當該軍人ノ死シタル時孤兒ノ母在ラサル者ハ直ニ其孤兒ニ給ス

第二十八條　孤兒扶助料ハ數子アル時ハ其年長ナル者ニ給シ權利消絶ノ期ニ至レハ順次年少ナル者ニ及フ但二十歳未滿ト雖モ官署ニ奉職シ俸給ヲ受ケ或ハ其戸籍ヲ去リ或ハ男女共ニ嫁娶シタル時ハ其權消絶ス

第二十九條　扶助料ヲ受クル者禁錮以上ノ刑ニ處セラルヽ時ハ之ヲ止メ更ニ其轉給ヲ受ク可キ者ニ之ヲ給ス

第三十條　軍人死歿シ扶助料ヲ受ク可キ寡婦孤兒ナク又ハ扶助料ヲ受ル寡婦再嫁若クハ復籍シテ孤兒ナク尚ホ從來死者ニ依リテ生活セル父母又ハ祖父母アリテ他ニ之ヲ奉養スルノ子孫ナキ時ハ其情狀ニ依リ終身寡婦ニ相當セル扶助料三分ノ二ヲ給スルヿアル可シ其扶助料ハ父母祖父母共ニ存在スル時ハ先ツ之ヲ父ニ給シ其父死歿若クハ權利消絶スルコトアレハ轉シテ之ヲ母ニ給ス以下其母ヨリ祖父ニ祖父ヨリ祖母ニ順次此例ニ依リ之ヲ轉給ス可シ但父及ヒ

祖父ハ年齢五十歳以上其未滿ハ癈疾及ヒ不具ニシテ產業ヲ營ムコト能ハサル者又母及ヒ祖母ハ夫ナキ者ニシテ其孰レモ軍人死歿ノ際年齢五十歳以上ニシテ其戶籍ニ在ル者ニ限ル

第三十一條　扶助料ヲ仰カントスル時ハ本人主名ヲ以テ親族二名及ヒ後見人アレハ其後見人若シ親族ナキ時ハ同鄉ノ戶主二名連署シ其郡區長戶長ノ奥印セシ願書ヲ以テ地方廳ヘ進達ス可シ但恩給登錄寫帖アレハ之ヲ添附ス可シ

其夫若クハ父戰死其他公務ノ爲メ直ニ死亡セシ時ハ死亡報告若クハ死亡證書若クハ他ノ公文ノ內其一ヲ證據ニ供シ其傷痍疾病ニ起因スル者ハ該書類ノ外尙ホ軍醫若クハ地方醫師ノ診斷書ヲ證據ニ供ス可シ但地方醫師ノ診斷ヲ受ケタル時ハ尙ホ地方官吏ノ撿視證書ヲ添附シ死歿ノ原因ヲ詳細證明ス可シ海軍卿ハ之ヲ調査委員ニ下シ其事實ヲ調査セシメ以テ決定ス

第四章　服役年算則

第三十二條　服役年ノ始期及終期ノ例ハ左ノ各項ニ依ル可シ

一　准士官以上ニテ三上長三長及ヒ樂長ヲ除クノ外ハ初任ノ日四上長四長及ヒ樂長以下ハ四等卒及ヒ樂生タルノ日ヲ以テ服役年ノ始期トス

但准士官以上ハ明治四年八月以前下士以下ハ明治二年五月以前准卒ハ海軍定員ニ准セサル以前ハ服役年ニ算入セス然レ圧其以前ヨリ勤仕シタル者ハ其算入期ノ前月ニ於ケル現官等ニ對スル俸給ノ半額ヲ以テ奉職年數ノ一個年ニ當テ其年數ニ應スルノ金額ヲ以テ恩給支給ノ際別ニ一時賜金トシテ給與ス

二　下士以上ハ退職年恩給ノ願書ヲ所管長官ヨリ海軍卿ニ呈スル進達書ノ日卒ハ退役ノ日ヲ以テ終期トス

第三十三條　十七歳未滿ハ恩給服役年ノ計算ニ算入セス

士官以上特命及ヒ非職中ノ月日ハ服役實期ニ算入ス但非職中地方病院學校及ヒ其他ノ事業ニ從事シ其給料ヲ受ケ非職俸ヲ給セサル時間ハ之ヲ除算ス

第三十四條　陸軍軍人轉シテ海軍軍人トナル者ハ陸軍服役ノ年數ヲ通算ス又文官轉シテ海軍軍人トナリタル者並ニ海軍々人ノ現役ニ在ラスシテ文官ヲ兼任シ文官ノ俸給ヲ受ケシ恩給ヲ受クルノ期ニ至ル迄ハ其文官奉仕中ノ年月ハ十六月ヲ以テ一年トシ之ヲ通算ス

第三十五條　退職若ハ退役ノ後再ヒ現役ニ就ク者ハ前後ノ現役ヲ通算ス

第三十六條　逃亡ノ者其逃亡以前ノ現役ハ其復歸以後ノ現役ニ通算ス

第三十七條　處刑中ノ日數ハ現役年數中ヨリ除算ス

第三十八條　戰時虜獲ニ遭ヒ俘囚トナリタル月日ハ猶ホ平時現役ニ在ルト同シク之ヲ算ス

第五章　從軍年算則

第三十九條　從軍年ハ服役實期外ノ年月ト爲シ之ヲ其服役年數ニ加算スル者トス但其服役實期十年未滿ニシテ退身スル者ハ之ヲ加算セス

第四十條　從軍年加算ノ法ハ左ノ各項ニ依ル可シ

一　日本國外ノ戰役ニ從事中ハ二箇年ヲ增加ス
二　出征艦隊ニ編入中及ヒ合圍若クハ臨戰地堺內ニ服役中ハ一箇年ヲ增加ス
三　戰時平時ヲ論セス外國航海ハ半箇年ヲ增加ス
第四十一條　出征軍ノ定メニ非スメ一時出兵ノ時ト雖モ出征軍ト視做ス可キ場合ニ於テハ海軍卿上請メ從軍年ニ算入スルヿヲ決定ス
第四十二條　從軍年ヲ算スルノ法ハ十二個月間數回ノ戰役ニ從フト雖モ重複シテ之ヲ算セス但其一年以上ニ跨リ十二個月ニ餘ル所ノ分數ハ前條ヨリ之ヲ計算ス

第六章　恩給支給順序

第四十三條　恩給ノ願書ハ所管長官ヨリ海軍卿ニ呈シ海軍卿之ヲ太政官ニ上申ス
寡婦若クハ孤兒扶助料ノ願書ハ居住ノ地方廳ヨリ內務卿ニ呈シ內務卿之ヲ海軍卿ニ移シ海軍卿ヨリ太政官ニ上申ス
第四十四條　太政官ニ於テハ之ヲ審查シタル後恩給許可令及ヒ恩給登錄寫帖ヲ內務大藏海軍ノ三卿ニ下シ內務卿ヨリ管轄地方廳ヲ經

テ之ヲ本人ニ下シ依テ以テ年々金圓受領ノ證ト爲サシム
恩給登錄寫帖ヲ下付スルノ前ニ於テ海軍卿ハ其恩給ヲ受ク可キ本人ニ計算書ヲ下シ以テ其算則ヲ示ス
第四十五條　退職及ヒ退役恩給並ニ扶助料下賜ノ始期ハ左ノ各項ニ依ル可シ
一　下士以上ハ計算書日付ノ翌日
二　卒ハ免役ノ翌日
三　寡婦若クハ兒孤ハ扶助料當該軍人死歿ノ翌日
第四十六條　恩給扶助料ハ一月四月七月十月ニ於テ前三個月分ノ金額ヲ大藏省ヨリ本人所在ノ地方廳ヲ經テ下付ス但其交付者ハ恩給登錄寫帖ヲ撿閱ノ上戶長ノ證セル本人生存書及ヒ金額受領書ト引替ニ其金額ヲ交付ス可シ
恩給若クハ扶助料ヲ受クル者其金額受領ノ地ヲ轉セントスル時ハ金額交付期月ノ三個月前ニ其所在ノ地方廳ニ願出可シ若シ其期ヲ過クル者ハ仍ホ元所在地ニ於テ之ヲ交付ス
第四十七條　恩給若クハ扶助料ヲ受クル者權利消絕ニ屬スル時ハ地

方廳其恩給登錄寫帖ヲ收メテ內務省ニ出シ內務省ハ之ヲ太政官ニ還付シ其旨ヲ大藏省海軍省ニ報告ス但扶助料移轉ス可キ者アル時ハ恩給登錄寫帖ヲ收メテ更ニ扶助料請願ノ證ト爲サシム

第四十八條　恩給登錄寫帖ヲ受領セシ者盜難水火災等ノ爲メ之ヲ亡失スル時ハ速ニ其旨ヲ屆出可シ此場合ニ於テハ內務卿ヨリ證明書ヲ下付ス

第七章　賑恤金

第四十九條　賑恤金ハ左ノ項目ニ該ル者ニ之ヲ給ス

一　下士卒戰鬪或ハ戰鬪ニ於テ公務ノ爲メ傷痍疾病ヲ受ケ服役ニ堪ヘス免官除隊スト雖𪜈第二十條末項ヨリ輕傷ニシテ退職退役恩給ヲ受ケサル者ハ其官階ニ應スル負傷增加表第五項ノ一箇年分ヨリ少カラス十箇年分ヨリ多カラサル金額ヲ給ス

二　下士卒平時公務ノ爲メ傷痍疾病ヲ受ケ前項ト等シキ者ハ其官階ニ應スル負傷增加表第六項ノ一個年分ヨリ少カラス十箇年分ヨリ多カラサル金額ヲ給ス

三　下士卒服役實川滿五年以上十一年未滿ノ者公務ノ故ニ非スシ

テ傷痍疾病ヲ受ケ全ク服役ニ堪ヘス其營業ヲ妨クルニ至ル者及ヒ其五年未滿ト雖モ一肢以上ノ切斷ヲ受ケ若クハ兩眼ヲ盲スル者ハ其官階ニ應スル負傷増加表第六項ノ一箇年分ヨリ少ラス五箇年分ヨリ多カラサル金額ヲ給ス

四　軍人死歿シ扶助料ヲ受可キ其寡婦孤兒又ハ父母祖父母ナクメ從來死者ニ依リ生活セル廿歳未滿又ハ廿歳以上ト雖モ癈疾ノ兄弟姉妹アリテ之ヲ救育スルノ親族ナキ者ハ其寡婦ニ相當セル扶助料一箇年ヨリ少ラス五箇年分ヨリ多ラサル金額ヲ給ス

第五十條　前條ノ賑恤金ハ本人ノ情願又ハ所管長官ノ申請ニ依リ海軍卿之ヲ詮議シ太政官特別ノ裁可ヲ以テ之ヲ下賜ス其金額ハ大藏省ヨリ地方廳ヲ經テ下付ス

第八章　給助金

第五十一條　給助金ハ下士以上服役中死歿シ又ハ五年以上勤續キノ後罷役或ハ免官トナリ恩給ヲ賜ハラサル者ニ之ヲ給ス其給額ハ己號表面ニ依ル但懲戒ノ爲メ免官或ハ刑名宣告ニ至ラサルノ不正ノ所業確認ノ者ニハ之ヲ給セス（明治十七年四月第卅八號達改正）

海軍恩給金額表

甲號 退職恩給表

年數＼官等	一等	二等	三等	四等	五等	六等	七等	八等	九等	十等
十一年	千五百円	千二百円	千五十円	七百五十円	六百円	四百五十円	三百円	二百二十五円	百八十円	百五十円
十二年	千五百二十五円	千二百二十円	千六十七円五十錢	七百六十二円五十錢	六百十円	四百五十七円五十錢	三百五円	二百廿八円七十五錢	百八十三円	百五十二円五十錢
十三年	千五百三十円	千二百四十円	千八十五円	七百七十五円	六百二十円	四百六十五円	三百十円	二百三十二円五十錢	百八十六円	百五十五円
十四年	千五百七十五円	千二百六十円	千百二円五十錢	七百八十七円五十錢	六百三十円	四百七十二円五十錢	三百十五円	二百三十六円廿五錢	百八十九円	百五十七円五十錢
十五年	千六百円	千二百八十円	千百二十円	八百円	六百四十円	四百八十円	三百二十円	二百四十円	百九十二円	百六十円
十六年	千六百二十五円	千三百円	千百三十七円五十錢	八百十二円五十錢	六百五十円	四百八十七円五十錢	三百二十五円	二百四十三円七十五錢	百九十五円	百六十二円五十錢
十七年	千六百五十円	千三百二十円	千百五十五円	八百二十五円	六百六十円	四百九十五円	三百三十円	二百四十七円五十錢	百九十八円	百六十五円
十八年	千六百七十五円	千三百四十円	千百七十二円五十錢	八百三十七円五十錢	六百七十円	五百二円五十錢	三百三十五円	二百五十一円廿五錢	二百一円	百六十七円五十錢
十九年	千七百円	千三百六十円	千百九十円	八百五十円	六百八十円	五百十円	三百四十円	二百五十五円	二百四円	百七十円
二十年	千七百二十五円	千三百八十円	千二百七円五十錢	八百六十二円五十錢	六百九十円	五百十七円五十錢	三百四十五円	二百五十八円七十五錢	二百七円	百七十二円五十錢
廿一年	千七百五十円	千四百円	千二百二十五円	八百七十五円	七百円	五百二十五円	三百五十円	二百六十二円五十錢	二百十円	百七十五円
廿二年	千七百七十五円	千四百二十円	千二百四十二円五十錢	八百八十七円五十錢	七百十円	五百三十二円五十錢	三百五十五円	二百六十六円廿五錢	二百十三円	百七十七円五十錢
廿三年	千八百円	千四百四十円	千二百六十円	九百円	七百二十円	五百四十円	三百六十円	二百七十円	二百十六円	百八十円
廿四年	千八百二十五円	千四百六十円	千二百七十七円五十錢	九百十二円五十錢	七百三十円	五百四十七円五十錢	三百六十五円	二百七十三円七十五錢	二百十九円	百八十二円五十錢
廿五年	千八百五十円	千四百八十円	千二百九十五円	九百二十円	七百四十円	五百五十五円	三百七十円	二百七十七円五十錢	二百二十二円	百八十五円
廿六年	千八百七十五円	千五百円	千三百十二円五十錢	九百三十七円五十錢	七百五十円	五百六十二円五十錢	三百七十五円	二百八十一円廿五錢	二百二十五円	百八十七円五十錢
廿七年	千九百円	千五百二十円	千三百三十円	九百五十円	七百六十円	五百七十円	三百八十円	二百八十五円	二百二十八円	百九十円

年數										
廿八年	千九百二十五圓	千五百四十圓	千三百四十七圓五十錢	九百六十二圓五十錢	七百七十圓	五百七十七圓五十錢	三百八十五圓	二百八十八圓七十五錢	二百三十一圓	百九十二圓五十錢
廿九年	千九百五十圓	千五百六十圓	千三百六十五圓	九百七十五圓	七百八十圓	五百八十五圓	三百九十圓	二百九十二圓五十錢	二百三十四圓	百九十五圓
三十年	千九百七十五圓	千五百八十圓	千三百八十二圓五十錢	九百八十七圓五十錢	七百九十圓	五百九十二圓五十錢	三百九十五圓	二百九十六圓廿五錢	二百三十七圓	百九十七圓五十錢
三十一年	二千圓	千六百圓	千四百圓	千圓	八百圓	六百圓	四百圓	三百圓	二百四十圓	二百圓
三十二年	二千二十五圓	千六百二十圓	千四百十七圓五十錢	千十二圓五十錢	八百十圓	六百七圓五十錢	四百五圓	三百三圓七十五錢	二百四十三圓	二百二圓五十錢
三十三年	二千五十圓	千六百四十圓	千四百三十五圓	千二十五圓	八百二十圓	六百十五圓	四百十圓	三百七圓五十錢	二百四十六圓	二百五圓
三十四年	二千七十五圓	千六百六十圓	千四百五十二圓五十錢	千三十七圓五十錢	八百三十圓	六百廿二圓五十錢	四百十五圓	三百十一圓二十五錢	二百四十九圓	二百七圓五十錢
三十五年	二千百圓	千六百八十圓	千四百七十圓	千五十圓	八百四十圓	六百三十圓	四百二十圓	三百十五圓	二百五十二圓	二百十圓
三十六年	二千百二十五圓	千七百圓	千四百八十七圓五十錢	千六十二圓五十錢	八百五十圓	六百三十七圓五十錢	四百二十五圓	三百十八圓七十五錢	二百五十五圓	二百十二圓五十錢
三十七年	二千百五十圓	千七百二十圓	千五百五圓	千七十五圓	八百六十圓	六百四十五圓	四百三十圓	三百二十二圓五十錢	二百五十八圓	二百十五圓
三十八年	二千百七十五圓	千七百四十圓	千五百廿二圓五十錢	千八十七圓五十錢	八百七十圓	六百五十二圓五十錢	四百三十五圓	三百廿六圓二十五錢	二百六十一圓	二百十七圓五十錢
三十九年	二千二百圓	千七百六十圓	千五百四十圓	千百圓	八百八十圓	六百六十圓	四百四十圓	三百三十圓	二百六十四圓	二百二十圓
四十年	二千二百二十五圓	千七百八十圓	千五百五十七圓五十錢	千百十二圓五十錢	八百九十圓	六百六十七圓五十錢	四百四十五圓	三百三十三圓七十五錢	二百六十七圓	二百廿二圓五十錢

乙號 退職及退役恩給表

官等＼年數	十一年	十二年	十三年	十四年	十五年	十六年
	一級					
十一等	六十圓					
十二等	五十四圓					
十三等	四十八圓					
卒 一等	四十四圓					
卒 二等	四十圓					
卒 三等	三十六圓					
卒 四等	三十二圓					
卒 五等	二十八圓					

	二級	三級	四級	五級
	十七年 十八年 十九年 二十年 二十一年 二十二年	二十三年 二十四年 二十五年 二十六年 二十七年 二十八年	二十九年 三十年 三十一年 三十二年 三十三年 三十四年	三十五年 三十六年 三十七年 三十八年 三十九年 四十年
	七十五圓	九十圓	百五圓	百二十圓
	六十七圓五十錢	八十一圓	九十四圓五十錢	百八圓
	六十圓	七十二圓	八十四圓	九十六圓
	五十五圓	六十六圓	七十七圓	八十八圓
	五十圓	六十圓	七十圓	八十圓
	四十五圓	五十四圓	六十三圓	七十二圓
	四十圓	四十八圓	五十六圓	六十四圓
	三十五圓	四十二圓	四十九圓	五十六圓

丙號　負傷增加恩給表

項目＼官等	一項	二項	三項	四項	五項	六項
一等	千五十円	九百円	七百五十円	六百円	四百五十円	三百円
二等	八百四十円	七百二十円	六百円	四百八十円	三百六十円	二百四十円
三等	七百三十五円	六百三十円	五百二十五円	四百二十円	三百十五円	二百十円
四等	五百二十五円	四百五十円	三百七十五円	三百円	二百二十五円	百五十円
五等	四百二十円	三百六十円	三百円	二百四十円	百八十円	百二十円
六等	三百十五円	二百七十円	二百二十五円	百八十円	百三十五円	九十円
七等	二百十円	百八十円	百五十円	百二十円	九十円	六十円
八等	百五十七円五十銭	百三十五円	百十二円五十銭	九十円	六十七円五十銭	四十五円
九等	百二十六円	百八円	九十円	七十二円	五十四円	三十六円
十等	百五円	九十円	七十五円	六十円	四十五円	三十円
十一等	五十二円五十銭	四十五円	三十七円五十銭	三十円	二十二円五十銭	十五円
十二等	四十七円二十五銭	四十円五十銭	三十三円七十五銭	二十七円	二十円二十五銭	十三円五十銭
十三等	四十二円	三十六円	三十円	二十四円	十八円	十二円
卒 一等	三十八円五十銭	三十三円	二十七円五十銭	二十二円	十六円五十銭	十一円
卒 二等	三十五円	三十円	二十五円	二十円	十五円	十円
卒 三等	三十一円五十銭	二十七円	二十二円五十銭	十八円	十三円五十銭	九円
卒 四等	二十八円	二十四円	二十円	十六円	十二円	八円
卒 五等	二十四円五十銭	二十一円	十七円五十銭	十四円	十円五十銭	七円

丁號　戰鬪及公務ニ因リ死亡者ノ寡婦（孤兒）扶助料表

官等	金額
一等	千円
二等	八百円
三等	七百円
四等	五百円
五等	四百円
六等	三百円
七等	二百円
八等	百五十円
九等	百二十円
十等	百円
十一等	五十円
十二等	四十五円
十三等	四十円
卒 一等	三十六円六十七銭
卒 二等	三十三円三十四銭
卒 三等	三十円
卒 四等	二十六円六十七銭
卒 五等	二十三円三十四銭

戊號　寡婦（孤兒）扶助料表

官等	金額
一等	五百円
二等	四百円
三等	三百五十円
四等	二百五十円
五等	二百円
六等	百五十円
七等	百円
八等	七十五円
九等	六十円
十等	五十円
十一等	二十五円
十二等	二十二円五十銭
十三等	二十円
卒 一等	十八円三十四銭
卒 二等	十六円六十七銭
卒 三等	十五円
卒 四等	十三円三十四銭
卒 五等	十一円六十七銭

已號　給助金表

官等	金額
一等	千五百円
二等	千二百円
三等	千五十円
四等	七百五十円
五等	六百円
六等	四百五十円
七等	三百円
八等	二百二十五円
九等	百八十円
十等	百五十円
十一等	六十円
十二等	五十四円
十三等	四十八円

第二節ノ三　武官恩給ノ支給

○十七年一月第四號達

陸海軍大將滿二年以上在官ノ者退職若クハ死亡スル時ハ特旨ヲ以テ恩給ヲ支給スルコトアルヘシ

陸海軍中將少將並ニ同等ノ軍人ニシテ特別ノ功績アル者ハ服役實期十一年未滿ト雖特旨ヲ以テ恩給ヲ支給スルコトアル可シ

陸海軍武官ヨリ文官ヲ兼任スル者武官現役十一年以上十五年（十一年以上ニハ從軍年ヲ合算ス）未滿ニシテ退官若クハ死亡スル時ハ陸海軍恩給令ニ依リ恩給ヲ支給シ其現役滿十五年以上ノ者ニハ本兼官ノ內ニテ其俸給ノ多キ額ニ就テ恩給ヲ支給ス可シ

恩給金額ノ增加年數迄（四十年ヲ云）及寡婦孤兒等ニ轉給スルコトハ總テ陸海軍恩給令ノ例ニ依ル

第二類　華族

○第一款

第一節　華族令

○十七年七月宮内省無號達

第一條　凡ソ爵ヲ授クルハ勅旨ヲ以テシ宮内卿之ヲ奉行ス

第二條　爵ヲ分テ公侯伯子男ノ五等トス

第三條　爵ハ男子嫡長ノ順序ニ依リ之ヲ襲カシム女子ハ爵ヲ襲グコトヲ得ス但現在女戶主ノ華族ハ將來相續ノ男子ヲ定ムルトキニ於テ親戚中同族ノ者ノ連署ヲ以テ宮内卿ヲ經由シ授爵ヲ請願スヘシ

第四條　嗣今有爵者又ハ戶主死亡ノ後男子ノ相續スヘキ者ナキトキハ華族ノ榮典ヲ失フヘシ

第五條　有爵者ノ婦ハ其夫ニ均シキ禮遇及名稱ヲ享ク

第六條　華族戶主ノ戶籍ニ屬スル祖父母父母及妻及嫡長子孫及其妻ハ倶ニ華族ノ禮遇ヲ享ク

第七條　本人生存中相續人ヲシテ爵ヲ襲カシムルコトヲ得ス
但刑法又ハ懲戒ノ處分ニ由リ爵ヲ奪ヒ又ハ族籍ヲ削ラレ更ニ特旨ヲ以テ相續人ニ授クル者ハ此限ニ在ラス

第八條　華族ノ戶籍及身分ハ宮内卿之ヲ管掌ス

第九條　華族及華族ノ子弟婚姻シ又ハ養子セントスル者ハ先ツ宮内卿ノ許可ヲ受クヘシ

第十條　華族ハ其子弟ヲシテ相當ノ敎育ヲ受ケシムルノ義務ヲ負フヘシ

第二節　華族懲戒例

〇十八年一月太政官號外達

第一條　華族ノ品位ヲ保護スル爲ニ懲戒處分ノ例ヲ設ク

第二條　華族懲戒ノ權ハ之ヲ宮内卿ニ委任シ上裁ヲ得テ處分ヲ行ハシム

第三條　公ニ風敎ヲ亂リ又ハ家産ヲ浪費シ華族ニ必要ナル品位ヲ失フ者ハ懲戒ノ處分ヲ行フヘシ但隱微曖昧ノ事ハ懲戒ノ限ニ在ラス

第四條　懲戒ヲ分テ三種トス

第一　譴責

第二　謹愼

第三　除族

第五條　譴責ハ宮内卿ヨリ譴責書ヲ付シ戒悔スル所アラシム
第六條　謹愼ハ十日以上一年以下外出ヲ禁シ自宅ニ於テ謹愼ヲ守ラシム
第七條　失行重大又ハ懲責ヲ受ケ猶ホ悛改ノ跡ナク華族ニ必要ナル品位ヲ有ツコト能ハサル者ハ其族ヲ除クヘシ
此條ハ刑法第三十一條ト相牴觸スルコトナシ
第八條　前條ノ塲合ニ於テ情輕キ者ハ子孫又ハ他ノ親屬ヲシテ爵ヲ襲カシムヘシ親屬ナキ者ハ家ヲ除ク
第九條　華族ノ戸主ハ其子弟及家屬ヲ撿束スルノ責ヲ負フヘシ
第十條　華族ノ戸主幼年ナル者ハ後見人代テ其子弟及家屬ヲ撿束スルノ責ヲ負フヘシ
第十一條　華族ノ子弟及家屬ニシテ第七條ニ當ル者ハ其身ノミ華族ノ屬籍ヲ除クヘシ
第十二條　華族ノ犯罪輕罪以上ニ觸ルヽ者ハ司法ノ裁判ヲ經タル後其情狀ニ從ヒ更ニ懲戒ノ處分ヲ行フヘシ

第十三條　前條ノ場合ヲ除ク外懲戒處分ヲ行フニハ豫メ本人ニ通知シ其事情ノ審問ヲ必要トシ又ハ本人ヨリ審問ヲ請求スルトキハ宮内卿ハ上旨ヲ得テ華族五人ヲ撰任シ審問委員トナシ審問シテ狀ヲ具ヘ上申セシムヘシ

第七條第十一條ノ場合ニ於テハ本人ノ請求スルトセサルトニ拘ラス審問ヲ經ルヲ必要トス

第十四條　審問委員ハ宮内卿ヨリ下付シタル事件ノ外ニ渉リ審問フルコトヲ得ス

第十五條　華族ノ犯罪司法ノ裁判ヲ經放免セラレタル者仍ホ其情狀ニ從ヒ懲戒ノ處分ヲ行フコトアルヘシ

第十六條　華族懲戒ノ處分ハ不服ヲ以テ太政官ニ請願シ又ハ裁判所ニ控訴スルコトヲ得ス

第十七條　華族懲戒ノ處分ヲ受ケタル者ハ宮内卿ヨリ警察官ニ通知シ將來ノ行儀ヲ監察セシム

第十八條　除族ノ處分ヲ受ケ情輕キ者悛改ノ事實アルトキハ五年ノ

後上旨ニ由リ復族セシムルコトアルヘシ
除族情重ク親屬襲爵ヲ得サル者十年ノ後上旨ニ由リ親屬ニ襲爵ヲ命スルコトアルヘシ但本人ハ終身復族ヲ許サス

第三類　叙勳褒賞

○第一章　叙勳

第一節　叙勳條例附同附則

○明治十八年七月太政官第四拾三號達

明治十六年一月第壹號達叙勳條例中左ノ通改正候條此旨相達候事

第二條第一項

文武官數年勳勞アル者ハ其成績ヲ勘査シ左表ニ照シ勳等ニ叙ス其初叙勅任官ハ勳三等奏任官ハ勳六等判任官ハ勳八等ヨリス尙ホ勳勞年數ヲ累サヌルニ由リ進級スルコトヲ得然レ𪜈判官ハ十四等官幷其相當官以下ハ勳七等ニ進ムヲ得ス又十等官並其相當官以下ハ勳六等ニ進ムヲ得ス奏任官ハ六七等官並其相當官ハ勳三等ニ進ムヲ得ス又八九等官並其相當官ハ勳四等ニ

進ムヲ得ス勅任官ハ三等官並其相當官ハ勳一等ニ進ムヲ得ス
初叙並進級例中勅任初叙滿五年以上トアルヲ滿八年以上ト改メ
判任以下トアルヲ判任ト改ム
第五條　一月トアルヲ二月ト改ム
第七條　四月トアルヲ五月ト改ム

○明治十八年七月太政官號外

明治十六年一月四日達叙勳條例附則中左ノ通改正候條此旨相達候事
第三欵中四月トアルヲ五月ト一月トアルヲ二月ト三月トアルヲ四
月ト改ム
履歴明細書式第二ノ官位苗字名ノ左側ニ左ノ通追加ス
現住所　何府縣何國何區郡何町村何番地

○十六年一月第一號達

第一條　叙勳條例ハ文武官ノ勳勞アル者ヲ叙シ及ヒ進級セシムルノ
例ナリ
但臨時勳功ニ依テ叙スルハ本例ノ限ニアラス

第二條　文武官數年勳勞アルモノハ其成績ヲ勘査シ左表ニ照シテ勳等ニ敍ス其初敍勅任官ハ勳三等奏任官ハ勳六等判任官以下ハ勳八等ヨリス尙ホ勳勞年數ヲ累ヌルニ由リ進級スルコトヲ得然レ圧判任官ハ十四等官並十四等相當官以下ハ勳六等ニ進ムヲ得ス奏任官ハ七等官並ニ七等相當官以下ハ勳三等ニ進ムヲ得ス勅任官ハ三等官並ニ三等相當官ハ勳一等ニ進ムヲ得ス○大臣參議諸省卿參事院元老院議長陸海軍大將ノ勳一等ニ敍スルハ進級年例ノ限リニアラス○陸海軍下士ノ初敍ハ滿十年以上トス

初敍並ニ進級例

	勅任	奏任
勳一等	進滿十年以上	
勳二等	進滿五年以上	
勳三等	初敍滿五年以上	進滿七年以上
勳四等		進滿五年以上
勳五等		進滿五年以上
勳六等		初敍滿十二年以上
勳七等		
勳八等		

判任以下
進滿七年以上
進滿六年以上
初敍滿廿二年以上

第三條　臨時勳功若クハ特旨ニ依テ敍セラレタル者モ本例ニ依リ進級セシム」年金ヲ受領スルモノハ別段ノ恩命アルニ非サレハ引續キ前級ノ年金ヲ賜フ

第四條　四等以下ノ勳章ヲ有スルモノ勅任官トナリ七等以下ノ勳章ヲ有スルモノ奏任官トナリタル時ハ進級年數ノ五分一以上ニシテ勳三等又ハ勳六等迄歷進スルヲ得

第五條　文武官ノ勳等ニ敍スヘキ勳勞者アル時ハ各廳ニ於テ本八ノ履歷明細書ヲ作リ其長官ノ證認狀ヲ副ヘ毎年一月又ハ八月限リ賞勳局總裁ニ申牒スヘシ

但地方官ノ敍勳スヘキ者ハ内務卿ヨリ之ヲ申牒スヘシ

第六條　賞勳局總裁ハ各廳ノ申牒ヲ撿閲審査シ議定官ノ會議ヲ開キ其當否ヲ論定シ以テ上奏ス

第七條　勳章授與式ハ毎年四月十一月ノ二回ニ執行ス
但臨時敍勳ハ此限ニアラス
○十六年一月第二號達　　敍勳條例附則
敍勳條例ハ敍勳進級ノ綱領ナリ故ニ其節目ヲ左ニ掲ク
第一欵　敍勳條例第二條中進級例圖ニ列記スル官等區分年數期限ハ積年ノ勳勞者ヲ待ツノ所以ナリ故ニ縱令表中ノ年數期限ニ至ルモ其成績勳勞ノ證謬ヲ與フルニ不充分ナル者ハ之ヲ申牒スルヲ得ス
第二欵　履歴明細書ハ撿閲ニ便スル爲メ表ヲ製シ任免黜陟敍位賞罰ノ要領ヲ掲ケ尙ホ内地出張外國派遣又ハ職務ノ分課委員等ヲ別紙ニ詳記シ以テ其經歴ヲ明ニスヘシ
第三欵　勳章授與式ハ毎年四月及ヒ十一月ニ執行スルヲ以テ一月又ハ八月ヲ限リ敍勳申牒スト雖モ其履歴明細書ニハ豫メ三月盡日又ハ十月盡日マテノ算數ヲ記載スヘシ若シ申牒ノ後授與以前ニ於テ轉免黜陟或死亡ノ者アル時ハ速ニ其理由ヲ賞勳局ニ通知スヘシ
但勳位進級ニ係ル者ハ初敍以後ノ履歴ノミ式ニ依リ記載スヘシ

第四款　勤務ノ年數ハ勅任官ハ勅任タルノ日ヨリ奏任官ハ奏任タルノ日ヨリ判任官以下ハ判任官以下タルノ日ヨリ起算ス然レ𪜈等外ヨリ判任トナリ又ハ判任ヨリ奏任トナリ又ハ奏任ヨリ勅任トナリタル者ハ各其前任ノ年數ヲ其後任ノ半數トシ通算スルヲ得

但出仕ハ本官ニ同シ又準勅奏判御用掛ハ各本任ヨリ三分一折減シテ勤務年數ニ計算スルヲ得雇ノ名義タル時間ハ算入セス

第五款　年月ノ計算ハ一年ハ滿十二ヶ月ヲ以テシ（舊暦ノ閏月ハ除ク）一月ハ十五日ヲ以テ區別ス例ハ任官十五日前ニ在レハ滿一月ニ算シ十六日後ニ在レハ半月ニ算シ免職ノ時ハ之ニ反ス

第六款　免職又ハ廢官ノ後再任スル者ハ前後奉職年數ヲ通算スルヲ得但勳位進級ニハ之ヲ通算セス　其刑法ニ觸レ又ハ懲戒例ニ照シ免職シタル者ハ再任スルト雖モ遡テ前ノ奉職年數ヲ通算スルヲ得ス

第七款　文官本屬長官ノ懲戒ヲ受ケ罰俸一個月半以下ヲ科セラルヽトキハ勤務年數半年ヲ減算シ罰俸二ヶ月以上ヲ科セラルヽトキハ

一ヶ年ヲ減算ス再度以上皆此ノ例ニ準ス譴責ハ拘ハラス

舊刑法ニ觸レ謹慎閉門降官又ハ贖罪罰俸ニ處セラレタル者ハ左ノ例ニ照シテ減算スヘシ

但武官ノ減算法ハ陸海軍省ニ於テ別段ノ規則ヲ以テ之ヲ定ム

刑名	刑期	減算年數
謹慎又ハ贖罪	二十日以上　但十日以下ハ除算スルノ限ニアラス	半年
閉門又ハ贖罪	五十日以上	一年
降官		一年半
罰俸	五ヶ月以下	一年半
同	六ヶ月以上	二年

證認狀書式　（用紙美濃罫紙）

某官某名義出身（或ハ敍勳何等）以來數官ヲ歷任（或ハ本衙ニ精勤）シ何年以上ニ至リ勳勞勘ナカラス就中某局課長（何部何課）ヲ擔任若クハ兼務スルコト久シク（或ハ臨時某事件ヲ擔任シ處分宜ヲ得）其成績顯著タルヲ確認シ因テ例ニ據リ式ニ照シ履歷明細書ヲ具シ及申牒候也

年號月日　　　　　　某官某名印（本屬長官）

賞勳局總裁某名殿

○明治十八年七月海軍省丙第四拾三號達

叙勳條例附則第七欵但書ニ因リ海軍武官勤務年數減算法左之通相定ム此旨相達候事

叙勳條例附則第七欵但書ニ據リ海軍武官勤務年數減算法ヲ定ムルコ左ノ如シ

一陸海軍刑法輕禁錮幷ニ海軍懲罰令及ヒ舊海陸軍刑律閉門錮同增加條例謹愼並ニ舊海軍下士以下懲罰則ニ處セラレタル者ハ左ノ例ニ照シテ在職及ヒ服役年數ヲ減算ス

陸海軍刑法ニ處セラレタル者ノ減算例

刑名	刑期	減算年月
	十一日以上	六箇月
	一月以上	九箇月
	三月以上	一年

輕禁錮	六月以上	一年六箇月
	九月以上	二年
	一年以上	三年
	一年六月以上	四年
	二年以上	五年
	二年六月以上	六年

但其刑期三年ヨリ超過スル時ハ其超過ノ現日數ヲ二倍シテ減算ス

一下士ニシテ普通刑法ノ輕禁錮ニ處セラレタル者ノ減算ハ總テ前例ニ同シ普通刑法及ヒ陸海軍刑法ノ重禁錮ニ處セラレタル者ハ其處刑以前ノ服役年數ヲ通算スルヲ得ス

海軍懲罰令ニ處セレタル者ノ減算例

將校准將校及ヒ准士官罰目罰期		下士罰目罰期		減算月
重謹愼	十一日以上	重監倉	十一日以上	三箇月
輕謹愼	廿一日以上	輕監倉	廿一日以上	三箇月

但監倉ニ處ス可キ者禁足ニ換フル時ト雖𪜈猶本罰ノ日數ニ因テ減

算ス

舊海陸軍刑律及ヒ同增加條例ニ處セラレタル者ノ減算例

將校准將校及ヒ准士官刑名刑期		下士刑名刑期		減算年月
閉門	三十五日	錮	二十八日	六箇月
同	四十九日	同	三十五日	九箇月
同	九十八日	同	四十二日	一箇年
謹愼	十五日以上	謹愼	十五日以上	三箇月

但謹愼ヲ錮ニ換フルトキト雖モ猶謹愼ノ日數ニ因テ減算ス

舊海軍下士以下懲罰則ニ處セラレタル者減算例

下士罰目罰期		減算月
禁錮	十一日以上	三箇月

一舊海陸軍刑律ニ依リ將校准將校及ヒ准士官ハ降官以上下士ハ降等以上ノ刑ニ處セラレタル者ハ其處刑以前ノ在職及ヒ服役年數ハ通算スルヲ得ス

一舊常律ニ據リ處分セラレタル者ハ敘勳條例附則第七款ニ掲クル減

算法ニ從フ

一賭博犯ノ處分ヲ受ケタル者ハ其處分以前ノ在職及ヒ服役年數ハ通算スルヲ得ス

一此減算法ニ揭クル日數以下ハ減算スルノ限ニ在ラス

履歷明細書式其二（用紙美濃罫紙）

年號月日　　官位　苗　字　名

一某局長被仰付候事或ハ（某課長被免候事某分課差免候事官衙ノ名以下倣之）

但シ達書全文ヲ記載スヘシ以上倣之

年號月日

一敍某位或ハ位記返上被仰付候事

年號月日

一某委員被仰付候事或ハ（差免候事（兼務）被仰付候事其掛專務）

年號月日

一某國或ハ某地ヘ出張被仰付候事（外國行ノトキハ發程及歸朝ノ月日ヲ記載スヘシ）

年號月日
一賞典
但賞詞及賜金賜物ノ件數ヲ明載スヘシ
年號月日
一責罰
但罰文刑名ヲ明載スヘシ

備考

明治二年己巳七月以前ハ勅奏判任ノ區分名稱アルコトナシ然レ𪜈履歴ヲ調査スルニ方ツテハ元年二月新正ノ職制ニ於テハ八局ノ判事以上ヲ勅任權判事ヲ奏任筆生ヲ判任トシ同年閏四月創正ノ政體ニ於テハ三等官以上ヲ勅任五等官以上ヲ奏任六等官ヨリ九等官マテ判任ト視テ記載スヘシ且當時藩士等ヲ撰用スルニ五等官以上ニハ徵士ト命シ六等官以下ニハ御雇ノ字ヲ冐ラスヲ例トス敍勳條例附則第四款但書雇ノ名義タルモノト混同スル勿レ

明治四年七月廢藩以前藩職ヲ爲シ並同年十一月府縣改置以前縣務

（廢藩ノ際大參事以下是迄ノ通事務取扱ヲ命セラレシモノ）ヲ奉シタル時間ハ除算スヘシ
但維新ニ置カレタル奈良兵庫大津笠松神奈川新潟等ノ府縣ハ此限ニアラス

第二節　勳章年金褫奪停止

○十六年六月第二十二號布告
勳章ヲ有スル者其榮譽ヲ汚辱スルノ所爲アル時ハ勳章及年金ヲ褫奪ス外國勳章ハ其佩用免許狀ヲ沒收ス
勳章ヲ有スル者重罪輕罪ノ訴ヲ受ケ拘留若クハ保釋責付セラレタル時ハ勳章ヲ佩用スルコトヲ得ス又之ニ屬スル禮遇特權及年金ヲ受クルコトヲ得ス

第二節ノ二　同取扱手續

○十六年九月第三十九號達
第一條　勳章ヲ有スル者左ノ項目ニ觸ルヽトキハ榮譽ヲ汚辱シタル者トス

第一項　重罪輕罪ノ刑ニ該ル者
但輕禁錮以下ノ刑ニ該ル者ハ其所犯ノ情狀ニヨル
第二項　懲戒例及免黜條例ニヨリ免官シタル者
第三項　素行修マラス帶勳者タルノ面目ヲ汚ス者
第二條　勳章ヲ有スル者ニハ先ツ其勳章勳記年金票佩用免許狀ヲ褫奪シタル後處刑言渡ヲ爲スモノトス
第三條　第一條第一項ニ觸ルヽ者アルトキハ裁判管轄長官ヨリ司法卿又ハ海軍卿ヲ經由シテ其罪狀及刑名ヲ賞勳局總裁ヘ具申スヘシ
第四條　第一條第二項第三項ニ觸ルヽ者アルトキハ所轄長官又ハ地方官ヨリ其情狀ヲ賞勳局總裁ヘ具申スヘシ
第五條　賞勳局總裁ハ其具狀ヲ審査シ重禁錮以上ノ刑ニ該ル者ハ直ニ上奏シ其輕禁錮以下ノ刑又ハ第一條第二項第三項ニ觸ルヽ者ハ議定官ノ會議ニ依テ其褫奪ノ當否ヲ論定シ褫奪スヘキ者ハ奏請ス
第六條　褫奪ノ裁可アリタルトキハ賞勳局總裁ハ褫奪狀ヲ作リ褫奪ノ具申ヲ爲シタル長官ヲ經由シテ本人ヘ傳達セシム

褫奪ニ及ハサルトキハ賞勳局總裁ヨリ褫奪ノ具申ヲ爲シタル長官へ通知スヘシ

第七條　勳位進級セシ者ナルトキハ前級ノ勳章勳記ヲモ褫奪スヘシ年金票モ亦同シ

第八條　褫奪シタル勳章勳記年金票佩用免許狀ハ褫奪ヲ行ヒタル官廳ヨリ賞勳局へ還納スヘシ

第九條　勳章ヲ有ヌル者重罪輕罪ノ訴ヲ受ケ拘留セラレタルトキハ其年月日及ヒ事由ヲ裁判管轄長官ヨリ司法卿又ハ陸海軍卿ヲ經由シテ賞勳局總裁へ具申スヘシ

但公訴權消滅スルカ若クハ放免ノ言渡ヲ爲シタルトキハ亦之ヲ申告スヘシ

○第二章　褒章

第一節　褒章條例

○十四年十二月第六十三號布告

第一條　凡ソ自己ノ危難ヲ顧ミス人命ヲ救助セシ者又ハ德行卓絶ナ

ル者（孝子順孫節婦義僕ノ類）又ハ公衆ノ利益ヲ與ヘ成績著明ナル者（疏河築隄修路墾田ノ業或ハ貧院學校設立ノ類ヲ云フ）ヲ表彰スル爲メ左ノ三種ノ褒章ヲ定ム

紅綬褒章　右自己ノ危難ヲ顧リミス人命ヲ救助セシモノニ賜フモノトス

綠綬褒章　右德行卓絶ナル者ニ賜フモノトス

藍綬褒章　右公衆ノ利益ヲ與ヘ成績著明ナル者ニ賜フ者トス

第二條　奇特ノ實行アリト雖モ褒章ヲ賜フヘキ場合ニ至ラサルモノハ褒狀ヲ與フヿアルヘシ

第三條　已ニ褒章ヲ賜ハリタルモノ再度以上同樣ノ實行アリテ褒章ヲ賜フヘキ片ハ其都度飾版一個ヲ賜與シ其章ノ綬ニ附加セシメ以テ標識トス

第四條　褒章ハ本人ニ限リ終身之ヲ佩用シ及ヒ徽號トナスヲ得然レモ重罪ノ刑ニ處セラレタル片ハ之ヲ沒收シ其未タ授與セサル前同上ノ刑ニ處セラレタル者ハ之ヲ授與セス

褒章ノ圖

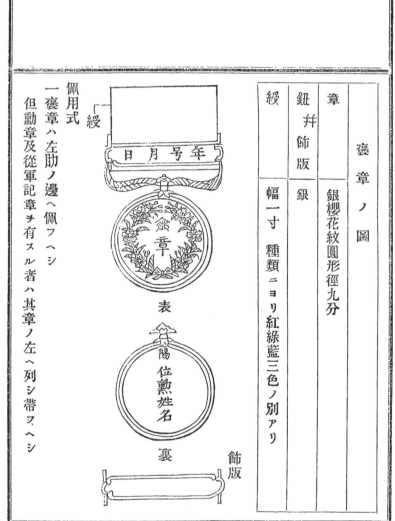

章	銀櫻花紋圓形徑九分
鈕幷飾版	銀
綬	幅一寸　種類ニヨリ紅綠藍三色ノ別アリ

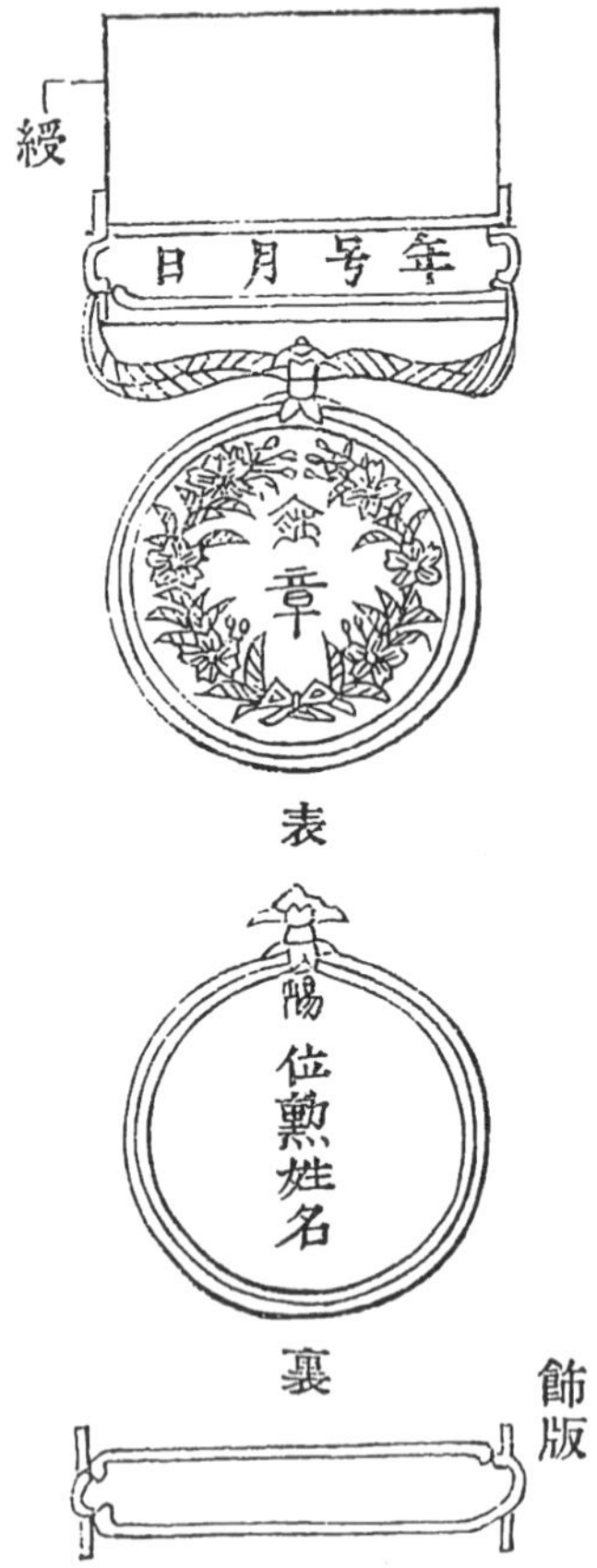

佩用式

一褒章ハ左肋ノ邊ヘ佩フヘシ

但勲章及從軍記章ヲ有スル者ハ其章ノ左ヘ列シ帶フヘシ

褒章
○內務省兵庫縣ヨリ褒状ヲ授與セシ者姓名屆方ノ儀ニ付

第一節ノ二　同取扱手續

○十四年十二月第百三號達

第一條　凡ソ褒章ヲ賜フヘキ者アルトキハ其管轄長官ヨリ內務卿又ハ農商務卿ニ具申シ內務卿又ハ農商務卿ハ其當否ヲ審査スヘシ

但官吏職務上ニ於テ人命ヲ救助シ又ハ公益ヲ與シタルハ褒章ヲ賜フノ限リニアラス

第二條　內務卿又ハ農商務卿ニ於テ褒章ヲ賜フヘキモノト思量スルトキハ之ヲ賞勳局總裁ニ申牒スヘシ賞勳局總裁ハ其申牒ニ據リ勅奏任官並ニ從六位以上及ヒ勳六等以上ノ者及ヒ華族ノ戸主ニハ褒章ヲ直授シ其他ノ者ハ內務卿又ハ農商務卿ヲ經由シ其管轄長官ヲシテ之ヲ傳達セシムヘシ

但外國人ニ危難救助ノ褒章ヲ賜フヘキトキハ外務卿ヨリ賞勳局總裁ニ申牒スヘシ授與ノトキハ亦同卿ヲ經由シテ之ヲ傳達セシムヘシ其公私備ニ係ル者ハ本條ニ同シ

第三條　褒状ハ管轄長官ヨリ與フルモノトス然レ𪜈勅奏任官並ニ從

伺

本月十日御両省乙第三十五號ヲ以テ容年中褒狀ヲ授與セシ者ノ姓名取調來ル八月三十日限可屆出旨達セラレ末段出金者ニシテ褒狀ヲ授與セサル者モ同樣可心得トアリ中略右末段ノ褒狀ヲ授與セサル者トハ何等ノ種類ヲ指稱候儀哉聊了解致兼候ニ付此段御敎示ヲ仰候也

（十六年七月廿日）

（指令）（十六年九月五日）

伺之趣ハ十五年中ノ現出金者ヲ指稱候儀ニシテ該年內實際褒狀授與ニ至ラサリシ者ヲ取調候儀ト可心得事

六位以上及ヒ勳六等以上ノ者及ヒ華族ノ戶主ハ內務卿又ハ農商務卿ニ具申スヘシ內務卿又ハ農商務卿ハ之ヲ太政官ニ上申シ太政官ニ於テ之ヲ賜フヘシ

第一節ノ三　金穀財產等寄附

○十六年一月第一號布告

明治十四年（十二月）第六十三號布告褒章條例ニ依リ褒章ヲ賜フヘキ者又ハ公益ノ爲メニ金穀財產等ヲ寄附シタル者ハ金銀木杯若クハ金圓ヲ賜ヒ又ハ褒章ト金銀木杯金圓ヲ併セ賜フコトアルヘシ

第二節　金銀木杯金圓賜與手續

○十六年三月第十七號達

第一條　褒章ヲ賜フヘキ者ニ金銀木杯又ハ金圓ヲ賜ヒ又ハ褒章ト之ヲ併セ賜フトキハ其等差左ノ如シ

定例

第一等　木杯三組（品格ヲ三等ニ分ツ）又ハ金拾圓ヨリ多カラス六圓ヨリ少カラス

第二等　木杯三組（品格ヲ三等ニ分ツ）又ハ金五圓ヨリ多カラス貳圓五十錢ヨリ少カラス

第三等　木杯一組（品格ヲ三等ニ分ツ）又ハ金二圓ヨリ多カラス一圓ヨリ少カラス

但賜杯賜金ニ及ハサルモノハ褒狀ヲ與フルコトアルヘシ

特例

第一等　金杯壹個又ハ三組又ハ金圓

第二等　銀杯壹個又ハ三組又ハ金圓

第二條　公益ノ爲メニ金穀財産等ヲ寄附シタル者ニ金銀木杯ヲ賜ヒ又ハ褒章ト之ヲ併セ賜フトキハ其等差左ノ如シ

寄附金額又ハ價格

拾圓未滿　褒狀

但壹圓未滿ハ褒詞ヲ以テ褒狀ニ換フルコトアルヘシ（十七年二月第二十二號達但書追加）

拾圓以上百圓未滿　木杯壹個

但五十圓未滿ハ拾圓每ニ五十圓以上ハ貳拾五圓每ニ品格ニ等差アリ

百圓以上五百圓未滿　木抔三組

但シ三百圓未滿ハ五十圓每ニ三百圓以上ハ百圓每ニ品格ニ等差アリ

五百圓以上貳千圓未滿　銀抔壹個

但シ千圓未滿ハ二百五十圓每ニ千圓以上ハ五百圓每ニ品格ニ等差アリ

貳千圓以上五千圓未滿　銀抔三組

但シ千圓每ニ品格ニ等差アリ

五千圓以上一萬圓未滿　金抔壹個

但二千五百圓每ニ品格ニ等差アリ

一萬圓以上　金抔三組

第三條　金銀抔又ハ特例金圓又ハ褒章ト金銀木抔又ハ金圓ヲ併セ賜フ事項ハ賞勳局總裁之ヲ管理スルモノトス

褒狀又ハ木杯又ハ定例金圓ノミヲ賜フハ警視總監府知事縣令管理施行スルモノトス

但勅奏任官並從六位以上及ヒ勳六等以上ノ者及ヒ華族ノ戸主ニ賜フヘキ𪜈ハ第四條ニ準據スヘシ

第四條　金銀杯又ハ特例金圓又ハ褒章ト金銀木杯又ハ金圓ヲ併セ賜フヘキ者アル𪜈ハ警視總監府知事縣令ヨリ内務卿又ハ農商務卿ニ具申シ内務卿又ハ農商務卿ハ之ヲ審査シ賞勳局總裁ニ申牒スヘシ賞勳局總裁ハ其申牒ニ據テ勅奏任官並ニ從六位以上及ヒ勳六等以上ノ者及ヒ華族ノ戸主ニハ之ヲ直授シ其他ノ者ハ内務卿又ハ農商務卿ヲ經由シ警視總監府知事縣令ヲシテ之ヲ傳達セシム

第五條　金銀木杯又ハ金圓又ハ褒狀ヲ受クヘキ者ニシテ其未タ授與セサル前重罪ニ處セラレタル𪜈ハ之ヲ授與セス

第四類　教育宗教

○第一章　教育

第一節　教育令

○明治十八年八月第貳拾三號布告

明治十三年十二月第五拾九號布告敎育令左ノ通改正ス

但明治十四年七月第三拾八號布告中敎育令第九條トアルヲ敎育令第八條ト改メ同十五年十二月第五拾六號布告ヲ廢止ス

右奉　勅旨布告候事

敎育令

第一條　全國ノ敎育事務ハ文部卿之ヲ統攝ス故ニ學校敎場幼穉園書籍館等ハ公立私立ノ別ナク皆文部卿ノ監督內ニアルヘシ

第二條　學校ハ小學校中學校大學師範學校專門學校其他各種ノ學校トス

第三條　小學校及小學敎場ハ兒童ニ普通ノ敎育ヲ施ス所トス

第四條　中學校ハ高等ナル普通學科ヲ授クル所トス

第五條　大學校ハ法學理學醫學文學等ノ專門諸科ヲ授クル所トス

第六條　師範學校ハ敎員ヲ養成スル所トス

第七條　專門學校ハ法科理科醫科文科農業商業職工等各科ノ學ヲ授ク

ル所トス

第八條　各町村ハ府知事縣令ノ指示ニ從ヒ獨立或ハ聯合シテ其學齡兒童ヲ敎育スルニ足ルヘキ一箇若クハ數箇ノ小學校又ハ小學敎場ヲ設置スヘシ

但本文小學校又ハ小學敎場ニ代ルヘキ私立小學校又ハ小學敎場アリテ府知事縣令ノ認可ヲ經タルトキハ別ニ設置セサルモ妨ケナシ

第九條　凡兒童六年ヨリ十四年ニ至ル八箇年ヲ以テ學齡トス

第十條　學齡兒童ヲ就學セシムルハ父母後見人等ノ責任タルヘシ

第十一條　父母後見人等ハ其學齡兒童ノ普通科ヲ卒ラサル間已ムヲ得サル事故アルニアラサレハ每年就學セシメサルヘカラス

但就學督責ノ規則ハ府知事縣令之ヲ起草シテ文部卿ノ認可ヲ經ヘシ

第十二條　小學校及小學敎場ノ學期ハ三箇年以上八箇年以下タルヘク授業日數ハ每年三十二週日以上タルヘシ其授業時間ハ一日三時

ヨリ少カラス六時ヨリ多カラサルモノトス
但土地ノ情況ニ依リ午前若クハ午後ノ半日又ハ夜間ニ授業スルコトヲ得ヘシ其授業時間ハ二時ヨリ少カラサルモノトス

第十三條　小學校若クハ小學教塲ヲ設置スルノ資力ニ乏シクシテ巡回授業ノ方法ヲ設ケ普通教育ヲ兒童ニ施サントスル町村ハ府知事縣令ノ認可ヲ經ヘシ

第十四條　學齡兒童ヲ小學校若クハ小學教塲ニ入レス又巡回授業ニ依ラスシテ別ニ普通教育ヲ施サントスルモノハ戸長ノ認可ヲ經ヘシ
但戸長ハ兒童ノ學業ヲ其町村ノ小學校若クハ小學教塲ニ於テ試驗セシムヘシ

第十五條　學校教塲幼穉園書籍館等ニ公立私立ノ別アリ地方税若クハ町村ノ公費ヲ以テ設置セルモノヲ公立トシ一人若クハ數人ノ私費ヲ以テ設置セルモノヲ私立トス

第十六條　公立學校教塲幼穉園書籍館等ノ設置變更廢止其府縣立ニ

係ルモノハ文部卿ノ認可ヲ經ヘク其町村立ニ係ルモノハ府知事縣令ノ認可ヲ經ヘシ

第十七條　私立學校教場幼穉園書籍館等ノ設置變更ハ府知事縣令ノ認可ヲ經ヘク其廢止ハ府知事縣令ニ開申スヘシ

但公立小學校又ハ小學教場ニ代用スル私立小學又ハ小學教場ノ廢止ハ府知事縣令ノ認可ヲ經ヘシ

第十八條　町村立私立學校教場幼穉園書籍館等設置變更廢止ノ規則ハ府知事縣令之ヲ起草シテ文部卿ノ認可ヲ經ヘシ

第十九條　小學校及小學教場ノ教則ハ文部卿頒布スル所ノ綱領ニ基キ府知事縣令土地ノ情況ヲ量リテ之ヲ編制シ文部卿ノ認可ヲ經テ管內ニ施行スヘシ

中學校其他ノ學校ノ教則ハ文部卿其綱領ヲ頒布スルコトアルヘシ

第二十條　公立學校教場ノ費用府縣會ノ議定ニ係ルモノハ地方稅ヨリ支辨シ町村ノ協議ニ係ルモノハ町村費ヨリ支辨スヘシ

第二十一條　町村費ヲ以テ設置保護スル學校教場ニ於テ補助ヲ地方

稅ニ要スルトキハ府縣會ノ議定ヲ經テ之ヲ施行スルコトヲ得ヘシ
第二十二條　公立學校敎場ノ敷地ハ免稅タルヘシ
第二十三條　凡學事ニ供スル寄附金等ハ其寄附人ヨリ指定セシ目途ノ外ニ支消スルコトヲ得ス
第二十四條　各府縣ハ小學敎員ヲ養成センカ爲ニ師範學校ヲ設置スヘシ
第二十五條　敎員ハ男女ノ別ナク年齡十八年以上ニシテ品行端正相當ノ學力アリ文部卿若クハ府知事縣令ノ免許狀ヲ得タルモノタルヘシ
第二十六條　文部卿ハ吏員ヲ府縣ニ發遣シ學事ノ實況ヲ巡視セシムルコトアルヘシ
第二十七條　凡學校ニ於テハ男女敎室ヲ同クスルコトヲ得ス
　但小學校及小學敎場ニ於テハ男女敎室ヲ同クスルモ妨ケナシ
第二十八條　生徒試驗ノトキハ父母或ハ後見人等來觀スルコトヲ得ヘシ

○文部省
長野縣ヨリ敎育令改正布告之儀ニ付伺（電報）
今般敎育令改正公布ニ付テ從前學務委員ノ事務ハ總テ戸長ニ引繼カセ可然哉御指揮ヲ乞フ
明治十八年八月十三日
指令（電報）
八月十三日發電報伺學務委員ノ事務引繼ノ儀ハ伺之通
明治十八年八

第二十九條　町村立學校敎場ノ敎員ハ戸長ノ申請ニ因リ府知事縣令之ヲ任免スヘシ

第三十條　町村立學校敎場ノ敎員ノ俸額旅費ハ府知事縣令之ヲ規定シテ文部卿ノ認可ヲ經ヘシ

第三十一條　各府縣ハ土地ノ情況ニ隨ヒ中學校ヲ設置シ又農學校商業學校職工學校其他ノ專門學校ヲ設置スヘシ

○十三年十二月第五十九號布告

第一條　全國ノ敎育事務ハ文部卿之ヲ統攝ス故ニ學校幼稚園書籍館等ハ公立私立ノ別ナク皆文部卿ノ監督內ニアルヘシ

第二條　學校ハ小學校中學校大學校師範學校專門學校農學校商業學校職工學校其他各種ノ學校トス

第三條　小學校ハ普通ノ敎育ヲ兒童ニ授クル所ニシテ其學科ヲ修身讀書習字算術地理歷史等ノ初歩トス土地ノ情況ニ隨ヒテ罫畫唱歌體操等ヲ加ヘ又物理生理博物等ノ大意ヲ加フ殊ニ女子ノ爲メニハ裁縫等ノ科ヲ設クヘシ

月十七日

○文部省

熊本縣ヨリ師範學校公費給與ノ儀ニ付伺

縣立師範學校モ授業料ヲ取ル事トナレリ付キテハ必シモ公費ヲ給スルニ及ハスヤ

明治十八年九月一日

指令（電報）

但已ムヲ得サル場合ニ於テハ修身讀書習字算術地理歷史ノ中地理歷史ヲ減スルヿヲ得

第四條　中學校ハ高等ナル普通學科ヲ授クル所トス

第五條　大學校ハ法學理學醫學文學等ノ專門諸科ヲ授クル所トス

第六條　師範學校ハ教員ヲ養成スル所トス

第七條　專門學校ハ專門一科ノ學術ヲ授クル所トス

第八條　農學校ハ農耕ノ學業ヲ授クル所トス商業學校ハ商賣ノ學業ヲ授クル所トス職工學校ハ百工ノ職藝ヲ授クル所トス

以上數條揭クル所何ノ學校ヲ論セス各人皆之ヲ設置スルヿヲ得ヘシ

第九條　各町村ハ府知事縣令ノ指示ニ從ヒ獨立或ハ聯合シテ其學齡兒童ヲ教育スルニ足ルヘキ一箇若クハ數箇ノ小學校ヲ設置スヘシ

但シ本文小學校ニ代ルヘキ私立小學校アリテ府知事縣令ノ認可ヲ經タルトキハ別ニ設置セサルモ妨ナシ（十四年七月第三十八號布告參看本節末尾ニ在リ）

本月一日伺公費支給ノ件ハ師範學校通則第九條ノ通心得ヘシ
明治十八年九月五日

○文部省
福嶋縣ヨリ縣立學校ノ授業料ハ給費貸費生徒ヨリ徵收セサル儀ニ付伺(電報)
縣立學校ノ授業料給費若クハ貸費ノ生徒ヨリハ徵收セサルモ苦カラスヤ直ニ御指揮ヲ乞フ

第十條　各町村ハ學務ヲ幹理セシメンカ爲メニ小學校ヲ設置スル獨立或ハ聯合ノ區域ニ學務委員ヲ置キ戶長ヲ以テ其員ニ加フヘシ
(明治十四年六月第三十五號布告ヲ以テ本條但書中給料ノ下ヘ旅費以下ノ九字ヲ追加ス)
但人員ノ多寡給料旅費職務取扱諸費等ノ有無及其額ハ區町村會之ヲ評決シ府知事縣令ノ認可ヲ經ヘシ

第十一條　學務委員ハ町村人民其定員ノ二倍若クハ三倍ヲ薦擧シ府知事縣令其中ニ就テ之ヲ撰任スヘシ
但シ薦擧ノ規則ハ府知事縣令之ヲ起草シ文部卿ノ認可ヲ經ヘシ

第十二條　學務委員ハ府知事縣令ノ監督ニ屬シ兒童ノ就學學校ノ設置保護等ノ事ヲ掌ルヘシ

第十三條　凡兒童六年ヨリ十四年ニ至ル八ケ年ヲ以テ學齡トス

第十四條　學齡兒童ヲ就學セシムルハ父母後見人等ノ責任タルヘシ

第十五條　父母後見人等ハ其學齡兒童ノ小學科三ケ年ノ課程ヲ卒ラサル間已ムヲ得サル事故アルニアラサレハ少クトモ毎年十六週日

明治十八年八月廿九日
指令（電報）
本月廿九日發電報縣立學校授業料ノ件ハ師範學校ニ限リ伺之通
明治十八年九月七日

以上就學セシメサルヘカラス又小學科三ケ年ノ課程ヲ卒リタル後ト雖モ相當ノ理由アルニアラサレハ毎年就學セシメサルヘカラス
但シ就學督責ノ規則ハ府知事縣令之ヲ起草シテ文部卿ノ認可ヲ經ヘシ

第十六條　小學校ノ學期ハ三ケ年以上八ケ年以下タルヘク授業日數ハ毎年三十週日以上タルヘシ
但シ授業時間ハ一日三時ヨリ少カラス六時ヨリ多カラサルモノトス

第十七條　學齡兒童ヲ學校ニ入レス又巡回授業ニ依ラスシテ別ニ普通教育ヲ授ケントスルモノハ郡區長ノ認可ヲ經ヘシ
但郡區長ハ兒童ノ卒業ヲ其町村ノ小學校ニ於テ試驗セシムヘシ

第十八條　小學校ヲ設置スルノ資力ニ乏シクシテ巡回授業ノ方法ヲ設ケ普通教育ヲ兒童ニ授ケントスル町村ハ府知事縣令ノ認可ヲ經ヘシ

第十九條　學校ニ公立私立ノ別アリ地方稅若クハ町村ノ公費ヲ以テ

設置セルモノヲ公立學校トシ一人若クハ數人ノ私費ヲ以テ設置スルモノヲ私立學校トス

第二十條　公立學校幼穉園書籍館等ヲ設置廢止其府縣立ニ係ルモノハ文部卿ノ認可ヲ經可ク其町村立ニ係ルモノハ府知事縣令ノ認可ヲ經ヘシ

第二十一條　幼穉園書籍館等ノ設置ハ府知事縣令ノ認可ヲ經ヘク其廢止ハ府知事縣令ニ開申スヘシ

但シ公立小學校ニ代用スル私立小學校ノ廢止ハ府知事縣令ノ認可ヲ經ヘシ

第二十二條　町村立私立學校幼穉園書籍館等設置廢止ノ規則ハ府知事縣令之ヲ起草シテ文部卿ノ認可ヲ經ヘシ

第二十三條　小學校ノ教則ハ文部卿頒布スル所ノ綱領ニ基キ府知事縣令土地ノ情況ヲ量リテ之ヲ編制シ文部卿ノ認可ヲ經テ管內ニ施行スヘシ

但府知事縣令施行スル所ノ教則ニ準據シ難キ場合アリテ之ヲ斟

酌增減セントシ府知事縣令之ヲ許可セントスル片ハ其意見ヲ付シテ文部卿ノ認可ヲ經ヘシ

第二十四條　公立學校ノ費用府縣會ノ議定ニ係レルモノハ地方税ヨリ支辨シ町村人民ノ協議ニ係レルモノハ町村費ヨリ支辨スヘシ

第二十五條　町村費ヲ以テ設置保護スル學校ニ於テ補助ヲ地方税ニ要スル片ハ府縣會ノ議定ヲ經テ之ヲ施行スルヿヲ得ヘシ

第二十六條　公立學校ノ敷地ハ免税タルヘシ

第二十七條　凡ソ學事ニ供スル寄附金等ハ其寄附人ヨリ指定セシ目途ノ外ニ支辨スルヿヲ得ス

第二十八條　削除

第二十九條　削除

第三十條　削除

第三十一條　削除

第三十二條　削除

第三十三條　各府縣ハ小學校敎員ヲ養生センカ爲ニ師範學校ヲ設置

スヘシ

第三十四條　公立師範學校ニ於テハ本校卒業ノ生徒ニ試驗ノ後卒業證書ヲ與フヘシ

第三十五條　公立師範學校ハ本校ニ入學セサルモノト雖モ卒業證書ヲ請フ者アラハ其學業ヲ試驗シ合格ノモノニハ卒業證書ヲ與フヘシ

第三十六條　削除

第三十七條　教員ハ男女ノ別ナク年齡十八年以上タルヘシ

但シ品行不正ナルモノハ教員タルヿヲ得ス

第三十八條　小學校教員ハ官立公立師範學校ノ卒業證書ヲ有スルモノトス

但シ本文師範學校ノ卒業證書ヲ有セスト雖モ府知事縣令ヨリ教員免許狀ヲ得タルモノハ其府縣ニ於テ教員タルモ妨ケナシ

第三十九條　文部卿ハ時々吏員ヲ府縣ニ發遣シ學事ノ實況ヲ巡視セシムヘシ

第四十條　公私學校ニ於テハ文部卿ヨリ發遣セル吏員ノ巡視ヲ拒ムヿヲ得ス

第四十一條　府知事縣令ハ管內學事ノ實狀ヲ記載シテ每年文部卿ニ申報スヘシ

第四十二條　凡ソ學校ニ於テハ男女敎場ヲ同クスルヿヲ得ス
　但シ小學校ニ於テハ男女敎場ヲ同クスルモ妨ケナシ

第四十三條　凡學校ニ於テ授業料ヲ收ムルト收メサルトハ其便宜ニ任スヘシ

第四十四條　凡兒童ハ種痘或ハ天然痘ヲ歷タルモノニアラサレハ入學スルヿヲ得ス

第四十五條　傳染病ニ罹ルモノハ學校ニ出入スルヿヲ得ス

第四十六條　凡學校ニ於テハ生徒ノ體罰（毆チ或ハ縛スル類）ヲ加フヘカラス

第四十七條　生徒試驗ノトキハ父母或ハ後見人等其學校ニ來觀スルヿヲ得ヘシ

第四十八條　町村立學校ノ敎員ハ學務委員ノ申請ニ因リ府知事縣令之ヲ任免スヘシ

第四十九條（明治十四年六月第三十五號布告ヲ以テ本條中俸額ノ下旅費ノ二字ヲ追加ス）

町村立小學校敎員ノ俸給旅費ハ府知事縣令之ヲ規定シテ文部卿ノ認可ヲ經ヘシ

第五十條　各府縣ハ土地ノ實況ニ隨ヒ中學校ヲ設置シ又專門學校農學校商業學校職工學校等ヲ設置スヘシ

參　看

○十四年七月第三十八號布告

敎育令第九條小學校設置ノ區域町村ノ境界ニ仍リ難キ事情アルトキハ別ニ區域ヲ畫スルヲ得ヘシ此旨布告候事

但文本ノ區域內ニ於テ會議ヲ要スルトキハ區町村會法第八條ニ準據スヘシ

第二節　學事賞與例

○十五年十二月文部省第十五號達
第一條　地方ノ教育ヲ奬勵センカ爲メ左ノ各款ニ該當スル者ハ文部省之ニ賞與ス
一教育ニ關スル一切ノ職員ニシテ特ニ勤勞アル者
二公私立學校生徒ニシテ特ニ善良ナル者
第二條　第一條第一款ニ該當スル者ノ賞與ハ圖書器具等ヲ以テ之ニ充ツ其名稱及ヒ等差左ノ如シ
一等賞與　二等賞與　三等賞與　四等賞與　五等賞與
第三條　第一條第二款ニ該當スル者ノ賞與ハ圖書器具等ヲ以テ之ニ充ツ其名稱及ヒ等差左ノ如シ
一小學校生徒一等賞與　小學校生徒二等賞與　小學校生徒三等賞與
二諸學校生徒一等賞與（小學校ノ外諸學校生徒ニ當ツヘキモノトス）諸學校生徒二等賞與　諸學校生徒三等賞與
第四條　第一條ノ格ニ該當スル者ヲ査定センカ爲メ各府縣ヲシテ其

管下ノ教育ニ關スル職員及ヒ生徒等ヲ調査具申セシム
第五條　前條調査具申ノ方法期限等ハ文部省褒賞課ヲシテ之ヲ各府縣ニ通報セシム
第六條　賞與ハ各府縣ヲシテ之ヲ該職員、生徒等ニ傳達セシメ其請書ヲ徵ス
第七條　賞與シタル職員、生徒等ハ廣ク之ヲ報告スヘシ

第二節ノ二　學事奬勵品附與例

○同上
第一條　地方ノ教育ヲ奬勵センカ為メ公私立學校、幼稚園、書籍館、教育博物館等ニシテ特ニ公益アル者ハ文部省之ニ奬勵品ヲ附與ス
第二條　奬勵品ニ圖書器具等ヲ以テ之ニ充ツ其名稱及ヒ等差左ノ如シ
一小學校一等奬勵品　小學校二等奬勵品　小學校三等奬勵品
二中學校奬勵品
三師範學校奬勵品

四醫學校奬勵品
五農學校奬勵品
六商業學校奬勵品
七職工學校奬勵品
八專門學校奬勵品(醫學校ヲ除クノ外專門學校ニ當ツヘキ者トス)
九諸學校奬勵品(前ニ擧クル所ノ外諸學校ニ當ツヘキモノトス)
十幼穉園奬勵品
十一書籍館奬勵品
十二教育博物館奬勵品
第三條　第一條ノ格ニ該當スル者ヲ查定センカ爲メ各府縣ヲシテ其管下ノ學校、幼穉園、書籍館、教育博物館等ヲ調查具申セシム
第四條　前條調查具申ノ方法期限等ハ文部省褒賞課ヲシテ之ヲ各府縣ニ通報セシム
第五條　奬勵品ハ各府縣ヲシテ之ヲ該學校、幼穉園、書籍館、教育博物館等ニ傳達セシメ其請書ヲ徵ス

第六條　奬勵品ヲ附與シタル學校、幼穉園、書籍館、教育博物館等ハ廣ク之ヲ報告スヘシ

第二節　華族女學校規則

○明治十八年九月宮内省達

華族女學校規則左ノ通相定候條此旨相達候事

華族女學校規則

第一章　通則

第一條　本校は　皇后宮の令旨に依りて建設し宮内省の所轄とす

第二條　本校に入學の生徒は華族の女子にして年齡滿六年以上滿十八年以下よ在る體質健全の者たるへし

但本校の都合に依り士族平民の女子と雖も入校を許すことあるへし

第三條　本校の教旨は彝倫を本とし女子に適當したる學術技藝を教授するに在り

第二章　教科

第一條　本校の教科を大分して小學科中學科の二種とす

第二條　小學科又分ちて下等小學上等小學の二等とし毎等科を更に三學級に小分す

第三條　中學科亦又分ちて初等中學高等中學の二等とし毎等科を更に三學級に小分す

第四條　小學科生徒の相當年齡は滿六年以上滿十二年以下とす故に脩學年間總て六ヶ年にして毎等科各三ヶ年毎級各一ヶ年とす

第五條　中學科生徒の相當年齡は滿十二年以上滿十八年以下とす故に其脩學は亦總て六ヶ年間にして毎等科各三ヶ年毎級各一ヶ年とす

第六條　小學科程は初等教育を完具し且中學科の豫習をなす者とす

第七條　下等小學科の課目は修身、讀書（作文を含有す）算術（四則に終る）實物（地理學并有形理學の豫習を主とす）裁縫、禮式、習字、圖畫、音樂、體操の十課とす

第八條　上等小學科の課目ハ修身、讀書（仝前）算術（分數法并に小數諸等に終る）地理（自然及ひ法製）本邦歷史、物理、博物（動植礦及人身を含有す）裁縫、禮式、習字、圖畫、音樂、

體操の十三課とす

第九條　中學科程は稍高等なる普通學科を完具し且本校敎習の主旨を大成する者とす

第十條　初等中學科の課目ハ修身、和文學、(讀書作文を含有す)漢文學(讀書而已)歐語學(談話を主とす)算術(比例以外)地理(自然及ひ法製)物理(附天文說)化學(無機体附有機略說)礦物(附地質說)裁縫、禮式、習字、圖畫、音樂、体操の十五課とす

第十一條　高等中學科の課目ハ修身、和文學(全上)歐語學(全上)代數(一次方程式二次方程式高次方程式)幾何(平面立体)歷史(和漢洋)生理(附解剖及養生)動物、植物、敎育(附心理說)家政(附治財學)裁縫、禮式、圖畫、音樂、體操ハ十六課とす

第十二條　中小學科每週授業時間表左の如し

每週授業時間表

等科	下等小學科			上等小學科		
學年	第一年	第二年	第三年	第四年	第五年	第六年
學級／課	每週時間 第三級	全上 第二級	全上 第一級	全上 第三級	全上 第二級	全上 第一級
各科授業時間比較						

修身	三	三	三	二	二	二	一五
讀書	五	五	五	五	五	五	三〇
算術	四	四	四	四	三	三	二一
地理				二	二		四
本邦略史					三	三	五
實物	五	五	五				一五
物理							三
博物				三			五
裁縫	一	一	一	二	二	二	九
禮式	一	一	一	一	一	一	六
習字	五	五	五	三	三	三	二四
圖畫	一	一	一	二	二	二	九

每週授業時間表

等科	學年	學級	學課	修身	和文學	漢文學	歐語學	算術	音樂	體操	通計
初等中學科	第一年	第三級	每週時間	二	二	三	三	三	一	二	二八
											一〇
	第二年	第二級	仝上	二	二	三	三	三	一	二	二八
											一〇
	第三年	第一級	仝上	二	二	三	三	三	一	二	二八
											一〇
高等中學科	第四年	第三級	仝上	二	四		四		二	二	二八
											一一
	第五年	第二級	仝上	二	四		四		二	二	二八
											一二
	第六年	第一級	仝上	二	四		四		二	二	二八
											一一
各科授業時間比較				一二	一八	九	二一	九	九	一二	一六八

代數	幾何	地理	歷史	物理	化學	礦物	生理	動物	植物	教育	家政
		二		三							
		二			三						
		二									
二							三				二
二								三		三	六
	二								三	三	二
四	二	六	九	三	三	二	三	三	三	三	六

裁縫	禮式	圖畫	習字	音樂	體操	通計
三	一	二	二	二	二	〇三
						一三
三	一	二	二	二	二	〇三
						一三
三	二	二	二	二	二	〇三
						一三
二		一		二	二	〇三
						一二
二		一		二	二	〇三
						一二
二		一		二	二	〇三
						一二
一五	四	九	六	一二	一二	一八〇

第三章　學年及授業時間

第一條　學年は九月一日に始り翌年七月卅一日に終る此間に於て一級の科程を完了する者とす

第二條　毎日授業の始は日の長短に隨ひ適宜之を前後すと雖も午前九時より後れさるを法とす

第三條　毎日授業の時數は小學科は五時間（土曜日は三時間）中學科は五時

二十分間（土曜日は三時二十分間）とす
但臨時伸縮することあるべし
第四條　一學期中休業日左の如し
秋季皇靈祭
神嘗祭
天長節
冬期休業　十二月廿五日ヨリ翌年一月十日マテ
孝明天皇祭
紀元節
春季皇靈祭
神武天皇祭
夏季休業　八月一日ヨリ仝卅一日マテ
日曜日
第四章　試業式
第一條　試業ハ中小學科に具する所の課業の熟否を撿査する者にし

て小試業大試業の二種とす

第二條　小試業は授業凡三四十日毎に特に問題を設けて之を施し其得點の多寡及平常の功過勤惰を考へ生徒の席次を黜陟する者にして一學年中五回之を施行す

第三條　大試業は中學科倶に學年の終り毎に特に問題を設けて之を施し本學年中平生の功過勤惰を考へ一級科程の進否を判するものとす

第四條　試業の成績は點數を以て評定し各試業の定點は一百を以て最上とし零を以て最下とす

第五條　小試業の一學科成績點を其試問に應答の評點を一半とし該小試業期內平生の功績點を一半とす其法幷に最上點を百と定め其得點を相和して二除し而して得るものとす

第六條　大試業の一學科成績點は其試問ヱ應答の評點を一半とし該學年內の本學科小試業成績點の總和を一半とす其法幷に最上點を百と定め其得點を相和じて二除し而して之を得る者とす

第七條　小學科上等第一級の卒業に因りて中學全科の卒業を認め中學科高等第一級の卒業に因りて中學全科の卒業を認むるものとす

第八條　大試業に合格の者には證書を授與し更に上層の級に進む之を及第とし不合格の者は元級に留む之を落第とす

第九條　大試業の成績優等にして平素の品行拔羣の者には褒賞を與ふることあるべし

第十條　大試業の成績點に因り受試生徒の及第落第を判定するの法左之如し

小學科

一課目以上	全科平均	及第落第
五十點以上	六十點以上	及第
五十點以下四十點以上	六十點以上	落第（一課目五十點以下なれ共其課目の大試業點或は平常點六十以上なれは及第）
五十點以上	六十點以下	落第

中學科

一課目以上	全科平均	及第落第
五十點以上	七十點以上	及第
五十點以下 四十點以上	七十點以上	落第　一課目五十點以下なれ共其課目の大試業點或は平常點六十以上なれは及第
五十點以上	七十點以下	落第

第十一條　前條落第の塲合と雖も該學年中の小試業に相當の成績を得且酌量すへき事情ある者は教師の具狀に因り校長特別の處分を行ひ進級せしむることもあるへし尤此塲合に於ては證書を與へす其他總て及第者と異なることなし

第十二條　大試業の成績に由て生徒學業の完了を認むるため與ふる所の證書は修業證書卒業證書の二種とす

第十三條　修業證書は小中學科俱に毎級第の者に之を授與し卒業證書は小學は上等學科中學は高等學科各第一級の大試業に及第の者に之を授與す

第十四條　修業卒業二種の證書樣式左の如し

修業證書式

證書

第何號

位爵氏名何女或ハ姉妹

何某

年齢

小學中學何等科第何級修業候事

年月日　校名

校印

卒業證書式

證書

第何號

位爵氏名何女或ハ姉妹

何某

年齢

中學小學全科卒業候事

年月日　校名

校印

第十五條　右二種の證書を與ふるは每學年の終末に於て其儀式を設け各及第の生徒へ校長之を手授する者とす

但褒賞を與ふる者へハ併せて褒狀を付與す

第五章

第一條　生徒の募集は毎學年の始に於てす尤缺員ある時は臨時入學を許すことあるべし

第二條　入學志願の者は左の式に準して願書及學業履歷書を出すへし

願書及學業履歷書式

入學願用紙美濃紙

何府縣華族

位爵氏名何女或ハ姉妹

何誰

年齡

右は今般御校へ入學志願に付御許容被下度依之學業履歷書相添（履歷書無き者は以上七字を削つる）此段相願候也

宿所

右父兄或ハ後見人

年　月　日　　　　　位爵　何　某印

華族女學校

御　中

學業履歴書

肩書同前

何　誰

生所

年月日

現住所

一年月日何地何小學校に就學何等科何級修業或ハ何等科卒業

一年月日何地何學校に入り或は何某に就き何年月間何學科修業用書何々

一學業證書寫何々

右之通候也

第三條　入學願書は必す正副二通を出し又學業履歴無き者は生年月

生所現住所を別記し之を願書に添へて差出すべし

第四條　入學の許可を得たる者は左の書式に依り保證書を出すべし

保證書 用紙美濃紙

何府縣華族

位爵氏名何女或ハ姉妹

何　誰

右の者今般御校へ入學御許可相成候上は御校則幷御告諭等堅く爲相守勤學可爲致候且本人在學中身上より起り候事柄は一切引受可申候依て保證書如此候也

東京府華族

宿所

右保證人

年　月　日

位爵　何　某　印

華族女學校

御　中

第五條　保證人は必す東京在籍の父兄若くは宗親両族の内を以て之に充つべし若東京在籍の父兄若くは宗親両族無き者は校長の許可を經て他の東京在籍の者を以て之に充つることを得

但保證人は必す其印鑑を本校へ差出し置くものとす

第六條　保證人他府縣に移轉するか或は死亡するときは直ちに保證人を更定し本校に屆出へし

第七條　本校の生徒は修學半途にして妄りに退學するを許さす尤病氣或は不得止事故に依り退學せむと欲する時は其事由を具し校長の許可を得べし

但怠惰驕慢にして訓誡に從はす若くハ三度以上大試業に落第の者は退校を命することあるべし

第六章　缺席

第一條　凡生徒ハ妄りに缺席するを許さす

第二條　病氣或は他の事故に依り已を得す缺席する者は即日其保證人若くは後見人より屆出へし

但病氣欠席一週間以上に亘る時は更に醫師の診斷書を添へて屆出へし

第三條　事故ありて三日以上引續き昇校時限に後るゝ時は保證人或ハ後見人より屆出へし

第四條　放課時限に先ち退校せさるを得さる事故ある時は其都度保證人或ハ後見人より屆出へし

第七章　生徒心得

第一條　本校の生徒たる者は常よ　皇后宮の盛旨を服膺し心を正しくし行を勵まし温良貞淑の女德を養成せん事を勉むへし

第二條　本校に在學業を勤むる者は他日夫に配しては良妻たるべく子を得ては賢母たるへく父母舅姑に事へては孝順の子婦たるべく奴婢僕隷に臨みては温良慈惠の內君たるへく畢竟貴族女子の資質を完備せむか爲なれは虛文に馳せす空想に流れす專ら應用の道を索むへし

第三條　身體は才智を貯ふるの器にして德行を載するの車ともいふ

へき者あれは常に飲食を節し肌膚を清潔にし運動を適度にする等凡そ攝養の道を守りて氣力を壯健にせん事を勉むべし

第四條　每日の課業を怠ることなく教場の出入は必す其時を守り教場に在ては別して容儀を正しくし擧動を整肅になすべし

第五條　長上師友に對しては殊に禮讓を厚くし信義を重し又堅く學校の規則及教誡を守るべし

第八章　授業料

第一條　授業料は一ヶ月金一圓より三圓迄とす

第二條　授業料は六月十二月の二度に分ち之を納附すへし其新に入學したる者も亦入學許可の日より月數を算して納附すべし

第三條　課業を缺き又は退學する者あるも既納の授業料を返付せさるものとす

○第二章　宗教

○第一欵　條規及身分

第一節　神佛宗派

○十七年八月第十九號布達

自今神佛敎導職ヲ廢シ寺院ノ住職ヲ任免シ及敎師ノ等級ヲ進退スルコトハ總テ各管長ニ委任シ更ニ左ノ條件ヲ定ム

第一條　各宗派妄リニ分合ヲ唱ヘ或ハ宗派ノ間ニ爭論ヲ爲ス可ラス

第二條　管長ハ神道各派ニ一人佛道各宗ニ一人ヲ定ム可シ

但事宜ニ因リ神道ニ於テ數派聯合シテ管長一人ヲ定メ佛道ニ於テ各派管長一人ヲ置クモ妨ケナシ

第三條　管長ヲ定ム可キ規則ハ神佛各其敎規宗制ニ由テ之ヲ一定シ內務卿ノ認可ヲ得可シ

第四條　管長ハ各其立敎開宗ノ主義ニ由テ左項ノ條規ヲ定メ內務卿ノ認可ヲ得可シ

一敎規

一敎師タルノ分限及其稱號ヲ定ムル事

一敎師ノ等級進退ノ事

以上神道管長ノ定ムヘキ者トス

一宗制
一寺法
一僧侶並ニ敎師タルノ分限及其稱號ヲ定ムル事
一寺院ノ住職任免及敎師ノ等級進退ノ事
一寺院ニ屬スル古文書寶物什器ノ類ヲ保存スル事
以上佛道管長ノ定ムヘキ者トス
第五條　佛道管長ハ各宗制ニ依テ古來宗派ニ長タル者ノ名稱ヲ取調ヘ內務卿ノ認可ヲ得テ之ヲ稱スルコトヲ得

第二節　管長及前教導職ノ身分

〇十七年八月第六十八號達
管長身分ノ儀ハ總テ勅任官取扱ノ例ニ依ル
〇十七年八月第六十九號達
今般敎導職廢セラレ候ニ付テハ從前敎導職タリシ者ノ身分ハ總テ其在職ノ時ノ等級ニ準シ取扱フ者トス

〇第二欵　雜部

第一節　僧侶ノ托鉢

○十四年八月内務省甲第八號布達

明治五年(十一月)敎部省第二十五號達僧侶托鉢禁止ノ義相廢シ候條此旨布達候事

但托鉢者ハ管長ノ免許證ヲ携帯スヘシ

第一節ノ二　同心得

○十四年八月内務省乙第三十八號達

今般戊第二號ヲ以テ佛道各管長ヘ別紙ノ通相達候條萬一不都合之所業有之節ハ直ニ托鉢差止顚末詳細取調當省ヘ可申出此旨相達候事

戊第二號達

托鉢免許方幷托鉢者心得

一托鉢ヲ免許セシ牛ハ左ノ雛形ニ照シ免許證ヲ交付シ其都度願者所在ノ地方廳ヘ通知シ東京ハ警視廳ヘモ通知スヘシ

一托鉢ヲ行フハ午前第七時ヨリ同第十一時迄ヲ限リトス

但遠路往返ノ爲メ時間ヲ遷延スルハ非此限

一托鉢者ハ如法ノ行裝ニテ免許證ヲ携帶シ行乞スルヲ常トス施者ノ請フアルニアラサレハ人家ニ接近シ濫リニ歩ヲ駐ムヘカラス且施物ハ施者ノ意ニ任セ敢テ餘物ヲ乞フヲ許サス

一托鉢者ハ一列三人以上十人以下タルヘシ且公衆來往ノ便ヲ妨クヘカラス

一免許證ハ何時タリトモ警察官等ノ撿閲ニ供スヘキモノトス

第二節　廻國修業

○明治四年十月十四日布告

平民廻國修業ノ名義ヲ以テ六十六部ト稱シ仲間ヲ立寄宿所ヲ設置シ米錢等ノ施物ヲ乞候儀自今一切禁止候事

但從前寄宿六部共之内脱籍之者ハ復籍規則ニ照準シ其本貫ヘ歸籍可爲致事

第二節ノ二　玉占口寄

○六年一月教部省第二號達

從來梓巫市子並憑祈禱狐下杯ト相唱玉占口寄等ノ所業ヲ以テ人民ヲ

眩惑セシメ候儀自今一切禁止候條於各地方官此旨相心得管内取締方嚴重可相立候事

第二節ノ三　禁厭祈禱

○七年六月教部省乙第三十三號達

禁厭祈禱等ノ儀ハ神道諸宗共人民ノ請求ニ應シ從來ノ傳法執行候ハ元ヨリ不苦筋ニ候所間ニハ之レカ爲メ醫療ヲ妨ケ湯藥ヲ止メ候向モ有之哉ニ相聞以ノ外ノ事ニ候抑敎導職タルモノ右等貴重ノ人命ニ關シ衆庶ノ方向ヲモ誤ラセ候樣ノ所業有之候テハ朝旨ニ乖戻シ政治ノ障害ト相成甚以不都合ノ次第ニ候條向後心得違ノ者無之樣屹度取締可致此旨相達候事

第五類　會議

○第一款　府縣

第一節　府縣會規則

○十三年四月第十五號布告

第一章　總則

第一條　府縣會ハ地方税ヲ以テ支辨スヘキ經費ノ豫算及ヒ其徵收方法ヲ議定ス

第二條　府縣會ハ通常會ト臨時會トノ二類ニ別ツ其定期ニ於テ開ク者ヲ通常會トナシ臨時ニ開ク者ヲ臨時會トナス

第三條　通常會臨時會ヲ論セス會議ノ議案ハ總テ府知事縣令ヨリ之ヲ發ス

第四條　臨時會ハ其特ニ會議ヲ要スル事件ニ限リ其他ノ事件ヲ議スルヲ得ス

第五條　府縣會ノ決議ハ府知事縣令認可ノ上之ヲ施行スヘキ者トス若シ府知事縣令其議決ヲ認可スヘカラスト思慮スル𪜈ハ其事由ヲ内務卿ニ具狀シテ指揮ヲ請フヘシ

（明治十四年二月十四日第四號布告ヲ以テ左ノ一項ヲ追加ス）

前項ノ場合ニ於テ府知事縣令ハ時宜ニ依リ之ヲ再議ニ付スルヲ得再議ノ後猶其議決ヲ認可スヘカラスト思慮スル𪜈ハ内務卿ノ指揮ヲ請フヿ前項ニ同シ

第六條　府縣會ハ毎年通常會議ノ初メニ於テ地方税ニ係ル前年度ノ出納決算ノ報告書ヲ受ケ府知事縣令ニ説明ヲ求ムルコヲ得若シ異見アルトキハ議長ノ名ヲ以テ直チニ内務大藏兩卿ニ上申スルコヲ得

（明治十五年十二月廿八日第六十八號布告ヲ以本條ニ左ノ項追加）

出納決算ノ報告書ニ付府縣會ヨリ説明ヲ求ムルトキハ府知事縣令若クハ其代理人之ヲ説明スヘシ

第七條（明治十五年二月十四日第十號布告ヲ以テ左ノ通リ改正ス）

通常會期中議員ノ内二人以上ノ發議ヲ以テ其府縣内ノ利害ニ關スル事件ニ付キ建議ヲ爲サントスル者アラハ先ツ議會ノ許可ヲ得テ之ヲ會議ニ付シ可決スルトキハ其會ノ所見トシ議長ノ名ヲ以テ直チニ内務卿ニ建議シ又ハ府知事縣令ニ建議スルヲ得

但シ臨時會ニ於テハ其會議ヲ要シタル事件ニ限リ建議スルヲ得

（十五年二月第十一號達參看此末尾ニ在リ）

第八條　府縣會ハ府知事縣令ヨリ其府縣内ニ施行スヘキ事件ニ付キ會議ノ意見ヲ問フコアルトキハ之ヲ議ス

第九條　府縣會ハ議事ノ細則ヲ議定シ府知事縣令ノ認可ヲ得テ之ヲ施行スルヿヲ得

府縣會ハ議員ノ內招集ニ應セス又ハ事故ヲ告ケスシテ參會セサル者ヲ審査シ其退職者タルヲ決スルヲ得

(明治十四年二月十四日第四號布告ヲ以テ左ノ一項ヲ追加ス)

府知事縣令ト府縣會トノ間ニ於テ法律ノ見解ヲ異ニシ又ハ權限ヲ爭フヿアル𬼀ハ双方ヨリ其事由ヲ具狀シ政府ノ裁定ヲ請フヘシ此場合ニ於テ府知事縣令ハ其議事若クハ會議ヲ中止スルヿヲ得

第二章　撰擧

第十條　府縣會ノ議員ハ郡區ノ大小ニ依リ毎郡區ニ五人以下ヲ撰フ

(明治十五年二月十四日第十號布告ヲ以テ左ノ通リ追加ス)

毎郡區議員定數ノ外補缺員トシテ十名以下ヲ增撰スルヲ得

第十一條　議長副議長ハ議員中ヨリ公撰シ之ヲ府知事縣令ニ報告シ府知事縣令ハ之ヲ內務卿ニ報告スヘシ

議長副議長及ヒ議員ハ俸給ナシ但シ會期中滯在日當及ヒ往復旅費

チ給ス其額ハ會議ノ議決チ以テ之チ定ム
第十二條　書記ハ議長之チ選ヒ庶務チ整理セシム其俸給ハ會費ノ中ヨリ之チ支給ス
第十三條　府縣會ノ議員タルコチ得ヘキ者ハ滿二十五歳以上ノ男子ニシテ其府縣內ニ本籍チ定メ滿三年以上住居シ其府縣內ニ於テ地租拾圓以上ヲ納ムル者ニ限ル但シ左ノ各欵ニ觸ル丶者ハ議員タルコチ得ス
第一款　風癲白痴ノ者
第二款　（明治十五年二月十四日第十號布告チ以テ左ノ通改正ス）
舊法ニ依リ一年以上懲役及ヒ國事犯禁獄ノ刑ニ處セラレ滿期後五年チ經サル者
新法ニ依リ公權チ剝奪及ヒ停止セラレタル者又ハ一年以上輕重禁錮ノ刑ニ處セラレ主刑滿期後五年チ經サル者
第三款　身代限ノ處分ヲ受ケ負債ノ辨償チ終ヘサル者
第四款　（明治十五年二月十四日第十號布告チ以テ左ノ通リ改

正ス）

官吏教導職及ヒ陸海軍諸卒現役ノ者

第五欵　府縣會ニ於テ退職者トセラレタル後四年ヲ經サル者

第十四條　議員ヲ撰擧スルヲ得ヘキ者ハ滿二十歳以上ノ男子ニシテ其郡區內ニ本籍ヲ定メ其府縣內ニ於テ地租五圓以上ヲ納ムル者ニ限ルヘシ

但（明治十五年二月十四日第十號布告ヲ以テ但書左ノ通リ改正ス）

但前條ノ第一欵第二款第三款第五款ニ觸ルヽ者及ヒ陸海軍々人現役ノ者ハ撰擧人タルヿヲ得ス

第十五條　議員ヲ撰擧セントスルトキハ府知事縣令ヨリ某月間ニ撰擧會ヲ開クヘキ旨ヲ布令シ郡區長ハ豫メ撰擧ノ投票ヲ爲スヘキ日ヲ定メ少クモ十五日前ニ之ヲ郡區內ニ公告スヘシ

第十六條　撰擧ノ投票ハ豫定ノ日ニ郡區廳ニ於テ之ヲ爲シ郡區長之ヲ調査シ撰擧會中ノ取締ヲ爲スヘシ但シ便宜ニ因リ郡區廳外ニ於テ撰擧會ヲ開クヿヲ得

第十七條　撰擧人ハ豫メ郡區長ヨリ付與シタル投票用紙ニ自己及ヒ被撰擧人ノ住所姓名ヲ記シ豫定ノ日之ヲ郡區長ニ出スヘシ其投票多數ヲ得タル者ヲ以テ當撰人トシ同數ナラハ年長ヲ取リ同年ナラハ鬮ヲ以テ之ヲ定ム

但シ投票ハ代人ニ托シ差出スモ妨ケナシ

第十八條　投票スルノ後郡區長ハ撰擧人名簿ニ就テ投票ノ當否ヲ査シ又被撰擧人名簿ニ就テ當撰人ノ當否ヲ査ス若シ法ニ於テ不適當ナル者アルカ或ハ當撰人自ラ其選ヲ辭スル時ハ順次投票ノ多數ヲ得タル者ヲ取ル

第十九條　當撰人ノ當否ヲ査定スルノ后郡區長ハ其當撰人ヲ郡區廳ニ呼出シ當撰狀ヲ渡シ當撰人ハ請書ヲ出スヘシ

但シ當撰人各請書ヲ出シタル后區郡長ハ其姓名等ヲ郡區內ニ公告スヘシ

第二十條　一人ニシテ數郡區ノ選ニ當ル時ハ其何レノ郡區ニ屬スヘキハ當人ノ好ニ任スヘシ

第二十一條　議員ノ任期ハ四年トシ二年毎ニ全數ノ半ヲ改選ス第一回二年期ノ改選ヲ爲スハ抽籤法ヲ以テ其退任ノ人ヲ定ム

第二十二條　議長副議長ノ任期ハ二年トシ議員ノ改選毎ニ之ヲ公選スヘシ

第二十三條　前二條ノ場合ニ於テハ前任ノ者ヲ再選スルコヲ得

第二十四條（明治十五年二月十四日第十號布告ヲ以テ本條中轉任ノ字ヲ轉籍ノ字ニ改メ而ノ但書ヲ追加ス乃チ左ノ如シ）

議員中第十三條ニ揭クル諸款ノ場合ニ遭遇スルカ其府縣外ニ轉籍スルカ其他總テ缺員アル片ハ更ニ之ニ代ル者ヲ選擧ス

但シ補缺員アルトキハ順次投票ノ多數ヲ以テ之ヲ取リ尙缺員アル片ハ本條末文ノ手續ニ據ル

第三章　議則

第二十五條　議員半數以上出席セサレハ當日ハ會議ヲ開クコヲ得ス

第二十六條　會議ハ過半數ニ依テ決ス可否同數ナル片ハ議長ノ可否スル所ニ依ル

第二十七條　府知事縣令若クハ其代理人ハ會議ニ於テ議案ノ旨趣ヲ辨明スルヲ得

但決議ノ數ニ入ルヿヲ得ス

第二十八條　會議ハ傍聽ヲ許ス但府知事縣令ノ要メニ依リ又ハ議長ノ意見ヲ以テ傍聽ヲ禁スルヲ得

第二十九條　議員ハ會議ニ方リ充分討論ノ權ヲ有ス然レ𪜈人身上ニ付テ褒貶毀譽ニ渉ルヿヲ得ス

第三十條　議場ヲ整理スルハ議長ノ職掌トス若シ規則ニ背キ議長之ヲ制止シテ其命ニ順ハサル者アルトキハ議長ハ之ヲ議場外ニ退去セシムルヲ得其强暴ニ渉ル者ハ警察官吏ノ處分ヲ求ムルヲ得

第四章　開閉

（明治十五年十二月二十八日第六十八號布告ヲ以テ第三十一條第三十二條左ノ如ク改正ス）

第三十一條　府縣會ハ毎年一度三月ニ於テ之ヲ開ク其開閉ハ府知事縣令ヨリ之ヲ命ス會期ハ三十日以內トス但區部郡部會ヲ開ク地方

ニ於テハ七日以内延期スルヿヲ得（十七年十二月第二十八號布
告參看此末尾ニ在リ）

第三十二條　通常會期ノ外會議ニ付スヘキ事件アル𪜈府知事縣令ハ
臨時會ヲ開クヿヲ得其會期ハ七日以内トス但該會ヲ要スル事由ヲ
直ニ内務卿ニ報告スヘシ

第三十三條　會議ノ論說國ノ安寧ヲ害シ或ハ法律又ハ規則ヲ犯スヿ
アリト認ムル𪜈ハ府知事縣令ハ會議ヲ中止セシメ内務卿ニ具狀シ
テ其指揮ヲ請フヘシ

（明治十五年十二月廿八日第六十八號布告ヲ以テ本條ヘ左ノ二項ヲ
追加ス）

府縣會ニ於テ若シ法律上議定スヘキ議案ヲ議定セス又ハ會議内ニ
於テ議案ヲ議決シ終ラサルトキハ府知事縣令ハ更ニ其議定ヲ要ス。
内務卿ニ具狀シ其認可ヲ得テ之ヲ施行スルヿヲ得

第一項ノ場合ニ於テ内務卿ハ府縣會ヲ停止スルヿヲ得而シテ更ニ
開會ヲ命スル迄ノ間ハ府知事縣令ニ於テ地方税ノ經費豫算及徵収

方法ヲ定メ内務卿ノ認可ヲ得テ之ヲ施行スルヿヲ得
議員招集ニ應セサル者半數ヲ過キ議會ヲ開クヲ得サルヿアル片ハ府知事縣令ハ其事由ヲ内務卿ニ具狀シ指揮ヲ請フヘシ
第三十四條（明治十四年二月十四日第四號布告ヲ以テ本條中「閉會ヲ命シ又ハ」ノ七字ヲ削除シ而シテ第二項ヲ追加ス乃チ左ノ如シ）
會議中國ノ安寧ヲ害シ或ハ法律又ハ規則ヲ犯スヿアリト認ムル片ハ内務卿ハ何レノ片ヲ問ハス議員ノ解散ヲ命スルヿヲ得
前項ノ塲合ニ於テ前議員ノ未タ議定セサル議案アル片ハ後任議員ヲシテ之ヲ議定セシムヘシ
第三十五條　内務卿ヨリ解散ヲ命シタル片ハ其解散ヲ命シタル日ヨリ九十日以内ニ更ニ議員ヲ改撰スヘシ
○明治十三年十一月五日第四十九號布告
本年（本月）第四十八號ノ布告アルニ依リ本年（四月）第十五號布告府縣會規則へ左ノ通追加ス此旨布告候事
第五章　常置委員

第三十六條　府議會ハ其議員中五人以上七人以下ノ常置委員ヲ撰任スヘシ

（明治十五年二月十四日第十號布告ヲ以テ本條ヘ左ノ通リ追加ス）

常置委員定數ノ外數名ヲ增撰シ缺員アルトキハ順次投票ノ外數ヲ以テ之ヲ補充スルヲ得

區部會郡部會ヲ開設シタル府縣ニ在テハ區郡各部ニ之ヲ選任スヘシ

（明治十五年十二月廿八日第六十八號布告ヲ以テ左ノ如ク改正ス）

第三十七條　常置委員ハ府縣會ノ議定ニ依リ事業ヲ執行スルノ方法順序及豫備ノ支出ニ付府知事縣令ヨリ諮問アルトキハ其意見ヲ述フ

常置委員ハ地方稅ヲ以テ支辨スヘキ事業ニシテ臨時急施ヲ要スル場合ニ於テハ其經費ノ豫算及徵收方法ヲ議決シ追テ府縣會ニ報告スルヲ得

第三十八條　常置委員ハ通常府縣會議ノ初メ委員會議ニ於テ議決シタル事件ノ要領ヲ報告シ且ツ通常會ト臨時會トヲ論セス府知事縣

令ヨリ發スヘキ議案ヲ前以テ請取リ會議ニ向テ其意見ヲ報告スヘシ

第三十九條　常置委員會議所ハ府縣廳内ニ置キ定日ニ會議スヘシ

第四十條（明治十五年二月十四日第十號布告ヲ以テ本條中常置委員ノ下「諮問」ノ二字ヲ增加ス）

常置委員ノ諮問會議ハ別ニ議案書ヲ用ユルヲ要セス

第四十一條（明治十五年二月十四日第十號布告ヲ以テ左ノ通リ改正ス）諮問會ハ府知事縣令ヲ以テ議長トナシ其他ノ會議ハ委員中ヨリ之ヲ撰擧スヘシ

第四十二條　常置委員ハ半數以上出席セサレハ當日ノ會議ヲ開クヲ得ス會議ハ過半數ニ依テ決ス可否同數ナル片ハ議長ノ可否スル所ニ依ル

第四十三條　常置委員會議ノ議事ハ書記ヲシテ筆記セシムヘシ

第四十四條　府知事縣令ハ主務ノ僚屬ヲ委員會議ニ出シ其會議ニ係ル事件ニ付辨明ヲ爲サシムルヲ得

第四十五條　常置委員會議ハ傍聽ヲ許サス
第四十六條（明治十五年二月十四日第十號布告ヲ以テ本條中二ヶ年トシノ下「議員ノ改選毎ニ之ヲ改選ス但」ノ十三字ヲ增加ス）
常置委員ノ任期ハ二ヶ年トシ議員ノ改選毎ニ之ヲ改選ス但期限ニ至リ再選スルヲ得
第四十七條（明治十五年二月十四日第十號布告ヲ以テ議長ヲ府知事縣令ノ五字ニ改ム）
常置委員會議所ノ書記ハ府縣ノ屬官中ヨリ府知事縣令之ヲ選任ス
第四十八條　常置委員ハ三十圓以上八十圓以下ノ月手當及ヒ往復旅費ヲ給ス其額ハ府會ノ議決ヲ以テ定ム
第四十九條　常置委員ノ月手當旅費其他委員會議所ノ費用ハ地方稅ヨリ支給ス
參　看
○十五年二月第十一號達
府縣會規則第七條ニ依リ內務卿ヘ建議スルノ場合ニ於テ開會中議員

自カラ其建議書ヲ携帶上京等ノ義ハ不相成候條此旨相達候事
但其旨府縣會ヘ達シ置クヘシ
參看
〇十七年十二月第二十八號布告
明治十三年四月第十五號布告府縣會規則第三十一條中三月ヲ十一月ト改正シ明治十八年十一月ヨリ施行ス

第一節ノ二　同心得

〇十三年九月廿八日無號達
府縣會規則ノ儀ニ付左ノ二件爲心得相達候事
一（本項ハ府縣會規則第十條ヘ追加相成候ニ付自然消滅シタル旨十五年三月廿九日內務省ノ伺定アルヲ以テ略ス）
一　議長副議長共欠席スルトキハ議員中ニ於テ臨時假議長ヲ公選シ其日ノ會議ヲ開クモ妨ケナシ
〇十三年十二月內務省乙第四十八號達
本年第四十九號ヲ以テ府縣會規則追加公布相成候ニ付左ノ條件爲心

得相達候事

一（此一項ハ同年乙第五十三號達ヲ以テ取消シ更ニ左ノ通リ改正ス）

一常置委員ハ來十四年通常會開會前ニ於テ撰任スヘシ

一十三年度中常置委員ノ月手當又往復旅費ハ委員ヲ撰舉セシムル臨時會ニ於テ議定セシムヘシ

一郡區經濟ヲ異ニスル府縣ニ在テハ定員內ニ於テ其郡區撰出ノ人員ヲ定ムルコヲ得

一常置委員補欠ノ爲メ相當ノ豫備員ヲ撰ヒ置クモ妨ケナシ

一第四十一條ニ據リ議長ハ府知事縣令之ヲ務ムト雖氏本務ノ都合ニ依リ書記官之レカ代理ヲ爲スヲ得

一第四十六條ノ通委員ノ任期ハ二ケ年タルヘシト雖氏若シ議員本分ノ任期ヲ終リタルモノハ其本分ノ任期ト共ニ委員ノ任期モ終リタルモノトス

一常置委員會議ノ細則ハ該會ニ於テ議決シ府知事縣令認可ノ上施行スヘキモノトス

第一節ノ三　府縣會議定事件中ノ細目

〇十四年二月第六號布告

府縣會ハ其議定スヘキ事件中細目ニ係ル事項ヲ以テ區町村會若クハ水利土功會ノ議決ニ付スルヲ得ヘシ此旨布告候事

第二節　區郡部會規則

〇十四年二月第八號布告

東京府京都府大坂府神奈川縣區郡部會規則左ノ通相定メ明治十三年(五月)第二十六號及ヒ第二十七號布告廢止候條此旨布告候事

第一條　三府及ヒ神奈川縣ニ於テハ府縣會ヲ分チ區部會郡部會トナシ區部郡部ニ分別シタル事件ヲ議定セシム

第二條　區部會郡部會ニ於テ議定スヘキ事件ト府縣會ニ於テ議定スヘキ事件トハ府縣會ニ於テ之ヲ議定ス

第三條　府縣會規則第十條ノ定限外ニ於テ區部議員ノ增加ヲ要スル片ハ府知事縣令ヨリ內務卿ニ具狀シ其認可ヲ得テ其定限ヲ殊ニスルヿヲ得

第四條　府縣會ハ區部郡部議員各半數以上出席スルニアラサレハ其日ノ會議ヲ開クヲ得ス

第五條　府縣會ノ議定ニ屬スル事件ニ付テハ區部郡部常置委員會同シテ諮問ヲ受ケ又ハ議決スヘシ

但區部郡部常置委員各半數以上出席スルニアラサレハ其日ノ會議ヲ開クヲ得ス

第六條（明治十五年二月十四日第十二號布告ヲ以テ削除ス故ニ略ス）

第七條（同上故ニ略ス）

第八條　明治十三年度以前ニ係ル地方税ノ中區郡連帶支辨セルモノハ其決算ヲ府縣會ニ報告シ區郡ニ分別セルモノハ其決算ヲ各別ニ區部會郡部會ニ報告スヘシ

（明治十五年二月十四日第十二號布告ヲ以左ノ通リ第九條ヲ追加ス）

第九條　區部ニ係ル戸數割ハ區部會ノ決議ヲ經テ府知事縣令ヨリ内務大藏兩卿ニ具狀シ政府ノ裁可ヲ得テ家屋税ト爲スコヲ得

第三節　府縣會議員ノ集會通信

○十五年十二月第七十號布告

府縣會議員會議ニ關スル事項ヲ以テ他ノ府縣會議員ト聯合集會シ又ハ往復通信スルコトヲ許サス

其集會スルモノ何等ノ名義ヲ以テスルモ府知事縣令ニ於テ此禁令ヲ犯ス者ト認ムルトキハ直ニ解散ヲ命スヘシ

前項ノ場合ニ於テ解散ノ命ニ從ハサルモノハ集會條例第十三條ニ依テ處分ス

○第二款　區町村

第一節　區町村會法

○十七年五月第十四號布告

第一條　區町村會ハ區町村費ヲ以テ支辨スヘキ事件及其經費ノ支出徴收方法ヲ議定ス

第二條　區町村會ノ會期議員ノ員數任期改選及其他ノ規則ハ府知事縣令之ヲ定ム

第三條　區會ハ區長之ヲ招集シ其議案ヲ發ス町村會ハ戸長之ヲ招集シ其議案ヲ發ス

第四條　區會ノ評決ハ區長之ヲ施行シ町村會ノ評決ハ戸長之ヲ施行ス若其評決ヲ不適當ナリトスルトキハ其施行ヲ止メ府知事縣令ニ具狀シテ指揮ヲ請フヘシ

第五條　區長ニ於テ區會郡區長戸長ニ於テ町村會ノ議事若シ法ニ背キ又ハ治安ヲ害スルコトアリト認ムルトキハ其會議ヲ中止シ府知事縣令ニ具狀シテ指揮ヲ請フヘシ

第六條　府知事縣令ニ於テ區町村會ノ議事若シ法ニ背キ又ハ治安ヲ害スルコトアリト認ムルトキハ何時タリトモ區町村會ヲ停止シ又ハ之ヲ解散シテ改選セシムルコトヲ得

第七條　前條ノ場合ニ於テ停止又ハ解散ヲ命シタルトキハ更ニ開會ヲ命シ又ハ改選スル迄ノ間區長戸長ハ經費ノ支出徴收方法ヲ定メ府知事縣令ノ認可ヲ得テ施行スルコトヲ得

第八條　區町村ニ於テ議員ヲ選擧セス又ハ議員招集ニ應セスシテ會

議ヲ開クヲ得ス及議定スヘキ議案ヲ議定セス又ハ會期内ニ於テ議案ヲ評決シ終ラサル𪜈ハ前條ノ例ニ依ル

第九條　議員ヲ選擧スルヲ得ヘキ者ハ滿二十歳以上ノ男子ニシテ其區町村ニ住居シ其區町村内ニ於テ地租ヲ納ムル者ニ限ル但府縣會規則第十三條第一款第二款第三款ニ觸ルヽ者及陸海軍々人現役ノ者ハ選擧人タルコトヲ得ス

第十條　議員タルコトヲ得ヘキ者滿廿五歳以上ノ男子ニシテ其區町村ニ住居シ其區町村内ニ於テ地租ヲ納ムル者ニ限ル但府縣會規則第十三條第一款第二款第三款第四款ニ觸ルヽ者ハ議員タルコトヲ得ス

第十一條　區會ノ議長ハ區長町村會ノ議長ハ戸長ヲ以テ之ニ充ツ區長戸長若シ事故アル𪜈ハ區長戸長ニ於テ議員中ヨリ議長ヲ指定スルコトヲ得

第十二條　府知事縣令其管轄内ニ於テ町村會ヲ開設シ得ヘカラサル狀況アルヲ認ムル𪜈ハ内務卿ニ具狀シテ指揮ヲ請フヘシ

第十三條　府知事縣令ハ數區町村ニ關渉スル事件アル𪜈其區域ヲ定メテ聯合區町村會ヲ開設スルコトヲ得

第十四條　府知事縣令ハ水利土功ニ關スル事項ニシテ區町村會若クハ聯合區町村會ニ於テ評決スルヲ得サルモノアル𪜈特ニ其區域ヲ定メテ水利土功會ヲ開設スルコトヲ得

第十五條　聯合區町村會及水利土功會ハ總テ本法ニ準據ス其區域區長戸長數人ノ所轄ニ渉ルモノハ府知事縣令便宜郡區長ヲシテ之ヲ管理セシム但戸長ヲシテ其評決ヲ施行セシムルコトアルヘシ

○第三欵　衛生

第一節　中央衛生會職制及事務章程

○十二年十二月第五十四號達

中央衛生會職制

（明治十七年九月第七十五號達ヲ以テ第一項左ノ如ク改正ス）

一本會ハ左ノ人員ヲ以テ之ヲ編成ス

會長　　壹人

副會長　壹人
委員
醫員　拾人
化學家　三人
工學家　三人
衛生局長
警保局長
土木局長
參事院議官若クハ議官補　二人
警視總監
東京府知事
內務書記官　三人
臨時委員　無定員
一會長及委員ハ特選ニシテ副會長ハ委員中ヨリ投票ヲ以テ之ヲ撰定ス
一會長ハ本會議事ノ章程及ヒ附則ニ從ヒ議事ヲ整頓シ其議定セルモ

ノヲ内務卿ニ具申ス

一副會長ハ會長缺席ノ時總テ其事務ヲ代理ス

一委員ハ議事章程及ヒ附則ニ從ヒ諸議案ヲ議スルヲ掌ル

一書記數員ヲ置キ議事ヲ筆記シ及ヒ文案計算飜譯等ノ事ヲ掌ラシム

中央衛生會事務章程

第一條　中央衛生會ハ內務卿之ヲ管理シ全國衛生事務ニ關スル諸件ヲ審議スル所トス

第二條　布告公達ノ衛生ニ關スルモノハ其發行前官府ノ諮詢ヲ受ケ之ヲ議スルヿヲ得ヘシ

第三條　本會ハ衛生各般ノ事項ヲ地方官ニ尋問シ或ハ臨時會員ヲ各地方ニ派遣シテ撿察セシムルヿヲ得

第四條　本會ニ於テ議定セル事件ハ之ヲ內務卿ニ開申ス

第五條　通常會ハ少クモ毎月一回之ヲ開クモノトス臨時會ハ內務卿或ハ會長ノ指圖ニ由テ之ヲ開キ又ハ委員三名以上ノ請求ニ依リ之ヲ開クヿヲ得

第六條　本會ハ委員半數以上出席スルニ非ラサレハ當日ノ會議ヲ開クヿヲ得ス

第七條　委員二名以上同意ノ所見アレハ之ヲ會議ニ付シ其可ト決スルモノハ本會ノ意見トシテ内務卿ニ建議スルヿヲ得

第八條　本會議決ノ事項中公告スヘキモノハ本會ノ名ヲ以テ之ヲ一般ニ公告ス

第九條　本會議事章程及附則ハ内務卿ノ認可ヲ得テ施行スヘシ

第二節　地方衛生會規則

○十二年十二月第五十五號達

第一條　本會ハ地方衛生ノ全体ヲ視察人民ノ健康ヲ保持増進スルノ目的ニシテ府知事縣令ヲ輔翼スルカ為メ設立スルモノトス

第二條　本會ハ左ノ人員ヲ以テ之ヲ編成ス

但地方ノ實况ニヨリ本條定限ノ外別ニ會員ヲ要スルトキハ内務卿ニ具狀シテ之ヲ増置スルヿヲ得（此但書ハ明治十三年二月十八日達第六十二號ヲ以テ追加シタル者ニ係ル）

醫師三名乃至五名
府縣會議員三名
公立病院長
公立病院藥局長
衞生課長
警察官一名
第三條　本會ハ府知事縣令ノ管理ニ屬シ其委員ハ知事縣令之ヲ命ス
但醫師ハ府縣會議員ヲシテ管內ノ開業醫師ヲ公撰セシメ府縣會ヨリ出ス所ノ委員ハ其府縣會ニ於テ之ヲ公撰セシム
第四條　會長ハ府知事縣令之ニ任シ副會長ハ委員中ヨリ投票ヲ以テ之ヲ撰定ス
第五條　公撰員ノ在任ハ滿二ケ年トナシ滿期每ニ之ヲ改撰ス
但前任ノ者ヲ再撰スルコヲ得
第六條　委員ノ外書記一名若ハ二名ヲ命シ本會ノ雜務ヲ處辨セシム
第七條　委員ハ俸給ナシ但開會ノ地ヲ距ル三里以外ニ住スルモノニ

ハ相當ノ旅費ヲ給シ又非職無給ノ者ニハ相當ノ手當ヲ給スルヲ得

第八條　本會ハ少ナクモ毎月一回之ヲ開クモノトス

但臨時又ハ至急ヲ要スル事件アル時ハ會長ノ招集ニ應シテ之ヲ開キ又委員半數以上ノ請求ニ因テ之ヲ開クヿヲ得

第九條　本會ニ於テ議定スヘキ事件左ノ如シ

一衛生上ニ關スル布告布達等ヲ該地方ニ實施スルノ方法

二府縣ニ於テ發行スヘキ衛生上ニ關スル布達ノ草案

三府知事縣令ヨリ發セル議案幷ニ中央衛生會内務省衛生局及ヒ郡區町村衛生掛ノ尋問ニ係ル事項

第十條　本會ハ各郡區役所ヨリ府縣廳ヘ上申セル衛生上ノ諸報告等ヲ撿察スヘシ

第十一條　本會ハ地方ニ實施スヘキ衛生事項ニ就キ其考案ヲ府知事縣令ニ建議スルヲ得

第十二條　本會ハ該地方ノ衛生上ニ關スル實況ヲ撿察スルカ爲メ擔當吏員ノ派出ヲ府知事縣令ニ建議スルヲ得

第十三條　本會ノ議事筆記ハ時々之ヲ内務省ニ報告スヘシ

○第四款　勸業

第一節　勸業諮問會

○十六年五月第十三號達

各地方ノ便宜ニ從ヒ左ノ條項ニ照準シテ勸業諮問會幷勸業委員ヲ設置スルヿヲ得

第一條　諮問會ハ各府縣勸業事務ニ付府知事縣令ノ諮問ニ備ル者トス

第二條　諮問會員ハ府知事縣令ニ於テ管内農商工事ニ名望アル者ヲ選シテ之ニ充ツ其人員幷處務ノ順序等總テ府知事縣令適宜ニ之ヲ定ムヘシ

第三條　諮問會員ノ旅費日當ハ地方税中勸業費ヲ以テ支辨スヘシ

第四條　勸業委員ハ區町村若クハ聯合區町村ニ於テ勸業ノ事ヲ擔任シ又ハ（區郡）長戸長ノ諮問ニ備フルモノトス

第五條　勸業委員ノ人員撰擧方法及ヒ處務ノ順序等ハ區町村會又

ハ聯合區町村會ニ於ヒテ之レヲ評定シ府知事縣令ノ裁可ヲ受クヘシ

第六條　區町村若クハ聯合區町村ニ於テ農會商業會工業會又ハ農商工ヲ併セタル勸業會其他同業會ヲ設置スル時ハ勸業委員ヲシテ會員タラシムルコトヲ得

第七條　府知事縣令ニ於テ勸業委員ノ設置及ヒ第六條ノ各會設立ヲ要用ト認ムル時ハ誘導シテ之ヲ設置セシムルコトヲ得此場合ニハ農商務卿ニ稟議シテ認可ヲ請クヘシ

第八條　勸業委員ノ旅費日當及ヒ第六條ノ各會諸費ハ區町村及ヒ聯合區町村ノ協議費ヲ以テ支辨シ又ハ關係各業者ニ於テ協議支辨スルコトヲ得但有志者ヲ以テ組織スル者ハ此例ニアラス

第九條　農商務卿及ヒ主務ノ官署ハ各地方勸業上ノ件ニ付諮問會又ハ第六條各會ノ意見ヲ問フコトアルヘシ

諮問會又ハ第六條ノ各會ハ勸業上公益ノ件ニ付農商務卿及ヒ主務ノ官署ニ意見書又ハ報告書ヲ呈スルコトヲ得

第六類　土地

○第一章

○第一欵

第一節　地所名稱區別

○七年十一月第二十號布告

明治六年三月第百十四號布告地所名稱區別左ノ通改定候條此旨布告候事

官有地

第一種　地券ヲ發セス地租ヲ課セス地方稅ヲ賦課セサルヲ法トス

一　皇宮地　皇居離宮等ヲ云フ

一　神地　伊勢神宮山陵官國幣社府縣社及ヒ民有ニアラサル社地ヲ云

第二種　地券ヲ發シ地租ヲ課セス地方稅ヲ賦セサルヲ法トス尤府縣所用ノ地ハ地券ヲ發セス唯帳簿ニ記ス

一　皇族賜邸

但此地ニ在ル官舍ヲ貸渡ス時ハ借地料ヲ賦スヘシ

一　官用地官院省使寮司府藩縣（本支）廳裁判所警視廳陸海軍（本分）營其他政府ノ許可ヲ得タル所用ノ地ヲ云フ

第三種　地劵ヲ發セス地租ヲ課セス地方税ヲ賦セサルヲ法トス

但人民ノ願ニヨリ右地所ヲ貸渡ス時ハ其間借地料ヲ納メシム

一　山岳丘陵林藪原野河海湖沼池澤溝渠堤塘道路田畑屋敷等其他民有ニアラサルモノ

一　鐵道線路敷地

一　電信架線柱敷地

一　燈明臺敷地

一　各處ノ舊跡名區及ヒ公園等民有ニアラサルモノ

一　人民所有ノ權利ヲ失ヒシ土地

一　民有ニアラサル堂宇敷地及ヒ墳墓地

一　行刑場

第四種　地劵ヲ發セス地租ヲ課セス地方税ヲ賦セサルヲ法トス

一　寺院大中小學校說敎場病院貧院民有ニアラサルモノ

民有地

第一種　地券ヲ發シ地租ヲ課シ地方税ヲ賦スルヲ法トス

一　人民各自所有ノ確證アル耕地宅地山林等ヲ云フ
但此地賣買ハ人民各自ノ自由ニ任スト雖モ潰レ地開墾等ノ如キ大ニ地形ヲ變換スルハ官ノ許可ヲ乞フヲ法トス

一　人民數人或ハ一村或ハ數村所有ノ確證アル學校病院郷倉牧場秣場社寺等官有ニアラサル土地ヲ云フ
但此地賣買ハ其所有者一般ノ自由ニ任スト雖モ潰地或ハ開墾等ノ如キ大ニ地形ヲ變換スルハ官ノ許可ヲ乞フヲ法トス

第二種　地券ヲ發シテ地租地方税ヲ賦セサルヲ法トス

一　官有ニアラサル郷村社地及ヒ墳墓地等ヲ云フ

一　民有ノ用惡水路溜池敷及堤敷及井溝敷地

一　公家ノ用ニ供スル道路
但其地形ヲ變換スル時ハ管轄廳ノ許可ヲ請フヘシ

明治十八年六月內務省第貳拾壹號達

官有地拂下並ニ貸下之儀左之通相定メ明治九年三月內務省乙第三十四號達ハ廢止ス此旨相達候事

一凡ソ官有地ヲ年賦又ハ延納ニテ拂下タルモノ其代金未完納中ハ抵當トシテ其地券ヲ官廳ヘ差出サシムヘシ若シ之ヲ差出サヽルモノハ地所拂下ノ効ヲ失フモノトス

一凡ソ官有地ノ拂下代金ヲ期限ノ通上納セサルモノハ其拂下ヲ取消スヘシ此塲合ニ於テ既納ノ代金アルモノハ之ヲ下戾シ地所ハ現形ノ儘返上セシメ之カ爲メ金利倍償等ヲ下付スルコトナカルヘシ

一凡ソ官有地ノ借地料ヲ期限ノ通上納セサルモノハ其貸下ヲ取消スヘシ此塲合ニ於テハ假令何如ナル勞費アルモ其償ヲ下付スルコトナカルヘシ

一凡ソ官有地借用ノ許可ヲ得タル者ハ其當初出願ノ目的ニ隨テ之ヲ使用スルコトヲ得ルト雖モ他人ヘ書入又ハ質入ヲ爲スコトヲ得サル者トス但轉貸ハ官ノ許可ヲ得ルニ於テハ之ヲ爲スコトヲ得ヘシ

第二節　隱田切開切添地

○九年五月第六十七號布告

第一條　隱田切開切添地ノ此布告以前ニ係ルモノ該府縣地租改正濟マテニ申出ル𪜈ハ其罪ヲ問ハス其者所有ニ可相定若シ之ヲ申出スシテ改正濟後ニ至リ發覺スルモノ律ニ照シ處分スヘシ

但シ此布告以後ニ係ルモノハ地租改正濟ノ前後ヲ不論準テ律ニ照シ處分スベシ

第二條　廢落殘歩ハ此布告ノ前後ヲ論セス該府縣地租改正濟マテニ申出ル𪜈ハ其罪ヲ問ハス其者所有ニ可相定若シ之ヲ申出スシテ改正濟後ニ至リ發覺スルモノハ律ニ照ラシ處分スヘシ

第三條　官簿ニ記載アル地並ニ記載ナシト雖モ從來官山官林用地附屬地等ノ證アル地ヲ私ニ田畑宅地等ニ侵墾セシモノハ此布告以前ニ係ルモノハ該府縣地租改正濟マテニ申出ル𪜈ハ其罪ヲ問ハス其民有地トナシ差支ナキモノハ其者ヘ素地相當代價ヲ以テ可拂下其民有トナシ難キモノハ直チニ返地セシメ事情ニヨリテハ更ニ借地

差許ス儀モ之アルヘシ

第四條　前條侵墾地々租改正濟後ニ至リ發覺スルモノ及ヒ此布告以後ニ係ル侵墾地ハ渾テ律ニ照ラシ處分スヘシ

第五條　前條ノ地ハ舊藩縣ヨリ開墾願濟ノ分タリモ未タ地代金ヲモ納メスシテ未着手ノモノハ直チニ返地セシメ其民有地トシテ差支ナキモノハ更ニ相當代價ヲ以テ其者ヘ可拂下其地代金ヲ納メスモ已ニ着手スルモノハ直ニ其者ノ所有ト定ムヘシ

第六條　凡ソ民有ニアラサル地ヲ私ニ賣買或ハ質入ト爲ス者此布告以前ニ係ル分地租改正濟マテニ申出ルモノハ其罪ヲ問ハス其民有地トナシ差支ナキモノハ賣買並ニ流質地共買得者及ヒ質取主ヘ其儘無代價ニテ下渡其民有地トナシテ差支アルモノ並ニ質地年限中ノモノハ官有地ニ編入スヘシ此布告以後ニ係ルモノハ地租改正濟ノ前後ヲ不論律ニ照シ處分スヘシ

第二節ノ二　民有開墾地調査順序

○十五年一月大藏省第一號達

第一款　鍬下年期

第一條　凡ソ民有ノ土地ヲ開墾スルニ際シ鍬下年期ヲ願出ル時ハ實際要スル費用ト成功ノ後該地ヨリ得ヘキ收利トヲ豫算シ其費用ヲ償却シ得ヘキ方法ニ至ル迄詳細ニ取調願書ニ副ヘ差出サシムヘシ

第二條　前條ノ願書ヲ差出シタルトキハ實地ニ就キ反別ノ廣狹ヲ概量シ其調書ノ當否ヲ審査スヘシ

第三條　調書ハ左ノ數項ニ據リ審査スヘシ

第一項　人夫ハ事業ノ難易ニ據リ其多寡如何

第二項　雇錢ハ近傍普通ノ賃金ニ較ヘ其高低如何

第三項　收利ハ近傍ノ熟地ニ比シ其多寡如何

第四項　收量ニ換ヘタル金額ハ近傍市場ノ平均（既往三ケ年或ハ五ケ年間）相場ニ據リ其當否如何

第四條　前條ノ審査ニ於テ其調書適當ナリト視認ルトキハ該費用ヲ償却シ得ルノ年數ヲ目的トシ鍬下年期ヲ附與スルモノトス

第二款　年季明

第五條　鍬下年期明ニ至ラハ反別ヲ丈量シ相當ノ收穫地價トモ取調差出サシムヘシ

第六條　前條ノ調書ヲ差出シタルトキハ實地ニ就キ反別ヲ査定シ收穫地價ハ近傍類地ニ比準シ適當ニ調査スヘシ

第七條　期明ニ至リ該地ノ幾部分ヲ竣功セシトキハ其部分ノミ第五六條ノ例ニヨッテ調査スヘシ其殘地又ハ全部未着手ト雖モ引續キ繼年期ヲ請求スルトキハ第一款第一條ニ據リ更ニ詳細ノ調書ヲ添ヘ出願セシムヘシ

第八條　第七條ノ繼年期ヲ請求スルトキハ第一款第二三條ニ據テ審査スヘシ

第二節ノ三　宅地成

○十年五月大藏省乙第六號達

明治九年一月乙第三號ヲ以テ非常ノ勞費ヲ掛ケ開墾セシ宅地成分ノ儀相達置候所左ノ通更正增加候條此旨相達候事

第一條　地租改正後民有山野ノ嶮岨等ヲ鑿平シ或ハ池沼ノ類ヲ埋埴

シ其素地ノ全體ヲ變換シ宅地トナシ非常ノ勞費アルモノハ費力ノ淺深ヲ審査シ相當年季ヲ定メ年季中素地ヲ地價ニ據リ收税シ其他河海湖水等ヲ無代下與シ之レヲ埋堆シテ宅地トナスモノハ相當免税年季ヲ附與スヘキモノトス

但年季ハ伺ヲ經テ定ムヘシ

第二條　地租改正後民有ノ田畑及ヒ山野ヲ宅地トナスモノハ改正地價据置期限年度中ハ素地ノ稱ニ据置ヘシ

第三條　民有ノ山野池沼等耕地ニ開墾ノ許可ヲ得テ鍬下年季中其持主ノ便宜ニヨリ宅地トナスモノモ年季中ハ耕地ト一般鍬下地ニ据置ヘシ

第四條　荒地免税年季中宅地トナスモノハ宅地トナリタル翌年ヨリ該宅地相當ノ地價ヲ定メ課税スヘシ

但池成沼成等ノ荒地ヲ埋堆宅地トナスカ如キ非常ノ勞費アルモノハ伺ヲ經テ其年季中ニ据置ヘキモノトス

第三節　民有荒地處分規則

○十年一月第八號布告

第一條　荒地トハ山崩川欠押堀石砂入河原成池成川成海成湖水成等ノ天災ニ罹リタル土地ヲ云フ

第二條　民有地荒地トナリタル時ハ荒地一筆限帳（字番號一筆限歩數持主姓名及ヒ荒地ノ名稱ヲ詳記セシムヘシ）並ニ荒地繪圖（荒地ニ係ルモノ及ヒ接續ノ地形迄ヲ詳細ニ畫キ荒地ト生地ト色分ケヲナサシムヘシ）ヲ出サシメ畝杭ヲ建サセ境界ヲ明瞭ニシ其廣狹ヲ丈量シ反別ヲ限リ損害ノ輕重ヲ區別シ該地接續ノ生地圖面ヲモ照合シ免税ノ年期ヲ定ムヘキモノトス

第三條　荒地免税ノ年期ハ其損害ノ輕重ト起返シノ難易ニ據リ實地ニ應シ損害ノ年ヨリ十年以內ヲ以テ相當ノ年期ヲ定ムヘシ滿期ニ至リ檢査ヲ經テ猶起返シ能ハサルモノハ年期ヲ繼クヘキモノトス

第四條　川成海成湖水成等ノ荒地ニシテ地主持續クヘキ望アルモノハ十年迄ノ年期ヲ定メ無代價ノ券狀ヲ付與スヘシ但右ノ場合ニ於テ所有主其土地起返シノタメ杭代打連子若シクハ籊柵取設ケサル

モノハ他人ノ漁魚採藻等ヲ拒ムノ權ナキモノトス

第五條　右年期明ニ至リ原形ニ復セサルモノハ又十年以内ノ年期ヲ繼キ猶依然タルモノハ付與スル處ノ券狀ヲ還納セシメ荒地ノ名稱ヲ除去シ全ク川海湖地（即チ官有）ニ歸スルモノトス且此布告以前ニ係ル川海湖水成等ノ荒地ハ本年ヨリ（地租改正既濟ノ府縣ニテ荒地年期ヲ定メアルモノハ其時ヨリ）起算シ本條ニ據リ處分スヘキモノトス

第六條　池成ノ荒地年期明ケニ至リ假令原形ニ復セサルモ水草魚鳥等ノ收利アルモノハ其利益ニ應シ地價ヲ定メ生地ニ組換ヘ池ト稱スヘシ

第七條　荒地年期中竹木萱葭ノ類自然ニ生立多少利益アル者ハ年期明ノ際ヨリ藪林萱生地等ノ部分ニ組換フヘキモノトス

第八條　荒地年期明ニ至リ起返ルモノハ荒地起返一筆限帳（荒地一筆限帳ノ體裁ニ準ス）並ニ荒地起返繪圖（荒地繪圖ニヨリ之ヲ製シ該地ニ接續スル從來ノ生地ト起返地及ヒ猶荒地ニテ殘ルモノアレ

ハ一々明瞭ニ色分チナサシムヘシ）ヲ出サシメ畝ヲ建サセ一筆限リ耕地ノ分ハ畦畔ヲ除キ更ニ實地ヲ丈量シ該地ニ接續スル從來ノ生地及ヒ猶荒地ニテ殘ルモノアレハ之ヲ地券臺帳荒地帳面等ニ照シ綿密撿査ヲ經起返反別ヲ定メ而シテ地價ヲ調査スヘキモノトス

第九條　免税年期明ニ至リ其實況直ニ原地價ニ復シ難キモノハ五割以内ノ減額ヲ以テ更ニ五ケ年以下低税年期ヲ付シ其期明ニ至リ原地價ニ復スヘキモノトス（本條以下三條十五年第六號布告追加）

第十條　低税年期明ニ至リ尙原地價ニ復シ難キモノハ近傍ノ地ニ比準シ更ニ相當ノ地價ヲ付スヘキモノトス

第十一條　免税年期明ニ至リ地目變換セルモノハ現地目ニ組替ヘ近傍ノ地ニ比準シ相當ノ地價ヲ付スヘキモノトス

○明治十八年八月大藏省第四拾九號達

民有地々價租額ニ關スル處分左ニ掲クルモノハ今後委任條例規ニ準據シ處分濟ノ後左ノ雛形ニ倣ヒ取調屆出ヘシ

開墾地鍬下年期明及年期ヲ要セサルモノ

荒地免租低價年期明

地目變換

官有地拂下及無代下渡

右四項ハ一回ノ調査一町村内其段別一類地壹町歩未滿ニ類地五町歩未滿ノ地價租額ヲ査定スルヿ

免稅地稅換及畦畔廢除有租地成

改租以前ノ開墾地鍬下繼年期有租地成

右二項ハ段別ノ多寡ニ係ハラス地價租額ヲ査定スルヿ

畦畔新設

右ハ歩數ノ多寡ニ係ハラス其地價租額ヲ除却スルヿ

地租增減ニ係ル伺届ハ左ノ期限表ニ據リ進達スヘシ

但該期限ニ伺届ノ事項ナキ時ハ其旨主稅局ヘ報道スヘシ

右相達候事

開墾地荒地地目變換等ノ處分伺届ハ十七年四月五日當省達地租條例取扱心得書ノ雛形ニ準シ調製スヘシ

△印ハ朱

一地目中賦租起月ノ異ナルモノ毎ニ之ヲ列記スヘシ
一拂下下渡其事故アルモノハ其旨腹書ニ詳記スヘシ
一委任制限段別以上ノ伺書モ此式ニ倣ヒ調成スヘシ
一二郡區以上ニ渉ルモノハ一郡區ノ式ニ倣ヒ毎種目地目限リ（一地目中月割ノ區分及腹書ヲ要セズ）ノ總計ヲ付スヘシ

明治何年（自何月至何月）地租賦課屆

何國何郡（區）

種目	拂下		下渡何々			合計
地目	田	田	山林	畑	郡村宅地	
段別						
地價						
地租						
△同乘算過不足						
該地處分主務省伺屆濟月日	何省伺濟何月何日	同上	何省伺濟何月何日	何々	何々	
賦租ノ月割　起月	何月	同上	何月	何月	何月	
賦租ノ月割　地租						
△同乘算過不足						
翌年ニ渉ル地租						

△是ハ何々（事故詳細記載）ノ事由ニ依リ拂下候分

△是ハ、、、、、、、

△是ハ何々（事故詳細記載）ノ事由ニ依リ下渡候分

右者明治何年何月ヨリ同何月マテ有租地成ノ分例規ニ照シ地位適當ノ價格ヲ査定シ本年ヨリ賦租ノ儀處分濟ニ付何年地租表ヘ編入可致候此段及御屆候也

年　月　日

府縣　知事令　印

大藏卿　宛

嘗テ委任セシ地租免除處分ト今回委任スル畦畔新設除租處分トヲ束ネテ此雛形ニヨリ調製スヘシ

明治何年自何月至何月地租免除屆

何國何郡(區)

種目	道路成			
組換地官民有區分	官有田	民有田	官有畑	民有
原地目				郡村宅地
段別				
地價				
地租				
△同乘算過不足				
該地處分主務省伺屆濟月日	何月何日何省伺(屆)濟	同上	、、	何月何日何省伺(屆)濟
免除租月ノ起月	何月組換	何月工事着手	、、	、、
月割地割				
△同乘算過不足				
翌年ニ涉ル地租				

一地租賦課屆ノ凡例第一項第四項ニ準シ調製スヘシ

一學校敷地成ハ其原地目ノ市街宅地郡村宅地ナルモノヲ除クノ外ハ組換タル段別及ビ更定地價ヲ朱字掲記スヘシ尤一郡區ノ合計ヘハ其段別地

價ヲ加算スルニ及バス

民有原野	民有何々	市街宅地	公立學校地成		畦畔新設	何々		合計
民有	民有							／
原野	何々	市街宅地	原野		田	何	何	／
				△改何程 内外之丈量増減 但郡村(市街)宅地				
				△何程				
								／
		／	／	／	／	、 、	、 、	／
同上	、 、		／		、 、	、 、	、 、	／
、 、	、 、	何月建設						

右者明治何年何月ヨリ同何月マデ地租免除處分濟何年地租表減除ノ分表面ノ通ニ有之候此段及御屆候也

年　月　日

府縣知事令　印

大藏卿宛

地租ニ關スル伺届書進達期限

種類

- 拂下地、下渡地 ― 有租地成賦租伺届
- 免租地組替及畦畔廢除
- 官有地成、河川敷成、公立學校敷地成、郷村社地成、墳墓地成、用惡水路溜池堤塘井溝敷成、公衆ノ用ニ供スル道路敷成、畦畔新設 ― 免除租届
- 開墾地鍬下年期、荒地免租年期、同再荒年期 ― 伺届

調査區分	申牒類府縣發遣期限
第一回 自一月至三月	四月二十日限
第二回 自四月至六月	七月二十日限
第三回 自七月至九月	十月二十日限
第四回 自十月至十二月	翌年一月二十日限

地目變換地價修正伺届	春期検査済 秋期検査済	六月三十日限 十二月二十日限
開墾地鍬下繼年期附與 同鍬下年期明賦租 同年期廢止（改租以前ノ開墾地鍬下繼年期有租地成賦租） 荒地免租繼年期附與 同年期明賦租 同低價賦年期附與、 同低價年期明賦租 同免租年期明官有川海湖成 伺届	一箇年分	六月三十日限
分合筆地段別租額増減届	一箇年分	翌年一月二十日限

一此表ニ列記セシ種類ノ外ハ其時々進達スヘシ
　但申牒書ハ賦除租届ノ標式ニ準シ一紙ニ取束テ調成スヘシ
一經伺ノ上處分スヘキモノヽ內拂下地及ヒ開墾地ノ類ニシテ都合ニ依リ至急ヲ要スルモノハ此期限ニ拘ハラス其時々廉限リ伺出ヘシ

○第二欵　賣買讓渡

第一節　公用土地買上規則

○八年七月第百三十二號達

第一則　公用土地買上トハ國郡村市ノ保護便益ニ供スル爲メ院省使廳府縣ニ於テ人民所有ノ土地ヲ買上ルヲ云フ

但國郡村市ノ保護便益ニ供スル爲メ人民ニテ鐵道電信線上水等ノ大工ヲ起ス時ハ其事業ニヨリ特別官許ノ上此規則ニ準スルヲ得ヘシ

第二則　公用土地買上ハ必ス其地ヲ要セサルヲ得サルニアラサレハ之ヲ行ハサルモノトス故ニ人民之ヲ拒ムヲ得ス

但其地ニ屬シタル植物建造物等モ亦本文ニ同シ

第三則　院省使ニテ公用土地買上ヲ要スル時ハ左ノ事由ヲ内務省ニ照會シ内務省ヨリ地方官ニ諮詢シテ差支ナキ旨ノ回答ヲ得タル上該廳ヨリ太政官ニ上陳シ允裁ヲ得ルモノトス

廳府縣ニテ公用土地買上ヲ要スル時ハ左ノ事由ヲ具狀シテ内務省

ニ稟請シ內務省ヨリ太政官ニ上陳シ允裁ヲ得ルモノトス

内務省ニ照會又ハ稟請ス可キ事由左ノ如シ

一土地ヲ買上ルノ事由

一該地ヲ必需スルノ事由

某管轄國郡村市

一該地ノ番號

一該地ノ字

一該地ノ地種

一該地ノ地主

一東西何程南北何程

一方積何程

但該地ノ實測圖ヲ添フル者トス實測圖ハ近傍ノ地形ヲ略記スヘシ

第四則　公用ノ爲メ買上ル地價ハ劵面ニ記シタル代價タルヘシ然レ圧地價相違ヲ生セシ時ハ所有者ト買上ヘキ該廳トノ商議ヲ以テ代

價増減スルコアルヘシ

（明治八年九月十五日達第百六十號ヲ以テ本則ヘ左ノ通但書ヲ増補ス）

但明治五年二月十四日以前潰地又ハ用地申付爲手當作德米等ヲ渡シ來リタル土地ハ同年ヨリ同七年迄三ケ年ノ貢納石代平均ノ價ヲ以作德米七ケ年半ノ金額ヲ一時ニ下渡シ買上ルモノトス

第五則　買上ヘキ土地ニ屬シタル植物建造物等ヲ併セテ買上ル卄ハ地價ノ外別ニ植物建造物等ノ代價ヲ渡スヘシ其代價ハ所有者ト買上ヘキ該廳トノ協議タルヘシ

第六則　買上ヘキ土地ニ屬シタル植物建造物等ヲ買上ケサル卄ハ地價ノ外別ニ植物建造物等ノ轉移料ヲ渡スヘシ轉移料ハ所有者ト土地ヲ買上ケタル該廳ト協議タルベシ

第七則　土地ヲ買上ヘキ該廳ハ植物建造物等ヲ買上クルコヲ要セストト雖圧人民植物建造物等ヲ併セテ買上ンコヲ求ムル卄ハ第五則ノ通タルヘシ

第八則　土地植物建造物等ノ買上代價及轉移料ノ見込所有者ト該廳ノ間ニ許多ノ差違ヲ生シ熟議ニ至リ難キ𪜈ハ雙方ヨリ評價人各一人ヲ出シ地方官之ヲ折衷シテ內務省ノ決ヲ請ヒ之レヲ定ムルモノトス

第九則　地方官土地及ヒ植物建造物等ノ買上ヲ公達シタル𪜈ハ直ニ買上代價ヲ渡スヘシ

第十則　人民買上代價ヲ受取タル𪜈ハ買上ラレタル土地植物建造物等ヲ三十日以內ニ渡スヘシ然レ𪜈買上前ニ該廳ト別段ノ契約ヲ結ヒタルハ特別トス

（明治十五年十二月八日達第六十四號ヲ以テ第十一則第十二則ヲ追加シ而シテ明治十六年十一月十日達第五十號ヲ以テ第十一則ヲ改正ス乃チ左ノ如シ）

第十一則　土地買上ノ際事業ノ急施ヲ要スル𪜈ハ特ニ其旨ヲ所有者ニ達シ三十日以上ノ期日ヲ定メ代價ヲ申出シムヘシ其期日迄ニ代價ヲ申出サルカ又ハ代價ニ付双方見込相協ハサル𪜈ハ更ニ建物ア

ル地ハ三十日以上建物ナキ地ハ十日以上ノ期日ヲ定メ其期日迄ニ之ヲ引渡スヘキ旨ヲ達スヘシ但各其期日内ニ双方共現在ノ實況及ヒ其見込ノ代價ヲ詳記シ評價人ノ意見書ヲ添ヘ地方官ノ認印ヲ受置クヘシ

第十二則　第十一則ノ塲合ニ於テハ所有者ノ請求ニヨリ土地ニ付テハ券面地價十分八ノ金額建造物等ノ移轉料又ハ代價ニ付テハ假定ノ金額地方官實況ニヨリ之ヲ定ムヲ渡置キ代價決定ノ上精算スヘシ

第二節　土地賣買讓渡規則

○十三年十一月第五十二號布告

第一條　凡ソ所有ノ土地ヲ賣渡シ又ハ讓渡サントスル者ハ(賣買讓渡)証文ニ地劵ヲ添ヘ其地ノ戸長役塲ニ差出シ奧書割印ヲ受ケ之ヲ買受人又ハ讓受人ヘ附與スヘシ

但一筆ノ土地ヲ分割シテ奧書割印ヲ受ケントスル者ハ其分界及ヒ坪數等ヲ詳記シタル圖面ヲ添テ差出スヘシ

第二條　戸長役塲ニ於テハ豫メ土地賣買讓渡奧書割印帳ヲ備置キ奧

書割印ヲ請フモノアレハ地所質入書入與書割印帳ヲ見合セ登記ナキニ於テハ(賣渡讓渡)證文ニ與書割印ヲナスヘシ

第三條　買受人又ハ讓受人(賣渡讓渡)證文ノ領收スルトキハ地劵(書換裏書)願書ニ双方連印ノ上地券ヲ添ヘ戸長役塲ヲ經テ管轄廳ヘ差出スヘシ

第四條　第一條ノ手續ヲ以テ其土地所有權ヲ移轉スルコヲ得ルト雖モ地租並ニ地方税ハ地劵ニ記載セル姓名ノ者ヨリ之ヲ徵收スヘシ

但シ地券紛失ノ際下附願出ルモ亦地劵ニ記載セル姓名ノ者タルヘシ

第五條　死亡者失踪者ノ家督相續若クハ遺産相續及ヒ離縁戸主ノ家督相續ニ由リ土地ヲ讓受ケタル者ハ親族(親族ナキモノハ近隣ノ戸主)ト連印ノ上戸長役塲ヲ經テ地券(書換裏書)願書ヲ管轄廳ヘ差出スヘシ若シ家督相續又ハ遺産相續ノ日ヨリ六ケ月以内ニ戸長役塲迄之ヲ差出サヽル者ハ證印税五倍ノ科料ニ處ス

但シ本條期限内ニ地劵(書換裏書)願書ヲ差出ス能ハサル事由ア

リテ之ヲ屆出ル者ハ此限ニアラス

第二節ノ二　土地分割取扱手續

〇十五年一月第二號布達

明治十三年（十一月）第五十二號布告土地賣買讓渡規則第一條但書ノ儀ニ付左ノ取扱手續ヲ定ム

土地分割取扱手續

第一條　賣買讓渡等ノ爲メ一筆ノ土地ヲ分割シテ奧書割印ヲ受ケ地劵書換ヲ請ハントスル者ハ境界ヲ明瞭ニシテ其反別ヲ正シ地位ノ優劣ニヨリ全筆ノ地價ヲ分配シ其書面ヲ戸長役場ニ差出スヘシ

第二條　戸長ハ實地ヲ撿シ不都合ナキ片ハ奧書割印ヲ爲シ若シ反別實價配分上不適當ノ者アリト認ムル塲合ニ於テハ其旨ヲ說諭シ願人承服セサル片ハ其意見ヲ付シ郡區役所ヲ經テ管轄廳ニ具申スヘシ

第三條　該廳ニ於テ前條ノ具申ヲ受ル片ハ更ニ實地ヲ審査シ分界ヲ撿シ坪數地位ニ適スル地價ヲ定メ其旨本人ニ申達シ奧書割印ヲ受

クルノ手續ヲナサシムヘシ
但賣買讓渡ニアラスシテ自己ノ都合ニヨリ一筆ノ土地ヲ分割スルモ前條々ノ例ニヨルヘシ

第三節　外國人ヘ對スル賣買質入書入

○五年四月第百二十四號布告
御國內一般地所ノ儀銘々所持ノ分タリ𪜈外國人ヱ對シ賣渡候儀ハ勿論金銀取引ノ爲メ地所又ハ地券等質入書入致シ候儀ハ決テ不相成候條末々ノ者ニ至ル迄心得違無之樣各管內無遺漏可觸示事

第四節　社寺領賣買質入者處分

○九年五月第六十六號布告
明治三年(十二月)社寺領現境內ヲ除クノ外上地ノ儀布告候處朱黑印除地上地ノ中內實ハ賣買又ハ質入ト相成候者モ有之哉ノ趣不都合ノ至ニ候得共此布告以前ニ係ル者ハ特別ノ詮議ヲ以テ其罪ヲ問ハス更ニ民有地トナシテ差支無之分ハ賣買地ハ買德者ヘ流質地ハ質取主ヘ其儘無代價ニテ下渡シ質地年限中ノ分ハ請返シ上地セシムヘク若シ

此布告以後ニ係ル者ハ律ニ照シ處分スヘク候條此旨布告候事

○第三欵　地劵

第一節　地劵證印税則

○十四年五月第三十號布告

地劵證印税左ノ通リ改正明治十四年七月一日ヨリ施行シ從前ノ証印税則ハ同日ヨリ廢止候條此旨布告候事

證印税則

地劵ニ記セシ	劵狀一通ニ付
金高十圓未滿	三錢
金高(拾圓以上貳百圓未滿)	千分ノ五 即十圓ニ付五錢
金高(貳百圓以上五百圓未滿)	壹圓
金高(五百圓以上千圓未滿)	壹圓二十五錢
金高(千圓以上貳千圓未滿)	壹圓五十錢
金高(貳千圓以上五千圓未滿)	貳圓五十錢
金高(五千圓以上壹萬圓未滿)	三圓七十五錢

金高（壹萬圓以上）　　　五圓

左ニ揭クル者ハ劵面代價ノ無有ニ拘ラス劵狀一通ニ付三錢トス

代換授與並ニ水火盜難ニヨリ地劵書換

荒地其他無代價地劵授與書換

荒地起返及ヒ開墾鍬下年季明其他一筆地ヲ數筆ニ分裂數筆地ヲ一筆地ニ合併等ニテ所有主變換セサル地劵書換

第二節　地劵申請

○八年六月第百六號布告

明治七年（十月）第百四號布告左ノ通改正候條此旨布告候事

地所賣買致シ候節代金請取ノ證文有之共地劵申請ケサレハ買主ニ其地所々有ノ權無之候條規則之通地劵書換可申請事

第三節　地劵書替手續

○八年十月第百五十三號布告

家督相續或ハ贈遺等ニ由テ地所讓受候節地劵書換手續左ノ通相定候條此旨布告候事

第一條

一生存者ノ家督相續ニ由リ及ヒ總テノ贈遺（親族他人ニ拘ハラス生存及ヒ遺囑ノ贈遺ヲ云フ）ニ由テ讓受クル地所ハ其地券書換不申受者ハ本年（六月）第百六號布告ニ據リ處分可致事

第二條

一死亡者ノ跡家督相續ニ由テ讓受タル地所ハ其讓受タル日ヨリ滿六ケ月ヲ過キ地劵書換ヲ不申受者ハ其地劵一通ニ付證印稅（地劵書換證印稅）五倍ノ科金取立地劵書換可相渡事

第四節　地劵書替ノ訴件ニ關スル裁判確定

○十六年二月第七號大藏省達

地稅不納及ヒ賍金追徵民事身代限等凡ソ法律上公賣處分ヲ經タル地劵書換ノ訴件ニ付該裁判確定シタルモノハ地劵書換願書ハ舊所有者ノ連署ヲ要セス候條買受人若クハ權利者ヨリ其證左ヲ添付シ戶長奧印ノ上出願候ハヽ書換下付シ舊所有者所持ノ地劵ハ無効ノ旨命令シ

テ還納セシムヘキ儀ト心得ヘク此旨相達候事
但シ從前ノ達指令等本文ニ抵觸候分ハ廢止トス

○第二章　森林

第一節　斫伐停止

○十七年二月第三號布達
明治十五年(二月)第三號布達左ノ通改正ス
民有森林ノ中水源ヲ養ヒ土砂ヲ止メ又ハ風潮ヲ防キ頽雪ヲ支フルノ類國土保安ニ關係アル箇所ニシテ漫ニ其樹木ヲ斫伐シ礦物土石ヲ堀採セハ他ニ障害ヲ及ホスコト不尠ニ付是等ノ箇所ハ實地ノ景狀ニヨリ其事業ヲ停止セシムルコトアルヘシ

第二節　部分木仕付條例

○十一年三月內務省甲第四號布達
植林ノ儀ハ最モ方今急務ニ付今般部分木仕付條例別紙ノ通施行候條其趣旨體認從事候樣可致此旨布達候事
(別紙)　部分木仕付條例

第一條　樹木ナキ官有ノ山野官ニ於テ差支無之時ハ人民ノ願ニ依リ之ヲ貸渡シ地味ニ適當セル木種ヲ植挿セシメ其幾分ヲ官納シ自ラ其幾分ヲ收メシム之ヲ名ケテ部分木ト云

但官林伐木跡ト雖モ從前部分ノ慣行有之个所ハ本文ニ準スルヲ得ヘシ

第二條　第一條ノ趣旨ヲ以テ官地ヲ拜借セントスルモノハ先ツ該所ノ反別ヲ測量シ地味ノ適否ヲ審査シ別紙第一號書式ニ照ラシ地方廳ニ願出ヘシ

第三條　前條ノ場合ニ於テハ地方廳ニ於テ官吏ヲ派遣シ巡視點撿事實相違ナキ時ハ之ヲ聞屆ケ別紙第二號書式ニ傚ヒ貸地券狀ヲ下ケ渡スヘシ

第四條　樹木部分ノ方法ハ運輸ノ便否地味ノ善惡人民希望ノ厚薄ニヨリ二官八民（假令ハ百本ノ立木ナレハ二十本ヲ官收シ八十本ヲ人民ニ付與スルヲ云フ）ヨリ以上實際適宜ニ之ヲ區分スヘシ　（同年六月甲第二十號改正）

第五條　第四條ニ掲クル所ノ部分方法ハ成木ノ上立木ノ儘分配スルアリ又ハ伐木ノ節官民於テ各評價人ヲ出シ總計金額ヲ豫算シ金員ヲ以テ配賦スルアリ共ニ官民協議ノ上適宜ニ之ヲ定ムルモノトス

但不得止事故アツテ官ニ於テ該地入用ノ節ハ相當代價ヲ以テ其民有ニ當レル樹木ヲ買上クヘシ

第六條　地方廳ニ於テハ臺帳ヲ製シ毎年人民ヘ貸渡シタル地所反別(植付挿付)木種員數及拜借人ノ住所姓名共詳細取調前年十二月迄ノ分翌年一月限リ内務省地理局ニ屆出ヘシ

第七條　官ハ地所ノ貸渡料ヲ取立サルヘシ拜借人ハ植挿養護ヲ擔任スルモノトス

第八條　植挿ノ後樹木成育スルニ隨ヒ手入伐木セントスルトキハ前以テ地方廳ニ願出ヘシ地方廳ニ於テ實地點撿不都合ナキモノハ是ヲ許可シ芟除ノ樹木ハ悉ク仕立主ニ下付スヘシ而シテ臺帳ニ就キ其芟伐セシ木數ヲ削除シ其翌年一月限リ遺漏ナク内務省地理局ニ屆出ツヘシ

但十五年以後ニ至リ扳伐スル木品ハ最初ノ約束ニ基キ各之ヲ配附スヘシ

第九條　地所拜借願濟ノ上ハ四至境界ヲ正シ四隅ヘ左ノ通仕立主ヲシテ標木ヲ建設セシムヘシ

何（府縣）下何國何郡何（町村）字何四至境界

第何號幾官幾民部分木反別何程

裏

仕立主何郡何町村

何年何月（植付挿付）　何　ノ　誰

第十條　仕立主ノ都合ニヨリ其部分木仕付ノ權ヲ他ニ讓渡サント欲スル件ハ其事實ヲ詳記シ地方官ニ願出ツヘシ地方廳ニ於テハ實際不都合ナキモノト認ムルトキハ證劵ニ裏書シテ下渡シ追テ內務省地理局ヘ屆出ツヘシ

但本文ノ樹木ヲ書入質入セント欲スル件ハ明治七年第六號公布ノ手續ニ準據シ所戶長ノ撿認ヲ受クヘシ

第十一條　借地反別ハ豫メ其制限ヲ定メスト雖モ其植栽見込ノ員數

ニ對照シ相當ノ地積ヲ貸付スルモノトス

但植立員數ノ都合ニヨリ廣大ノ地積ヲ要シ一時植揷ヲ爲シ得サル場合ニ於テハ三ケ年以內ノ期限ヲ以テ追次其植繼ヲ許スヘシ然レ𪜈三ケ年ヲ過ギ猶其植揷未了ノ地ハ返付セシムヘシ

第十二條　一時植立並追次植繼ニ拘ラス實地植立濟ノ上ハ其旨地方廳ニ屆出之レカ撿査ヲ受クヘシ

（雛形略ス）

第二節ノ二　森林諸收入金上納順序

○明治十八年七月農商務省達第貳拾九號別册

森林諸收入金上納順序

第一條　森林ニ係ル諸收入ハ總テ當省ヘ送納スルモノトス

第二條　府縣廳ハ各年度所屬ノ收入金ヲ豫算シ第壹號書式ノ明細書ヲ調製シ前年度五月五日迄ニ其地ヲ發シ當省ヘ差出スヘシ

第三條　收入金ハ納人ヨリ第貳號書式ノ納金證書ニ現金ヲ添エ國庫金取扱所ヘ預ケ入レ其領收ノ證印ヲ得テ之ヲ府縣廳（本人ヨリ直チニ府縣廳ヘ上

納ノ分）若シクハ郡區役所（郡區役所ヲ經テ上納ノ分）ヘ上納セシムヘシ

第四條　郡區長ニ於テ納金證書ヲ得タルトキハ三日以內ニ之ヲ府縣廳ヘ送納スヘシ

第五條　府縣廳ハ郡區長若シクハ納人ヨリ上納シタル納金證書ヲ一旬日每ニ取纏メ之ニ第三號書式ノ上納證ヲ添ヘ五日以內ニ當省ヘ送納スヘシ

第六條　當省ニ於テ上納金ヲ領收シタルトキハ直チニ第四號書式ノ領收證書ヲ交附シ調查濟ノ上第五號書式ニ據リ報告スヘシ

第七條　府縣廳ニ於テ納金證書送納以前過誤納ヲ發見シタルトキハ其現金預ケ入レノ月日納人ノ姓名等ヲ國庫金取扱所ヘ通知シ納金證書ハ納人ニ下戾シ現金ヲ受取ラシムヘシ

第八條　納金證書送納後過誤納ヲ發見シタルトキハ其事由項目金員領收證及報告書番號等（送納中ノモノハ上納證番號及金額）ヲ詳記シ下戾方ヲ申出ツヘシ

第九條　收入豫算ノ增減ハ第六號書式ノ報告書ヲ調製シ翌月三日迄

ニ其地ヲ發シ當省ヘ差出スヘシ

第十條　該年度所屬ノ收入金ヲ完納シタルトキハ直チニ第七號書式ノ皆濟帳ヲ調製シ當省ヘ差出スヘシ

第十一條　該年度所屬ノ收入金皆濟期限迄ニ若シ收入ニ至ラサルモノアルトキハ第八號書式ノ未納仕譯書ヲ調製シ皆濟期限後五日以內ニ其地ヲ發シ當省ヘ差出スヘシ

第壹號書式　（用紙美濃十三行罫紙袋綴トナシ表裏綴目ヘ契印スヘシ）

年號何年度

森林諸收入豫算明細書

但紙數何枚（表紙ヲ除ク）

何　府縣

△印ハ朱書

何　府縣

△標準額金　（前々年度以前三ヶ年度實收平均額）

△前年度預算額金

（收入科目表ニ據リ此例ニ倣ヒ列記スベシ）

一金（項ノ金員ハ圓位ニ止ムヘシ）　森林收入

但標準額ニ比シ金何圓ヲ增（減）
前年度豫算額ニ比シ金何圓ヲ增（減）　（以下倣之）

內譯

△標準額金
△前年度豫算額金

金　林地貸附料

但標準額ニ比シ金何圓ヲ增（減）セシハ何々ノ事故ニ由ル（增減ヲ生セル事由ヲ詳記スヘシ以下倣之）

前年度豫算額ニ比シ金何圓ヲ增（減）セシハ何々ノ事故ニ由ル

（同上）

內

金　樹林地貸下料
但反別何反步
竹林地貸下料
但反別何反步

△標準額金
△前年度豫算額金

一金　官有物拂下代

但　內譯

△標準額金
△前年度豫算額金

金　物品拂下代

但　內

金　盜伐木何程拂下代

金　何々

△標準額金
△前年度豫算額金

合計金

但標準額ニ比シ金何圓ヲ增（減）セシハ何々ニ由ル（增減ヲ生スル事由ノ大要ヲ記載スヘシ）

前年度豫算額ニ比シ金何圓ヲ增（減）セシハ何々ニ由ル（仝上）

右ハ年號何年度森林諸收入豫算書面之通有之候也

年號年月日

農商務卿宛

何府縣長官名印

第一號書式附屬

収入科目表

森林諸収入科目表

欵	項	目	細目
農商務省	森林収入	林地貸下料	樹竹林地年期一時貸下料共
		林地拂下代	樹竹林地
		木竹拂下代	「枯損木竹共」立木竹、建築用木竹、電信測量其他障碍木竹雜木年賦拂下代共
		雜種物拂下代	「土石其他下草等各種副産物」小木竹、末木、根株、桑、楮、茶、櫨、枝葉、木皮、秣、鼓、萱、菌、筍、藍、樹實、蔓草、落葉、防風、氷取料、鳥獸、其他雜品年期一時拂下代共
	官有物拂下代	物品拂下代	「一年賦収納ノ分及官林盜伐誤伐擅伐木賣却代共」森林盜伐誤伐擅伐木違約引揚木等賣却代及不用品拂下代共

辨償金
官林濫伐擅伐森林誤伐擅伐及漫用雜種辨償金年賦收納ノ分共
及漫用辨償金他損害要償ノ類共
違約金
雜收入
盜難品賠償金「盜伐木賠償金共」年賦收納ノ分共
過年度收入

第二號書式（用紙適宜 竪四寸五分 横三寸五分位）

一金何程〇……國庫金取扱所預リ證印……（
但何々
右現金何月何日何地國庫金取扱所ヘ相預ケ上納候也
年號年月日
何府縣何郡區何町村何番地
納人何ノ誰印

第三號書式ノ甲（用紙美濃輪廓紙）

（處分濟届出ノ一冊牒毎別紙ニ調製スルモノトス但一冊牒中ノモノヲ幾回ニ分割調製スルモ妨ケナシ此所貸渡雜產物年期拂下土石堀採ニ限リ次回以後ノ納金ニ係ルモノハ數冊牒ヲ合併調製スルモ妨ケナシト雖モ此場合ニ於テハ臨時拂下ニ係ルモノト別紙ニ調製スベシ）

第何號

證

年號何年度
森林收入

一金

但納金證書何葉并仕譯書何通

內譯

金　林地貸下料

金　林地拂下代

金　木竹拂下代

金　雜種物拂下代

右上納候也

年號年月日

何府縣 長官名印

農商務卿宛

第三號書式ノ甲附屬　(用紙美濃十三行罫紙)

年號何年度森林收入仕譯書

林地貸下料

一金

細目	樹(竹)林地
金員	
數量	何町何反歩
地名	何國何郡何村字何何等官林(林地)
事由	何年何月何日何號ヲ以テ年(月)期貸下伺(繼年期或ハ名前替許可ノ件ハ其事由詳記スヘシ)何年何月何日何號ヲ以テ御許可 何年何月ヨリ何ケ年(月)何年何月マテ期貸下ノ儀何年何月何日何號處分濟何年何月何日何號ヲ以テ御屆ノ分 何ケ年間貸下料合金何程 但一ケ年分金何程第何回 (無年期貸下ノモノハ但書中何ケ年間貸下合金何程第何回分ノ數字ヲ除ク) (納人及種類ノ異ナル毎ニ別項ニ列記スヘシ)
納人住所姓名	何國何郡何町何區何村何ノ誰(外何人)

右之通有之候也

年號年月日

何府縣

第三號書式中ノ付屬（用紙美濃十三行罫紙）

年號何年度森林收入仕譯書

一金　　林地拂下代

內譯

例	細目	金員	數量	地名	事由	納人住所姓名
（地所一時拂下ノ例）	樹（竹）林地拂下		何反歩	何國何郡何村字何何等官林	何年何月何日何號ヲ以拂下方伺何年何月何日何號ヲ以テ御許可何年何月何日處分濟何年何月何日何號ヲ以テ御屆ノ分（府縣限リ處分スルモノハ處分ノ年月日屆出ノ年月日番號ヲ記載スヘシ）	何國何郡區何町村何ノ誰
（還禄首ヘ拂下正金上納ノ例）	樹（竹）林地		何反歩	何國何郡何村字何々等官林	但一反（一坪）ニ付金何程 數ケ所ヲ合シ或ハ數反歩ニ付金若干ヲ以テ拂下タルモノハ殊更ニ平均シテ一個當リヲ掲クルニ及ハス他ノ書式中此類皆同シ 事由（前項一時拂下ノ例ニ全シ） 但此相當代價金何程 此半價金何程 此九ケ年一割利引	何國何郡區何町村

右之通有之候也

年號年月日　何府縣

第三號書式甲ノ附屬　（用紙美濃十三行罫紙）

年號何年度森林收入仕譯書

一金　木竹拂下代

內譯

細目	金員	數量	地名	事由	納入住所姓名
立木竹（枯損木竹）		何本	何國何郡何村字何何等官林	事由（林物拂下ノ例ニ據リ木種員數等詳記スヘシ）	何國何郡區何町村
（年賦拂下ノ例）拂下立木（損木何々拂下）		何本	何國何郡何村字何何等官林	何年何月何日何號ヲ以テ何木何本高金何圓ヲ以テ何年（月）賦拂下方何年何月何日何號ヲ以テ御許可何年（何月）ヨリ何年（何月）迄何ケ年（月）賦ヲ以テ一ケ年（月）金何程（末年ハ金何程）上納ノ義何年何月	何國何郡區何町村

何日處分濟何年何月何日
何號ヲ以テ御届ノ分何年
(月)分納第何回ノ年(月)
賦金
何年何月迄年(月)賦金上
納濟殘金何程尚何年(何
月)一ヶ年(月)金何程
(未年ハ金何程)何ヶ年賦割替
ノ義何年何月何日何號ヲ
以テ伺何年何月何日何號
ヲ以テ御許可
何年何月何日處分濟何年
何月何日何號ヲ以テ御届
分何年(月)分納第何回ノ
年(月)賦金、
但壹本ニ付金何程
外金何程
但何年(月)ヨリ何年
(月)マテ第何回分上
納濟
(以下種類ヲ異ニスルモ
ノハ一々別記スヘシ)
(以下各仕譯書モ亦同
シ)

右之通有之候也

年號年月日

何府縣

第三號書式甲ノ付屬

年號何年度森林收入仕譯書

一金　　雑種物拂下代

內譯

細目	金員	數量	地名	事由	納人住所姓名
(土石借區ノ例) 何土(石)料		何千坪 何坪(切)	何國何郡何村 字何何等官林	何年何月何日何號ヲ以テ土(石)掘取ノ儀伺(繼年期或ハ名前換許可ノトキハ其事由ヲ詳記スヘシ) 何年何月何日何號ヲ以テ御許可何年何月ヨリ何ケ年何月マテ年期掘取リノ儀何年何月何日處分濟何年何月何日何號ヲ以テ御届ノ分 但何ケ年間掘取リ料合金何程 此土(石)何坪(切)但壹坪(切)ニ付何程以下前項ニ仝シ	何國何郡何區何町何村 何ノ誰
(年期ヲ以テ下草等拂下ノ例) 下草(落葉芝草其他何々)年期拂下		何反歩 何束(何把)	何國何郡何村 字何何等官林	何年何月何日何號ヲ以テ草(落葉何々)年期拂下何	何國何郡何區何町何村 何ノ誰

（繼年期或ハ名前替許可ノ件ハ其事由ヲ詳記スヘシ）

何年何月何日何號ヲ以テ御許可何年ヨリ何ヶ年期拂下ノ義何年何月何日處分濟何年何月何日何號ヲ以テ御届ノ分

何ヶ年間拂下代合金

何程

但一ヶ年分金何程第何回分

（無年季拂下ノモノハ但書中何ヶ年間拂下合金何程第何回分ノ數字ヲ除ク）

右之通有之候也

年號年月日

何府縣

第三號書式ノ乙

（用紙美濃輪廓紙）

第何號

（處分濟届出ノ一申牒毎別紙ニ調製スルモノトス尤モ一申牒中ノモノヲ數回ニ分割調製スルモ妨ケナシ）

（以下丙丁號モ亦同シ）

證

一金

年號何年度

官有物拂下代

但納金證書何葉幷仕譯書何通

内譯

金　　　　物品拂下代

右上納候也

年號年月日　　　　何　府縣　長官名印

農商務卿宛

第三號書式乙ノ附屬（用紙美濃十三行罫紙）

年號何年度官有物拂下代仕譯書

一金　　　　物品拂下代

内譯

細目	金員	數量	地名	事由	納人住所姓名
盜（擅 誤）伐		何　本	何國何郡何村字何々等官林	何年何月何日拂下濟ノ分何年何月何日第何號ヲ以テ御屆ノ分 但一本（尺〆一本一束一把）ニ付金何程	何國何郡區何町村何ノ誰
木拂下		何束			
		何把			

右之通有之候也

年號年月日　　何府縣

第三號書式ノ丙　（用紙美濃輪廓紙）

第何號

證　　年號何年度

一金　　辨償金

但納金證書何葉幷仕譯書何通

內譯

金　　官林誤伐擅伐及漫用辨償金

金　　違約金

右上納候也

年號年月日　　何府縣長官名印

農商務卿宛

第三號書式丙ノ附屬　（用紙美濃十三行罫紙）

年號何年度辨償金仕譯書

一金　　官林誤伐擅伐及漫用辨償金

内譯

細目	金員	數量	地名	事由	納人住所姓名
誤（拂）木（濫用）辨償金		何本（何束何把）	何國何郡何村字何何等官林	何年何月何日辨償處分濟何年何月何日第何號ヲ以テ御届ノ分 但一本（尺〆一本一束一把）ニ付金何程 （辨償金等年月賦上納許可ノ分ハ森林收入木竹拂下代ノ仕譯中ニアル年月賦拂下ノ例ニ倣ヒ記載スヘシ）	何國何郡何區何町村 何ノ誰

右之通有之候也

年號年月日　　何府縣

第三號書式丙ノ附屬（用紙美濃十三行罫紙）

年號何年度辨金仕譯書

一金　　違約金

内譯

細目	金員	數量	地名	事由	納人住所姓名
何々			何國何郡何村	何年何月何日何々（徵收ノ要件記載スヘシ）ニ付	何國何郡何區何町村

還約金			字何何等官林	徴收方照分濟何年何月何日第何號ヲ以テ御屆ノ分	何ノ誰

右之通有之候也

年號年月日　何府縣

第三號書式ノ丁

第何號

證　年號何年度

一金　雜收入

但納金證書何葉幷仕譯書何通

内譯

金　盜難品賠償金

右上納候也

年號年月日　何府縣長官名印

農商務卿宛

第三號書式丁ノ附屬（用紙美濃十三行罫紙）

年號何年度雜收入仕譯書

一金

細目	盜伐木賠償金
金員	
數量	何（何束何把）木
地名	何國何郡何村字何何等官林
事由	何年何月何日賠償處分濟何年何月何日第何號ヲ以テ御届ノ分 但一本(尺〆一本一束一把)ニ付金何程 （賠償金年月賦上納許可ノ分ハ森林收入木竹拂下代ノ仕譯書中ニアル年月賦拂下ノ例ニ傚ヒ記載スヘシ）
納人住所姓名	何國何郡何町(何村)何區　何ノ誰

右之通有之候也

年號年月日

何府縣

第四號書式

證番	第何號
納先	何府縣
一證書金	
但何年度森林收入(官有物拂下代)第何號上納	
金權收追テ調査濟報告スヘキ分	

右正ニ領收候也

年號年月日

何府縣長官宛

農商務省

會計局長名印

第五號書式

收入金調査濟報告

報告第何號

何年度

一金　何々（項）

但上納證第何號

內譯

金　何々（目）

金　何々（目）

右權收ノ處調査結了候條此段及報告候也

年號年月日

農商務省

會計局長名印

第六號書式（用紙美濃十三行罫紙）

何府縣長官宛

年號何年度森林諸收入豫算增減報告書

增額ノ部

改豫算額金
一金　　森林收入
外金　　最前豫算額
內譯
改豫算額金
金　　木竹拂下代
外金　　最前豫算額
但增額ノ事由ヲ詳記スヘシ）

減額ノ部

改豫算額金
一金　　官有物拂下代

外金　　　　　　　　　　最前豫算額

内譯

改豫算額金

金　　　　　　　　　　　物品拂下代

外金　　　　　　　　　　最前豫算額

但（減額ノ事由ヲ詳記スヘシ）

右ハ年號何年度森林諸收入豫算高年號何年何月中增減書面之通有之候也

年號年月日　　　　　　　何府縣長官名印

農商務卿宛

第七號書式（用紙美濃十三行罫紙袋綴トナシ表裏綴目ヘ契印スヘシ）

年號何年度

森林諸收入皆濟帳

但紙數何枚（表紙ヲ除ク）

何府縣

何府縣

高金（該年度所屬收入スヘキ高ヲ記入スヘシ）

一金　　納付高

內譯

金　　森林收入

內

金　　林地貸下料

金　　林地拂下代

金　　木竹拂下代

金　　雜種物拂下代

金　　官有物拂下代

內

金　　物品拂下代

金　　辨償金

內

金　官林誤伐擅伐及濫用辨償金
金　違約金
金　雜收入
内
金　盜難品賠償金
外金　未納高
右ハ年號何年度所屬森林諸收入皆濟書面之通候也
年號年月日　何府縣長官名印
農商務卿宛

第八號書式（用紙美濃十三行罫紙袋綴トナシ表裏綴目ヘ契印スヘシ）

年號何年度
森林諸收入皆濟帳
但紙數何枚（表紙ヲ除ク）
何府縣

年號何年度森林諸收入金未納仕譯書

林地貸下ノ料部

何國何郡何村字何何等官林　　何國何郡（區）何町（村）

一金　　拂受人　何ノ誰

此反別何反步

此一ヶ年分金何程第何回分

是ハ何年何月何日何號ヲ以テ年期貸下伺（繼年期或ハ名前替許可ノ時ハ其事由詳記スヘシ）何年何月何日何號ヲ以テ御許可何年何月ヨリ何年何月マテ何ヶ年期貸下ノ義何年何月何日何號ヲ以テ御屆ノ分何々ノ事故ニ依リ未納

（以下此例ニ據リ一廉每ニ列記スヘシ）

計金

物品拂下代ノ部

何國何郡何村字何何等官林　　何國何郡（區）何町（村）

一金　　拂受人　何ノ誰

但盜伐木何本

是ハ何年何月何日掛下處分濟何年何月何日第何號ヲ以テ御屆ノ
分何々ノ事故ニ依リ未納
（以下此例ニ據リ一廉毎ニ列記スヘシ）

計金
合金
右ハ年號何年度森林諸收入金未納仕譯書面ノ通候也

○第三章　坑法

第一節　日本坑法

○六年七月第二百五十九號布告
今般鑛山其他諸抗業ノ規則別冊ノ通改定候ニ付テハ凡坑物ニ關係ノ事件ハ工部省ニ於テ總管セシメ候條自今金屬其外諸坑物營業ノ儀都テ同省ヘ可申立候此旨布告候事

第一章坑物

第一　正理ヲ以テ論スルトキハ凡ソ無機物タル者ハ生活ノ機ナキ諸物品都テ坑業ノ部分ニ屬ス此ノ無機物品質二類ニ分ル即チ第一類ハ有鑛質第

二類ハ無鑛質タリ凡ソ諸金屬ノ天然本質ヲ以テ出ル者或ハ他ノ物質ト合化シテ出ル者ハ右第一類ニ屬ス燃質物山鹽燐酸石炭美石及ヒ玉璞ノ類ハ右第二類ニ屬ス本條ニ擧クル所ノ有鑛質無鑛質トモ總テ是ヲ坑物ト稱ス坑山坑業坑區坑產等皆之ニ倣ヘ

第二　前ニ揭記セシ物類凡ソ日本國中ニ於テ發見スル者ハ都テ日本政府ノ所有ニシテ獨リ政府ノミ之ヲ採用スル分義アリ

第三　築石砂土粘土其他建築耕作所用ノ諸物品ハ都テ地主タル者ノ所有ト爲スヘシ

第四　日本ノ民籍タル者ニ非レハ試掘ヲ作シ坑區ヲ借リ坑物ヲ採製スル事業ノ本主或ハ組合人ト成ルヿヲ得ス坑產ノ割合及損益ニ關係スル所ノモノハ都テ組合トス若シ之ヲ犯ス者ハ其業ニ屬スル所有物ヲ官ニ沒入シテ其業ヲ禁止スヘシ

第二章　試掘

第五　試掘ヲ作ント欲スル者ハ鑛山寮ニ願出許可ヲ得テ之ヲ行フヘシ試掘ヲ行フ爲ニ必要ノ地面他人ニ屬セハ其償金ヲ對談處分ス可

シ地主ニ〆自ラ試堀ヲ企ツル者ハ衆ニ超テ許可ヲ得ヘキ分義アリトス然レ𪜈自ラ試掘ノ資本ナクメ他人ノ擧ヲ拒ミ或ハ不當ノ償金ヲ貪ラハ鑛山寮或ハ地方官ニテ正價ヲ裁決シテ其地ヲ買上クヘシ

第六　試掘ニテ坑物發見スル𪜈ハ直チニ見本ヲ添ヘテ鑛山寮ニ屆出ツヘシ且ツ試掘中ハ一月七月両度毎ニ前六ヶ月間ノ行業日數及ヒ工數幷ニ產鑛量ヲ開報スヘシ

凡ソ產鑛ハ借區券ヲ第十款ニ出ツ得ル後チニアラサレハ恣ニ賣却スルヲ得ス若シ之ニ背カハ其全價ヲ沒收スヘシ

第七　試掘ハ都テ一年間ヲ以テ期限トス若延期ヲ願出ルニ實ニ未タ開坑ヲ決スルヿヲ得サル事理判然タラハ之ヲ許可スルヿアルヘシ

第八　試掘人廢業スル𪜈ハ第二十欵廢坑則ノ如クスヘシ此時ニ產鑛ハ鑛山寮ノ許可ヲ得テ賣却シ第三十一欵ノ坑物稅ヲ納ムヘシ

試掘人損失ニ因テ廢業スル事實判然タルニ於テハ坑物稅ヲ免スルヿアルヘシ

第三章　借區開坑

第九　開坑スル者ハ先ツ坑區ヲ得ヘシ坑區ノ廣狹ハ其適實ナル起業ノ目途ニ應シテ之ヲ得セシムヘシ
有鑛質坑ヲ開ク者ハ必ス製鑛ノ業ヲ兼ヌヘシ
凡ソ借區開坑ハ鑛山寮ニ願出ツヘシ此願書ニ其得ント欲スル坑區ノ測量圖ヲ添ヘテ出ス可シ試掘ヲ經テ借區願出ル者ハ其坑區中別ニ地主アリト雖モ之ヲ拒ムヲ得ス尤モ其處分ハ借區券ヲ得ルノ後廿二欵ノ如クナルヘシ

第十　願出ノ借區ハ鑛山寮官員之ヲ驗測シ標石ヲ植テ境界ヲ識別スヘシ
巡回官員歸報ノ後許可スヘキハ工部全權ノ證印ヲ以テ借區劵ヲ附與スヘシ

第十一　凡ソ借區ハ通常十五年間ヲ以テ定則トス之ヲ終ルニ至テ繼年期ハ新ニ願出スヘシ

第四章　通洞

第十二　通洞ハ坑道ハ縦横ニ小坑ヲ穿チテ通常トス別ニ探鑛跡水運輸等ノ爲メ地底ヲ横截シ一道ノ大坑ヲ穿ツアリ之ヲ通洞ト云フ我カ借區中ニアラスト雖モ之ヲ企ツルヿヲ得ヘシ此時ハ願書ニ目論見明細圖ヲ添ヘテ鑛山寮ヘ出スヘシ若シ其通洞他人ノ借區ニ亘渡スヘキハ豫メ其借區人ニモ報知スヘシ

通洞ハ高九尺幅六尺ヨリ減スヘカラス是ヨリ小ナルハ通洞トセス

第十三　願出ノ通洞ハ鑛山寮官員實地勘踏歸報ノ後チ許可スヘキハ工部全權ノ證印ヲ以テ免狀ヲ附與スヘシ免狀ヲ得ルノ後チ若シ目論見圖ニ違ヒ方向ヲ轉シ或ハ距離ヲ延縮セント欲セハ更ニ鑛山寮ヘ願出許可ヲ得テ之ヲ行フヘシ

第十四　借區人何レモ自ラ通洞ヲ開クヘキ資本有ルニアラサレハ我區中タリト雖𪜈他人ノ擧ヲ拒ムヘカラス

通洞保全ノ爲メニ其周圍ノ土石ヲ外ヨリ厚サ一間半以内ニ掘入ルヘカラス然レ𪜈其跡ニ自己ノ入費ヲ以テ支柱ヲ搆造シ崩潰ノ患ナカラシムル者ハ此限ニ在ラス是ハ坑物ヲ得ンカ爲メ一旦土石ヲ掘出ス𪜈ノ如キ是レ也

第十五　通洞ニ因テ諸借區人便利ヲ得ルヿアラハ通洞發起人ニ其謝

金ヲ出スヘシ若シ之ニ就テ對談穩當ナラスハ鑛山寮ヨリ處斷スヘシ

通洞ヲ開ク者ハ借區人未定ノ所ニ於テハ通洞ノ周圍内ヨリ出ルタケノ鑛石ヲ取ルヿヲ得ヘシ他人ノ借區中ニ於テハ此鑛石ノ一半ヲ借區人ニ販スヘシ

第五章　坑業

第十六　都テ坑業ニ付テハ坑物ヲ坑中支柱ノ爲ニ存スヘキ所ノ外ハ成ル丈坑利ヲ遺スヿナク取出スヘシ此法ヲ犯シ其他都テ坑ノ利用ヲ害スルモノハ其輕重ニ隨テ罰金ヲ徵スヘシ

第十七　試掘開坑或ハ通洞等ヲ企ルニハ舍屋鐵道河流及ヒ道路ノ如キ其害ヲ受クヘキ場所ハ度ヲ計テ之ヲ避ケ殊ニ城堡ハ七十間以內ノ地ヲ避クヘシ

凡ソ場所ノ主タル者應諾スルニアラスシテ此ヲ犯ス者有レハ城堡ハ其律ニ任シ餘ハ其損害ヲ償復スル一倍ノ費額ヲ取テ本費ハ其主ニ附與スヘシ

第十八　凡ソ初發許可ヲ得シ坑物ノ外ニ別種ノ坑物ヲ見出ス者ハ速ニ鑛山寮ニ報知スヘシ之ヲ背ク者ハ其坑物又ハ代價ヲ取揚クヘシ
如此類ノ借區稅ハ第卅一條ニ照準シ高價ナル方ノ例ヲ以テ納ムヘシ

第十九　開坑人ハ歲々一月七月兩度每ニ前六ヶ月間ニ產出セシ坑物量其賣出高並ニ代價及ヒ行業日數工數ヲ具記ゾ鑛山寮ニ報知スヘシ有鑛質ハ坑產量並製出量且製出セシ混淆物二種以上ノ金屬ヲ含有スルハ其試驗ノ割合ヲモ具記シテ賣出高以下總テ前ノ如クスヘシ右量數不正或ハ開報違期ノ罰ハ金五十圓トス若シ賣出高並代價ヲ減盡スルモノハ其減盡セシ高ノ三倍ヲ徵收スヘシ

第二十　通例開坑又ハ廢礦ヲ採製スルニモ一年間ノ事業ハ地面五百坪ノ下ニ就テ壯健ナル工夫三百日ヲ以テ成セル程ノ工數ヨリ減スヘカラス若シ之ニ背ク者實ニ百方免レ難ク妨礙判然タルニアラスンハ其業ヲ禁止スヘシ

第二十一　坑業人ハ互ニ隣坑ノ風通シヲ便利ニスヘシ且ツ甲區ヨリ

乙區ノ地中ニ水道ヲ通シ地上ニ要路ヲ通センコトヲ決ムルニ於テハ不當ノ償金ヲ貪ルヘカラス若シ相對ヲ以テ決セスンハ鑛山寮ヨリ所斷スヘシ

右堀通シニ付テ出ル礦石ハ其所ノ借區人ニ屬ス可シ

第二十二　凡ソ借區人ハ區上ニ於テ藏庫詰所作事場洗鑛所鎔鑛所通路等其他坑業ニ必要ナル地面ハ地主タル者ニ豫メ償金ヲ辨スヘシ若シ異論決セスンハ礦山寮或ハ地方官ニテ正價ヲ裁決シ其地ヲ買取ル可シ

第二十三　總テ坑區ヨリ隣區ニ患害損傷ヲ被ラシムルトキハ之ヲ償フヘシ若シ償金決セスンハ鑛山寮ヨリ裁決スヘシ

第二十四　凡ソ借區人其坑業ヲ年限中他人ニ讓渡ス如キハ前以テ双方ヨリ鑛山寮ニ願出許可ヲ請フヘシ若シ之ニ背ク者ハ其業ヲ禁止スヘシ

第二十五　凡ソ借區年限終リ又ハ法ニ背ヒテ其業ヲ禁止セラレ或ハ自ラ廢業スルニ至ル者アレハ都テ其借區ハ政府ニ還復シ其事業ニ

就テ如何ナル負債アリト雖ﾓ總テ其坑山ニハ關係セサル者トス此時ニ當テ地中ノ結搆ハ坑山ニ屬シテ政府ノ有タルヘシ地上ノ營造ハ其主ノ取去ルニ任スト雖モ其跡ノ地面ハ完全ニ修復ヲ爲スヘシ

第二十六　坑業人ハ其坑山地方ノ住民同樣トス因テ其地方官ノ諸法令ヲ遵守スヘシ

第六章　廢業

第二十七　坑業ヲ廢セント欲スル者ハ竪坑ノ口ヲ掩ヒ又柵圍ヒスヘシ鑛山寮ヨリ其竪坑ヲ當然ニ堅固ニセシヤ且坑內ノ營繕完全存在スルヤヲ撿査スヘシ若シ疎漏アラハ鑛山寮ニ於テ之ヲ繕治スヘキ費額ノ一倍チ徵收スヘシ

第二十八　鑛山寮ヨリ疎水ヲ命スルニ背キテ其事ヲ行ハス之カ爲メニ坑中廢沒スルニ至ルモノハ其業ヲ禁止ス

第七章　製鑛所建築

第二十九　凡ソ開坑人坑山外ノ塲所ニテ有鑛質物ヲ製出セン爲メニ

建築スヘキモノアラハ先ツ鑛山寮ニ許可ヲ請フヘシ

第三十　已ニ製煉セシ鑛物ヲ精製（荒銅ヲ丁銅棹銅ニ作リ山吹金ヲ純金ニ製スル類ヲ云フ）スル職業ノ者ハ起業ヲ鑛山寮ニ報知シ六ケ月毎ニ元鑛量並製出品量等ヲ具記シ鑛山寮ニ報知スヘシ

第八章　稅納

第三十一（明治十四年九月二十二日第四十九號布告ヲ以テ第一項及ヒ第四項中改正シ而メ第一項ノ結尾ニ但書ヲ追補ス乃チ左ノ如シ）

鐵ヲ除クノ外有鑛質物ヲ採取スル坑區ハ面積五百坪每ニ一ケ年金一圓ツヽ借區稅トシ每年一月ニ其年一ケ年分ヲ前納スヘシ（借區稅ハ地租ニ關係セス）

鐵及ヒ無鑛質ノ諸物品ヲ採取スル坑區ハ面五百坪ニ付前條ノ半高ヲ納ムヘシ即チ五十錢トス但怠納者ハ借區券ヲ取揚クヘシ

廢鑛ヲ採取スル坑區ハ面千坪ニ付常例ノ稅額ヲ納ムヘシ

開坑區面五百坪廢鑛區面千坪トニ足ラサルモノハ總テ右面積ノ比例ニ從テ納ムヘシ

借區初年ノ區稅ハ月割ヲ以テ借區券下付ノ節前納スヘシ

前書借區税ノ外ニ採製セシ金屬及ヒ諸坑物ニ就テ代價百分ノ三ヨリ百分ノ廿迄ヲ坑物税トシ毎歳一月七月兩度ニ鑛山寮ニ納ムヘシ

但税額ノ儀ハ其坑業ノ盛衰ニ從ヒ鑛山寮ヨリ命スヘシ

第三十二 試掘開坑或ハ通洞等ニ付前後諸條款ニ記セル税或ハ罰金償金等ヲ納メサルトキ其業ニ屬スル所ノ運移スヘキモノ殘ラス鑛山寮ヨリ入札拂ニシテ代價ノ中ヨリ不納高ヲ引去リ其殘金ハ之ヲ本人ニ還付スヘシ

第三十三 凡ソ坑法ノ意旨ニ戻ル過失有ル者ハ輕重ニ隨テ罰金ヲ命スヘシ若シ事業疎略ニシテ人命ヲ失ハヽ國律ヲ以テ論處スヘシ

右章欵ニ記載スル方法ハ明治六年九月一日ヨリ施行スヘシ從前ノ法則及ヒ傳習等若シ此法ニ矛盾スル者ハ總テ停廢タルヘシ

坑法附示

坑業及ヒ製鑛ノ業ヲ擧行スル者西洋ノ學術及ヒ工作ヲ用ヒンカ爲メ一定ノ給料ヲ以テ外國技術家ヲ雇入ルヽカ如キハ我坑産損益及ヒ所有物ニ關係スルコトナキニ因テ坑法第四欵ノ禁ニ觸レス然レトモ之ヲ雇

入ル、以前其職業給料及ヒ年限ヲ分明ニ記載シ其案紙ヲ鑛山寮ヘ送
呈シテ結約ノ許可ヲ可請候事

第二節　土石堀取規則

○十年十月内務省甲第二十一號布達

日本坑法第壹章第三欵ニ屬スル土石堀取規則ノ儀ニ付昨九年當省甲第三號ヲ以テ相達置候通リ土石料ノ儀ハ是迄百分ノ一ヨリ二十迄ノ處自今更ニ百分ノ一ト定メ開坑願書式共別紙ノ通更正候條此旨布達候事

土石堀取規則

此規則ハ日本坑法第一章第三欵所屬ノ土石（硯石、砥石、版石、石盤、石灰石、築石、礫石、粘土ノ類　類ニ限リ之レヲ施行スヘシ

第一條　官有地ノ土石ヲ開坑試堀セントスル𪜈ハ別紙書式ニ照シ繪圖ヲ面副ヘ地方廳ヲ經テ當省ヘ願出ヘシ

第二條　官有地ノ開坑ハ土石料トシテ一ケ年堀出シタル坑物代價即チ山元賣拂直段ノ百分ノ一ヲ上納スヘシ

第三條　凡ソ石ハ一尺立方ヲ以テ一切トシ切以下ハ分厘ヲ以テ之ヲ算シ土砂ハ六尺立方ヲ以テ一坪トシ坪以下ハ合勺ヲ以テ之ヲ算スルモノトス

土石堀取願書式

何土(石)堀取願

字何

官有山林原野田畑ノ内

一開坑
試堀塲何坪

何土
石　何坪何合何勺
何切何分何厘　壹ヶ年堀出見込高

此山元直段凡何圓何錢　壹坪
切ニ付何圓何錢

此上納代料何圓何錢　山元直段百分ノ壹

何ヶ年(月)季　明治何年何月ヨリ
仝何年何月マテ

(但シ試堀ハ堀出高並山元直段上納代料共記載ニ及ハス)

右地所ニ於テ何々開坑(試堀)仕度候間御聞屆被成下度奉願候

何府縣第何大區何小區

何國何郡何町村何業
何　某　印
明治何年何月何日
何府知事縣令何某殿

第三節　坑物抵當幷先賣約定

○七年十一月第百廿四號布告
坑物ノ儀ハ明治六年第二百五十九號布告日本坑法ニ掲載ノ通政府ノ所有物タルハ勿論ニ付假令開坑ノ許可ヲ受候共其坑中將來開發ノ品ヲ引當ニ致シ外國人ヨリ金子借入又ハ先キ賣約定等ノ儀ハ不相成候條此旨布告候事

第七類　租稅

○第一章　地租

○第一欵

第一節　地租條例

○十七年三月第七號布告
地租條例別冊ノ通制定シ明治六年（七月）第二百七十二號布告地租改

○大藏省伺指令

岡山縣ヨリ田租納額減額報告ノ儀ニ付伺

本年六月第拾五號公布ヲ以田租納期御改正相成本年第六期ハ納期十九年度ニ渉リ十八年度租税豫算ノ内田租第六期納額ハ減額ト相成候ニ付右納期ノ御改定ニ依ルモノハ客年貴省第五拾八號御達租税豫算決算調理順序第四條ノ趣ニ準擬シ減額報告スヘキ儀ニ候哉

明治十八年七月八日

指令

伺之通

但延納年賦金モ本文ニ準シ減額申報取計

正條例及地租改正ニ關スル條規其他本條例ニ牴觸スルモノハ廢止ス

但東京府管轄伊豆七島小笠原島函館縣沖繩縣札幌縣根室縣ハ當分從前ノ通タルヘシ

地租條例

第一條 地租ハ地價百分ノ二箇半ヲ以テ一年ノ定率トス

但本條例ニ地價ト稱スルハ地券ニ揭ケタル價額ヲ謂フ

第二條 地租ハ年ノ豐凶ニ由リテ增減セス

第三條 有地租地ヲ區別シテ二類ト爲ス

第一類 田畑郡村宅地市街宅地鹽田鑛泉地

第二類 池沼山林原野雜種地

第一類中又ハ第二類中各地目變換スルモノヲ地目變換ト謂フ

第二類地ニ勞費ヲ加ヘ第一類地ト爲スモノヲ開墾ト謂フ

第一類地又ハ第二類地ノ山崩川欠押堀石砂入川成海成湖水成等ノ如キ天災ニ罹リ地形ヲ變シタルモノヲ荒地ト謂フ

第四條 公立學校地郷村社地墳墓地用惡水路溜池隄塘井溝及公衆ノ

フヘシ
明治十八年七月十七日

用ニ供スル道路ハ地租ヲ免ス
第五條　土地ノ丈量ハ曲尺ヲ用ヒ六尺ヲ間ト爲シ方一間ヲ以テ歩ト爲シ三十歩ヲ畝ト爲シ十畝ヲ段ト爲シ十段ヲ町ト爲ス但市街宅地ハ方一間ヲ以テ坪ト爲シ坪ノ十分一ヲ合ト爲シ合ノ十分一ヲ勺ト爲ス
第六條　開墾鍬下年期明荒地免租年期明ニテ地價ヲ定ムルトキ又ハ地目變換スルトキハ地盤ヲ丈量ス
第七條　地價ハ地目變換又ハ開墾ニ非サレハ修正セス
第八條　一般ニ地價ノ改正ヲ要スルトキハ前以テ其旨ヲ布告スヘシ
第九條　地價ハ其地ノ品位等級ヲ詮定シ其所得ヲ審査シ倘ホ其土地ノ情況ニ應シ之ヲ定ム
第十條　地目ヲ變換スルトキハ之ヲ地方廳ニ届出ヘシ地價ハ其地ノ現況ニ依リ之ヲ修正ス
第十一條　免租地ヲ有租地ト爲サントスルトキハ地方廳ノ許可ヲ受クヘシ地價ハ其地ノ現況ニ依リ之ヲ定ム

第十二條　地租ハ地券記名者ヨリ徴収ス但質入ノ土地ハ其質取主ニ於テ之ヲ納ムヘシ

第十三條　有租地ヲ公立學校地郷村社地墳墓地ト爲ストキ其地租ハ許可ヲ得シ月分ヨリ月割ヲ以テ之ヲ免シ用惡水路溜池隄塘井溝公衆ノ用ニ供スル道路ト爲ストキ其地租ハ其地工事着手ノ月分ヨリ月割ヲ以テ之ヲ免ス

第十四條　免租地ヲ有租地ト爲ストキ其地租ハ許可ヲ得シ翌月分ヨリ月割ヲ以テ徴收ス

第十五條　地目變換ハ其地價修正ノ年ヨリ修正地價ニ依リ地租ヲ徴收ス

第十五條　開墾地ハ鍬下年期明荒地ハ免租年期明ノ翌年分ヨリ更定地價ニ依リ地租ヲ徴收ス

第十六條　開墾ヲ爲サントスルトキハ地方廳ノ許可ヲ受クヘシ開墾地ハ十五年以内ノ鍬下年期ヲ許可ス但年期中ハ原地價ニ依リ地租ヲ徴收ス

第十七條　鍬下年期中當初ノ目的ヲ改メ他ノ地目ニ變スルトキハ之ヲ地方廳ニ屆出ヘシ此塲合ニ於テハ直ニ其地價ヲ定メ又ハ更ニ鍬下年期ヲ許可スルコアルヘシ

第十八條　鍬下年期明ニ至リ開墾ノ成功ニ至ラサル者ハ更ニ十五年以内鍬下繼年期ヲ許可ス

第十九條　鍬下年期明ノトキハ其地價ヲ修正ス若シ其開墾當初ノ目的ニ達セス他ノ地目ニ變スル者ハ其地ノ現況ニ依リ地價ヲ修正ス

第二十條　荒地ハ其被害ノ年ヨリ十年以内免租年期ヲ定メ年期明ニ至リ原地價ニ復ス

第二十一條　免租年期明ニ至リ其地ノ現況原地價ニ復シ難キモノハ十年以内七割以下ノ低價年期ヲ定メ年期明ニ至リ原地價ニ復ス

第二十二條　低價年期明ニ至リ尙ホ原地價ニ復シ難キモノ及ヒ免租年期明ニ至リ原地目ニ復セス他ノ地目ニ變スルモノハ其地ノ現況ニ依リ地價ヲ定ム

第二十三條　免租年期明ニ至リ尙ホ荒地ノ形狀ヲ存スルモノハ更ニ

十年以内免租繼年期ヲ定ム其年期明ニ至リ原地價ニ復シ難キモノハ第二十一條第二十二條ニ依テ處分ス

第二十四條　川成海成湖水成ニシテ免租年期明ニ至リ原形ニ復シ難キモノハ更ニ二十年以内免租繼年期ヲ許可ス其年期明ニ至リ尙ホ原地目ニ復セス他ノ地目ニ變セサルモノハ川海湖ニ歸スルモノトシ其地劵ヲ還納セシム

第二十五條　土地ヲ欺隱シ地租ヲ逋脱スル者ハ四圓以上四十圓以下ノ罰金ニ處シ現地目ニ依リ地價ヲ定メ欺隱年間ノ地租ヲ追徵ス但地租改正ノ初年以前ニ溯ルコトヲ得ス

第二十六條　第十一條第十六條ニ違犯スル者ハ三圓以上三十圓以下ノ罰金ニ處ス其免租地ヲ有租地ト爲シ又ハ開墾ヲ爲スコトヲ許可スヘキモノハ現地目ニ依リ地租ヲ定メ其地租增額ヲ追徵ス但地租改正ノ以前ニ遡ルコトヲ得ス

第二十七條　第十條第十七條ニ違犯スル者ハ一圓以上一圓九十五錢以下ノ科料ニ處ス

第二十八條　第二十五條以下ノ所犯借地人小作人ノ所爲ニ係リ所有主其情ヲ知ラサルトキハ其借地人小作人ヲ罰シ地租ハ所有主ヨリ追徵ス

第二十九條　第二十五條第二十六條第二十七條第二十八條ノ刑ニ當ル者自首スルトキハ其罰金科料ヲ免ス但其追徵スヘキ地租ハ尙ホ之ヲ納メシム

第一節ノ二　郡區役所國税收納事務撿査規程

○明治十八年八月大藏省第六拾壹號達

郡區役所國税收納事務撿査規程左ノ通相定ム

右相達候事

國税收納事務撿査規程

第一條

郡區役所ノ國税收納事務ハ收税課員ヲシテ撿査セシムヘシ

第二條

檢査ハ年ニ二回以內事務ノ緩急ニ應シ隨時之ヲ爲スヘシ

第三條

檢査スヘキ要領左ノ如シ

一國稅徵收及返納ノ事

一國稅不納ノ狀況及處分ノ適否

一國稅收納ニ關スル帳簿ノ整否

一國稅收納ニ關スル諸申報ノ整否

第四條

檢査ノ細則ハ府縣ニ於テ適宜之ヲ定メ主稅局ニ報告スヘシ

第一節ノ三　地租徵收期限

○十四年二月第十四號布告

明治十年(七月)第五十三號布告地租徵收期限ノ儀明治十四年分ヨリ左ノ通改定候條此旨布告候事

但市街地租ノ儀ハ從前ノ通タルヘシ

地租徵收期限

○大藏省伺指令
埼玉縣ヨリ地租延納年賦金一時上納利引ノ儀ニ付伺

第一條　地租延納年賦金一時上納願出ルモノハ壹割利引ノ算則ニ據リ利引上納被差許候處假令ハ十四年ヨリ十八年迄五箇年賦ノモノ十七年迄納濟殘リ一箇年（十八年納）分ヲ十七年度ヘ上納スルトキハ壹割利引ノ算則ニ據リ可取扱ハ勿論ニ候得共十八年分一般ノ徴收期限（十九年四月限リ）ヲ竢タス十八年度（十八年ヨリ十九年マテ）

一期	該年七月一日ヨリ同八月三十一日限	畑方及宅地山林原野牧場	五分
二期	同九月一日ヨリ同十月三十一日限	同	五分
三期	同十一月一日ヨリ同十二月十五日限	田方	五分
四期	翌年二月一日ヨリ同三月三十一日限	同	五分

（明治十六年第三十六號布告改正）

第二節　地稅金代米納取扱手續

○十年十一月第八十號布告

地租金ノ内田方ニ限リ當分ハ民ノ情願ニ任セ半額其府縣ノ地租改正ニ用ヒタル相場ヲ以テ代米納差許候條此旨布告候事

明治十一年十一月大藏省乙第四十號達

今般地租金ノ内半額迄ハ代米納被差許候旨第八十號ヲ以テ布告相成

中ニ於テ單ニ繰上ケ（十八年十月或ハ十九年三月）納ヲ請願スルモノハ利引上納差許ス限リニ無之儀ト相心得可然哉

第二條　十四年ヨリ廿三年迄拾箇年賦ノモノ假令ハ廿一年迄納濟廿二年分上納額成規ニ照據郡長ヨリ戸長へ達シ一般徵收期限ニ至リ廿三年納ノ分ヲ併セ一時上納願出ルトキハ八箇年納米殘リ二箇年分ノ一時上納ニ付両年分ノ利子金ヲ引去ル儀ニ候哉又ハ廿二年分ニ於テハ

候ニ付右取扱方ノ儀ハ左ノ手續書ノ通取計可申候此旨相達候事

代米納取扱手續書

一　代米納ハ遲クトモ十二月三十一日迄ニ願出許可セシモノニ限ルヘシ右許可スル上ハ金納ニ復スルヲ請フモ許スヘカラス

一　代米納ヲ許可セシ分ハ其金額及ヒ代米石高納所共仕譯書ヲ以テ一月中當省ニ屆出ヘシ

一　代米納ヲ願出ルアラハ其納ムヘキ金額ヲ其府縣ノ地租改正ニ用ヒタル相場ニテ算出シ得ル所ノ米額ヲ納入セシム（假令ハ本行金額百圓ナレハ改正相場五圓ヲ以テ除之此米二十石ヲ得ル）尤俵入ノ儀ハ總テ本米四斗合米二升都合四斗二升トシ俵拵其他川陸運賃官民ノ區別枡廻シ撿量ノ方法トモ總テ從前ノ貢納規則ニヨルヘシ

一　米納ノ分納所ヘ輸送濟ノ上ハ其地方租稅課官員ハ貢米納方規則ノ順序ヲ以納人ヨリ請取而シテ後チ是ヲ預米金ノ方法ニ倣ヒ其米額ハ假ニ出納課ヘ引渡置當省租稅局ヘハ普通ノ上納證

相當可納金額ニシテ殊ニ納期ニ際スルヲ以テ廿三年ニ納ムヘキ金額ニ對シ利スルモノニ候哉
明治十八年七月二日

指令
伺之趣左之通可相心得事
第一條申出之通
第二條後段申出之通
明治十八年七月十七日

書ヘ金額ヲ本行ニ立此代米若干ト記載シ上納スヘシ
但納米藏敷其他ノ諸費ハ米納出納課ヘ假引渡相濟候時迄納主ノ請持タルヘシ

第二節ノ二　同預米取扱手續

○明治十八年八月大藏省第五拾貳號達

明治十年十一月當省乙第三拾九號達預リ米取扱手續左ノ通改正ス
但明治十二年九月當省乙第三拾五號達ハ廢止ス
右相達候事

預リ米取扱手續

第一條　預リ米ハ地租第三四五六納期ニ於テ各其半額迄ヲ納金抵當トシテ該町村ノ上米ヲ預ルモノトス但代米納ヲ許可スル件ハ其員額ニ對スル分ハ預リ米ヲ許可セス
第二條　預リ米ハ十一月二十日迄ニ願出テタル者ニ限リ許可スヘシ
第三條　預リ米ヲ許可スルハ地租改正ニ用ヒタル米價ヨリ時價下落ノ時ニ限ルヘシ

第四條　時價ヲ算出スルハ管內ヲ適宜ニ區分シ相場立ノ箇所ヲ定メ置キ該年十月十二日ヨリ十一月十日マテノ間其地ノ上米平均相場ヲ用フヘシ但區畫及其相場立箇所ハ豫メ主稅局ヘ屆出ヘシ

第五條　預リ米ハ前項ニ揭ケタル相場ヲ以テ計出シ得ル所ノ米額ニ壹割ヲ加ヘタルモノヲ藏置セシムヘシ

第六條　俵拵並俵入等ハ準テ代米納同樣タルヘシ但合米ハ加フルニ及ハス

第七條　預リ米ヲ藏置スヘキ場所ハ府縣廳ニ於テ各町村預ケ高ノ多寡ヲ豫算シ一郡內適宜ニ指定シ集蓄セシムヘシ但藏敷及看守人給料其他一切ノ費用ハ預ケ人ノ負擔トス

第八條　藏入期限ハ十二月十五日限ト定メ郡吏戶長預ケ主總代一名立會封印スヘシ但郡吏ハ適宜巡村ノ日割ヲ定メ豫メ之ヲ通告シ必ス期限內ニ完了スヘシ

第九條　預リ米換金期限ハ左ニ記載セル三期トス此期日迄ニ納金セサルトキハ郡吏戶長立會其期ニ當ル預リ米ヲ競賣スヘシ

一第三四期預リ米　三月十五日限
一第五期預リ米　四月二十日限
一第六期預リ米　五月十五日限

第十條　前項競賣代金税額ニ滿タサルトキハ直チニ其不足金ヲ徴收ス若シ納メサルトキハ一般ノ租税不納處分規則ニ據リ處分スヘシ

第十一條　預ケ主ニ於テ預リ米ヲ賣却センコトヲ請フモノアルトキハ其時々之ヲ許シ各立會賣却ノ上其代金ハ直チニ收入シ藏出セシムヘシ

第十二條　預リ中水火盜難又ハ欠減等ニ罹リ損失ヲ生スルコトアルモ預主ニ於テ補償ノ責ニ任スヘシ

第十三條　預リ米アル地所他ノ事故ニ因リ公賣ノ處分ニ係ルトキハ其預リ米アルニ拘ハラス當期ノ税金ヲ完納セシムヘシ但此場合ニ於テハ預リ米ヲ還附スヘシ

第十四條　預リ米ヲ計可スルニ方リテハ前二項ニ開示セル條件ヲ承諾セシメ請書ヲ領收スヘシ

第十五條　許可シタル預リ米ノ員額及其金額ハ一郡役所限リ取調十二月十五日迄ニ主税局ヘ届出ヘシ

○十年十一月大藏省乙第三十九號達

今般第八十號ヲ以テ田方地税半額迄ハ代米納被差許候處右ノ内納主ノ情願ニ依テハ別紙預リ米取扱手續書ノ通預リ米取計不苦候條此旨相達候事

預米取扱手續書

一　預リ米ノ儀ハ代米納差許サルヘキ半額迄ノ内納金引當トシテ上米ヲ預ルヿトス相場ノ儀ハ從前貢納石代ニ相用ル方法ノ平均相場ヲ以テ石數ヲ算出シ尚向來相場ノ景況ヲ斟リ凡一割増ヲ目途トシ預ルヘシ

但預リ米取計候分ハ代米納ヘ振向ケ米納ノ儀ハ許サヽルヿトス

一　預リ米ハ遲クトモ十二月三十一日限リ爲願出許可セシモノニ限ルヘシ

一　預リ米ノ儀ハ水火盗難又ハ欠減等ノ損害ヲ生スルモ納主ノ補償タルヘキヲ納主於テ承諾ノ上預ルヘシ因テ右請書取置クヘシ

一　預リ米置所ハ郷藏等ヘ不取締無之樣適宜藏匿シ縣官區戸長納主立會封印スヘシ

一　納主ヨリ賣却ノ爲メ開封ヲ請願セハ其時々之ヲ許シ各立會賣却セシメ納金ノ内ヘ收入シ皆濟ノ節ニ至リ納金高ト決算シ過納ハ納主ヘ下附シ不足ハ追徴スヘシ

但遠隔ノ地方等ニテ縣官立會封印開閉差問候節ハ區戸長ニテ立會ノ上爲取扱苦シカラス

一　俵拵ノ儀ハ總テ代米納同樣相仕立麤略ノ儀無之樣爲取計可申尤合米ハ差入ルヽニ及ハス

一　預リ期限ハ地租徴收期限末期ノ日ヲ以テ換金ノ期トシ此期限迄ニ納金皆濟ニ至ラサルトキハ此引當米ヲ競賣セシムヘシ競賣ノ上過剩ハ納主ヘ下付シ不足ハ追徴スヘシ

一　前條預リ米ノ請願有之節ハ其金額ハ勿論引當ノ米額並村數郡名共取調速ニ租税局ヘ届出猶總額確定ノ上管轄限リ取纏メ同局ヘ差出スヘシ

第二節ノ三　同領收順序

○十七年十一月大藏省第八十三號達

第一條　代米納ハ町村納人各自若クハ一町村納人總代ヲシテ其定メタル港ヘ便宜輸送セシメ戸長ハ該港ニ出張之ヲ取纏メ其郡區役所ヨリ出張スル吏員ヘ相渡シ郡區吏員ハ之ヲ撿査シテ其港出張ノ大藏省納米請取方ヘ交付シ戸長ハ其預リ切符ヲ以テ郡區長ヘ納メ郡區長ハ其預リ切符ヲ收税長ヘ宛テ送付スルモノトス

第二條　郡區役所ノ吏員ハ納米輸送ノ時機ヲ計リ撿査スヘキ港ヘ出張シ明治五年八月太政官第二百三拾壹號達ニ據リ納米ノ撿査及ヒ受授ノ順序ヲ處辨セシムルモノトス

但撿査及ヒ受授ノ順序ハ納人及戸長郡區吏員大藏省納米受取方各立會之ヲ爲スヘシ

第三條　代米納所ハ回漕船ノ碇泊シ得ヘキ地ヲ取調稟申ノ上定ムル者トス

第四條　郡區長ハ第壹號ノ通甲乙接續セル納米切符ヲ製シ該米納方期限前遲クモ三十日以前各町村納額元帳ニ據リ其納米額及ヒ納期限ヲ甲乙米納切符ヘ記入シ第壹號甲納米切符ヘ一印ノ如ク郡區役所ノ印ヲ捺シ倘元帳米額ト割印ヲ捺シ之ヲ戸長ニ達スヘシ

第五條　郡區長ハ前條ノ如ク戸長ヘ納米切符ヲ達シタル後遲クモ三日以内ニ其納米額ヲ第貳號ノ通調製シ之ヲ收税長ヘ報告スヘシ

第六條　戸長ハ納米切符ヲ得テ其町村一人別帳ニ據リ納米者ニ達シ納米額ヲ輸送セシメ而テ該米受渡ノ節第壹號乙納米切符ヘ二印ノ如ク調印シ其納米ト共ニ郡區吏員ヘ相渡シ郡區吏員ハ該切符ヘ第三號ノ通檢査證ヲ添付シ之ヲ港出張ノ大藏省納米受取方ヘ差出スヘシ

第七條　前條大藏省納米受取方ハ米額ヲ受取タルコヲ證スル爲メ第一號乙切符納米ノ下ヘ三印ノ如ク證印ヲ捺シ倘受取元帳ニ其金米

額ヲ記シ之レト四印ノ如ク割印ヲ捺シ郡區吏員ヲ經テ之ヲ戸長ヘ相渡スヘシ

第八條　戸長ハ第壹號甲切符ヘ五印ノ如ク調印シ郡區役所ヘ上納スヘシ

第九條　郡區長ハ各戸長ヨリ上納セル甲乙納米切符ノ米額ト納米元帳ト照査シ其甲切符ヘ六印ノ如ク領收ノ證印ヲ捺シ尙七印ノ如ク甲乙切符接續ノ中央ヘ印ヲ捺シ而テ甲乙ヲ分截シ乙ハ郡區役所ニ留置キ甲ハ戸長ニ付與シ以テ代米納濟ノ證トスヘシ

第拾條　郡區長ハ其留置キタル納米切符ヲ一旬日毎ニ取纏メ遲クモ三日以內ニ第四號ノ通納稅證書ヲ製シ捺印ノ上之ヲ收稅長ヘ宛テ送付スヘシ

第拾壹條　收稅長ハ納米切符ヲ請取タル日ヨリ遲クモ三日以內ニ第五號ノ通領收證書ニ捺印ノ上郡區長ヘ送付スヘシ

第拾貳條　郡區長ハ代米皆納ニ至ラハ其金米額ヲ收稅長ニ報告スヘシ

第十三條　收税長ハ定式ノ如ク皆濟帳ニ金納ト代米納トノ金額ヲ内譯ニ記シ其代米納ノ金額ヘハ此代米若干トシ主税官長ヘ差出シ之カ決算ヲ爲スヘシ

（雛形總略之）

第二節ノ三　徴税費取扱規則

○明治十八年八月大藏省第五拾三號達

明治十八年度府縣徴税費取扱規則別冊ノ通リ相定メ明治十七年當省第五拾貳號達ハ明治十七年度分ヲ限リ廢止ス

但別冊ハ主税局ヨリ送付ス

右相達候事

○明治十八年八月大藏省第五拾四號達

收税課中徴税費會計主務ヲ置キ右出納ニ關スル事務ヲ取扱ハシムヘシ

但十七年度分出納ノ儀ハ從前會計主務ニ於テ整理セシムヘシ

右相達候事

○明治十八年八月大藏省第五拾五號達

今般第五拾三號ヲ以テ徴税費取扱方相達候ニ付テハ該費會計主務ニ於テ現金管守順序ニ依リ収支取扱フ可シ

右相達候事

○明治十八年八月大藏省第五拾六號達

租税撿査員派出方準則左ノ通相定ム

右相達候事

租税撿査員派出方準則

第一條　地勢ノ便否營業者ノ多寡等ヲ酌量シ管内ヲ數部ニ區畫シ之ヲ租税撿査區ト爲スヘシ

第二條　租税撿査區ニハ撿税主務員若干名ヲ派遣シ其區内ノ租税撿査ニ從事セシムヘシ

第三條　租税撿査區ニハ便利地ヲ擇ヒ租税撿査員派出所ヲ設クヘシ

第四條　撿税主務員中監督員ヲ命シ租税撿査區若干ヲ擔當トシ撿査ノ事務ヲ監督セシムヘシ

第五條　監督員檢査員ハ收稅屬ヲ以テ之ニ充ツヘシ
　但府縣　都合ニヨリ準判任御用掛ヲ加フルコトヲ得

○明治十八年六月大藏省第三拾四號達

租稅ノ內官損及勘定除却ヲ要スル金額稟申方ノ儀明治十六年八月第五拾五號ヲ以テ相達置候處右ハ相廢シ更ニ取扱方左ノ通相定ム

一　租稅不納ノ者財產公賣處分ノ末官損トナリタル金額ハ全管取束ネ左ノ書式ニ倣ヒ調理シ每稅納期後四十五日以內ニ稟申スヘシ

一　荒地成檢査中又ハ非常ノ災害ニ罹リ備荒儲蓄金ヨリ補助或ハ貸與取調中ノ類ニシテ納期ニ際シ徵收シ能ハザル分ハ其調査完了時日ノ見込相立該稅納期以前延納ノ義ヲ稟申スヘシ

一　戶長役場ニ取集メタル稅金水火盜難其他ノ事故ニヨリテ生シタル缺額ニ對シ補塡請求中ノ分該稅決算期限六十日以前ニ出納局仕拂切符到達セサルトキハ其年度ノ勘定除却ヲ稟申スヘシ

右相達候事

（勘定除却稟申モ此書式ニ倣ヒ調製シ新規稼續ノ區分ヲ明記スヘシ）

何年度第何期又ハ前(後)半期何税(大科目)不納ニ付官損ノ義稟申

一金何程
　但何税(小科目)
不納高金何程

内	
金何程(第二期ノ處分ニハ本行ヲ除ク)	第一期分
金何程	第二期分
金何程	第三期分

(酒類造石税第一期又ハ第二期ニ係ル不納税處分ノ片此内書ヲ用ユ)

金何程
　外金何程　公賣代價ヲ以テ徴收濟
是ハ何々(事故詳細記載)ニ付成規ノ通處分候處公賣代價不納金額ニ滿タス書面ノ通官損相成度分

金何程
是ハ何々(前同)ニ付成規ノ通處分候處賦課ノ財產無之ニ付不納金全額官損相成度分

金何程

内	
金何程	第一期分
金何程	第二期分

（地租第一期又ハ第三期ニ係ル不納税処分ノ末土地官没ノ件此内書ヲ用ユ）

内	
金何程	第三期分
金何程	第四期分

是ハ何々（前同）ニ付成規ノ通處分候處買受望人ナク又ハ公賣代價不相當ニヨリ該財産ヲ官没セシニ付不納金全額官損相成度分

右官損之儀御聽許相成度此段稟申候也

年　月　日　　府知事縣令姓名印

大藏卿宛

○第二款　地方税

第一節　地方税規則

○十三年四月第十六號布告

○大藏省伺指令
福嶋縣ヨリ地租幷ニ地方税徴收方之儀ニ付伺
明治十三年十二月第五拾二號公布土地賣買讓渡規則第四條ニ第一條ノ手續ヲ以テ其土地所有權

明治十一年(七月)第十九號布告地方税規則左ノ通改正候條此旨布告候事

第一條　地方税ハ左ノ目ニ從ヒ徴收ス

一地租三分一以内(本ト五分一以内トアリシヲ明治十三年第四十八號布告ヲ以テ三分一以内ニ改ム)

一營業税並雜種税

一戸數税

第二條　(明治十五年一月二十日布告第二號ヲ以テ本條及ヒ第三條ヲ改正シ同年十二月二十八日布告第六十九號ヲ以テ第三條第二十項ヲ改正シ同十七年五月七日布告第十三號ヲ以テ第三條第十項ヲ改正ス乃チ左ノ如シ)

營業税雜種税ノ種類ハ別段ノ布告ヲ以テ之ヲ定ム

第三條　地方税ヲ以テ支辨スヘキ費目左ノ如シ

一警察費

一警察廳舍建築修繕費

一土木費

ヲ移轉スルヿヲ得ルト雖モ地租并地方稅ハ地券ニ記載スル姓名ノモノヨリ之ヲ徵收スヘシトアリ又十七年三月第七號公布地租條例第十二條ニ地租ハ地券記名者ヨリ徵收ストアルヲ以テ何シモ地券面ニ依リ徵收スヘキハ勿論ノ儀ニ有之候得共地券書換賣買讓渡等ニ係リ下與ノ月日ハ縣廳又ハ郡役所ヘ書換願書進達ノ月日ヲ記載スヘキ旨十三年八月十二日付當縣伺ニ對シ地租改正事務局指令ノ次第モ有之因是考フレハ地券書換願書郡役所ニ於テ

一區町村土木補助費
一府縣會議諸費
一衞生及ヒ病院費
一敎育費
一區町村敎育補助費
一郡區廳舍建築修繕費
一郡區吏員給料旅費及ヒ廳中諸費
一救育費
一浦役場及難破船諸費
一諸達書及揭示諸費
一勸業費
一戶長以下給料旅費
一地方稅取扱費
一府縣廳舍建築修繕費
一府縣監獄費

府縣廳ニ屬スル爲替方給料爲換手數料現金遞送等ノ費用

受理ノ日ハ地券下與ノ日ニシテ則チ券面記名換ヘノ日ト視做サヽルヲ得サルナリ然ルニ十七年三月三重縣伺第二條ニ對スル大藏省指令ニ依レハ地券書換ノ義戶長役場ヲ經由シ郡役所ニ願出來タ書換下付ニ至ラサル場合ハ地券面記載ノモノヨリ徵收スヘシト有之彼是取扱上矛盾ノ姿ニ立至リ疑義ヲ生シ候條至急御指揮相成度此段相伺候也
明治十八年六月十三日

指令
伺之趣ハ三重縣ヘ指令之通可相心得事

一府縣監獄建築修繕費
以上費目互ニ流用スルヿヲ許サス
一豫備費　豫算外ニ生シタル事件ノ費途及豫算ノ臨時不足ニ充ツル者
第四條　其年七月ヨリ翌年六月迄ヲ一週年度トナシ府知事縣令ハ其年二月迄ニ地方税ヲ以テ支辨スヘキ經費ノ豫算並地方税徵收ノ豫算ヲ立テ翌年度ノ定額トナシ其府縣會ノ議決ヲ取リ其年五月ヲ以テ內務卿及ヒ大藏卿ニ報告スヘシ　（十七年十二月第二十九號布告參看本節末尾ニ在リ）
（明治十五年十二月二十八日第六十九號布告ヲ以テ第四條第五條左ノ如ク追加改正ス）
地方税ヲ以テ支辨スヘキ事件數年ヲ期シテ施行スルモノハ初年ニ於テ其年期間各年度ノ經費豫算ヲ定メ府縣會ノ議決ヲ取リ府知事縣令ヨリ內務卿ニ具狀シ認可ヲ得テ其年期間之ヲ施行スルヿヲ得
第五條　非常ノ費用ハ（豫算ニ立ツルヲ得サル天災時變ノ費用豫備費ヲ以テ給足セサルモノヲ云フ）別ニ賦課スルヲ得ルト雖𪜈其府

明治十八年八月十九日

縣會ノ議決ヲ取リ內務卿及ヒ大藏卿ニ報告スヘシ（其急施ヲ要スル云々以上ハ明治十四年二月十四日第五號布告ヲ以テ削除ス）

前年度經費決算ノ塲合ニ於テ已ムヲ得サル事故アリテ費目中不足ヲ生スルモノアルトキハ府知事縣令ハ府縣會ノ議決ヲ取リ其補充費ヲ徵收スルコヲ得

第六條　地方稅徵收ノ期限ハ府知事縣令適宜ニ之ヲ定ムヘシ

第七條（明治十四年二月十四日第五號布告ヲ以テ左ノ通リ改正ス）

府知事縣令ハ一週年度間ノ出納ヲ計査シ精算帳及ヒ計表ヲ製シ翌年通常會議ノ初メニ於テ之ヲ府縣會ニ報告シ然ル後內務卿及ヒ大藏卿ニ報告スヘシ

第八條（明治十四年二月十四日第五號布告ヲ以テ删除ス故ニ略ス）

第九條　島嶼ノ地方稅ニ係ル經費ハ府縣會ノ決議ヲ經テ府知事縣令ヨリ內務卿ニ具狀シ其裁定ヲ得テ本屬府縣ノ經費ト之レヲ分別スルコヲ得

參看

○十七年十二月第二十九號布告
明治十三年四月第拾六號布告地方稅規則第四條一項左ノ通改正シ明治十九年度ヨリ施行ス但明治十八年度ハ明治十八年七月ヨリ翌年三月マテ九箇月ヲ以テ一周年度トス
其年四月ヨリ翌年三月迄ヲ一周年度トナシ府知事縣令ハ前年十月迄ニ地方稅ヲ以テ支辨スヘキ經費ノ豫算並地方稅徵收ノ豫算ヲ立テ翌年度ノ定額トナシ其府縣會ノ議決ヲ取リ其年二月ヲ以テ內務卿及大藏卿ニ報告スヘシ

第二節　營業稅雜種稅種類

○十三年四月第十七號布告
明治十一年(十二月)第三十九號地方稅中營業稅雜種稅ノ種類及ヒ制限左ノ通改正候條此旨布告候事
明治十五年第三號布告ヲ以テ第一條第二條第五條第九條ヲ改正シ第三條第六條第七條ヲ削除ス
第一條　營業稅ヲ課スヘキ種類左ノ如シ但國稅アル者ハ課稅ノ限ニ

アラス
商業
工業
第二條　雜種税ヲ課スヘキ種類左ノ如シ
料理屋　待合茶屋　遊船宿　芝居茶屋　飲食店ノ類
湯屋
理髮床
傭人受宿
遊藝師匠　遊藝稼人　相撲　俳優　幇間　藝妓ノ類
市場
演劇其他興行遊覽所
遊技場玉突大弓楊弓射的吹矢ノ類
人寄席
船艀漁船川船及五十石未滿海舩　車馬車人力車荷積馬車荷積大七大八車荷積中小車荷積牛車ノ類
但國税ノ額ヲ超過スヘカラス

水車
乘馬
屠畜
漁業採藻ノ類
但漁業税採藻税ハ各地從來ノ慣例ニ依リ之ヲ徵收スヘシ若シ其慣例ヲ改正シ又ハ新税ヲ賦課セントスルモノハ府縣會ノ決議ヲ經テ府知事縣令ヨリ内務大藏両卿ニ具狀シ政府ノ裁可ヲ受クヘシ
第三條 （削除）
第四條 府知事縣令ハ府縣會ノ決議ヲ以テ第一條第二條目中ニ於テ賦課スル者ヲ取捨スルヿヲ得
第五條 府知事縣令ハ其賦課スヘキ各業ノ盛衰ヲ視察シ府縣會ノ決議ヲ以テ各個ノ税額ヲ査定スヘシ
第六條 （削除）
第七條 （削除）

第八條　第四條第五條ニ於テ確定シタル課目課額ハ府知事縣令ヨリ內務大藏兩卿ニ報告スヘシ
第九條　第一條第二條課稅種類ノ外地方特別ノ課稅ヲ要スルモノハ府縣會ノ決議ヲ經テ府知事縣令ヨリ內務大藏兩卿ニ具狀シ政府ノ裁可ヲ受クヘシ

第二節ノ二　乘馬

○十七年十月第八十三號達
本年(八月)第六十六號達ニ依リ飼養スル乘馬ハ地方稅ヲ賦課スルノ限リニ在ラサル儀ト心得ヘシ此旨相達候事

第三節　地方稅支辨

○十七年五月內務省乙第廿七號達
本年第十三號布告ヲ以テ地方稅規則第三條第十五項改正相成候處戶長以下ニ屬スル諸給與ハ渾テ地方稅ヨリ支辨スヘキ儀ト心得ヘシ此旨相達候事

第三節ノ二　區町村費支辨

○十七年五月內務省乙第廿四號達

本年第十三號布告ヲ以テ地方稅則第三條第十五項改正相成候ニ付テハ戶長役場諸費ハ總テ區町村費ヲ以テ支辨スヘシ此旨相達候事

○明治十八年八月第貳拾五號布告

土地ニ賦課スル區町村費ハ明治十九年度ヨリ地租七分ノ一ヲ超過スルヲ得ス

但非常ノ費用ハ（預知スヘカラサル天災時變ノ費用ヲ云）別ニ賦課スルヲ得此場合ニ於テハ區町村會若クハ水利土功會ノ評決ヲ取リ府知事縣令ノ指揮ヲ請フヘシ

右奉　勅旨布告候事

第三節ノ三　區町村費取調書式

○明治十八年九月內務省甲第貳拾九號達

明治十四年十二月當省乙第六拾號達中區町村協議費取調書式左ノ通改正候條十七年度ヨリ改正書式ニ據リ調製翌年度末ヲ限差出スベシ此旨相達候事

區町村費取調書

収入ノ部

管内幾區幾町村　區町村費決算額

一金若干

内譯

金　地價割又ハ反別割

内

金　地價割

金　反別割

金　營業割

金　反別割

（地價割營業割等ニ賦課シ其課額ノ全部若クハ幾分ヲ現品人夫ニ換ヘ徴收シタル片又ハ單ニ現品人夫ヲ以テ徴收シタル片ハ其代價賃錢ノ額ヲモ記載スベシ）

支出ノ部

一金若干

内譯

金　戸長役場費

金　　　　　　　　　　會議費
金　　　　　　　　　　土木費
　内
　金　　　　　　　　　區町村會ニテ決議ノ分
　金　　　　　　　　　水利土功會ニテ決議ノ分
金　　　　　　　　　　教育費
　内
　金　　　　　　　　　區町村會ニテ決議ノ分
　金　　　　　　　　　學區會ニテ決議ノ分
金　　　　　　　　　　衛生費
金　　　　　　　　　　救助費
金　　　　　　　　　　災害豫防及警備費
金　　　　　　　　　　勸業費

（右ノ外別ニ指揮シタル費目アルトキハ記載スヘシ）

右ハ何年度管内區町村費取調進達候也

年月日　府縣知事令

○第三欵　船車稅

第一節　船稅規則

○十六年四月第十三號布告

第一章　鑑札　稅率　免稅

第一條　凡ソ船舶ハ此規則ニ依リ課稅スル者トス

第二條　船舶所有主ハ其船舶定繫場ヲ定メ定繫場所在ノ地方廳ニ願出撿查ヲ受ケ鑑札ヲ乞フベシ

第三條　新規造船シタル者其造船場所在ノ府縣管內ニ定繫場ヲ定メサルトキハ該廳ニ願出撿查ヲ受ケ假鑑札ヲ乞ヒ定繫場ニ回漕ノ上其地方廳ニ願出本鑑札ト引換ヲ乞フベシ

第四條　船體ヲ變更シ積量若クハ間數ニ增減ヲ生スルトキハ其定繫場所在ノ地方廳ニ願出撿查ヲ受ケ鑑札ノ引換ヲ乞フベシ

第五條　船舶ヲ賣買讓與シタル者ハ雙方連署ノ上買受讓受主ノ定ムル定繫場所在ノ地方廳ニ願出鑑札ノ引換ヲ乞フヘシ

第六條　船舶ノ税率ハ左ノ如シ

西洋形蒸氣船　百噸ニ付一年金拾五圓

同　風帆船　同　同　金拾圓

日本形船積石五十石以上　百石ニ付同　金貳圓

同　積石五十石未滿
觧漁船小廻船（積石ニ拘ラス）｝長（自舳梁至艫梁）三間間迄ハ一年金三拾錢

但三間以上壹間ヲ加フル毎ニ金拾五錢ヲ增加ス

遊船　長（自舳梁至艫梁）三間迄ハ一年金五拾錢

但三間以上壹間ヲ加フル毎ニ金貳拾五錢ヲ增加ス

第七條　本鑑札又ハ假鑑札ハ航行若クハ回漕ノ時之ヲ本船ニ所持スヘシ

但日本形積石五拾石未滿ノ船並觧漁船小廻船遊船ノ本鑑札ハ其船ニ釘付スヘシ

第八條　解船破船又ハ水火盜難等ニ因リ船舶ヲ失ヒタル者ハ其旨定繫場所在ノ地方廳ニ屆出鑑札ヲ還納スヘシ

○大藏省
石川縣伺
管下加賀國江沼郡中柴山湖潟端ニ位置セシ村落該湖中數拾町ヲ隔テ新開耕地チ有ス往復陸路ナキニハ非スト雖モ迂回不便ナルチ以テ直徑往來スルニ船ニ非サレハ能ハス該箇所ニノミ用ユル肥料農具作物類チ運搬スル船ハ免稅シ然ルヘキヤ
明治十八年三月廿七日

第九條　鑑札チ亡失毀損シタル時或ハ改名代替ノ時或ハ船號チ改メ若クハ定繫場チ變換シタル片ハ其旨定繫場所在ノ地方廳ニ願出鑑札ノ再渡若クハ引換チ乞フヘシ

第十條　左ニ掲クル船舶ハ其稅チ免除ス其所有主ハ地方廳ニ屆出免稅ノ烙印チ乞フヘシ

倉庫船　水田ノ耕作ニ用ル船　水災ノ爲メ陸地ニ備ヘ置ク船

橋梁ニ換ヘ渡場ノミニ用ウル船

船橋ノ組成ニ用ウル船

航海中本船ニ揚ケ置ク傳馬船「バッテーラ」船ノ類

第二章　納稅

第十一條　稅金ハ一年チ二期ニ別チ一月一日七月一日現在ノ船舶ヨリ徵收スル者トス其前半年分ハ一月三十一日限リ後半年分ハ七月三十一日限リ定繫場所在ノ地方廳ニ上納スヘシ

第十二條　新規造船シタル者ハ鑑札チ受クル時該期ニ係ル稅金チ上納スヘシ

指令 伺ノ趣場所及ヒ船ヲ指定シ橋梁ニ換ヘ渡場ノミニ用ユルモノニ限リ其他自家ノ用ニ供スルモノハ免税ノ限ニアラサル儀ト可相心得事
但最前指令ニ及ヒタル分モ爾後本文ニ據リ取扱フヘシ
明治十八年四月十日

第十三條 船体ヲ交更シ積量若クハ間數ニ增減ヲ生シタル𪜈ハ次期ヨリ其積量又ハ間數ニ隨ヒ稅金ヲ納ムヘシ

第十四條 他管下ニ定繫場ヲ定ムル者ハ該地ニ代人ヲ定メ連署ノ上其定繫場所在ノ地方廳ニ屆出納稅ヲ辨セシムヘシ

第十五條 本籍管內ニ定繫場ヲ定メタル者不在ノ𪜈ハ代人ヲ定メ其地方廳ニ屆出納稅ヲ辨セシムヘシ

第十六條 假鑑札ヲ受ケタル船舶定繫場ニ回漕中納稅期限ニ係ル𪜈ハ豫メ定繫場所在ノ地ニ代人ヲ定メ其地方廳ニ屆出納稅ヲ辨セシムヘシ

第三章 罰則

第十七條 此規則ヲ犯シ脫稅ニ係ル者ハ處罰ノ後其稅金ヲ追徵ス

第十八條 此規則ヲ犯シ脫稅ニ係ル者ハ其脫稅高五倍ノ科料若クハ罰金ニ處ス

第十九條 免稅船ヲ有稅船ノ用ニ充テタル者ハ二圓以上五十圓以下ノ罰金ニ處ス

第二十條　第三條第五條第七條第九條第十四條第十五條第十六條ヲ犯シタル者及ヒ第十條ノ免稅船ニ烙印ヲ受ケサル者ハ一圓以上壹圓九十五錢以下ノ科料ニ處ス

第二十一條　此規則ニ依リ罰金若クハ科料ニ處スル者ハ刑法ノ不論罪及ヒ減輕再犯加重數罪俱發ノ例ヲ用ヒス但シ刑法第七十五條第七十六條ノ場合ハ此限ニ在ラス

第一節ノ二　船稅取扱心得書

○十六年六月大藏省第三十九號達

第一條　西洋形(蒸氣風帆)船幷ニ日本形積石五拾石以上ノ船鑑札ハ第一號雛形ノ通日本形積石五拾石未滿ノ船幷ニ艀漁船小廻船遊船ノ鑑札ハ第二號雛形ノ通府縣廳ニ於テ調製下付スヘシ(但假鑑札ハ雛形鑑札ノ上ヘ假ノ字ヲ記入スヘシ)

第二條　噸數ハ一噸積石數ハ一石間數ハ一間ニ止メ其以下端數ハ切捨ツヘシ

第三條　規則第七條但書鑑札釘付ノ箇所及ヒ同第十條免稅印烙記ノ

箇所ハ該船舶ノ舳外部側面ニ之ヲ爲スヘシ（但烙印ハ從前雛形ノ如ク府縣廳ニ於テ調製スヘシ）

第四條　規則第三條ニ據リ撿査ヲ爲シ假鑑札ヲ付與シタルトキハ其旨定繫場所在ノ管廳ニ通知スヘシ其通知ヲ受ケタル管廳ハ直ニ其地ノ船籍ニ編入シテ該期ノ税金ヲ收入シ追テ本鑑札引換相渡シタル上最前通知ノ管廳ニ報道スヘシ

第五條　船舶賣買讓與其他ニテ定繫場ヲ變換シ其新舊定繫場甲乙兩管廳ニ交渉スルトキ乙管廳ニ於テ其他ノ船籍ニ編入鑑札引換相渡シタル上ハ直ニ甲管廳ニ報道スヘシ

第六條　前二條ノ手續ニ依リ鑑札引換ノ節ハ更ニ該船ノ撿査ヲ要セズ舊鑑札若クハ假鑑札ニ記載ノ噸石數又ハ間數等ニ據ルヘシ（但其返納セシ舊鑑札假鑑札ハ不取締無之樣消却シ最初下付シタル管廳ヘ返戻ニ及ハス）

第七條　新形ノ船舶ハ内部ノ結搆又ハ外部ノ裝飾等ヲ問ハス該船骨體ノ構造ヲ以テ日本形ト西洋形トノ區分ヲ爲スヘシ

第八條　西洋形風帆蒸氣船ハ港灣湖川等ヲ運用スル小船ト雖モ總テ其噸數ニ依リ艀漁船小廻船ハ積石數五十石以上ト雖モ總テ其間數ニ依リ課税スルモノトス

第九條　港灣其他ノ海岸又ハ湖川等ニ碇泊又ハ繋キ置ク船舶ハ主任官隨時之ヲ撿査スヘシ

第十條　船税表及ヒ免税船員數表ハ第三號第四號雛形ニ倣ヒ毎半年分ツヽ調製翌期(一七)月卅一日限リ該地差立租税局ヘ送付スヘシ

(以下省略)

第一節ノ三　艀漁船并海川小廻船等船税規則

○七年二月第二十一號布告

第一則　一各府縣管下ノ人民所有ノ艀漁船並ニ海川小廻シ船等之類ハ來ル明治八年以後撿査ノ上燒印ヲ標シ候筈ニ付本年十二月中迄ニ管轄廳ヘ申立撿印相受ケ可申事

第二則　一艀漁船並ニ川船ハ積石之多少ヲ問ハス其他五十石未滿海

船ノ類一艘毎ニ舳梁ヨリ艫梁マテノ延長間數ニ應シ左ノ通リ年々
四月中迄ニ税金相納可申事
但曲尺六尺ヲ以テ一間トシ間ニ不滿端數ハ切捨候事
一舳梁ヨリ艫梁マテ長三間迄ハ　一ヶ年税金二十錢
以上一間ヲ加フル毎ニ拾五錢ツヽヲ増加納税可致事

第三則（明治八年三月廿八日第四十五號布告ヲ以テ左ノ通改正ス）
一耕作一途ニ相用ヒ候田舟及ヒ水害備ノ爲メ常ニ陸上ニ設ケ置候分又ハ橋梁ニ換ヘ渡場ノミニ相用ヒ全ク他ノ稼方ニ不充船並船橋ハ別紙書式ニ倣ヒ願書差出船税免除ノ撿印相受可申事

第四則　一四月前ノ解船破船及ヒ四月後ノ新規造船ハ其年納税不及候ヘ圧其時々相届ケ造船ノ分ハ第一則ノ通リ撿印請置キ可申事
但讓渡船ノ儀モ其時々届出可申事

第五則　一無撿印ノ船及ヒ船税免除ノ撿印相受ケ置他ノ稼方ニ相充候船モ有之ニ於テハ其船相當税額五倍ノ罰金可申付事

第六則　一無撿印ノ船及ヒ船税免除ノ撿印有之船ヲ以テ左ノ稼方致

シ候者ヲ訴出候者ハ其罰金十分ノ一賞金トシテ給與候事

（明治八年四月十九日第六十一號布告ヲ以テ左ノ通リ第七則ヲ追加ス）

第七則　一バッテイラ並ニ傳馬船ト唱フルモノヽ內西洋形蒸氣船同風帆船及ヒ日本形等ノ廻船ヘ附屬シ航海中本船ヘ取載セ候小船ノ分ニ限リ第三則同樣願書差出船稅免除ノ撿印相受ケ可申事

耕作船其外船稅免除願書書式

一船長舳ヨリ艫梁マテ　何間　何艘

右ハ耕作一途ニ相ヒ用ヒ水災ノ爲メ備置度候間船稅免除之御撿印被成下候樣仕度尤モ外稼業ニハ一切相用ヒ申間敷候仍之此段奉願候以上

何府縣管下
何國何郡何町村宿
何之誰　印

何年何月幾日

何（府縣）知事令參事　誰殿

前書之通相違無御座候也

右同町村宿

戸長　何之誰印

太政官伺指令

內務大藏兩省ヨリ郵便物運送車へ課税ノ儀ニ付伺

官用船舶車馬ノ儀ハ地方税チ賦課セサル様明治十五年七月伺定ノ上府縣ヘモ相達置候ニ付テハ驛遞局所用郵便物運送車ハ課税

第二節　車税規則

○八年二月第二十七號布告

明治六年(一月)第三十一號布告僕婢馬車人力車駕籠乘馬遊船諸税則昨七年十二月三十一日限リ相廢シ尤モ遊船ノ儀ハ本年一月一日ヨリ昨七年(二月)第二十一號布告觧漁船並ニ海川小廻船等船税規則ニ照準收税シ車類ノ儀ハ改テ車税規則左ノ通リ相定メ同月同日ヨリ施行候條此旨布告候事

車税規則

第一則

一馬車貳匹立以上　壹ヶ年税金三圓

一同壹匹立　壹ヶ年税金貳圓

一荷積馬車　壹ヶ年税金壹圓

一人力車貳人乘　壹ヶ年税金貳圓

一同　壹人乘　壹ヶ年税金壹圓

セサル勿論ニ有之然ルニ各地郵便遞送車ノ内ニハ受負人ノ自費ヲ以テ製造シタルモノ有之右ハ受負人ノ所有ニ屬スルモノニハ候得共其製造様式等總テ驛遞總官ノ指定ニ從フモノニテ外面ニハ郵便御用ノ標識ヲ施シ他ニ使用スルヲ得ス官用ニノミ供スルハ驛遞局所用ノ車輛ト同一ニ有之就テハ國税地方税トモ免除シ可然哉

明治十八年五月四日

指令

伺之通

明治十八年六月十日

（十四年九月大藏省乙第三十二號達參看此末尾ニ在リ）

一牛車　壹ケ年税金壹圓

一荷積大七大八車　壹ケ年税金壹圓

一荷積中小車但大六以下　壹ケ年税金五十錢

（十一年七月大藏省乙第三十五號達參看此末尾ニ在リ）

第二則

一新調ノ車ハ總テ其都度區戸長ヘ屆出撿印可申受事

但シ從前所持ノ分ニテ撿印無之牛車荷積車等ハ更ニ撿印可申受事

第三則

一新調ノモノハ六月以前ハ全年分七月以後ハ半年分納税シ破解ノ者ハ七月以後ハ全年分六月以前ハ半年分納税候儀ト可相心得事

第四則

一右税金上納ハ年々兩度ニ區別シ半年分宛區戸長ヘ取集メ其管轄廳ヘ可相納事

愛媛縣ヨリ車税免除ノ義ニ付伺
食鹽製造用ニ供スル薪炭ヲ製鹽場ニ送リ又ハ製鹽ヲ自宅若クハ問屋船積ノ場所等ヘ運搬スルニ止リ他用ニ供セサル車ハ農夫ノ耕作一途ニ使用スルモノト敢ヲ異ナルナキヲ以テ車税規則第五則ニ準シ免税シ可然哉
明治十六年十一月九日
指令
伺之趣免税ノ限ニ無之儀ト可相心得事
明治十六年十一月廿九日

靜岡縣ヨリ車税ノ儀ニ付伺
消防器械ヲ運搬ス

但前半年分ハ其年七月三十一日限リ後半年分ハ翌年一月三十一日限リ其管轄廳ヘ可相納事

第五則

一荷積車等ノ内耕作一途ニ相用候分ハ免税タルヘキ事

第六則

一諸車類無届ニテ營業スル歟又ハ使用スル者ハ其脱税高ノ五倍科料タルヘキ事

參看

○十四年九月大藏省乙第三十二號達

明治八年第二十七號布告車税規則中人力車ノ儀横巾内法曲尺二尺未滿ヲ以テ壹人乘トシ右以上ヲ以テ貳人乘ト相定區別可致此旨相達候事

參看

○十一年七月大藏省乙第三十五號達

車税規則荷積車ノ儀ハ荷臺(全ク荷物ヲ積載スル場所)ノ縱横相乘シ

ルニ車ヲ用フルトキハ瞬時間ニメ相達シ頻ル便益ヲ與フル具ニ付平素準備非常ノ時ニ限リ使用致度旨願出ルトキハ税則中據ルヘキナシト雖𪜈時ニ免税致シ然ルヘキヤ此段相伺候也
明治十六年十二月十三日
指令　伺之通
但免税ノ撿印ヲ押捺スヘシ
明治十六年十二月廿四日

東京府ヨリ一疋立ノ馬車二疋立ニ兼用ノモノ課税ノ儀ニ付伺
一疋立自用馬車壹輛ヲ所有スル者更ニ二疋立ノ棍棒ヲ

尺積十四坪以上ヲ以テ大七車以上トシ右未滿ヲ以テ中小車大六以下ト相心得更ニ區分可致此旨相達候事

第二節ノ二　自轉車

○十三年十月大藏省乙第三十號達
自轉車ノ儀各地取扱方區々相成居候趣相聞候處右ハ素ヨリ人力車部中ノモノニ付キ同樣課税可致儀ニ候條爲心得此旨相達候事

第三節　船車修繕加税

○十三年六月大藏省乙第二十三號達
船（商船艀漁船等）車ヘ修繕ヲ加ヘ爲メニ税額ニ增減ヲ生シタルトキハ新調ト認メ更ニ該期ヨリ相當ノ税金徵收候儀ト可相心得此旨相達候事

第三節ノ二　御車

○九年四月第四十四號達
皇族並各官廳所用ノ諸車從前府縣税徵收不相成候所自今御車ヲ除クノ外ハ徵收致シ不苦候條此旨相達候事

調製撿印ヲ受ケ置キ時宜ニ依リ一疋立或ハ二疋立ノ二途ニ兼用出願スル者アリ右ハ稅額ノ重キニ就キ一輛分課稅シ可然哉 明治十七年四月廿三日

指令 伺ノ通

明治十七年四月二十九日愛媛縣ヨリ酒造免許鑑札記載方ノ儀ニ付伺

客年第六十一號公布以前免許ヲ受ケタル酒造營業人ニ限リ稅則第四條二項ニ一項適用ニ及ハサルニ付テハ其區分分明ナラシメン爲メ同第六條第七條ニ仍リ鑑札書換又ハ再渡ヲ要ス

第三節ノ三　皇族ノ車馬

○十六年六月內務省乙第三十號達

皇族所有ノ車馬ヘハ明治十六年度以後地方稅賦課不相成候條此旨相達候事

第三節ノ四　軍用車輛

○九年八月第八十一號達

本年(四月)第四十四號ヲ以テ官車課稅ノ儀相達候所陸海軍省軍用形輛ハ課稅相除キ可申此旨相達候事

○第四款　酒造麴及醬油稅

第一節　酒造稅則

○十三年九月第四十號布告

第一章　免許鑑札　稅率

第一條　凡ソ酒類ヲ製造シテ營業セント欲スル者ハ其旨管廳ニ願出酒造場一ケ所每ニ免許鑑札ヲ受クヘシ

第二條　酒類ヲ分テ左ノ三類トシ免許ヲ受ケタル者ハ總テ之ヲ製造

ルトキハ其鑑札面ニ何年何月日免許何年何月日書換又ハ再渡ト記入シ可然哉右相伺候也

明治十六年六月廿七日

指令

伺之趣六十一號公布以前免許ノ者ト新規營業者トノ區別ハ鑑札面記入ニ及ハス帳簿上ニ於テ分明ナラシムル儀ト可相心得事

但シ新規營業者ト雖𪜈翌期引續ノ者ハ稅則第四條三項ノ制限ニ據ラシムルニ及ハス

明治十六年

スルヲ得ヘシ

一類　釀造酒　清酒濁酒其他釀造シタルモノヲ云フ

二類　蒸溜酒　燒酎「酒精再溜酒精」其他蒸溜シタルモノヲ云フ（明治十五年第十七號布告ヲ以テ六字加入）

三類　再製酒　銘酒味淋白酒等釀造蒸溜ノ酒類ヲ調和シ又ハ之ヲ元トシテ製造シタルモノヲ云フ

（明治十五年十二月二十七日第六十一號布告ヲ以テ左ノ如ク改正追加ス　但シ第三條改正ハ明治十六年十月一日ヨリ施行ス）

第三條　免許ヲ受ケタル者ハ免許稅及ヒ造石稅ヲ納ムヘシ其額左ノ如シ

酒造免許稅

酒造場一ケ所ニ付　金三十圓

酒類造石稅

一類壹石ニ付　金四圓

二類壹石ニ付　金五圓

三類壹石ニ付　金六圓

第四條　免許ハ其年十月一日ヨリ翌年九月三十日迄ヲ以テ一期トス

七月十四日

滋賀縣ヨリ酒造營業引續ノ儀ニ付伺

酒造營業鑑札ヲ返納セスシテ居タルモノ翌期中ニ引續キ營業出願スルトキハ新規ト見做スノ限ニ非スヤ右相伺候也

明治十六年九月五日

指令

十月一日迄ニ出願スルモノニ非レハ引續キ營業ト爲スノ限ニ非ス二日以後ニ出願スルモノハ新規營業ト心得ヘシ

明治十六年九月七日

福岡縣ヨリ酒造

(明治十五年十二月二十七日第六十一號布告ヲ以テ左ノ如ク追加ス

第四條二項三項

酒類製造新規願ノ者ハ造石高左ノ制限以上ニアラサレハ免許セス

清酒　百石

濁酒　拾石

一類（清酒濁酒ヲ除ク）二類三類　五石

新ニ酒造營業ヲナサントスル者ハ其地方同業者五人以上ノ連印ヲ以テ願出ヘシ

第五條　酒造營業人不在又ハ事故アル時ハ代人ヲ置キ此規則ニ關スル諸般ノ事ヲ辨セシムヘシ

第六條　免許鑑札賣買讓與スル時ハ雙方連印ノ願書ヲ管廳ニ差出シ書換ヲ請フヘシ

第七條　免許鑑札ヲ失却毀損スルカ或ハ替改名轉居セシトキハ其旨管廳ニ願出再渡又ハ書換ヲ請フヘシ

第八條　免許税ハ鑑札申受ケタル時之ヲ納ムヘシ

税則取扱心得書第四十一項ノ儀ニ付伺

家督相續及戸主タル者家族ニ酒類免許鑑札讓渡ストキハ税則取扱心得書第四十一項（造石税納期以前免許鑑札ヲ賣與讓與シ又ハ廢業スル者ノ撿査濟酒類ニ係ル造石税ハ其節之ヲ完納セシムヘシ）ノ限外ナルヤ

明治十七年四月二日

指令

代換リニ依リ酒造免許鑑札ヲ書換タルトキハ税則取扱心得書第四十一項ニ據ルコ及ハスト雖モ代換リニアラス

第九條　造石税ハ左ノ三期ニ納ムヘシ

（明治十五年三月二十三日第十七號布告ヲ以テ第一第二期ヲ左ノ如ク更正ス）

第一期　四月三十日限

十月一日ヨリ二月中撿査濟石數ニ係ル税額ノ半數

第二期　七月三十一日限

三月一日ヨリ六月中撿査濟石數ニ係ル税額ノ半數

第三期　九月三十日限

七月一日ヨリ皆造撿査濟石數ニ係ル税額並前納額ノ殘數

第十條　造酒ノ石數ハ總テ管廳ヘ申出テ撿査ヲ受クヘシ

（明治十五年十二月二十七日第六十一號布告ヲ以テ左ノ如ク追加ス）

第十條第二項

廢業ノ際未製成ノ酒類ヲ所持スルモノハ其節管廳ヘ申出撿査ヲ受ケ現石數ニ付納税スヘシ

但未製成ノ酒類ヲ營業者ニ賣渡シ又ハ二個所以上免許ノ者其一個

シテ家族ヘ鑑札讓渡ストキハ四十一項ニ據ルヘキ儀ト心得ヘシ
明治十七年四月九日
山形縣ヨリ自家用料酒廢棄ノ儀ニ付伺
自家用料酒類非常（風水火震）ノ災害或ハ腐敗ニ罹リタル石數其期中代料トシテ再ヒ製造スルヲ得ヘキヤ將タ過誤ニ出ル流失棄損ニ屬スル分ハ前文ニ據ラサルヤ右ハ目下調査上疑似ニ渉リ候條至急御指揮相成度候也
明治十六年十二月廿八日
指令 申出ノ通
但非常災害ノ實

所以上ヲ廢シ尙存セル酒造塲ヘ其酒類ヲ移ストキハ管廳ヘ屆出且製成ノ上撿査ヲ受クヘシ

第十一條 前條ノ酒類ハ八月三十一日迄ニ皆造スベシ

第十二條 自家用料又ハ造酒保存ノ料ニ充テ製造スル酒類ト雖モ總テ管廳ノ撿査ヲ受ケ其造石税ヲ納ムベシ

第十三條 撿査未濟ノ酒類ヘ撿査濟ノ酒類又ハ古酒買入酒等ヲ混和スル者モ其造石税ハ總石數ヲ以テ之ヲ納ムヘシ

第十四條 撿査未濟ノ酒類ヲ屆出ノ上他ノ酒類ニ變製（第一章第二條中一類ノ酒ヲ二類ニ二類ヲ三類ニ變製スル類）スル時ハ造石税ハ其變製シタル酒類ニ就キ之ヲ納ムベシ

第十五條 撿査濟ノ酒類ヲ他ノ酒類ニ變製スル時ハ既ニ撿査濟ノ石數ニ係ル造石税ヲ納メ更ニ變製ノ石數ニ就キテ造石税ヲ納ムヘシ

但シ變製ノ節ハ必ス管廳ヘ屆出テ撿査ヲ受クヘシ且製成ノ上ハ第十條ノ手續ニ據リ撿査ヲ受クヘシ

第十六條 皆造期限前ニ於テ非常ノ損害ニ罹リタル酒類ハ直ニ管廳

況及ヒ腐敗酒トモ撿査ヲ受ケシムヘシ

明治十七年一月九日

○大藏省新潟縣ヨリ酒造石税前納ノ儀ニ付伺

爰ニ酒造營業八アリ税金納期日前酒類造石税一時即納（例ヘハ一期中二三期ヲモ併セテ納ムルノ類）致度旨出願スル許ハ聞届總テ一期ヘ領收シ不苦哉

指令

明治十八年三月四日

伺之趣申出ノ通取計不苦候事

但收納ニ係ル諸證書切符等

ヘ申出撿査ヲ受クヘシ

第十七條　前條撿査ノ上再ヒ酒類ニ製成スル者ハ其石數ニ應シ造石税ヲ納ムヘシ其製成スルヲ得サル者及ヒ廢棄シタル者ハ其石數ニ係ル造石税ヲ免除ス

第十八條　葡萄酒及ヒ麥酒ノ類ヲ製造スル者ハ免許税ヲ納ムヘシト雖モ造石税ハ之ヲ免除ス

第十九條　酒造中ハ管廳主任官員時々巡回スヘキニ付何酒類ヲ問ハス其仕込タル酒もと其他仕込米及ヒ營業ニ關スル諸帳簿等ノ撿査ヲ受クヘシ

第二十條（明治十六年八月四日第二十六號布告ヲ以テ本條ヲ左ノ如ク改正ス）

酒造用諸器械ハ使用以前管廳ヘ申出撿査ヲ受ケ其賣買讓與貸借ハ其時々管廳ヘ届出ツヘシ

酒造着手後造石税完納以前ニ於テハ管廳ノ許可ヲ得スシテ諸器械ヲ酒造場外ヘ移スヿヲ許サス

ニハ都テ第何期ヘ一時上納ト加書スヘシ
明治十八年三月十三日

酒造用諸器械ヲ賣與讓與貸與及ヒ所持主ヘ返却スルトキハ第九條ノ納期ニ拘ハラス撿査濟ニ係ル造石稅ヲ完納ス可シ

第三章　禁令　雜令

第二十一條　酢及ヒ酒もとヲ販賣スルヲ許サス
（明治十五年三月二十三日第十七號布告ヲ以テ左ノ通リ但書追加）
但事故アリテ酒もとノ不用ニ屬シタルモノヲ同業ノ者ニ限リ賣渡スハ此限ニ在ラス

第二十二條（明治十五年十二月廿七日第六十一號布告ヲ以テ本條ヲ左ノ如ク改正ス）
他ノ依托ヲ受ケテ酒類ヲ代造シ又ハ酒造營業人ニ非サルモノニ酢及ヒ酒類ヲ製造スル爲メ酒釀場ヲ貸スヲ許サス

第二十三條　撿査未濟ノ酒類ヲ賣捌キ貸與讓與若クハ自家ノ所用ニ消糜スルヲ許サス

撿査既濟ノ酒類ヘ撿査未濟ノ酒類ヲ混和スルヲ許サス

第二十四條　免許鑑札ハ貸借スルヲ許サス

第二十五條　造酒（搾リ蒸溜）器ニハ管廳主任官員ノ封緘ヲ受ケ置キ使用スルトキハ其旨申出開封ヲ請フヘシ
但シ過誤等ニテ封緘ヲ毀損シタルトキハ直ニ管廳ヘ届出再封ヲ請フヘシ

第二十六條　免許ヲ受ケタル者ハ其節管廳ヘ該一期造酒見込ノ種目石數並ニ其造リ方法共届出ヘシ
但種目變換並ニ見込石數ノ增減等ハ其時々届出可シ

第二十七條　酒造ニ屬スル倉庫納屋並ニ　器械共豫テ管廳ヘ届出ヘシ

第二十八條　一期造酒届出ノ石數何酒何石造ト書シタル標札ニ免許鑑札ノ番號ヲ書戴シ之ヲ戸外ニ揭出スヘシ
但增減ハ其時々届出ヘシ

第四章　罰令

第二十九條　免許鑑札ヲ受ケスシテ製造シタル者ハ其酒類及ヒ製造諸器械共沒收シ免許税額二倍ノ金額ヲ科シ之ヲ賣拂キタル者ハ其

水戸始審裁判所撿事ヨリ酒造税則其他ノ儀ニ付請訓
第一條 酒造税則第三十一條及第三十六條中賣捌代金追徵ノ明分有之右追徵金ハ本犯已ニ之ヲ費消シ完納スル能ハサル𪜈ハ其資力取調ノ上身代限ノ處分ニ及フヘキ哉
右内訓
第一條 本犯已ニ追徵スヘキ金額ヲ費消シ完納スル能ハサル𪜈ハ撿事ヨリ民事裁判所ニ身代限ノ處分ヲ請求スヘシ

石數ニ相當スル造石税三倍ノ金額ヲ併セ科スヘシ
但シ本文酒類並ニ諸器械ヲ已ニ賣捌キタル者ハ其代價ヲ追徵スヘシ
第三十條 免許鑑札ヲ借受ケ製造スル者ハ第二十九條ニ據テ處分シ之ヲ貸與ヘタル者ハ其鑑札取揚ケ免許税相當ノ金額ヲ科スヘシ
(明治十五年十二月二十七日第六十一號布告ヲ以テ第三十一條第三十二條三十四條左ノ如ク改正ス)
第三十一條 酒類石數ノ撿查ヲ受ケスシテ之ヲ賣捌キ又ハ貸與讓與シタル者ハ其代價ヲ追徵シ其酒類ノ石數ニ相當スル造石税三倍ノ金額ヲ科スヘシ
但シ第二十一條但書ノ場合ニ於テハ此限リニ非ラス
第三十二條 酒類ヲ隱蔽シタル者ハ其酒類ヲ没收シ其酒類ノ石數ニ相當スル造石税三倍ノ金額ヲ科スヘシ
但(明治十五年三月二十三日第十七號布告ヲ以テ但書ヲ削除ス故ニ略ス)

第三十三條　檢査未濟ノ酒類ヲ自用ニ消糜シタル者ハ其石數ニ係ル造石稅ニ相當スル金額ノ三倍ヲ科スヘシ

第三十四條　第十四條ノ屆出ヲ怠リタル者第五條第七條第二十八條ヲ犯シタル者ハ一圓以上一圓九十五錢以下ノ科料ニ處ス（明治十六年八月四日第二十六號布告ヲ以テ第十四條ノ下又ハ「第二十條」ノ四字ヲ削除ス故ニ除ク）

（明治十五年十二月二十七日第六十一號布告ヲ以テ第三十五條以下左ノ如ク追加ス）

第三十五條　第六條第二十五條第二十六條第二十七條ヲ犯シタル者ハ貳圓以上貳拾圓以下ノ罰金ニ處ス

（明治十六年八月卅日第二十六號布告ヲ以テ本條第二項ヲ左ノ如ク改正ス）第二十條第一項ヲ犯シタル者ハ二圓以上二十圓以下ノ罰金ニ處シ仍ホ其器械ヲ沒收ス第二項ヲ犯シタル者ハ五圓以上百圓以下ノ罰金ニ處シ仍ホ其器械ヲ沒收ス

第三十六條　第十條第二項第二十一條第二十二條第二十三條第二項ヲ犯シタル者ハ三圓以上三十圓以下ノ罰金ニ處シ其製造酒類ヲ沒

收ス之ヲ賣拂キタル者ハ其代價ヲ追徴スヘシ
但第二十三條第二項ノ酒類ハ總石數ヲ沒收ス
第三十七條　此規則ヲ犯シタル者ニハ刑法ノ不論罪及ヒ減輕再犯加重數罪俱發ノ例ヲ用ヒス但刑法第七十五條第一項ノ場合ハ此限ニアラス
第三十八條　酒造營業者ノ家族雇人ニシテ其營業ニ係リ此規則ヲ犯シタル時ハ總テ其營業者ヲ處罰ス

酒造稅則附則

第一條　自家用料ノ酒類（飲料ニ用ヒ醬油等ニ混和シ及ヒ其他ノ用ニ供スルモノ）ヲ製造スル者ハ管廳ヘ屆出製造免許鑑札ヲ受ケ鑑札料金八十錢ヲ納ムヘシ
第二條　免許ハ其年十月一日ヨリ翌年九月三十日迄ヲ以テ一期トス
第三條　自家用料ノ酒類ハ一家內ニ於テ一期製造高壹石（二種以上製造スル者ハ其總石數ヲ合算ス）ヲ超ユルヲ得ス若シ之ヲ超ユル時ハ總テ本則ニ從フヘシ
第四條　自家用料ノ酒類ハ其住居セル一家ノ外ニ於テ之ヲ製造スル

京都府ヨリ酢造營業者ノ儀ニ付同

第一條　酢造營業者酢元ニ供スル

ヲ得ス

第五條　自家用料ノ爲メ製造シタル酒類ハ之ヲ賣捌クヲ得ス

第六條　自家用料ノ酒類ヲ製造スル者免許鑑札ヲ失却毀損スルカ或ハ代替改名轉居セシ時ハ管廳ニ申出再渡又ハ書換ヲ請フヘシ

第七條　自家用料ノ酒類ヲ製造スル者ハ主任官隨時之ヲ撿査スヘシ

第八條　第一條第三條第四條第五條ヲ犯シタル者ハ三圓以上三拾圓以下ノ罰金ニ處シ仍ホ犯罪ニ係ル物品及ヒ器械ヲ沒收ス之ヲ賣捌キタル者ハ其代價ヲ追徵スヘシ

第九條　此規則ヲ犯シタル者ニハ本則第三十七條及ヒ第三十八條ヲ適用ス

○十六年十月大藏省第六十九號達

酒造稅則第四條第二項ニ據リ酒類製造免許ヲ受タル後非常ノ災害ニ罹リ酒類釀造元米諸器械等ヲ減損スルノ類ニシテ實際止ヲ得サルノ事故アルモノヲ除クノ外徒ラニ種々ノ口實ヲ設ケ制限石高ヨリ減却セシモノハ翌期營業ノ免許ヲ與ヘサル儀モ可有之候條詳細其事由ヲ

爲メ酒類ヲ製造スル者ハ酒造場一ケ所毎ニ免許鑑札ヲ下付スヘキ儀ニ有之哉果シテ然ラハ該鑑札ハ府廳ニ於テ國稅徴收費ノ内ヲ以テ調製シ下付シ可然哉

第二條　前條酒類造石稅ハ第一類相當課稅シ可然哉

第三條　酢元ニ供スル酒類製造スル者酢製成ノ上屆出シハ閒置候迄ニシテ其石數ノ撿查ヲ要スルニ不及儀ト相心得可然哉

第四條　酒造營業人ヨリ撿查濟腐敗酒(造石稅免除)

具シ見込相立稟議ス可シ此旨相達候事

第一節ノ二　酢元酒類製造規則

○十六年十二月第四十二號布告

酢造營業者酢元ニ供スル爲メ酒類ヲ製造スル者ハ酒造稅則中第三條免許稅第四條第二項第三項ヲ除クノ外該稅則ニ準據スヘシ

第一項ニ從ヒ酒類ヲ製造スル者酒類ヲ販賣シ又ハ撿查未濟ノ酒類ヲ以テ酢ヲ製造スルヲ許サス犯ス者ハ三圓以上三十圓以下ノ罰金ニ處シ現在ノ酒類及ヒ酢ヲ沒收ス其已ニ賣拂キタル者ハ代價ヲ追徵ス

第一項ニ從ヒ酒類ヲ製造スル者酢製成ノ上ハ管轄廳ニ屆出ツヘシ違フ者ハ壹圓以上壹圓九十五錢以下ノ科料ニ處ス

第二節　醬麴營業稅則

○十三年九月第四十一號布告

第一章　免許鑑札　營業稅

第一條　凡ソ醬麴(釀造酒類ノもと)ヲ製造シテ營業セント欲スル者ハ其旨管廳ニ願出製造場一ケ所毎ニ免許鑑札ヲ受ケ一期營業稅ト

買入酢元酒類ニ活用スル場合ニ於テハ其石數ヲ査定シ課税致シ可然哉
明治十七年一月廿九日

指令
第一條　前段申出ノ通後段鑑札ノ儀ハ酒造免許鑑札ニ酢元用ノ三字ヲ冠ラセ下付スヘシ
第二條　酒造税則第二條中ノ各類別ニ據リ課税スヘシ
第三條　申出之通
第四條　課税ノ限ニアラス但其腐敗酒燒酎等ニ變製シテ酢造元ニ供スルモノハ此

シテ左ノ通リ納ムヘシ

醤麹營業税　金五十圓

第二條　營業免許ハ其年十月一日ヨリ翌年九月三十日迄ヲ以テ一期トス

第三條　一期中何月ニ新規免許ヲ受クルモ營業税直ニ管廳ヘ納ムヘシ

第四條　免許ヲ受ケタル者ハ其一期中販賣見込ノ石數毎年十月中管廳ヘ屆出ヘシ

第五條　販賣ノ節ハ其石數並ニ購求者居所姓名及ヒ年月日等遺漏ナク帳簿ニ記載シ置キ翌年十月中管廳ヘ差出シ撿査ヲ受クヘシ

（明治十五年十二月二十七日第六十二號布告ヲ以テ第五條第二項左ノ如ク追加ス）

醤麹及ヒ仕込米諸帳簿倉庫納屋等主任官隨時之ヲ撿査スヘシ

第六條　免許鑑札賣買讓與スル時ハ雙方連印ノ願書ヲ管廳ニ差出シ書換ヲ請フヘシ

限リニアラス
明治十七年
二月十三日

第七條　免許鑑札失却毀損スルカ或ハ代替改名轉居セシ時ハ管廳ニ願出再渡又ハ書換ヲ請フヘシ
第八條　免許ヲ受ケタル者ハ醬麴賣捌所ト書シタル標札ヘ免許鑑札ノ番號ヲ記載シ戸外ニ掲出スヘシ

第二章　禁令　罰令

第九條　免許鑑札ハ貸借スルヲ許サス
第十條　免許鑑札ヲ受ケス醬麴ヲ營業スル者ハ科料トシテ其營業税二倍ノ金額ヲ徴スヘシ
第十一條　前明條ノ外販賣ノ節石數幷ニ購求人ノ居所姓名等ノ帳記ヲ怠ルカ其他本則ニ違犯スル者ハ科料トシテ壹圓ヨリ少ナカラス五十圓ヨリ多カラサル金額ヲ徴スヘシ
（明治十五年十二月廿七日第六十二號布告ヲ以テ第十二條以下左ノ通リ追加ス）
第十二條　醬麴營業場ノ中ニ於テハ酒類受賣醬麴受賣酢造營業ヲ爲シ又ハ酒類醬麴除クヲ製造スルヲ許サス

○大藏省
和歌山縣ヨリ醬油稅則中疑義ノ廉伺
第一條　醬油製造場狹隘ナルモノ區域外ノ倉庫納屋ニ於テ仕込ヲ爲シ成熟ノ後之ヲ製造場ニ移シテ搾リ上ク右倉庫等ヲ製造場ノ附屬トナスヲ請フモノアリ元來醬油ハ一箇年乃至三箇年ノ後始テ搾リ上ルヲ以テ（酒類ノ如ク速ニ成熟セス）其間時々檢査ヲナスニ於テハ奸曲ヲ施スヘカラス若シ之ヲ禁セハ營業上不便隨テ釀造石數ヲ減シ或

第十三條　第十二條ヲ犯シタル者ハ五圓以上五十圓以下ノ罰金ニ處シ仍ホ犯罪ニ係ル物品及ヒ器械ヲ沒收ス之ヲ賣拂キタル者ハ其代價ヲ追徵スヘシ

第十四條　此規則ヲ犯シタル者ニハ刑法ノ不論罪及ヒ減輕再犯加重數罪俱發ノ例ヲ用ヒス但刑法第七十五條第一項ノ場合ハ此限ニアラス

第十五條　醬麴營業者ノ家族雇人ニシテ其營業ニ係リ此規則ヲ犯シタル時ハ其營業者ヲ處罰ス

第三節　醬油稅則

○十八年五月第十號布告

醬油稅則別紙ノ通制定シ明治十八年七月一日ヨリ施行ス

但東京府管轄伊豆七嶋小笠原島函館縣沖繩縣札幌縣根室縣ハ當分之ヲ施行セス

第一條

凡ソ醬油（溜リヲ併稱ス）ヲ製造シテ營業セント欲スル者ハ其旨管廳ニ願出製

ハ廢業スヘキモノモ之レアルヘキニ付實際止ヲ得サル分ニ限リ差許スモ妨ナキヤ
第二條　一旦卸小賣ヲナシタル醬油黴又ハ苦味等ヲ生スル爲メニ買戻ヲ要スルモノアリ此場合ニ於テハ製造家又ハ仲買人他ノ精良ノ醬油及鹽水ヲ混和煮合シテ更ニ販賣ス右ハ酒類ヘ他ノ酒又ハ水ヲ混和シテ販賣スルモノト同一ニ付不問ニ措キ然ルヘキヤ
明治十八年七月一日
指令

造場一箇所毎ニ免許鑑札ヲ受クヘシ

第二條

免許ヲ受ケタル者ハ左ノ通營業税及ヒ造石税ヲ納ムヘシ

營業税　製造場一箇所ニ付一箇年　金五圓

造石税　製造高壹石ニ付　金壹圓

第三條

免許鑑札ヲ失却毀損スルカ或ハ代替改名轉居セシトキハ管廳ニ屆出其再渡又ハ書換ヲ請フヘシ

第四條

醬油製造人廢業スルトキハ管廳ニ屆出免許鑑札ヲ還納スヘシ

第五條

免許鑑札ハ貸借賣買及ヒ讓受讓渡ヲ爲スコトヲ得ス

第六條

營業税ハ一箇年ヲ二期ニ分チ前半年分ハ其年一月三十一日限後半年分ハ同ク七月三十一日限之ヲ納ムヘシ但新ニ開業スル者ハ免許鑑札

伺之趣左之通可相心得事

第一條製造場貳箇所ト爲シ免許スヘシ

但貳箇所ノ免許ヲ得タル上諸來ヲ他ノ製造場ニ移シテ絞上ル妨ナシ且既ニ免許ヲ得タル貳製造場ニシテ檢查上戸別ニ不便ナル者ハ更ニ事實ヲ具シ伺濟ノ上其帳簿ヲ一括ニ爲スコトヲ得

第二條鹽水ヲ混和スル者ハ增石數ニ就キ課稅シ其檢查未濟ノ醬油ヲ混和スル者ハ稅

ヲ受クルトキ其半年分ノ營業稅ヲ納ムヘシ

第七條

造石稅ハ左ノ期限ニ從ヒ之ヲ納ムヘシ但廢業スル者ハ其節之ヲ納ムヘシ

第一期　五月三十一日限

一月一日ヨリ四月中檢查濟石數ニ係ル稅額

第二期　九月三十日限

五月一日ヨリ八月中檢查濟石數ニ係ル稅額

第三期　翌年一月三十一日限

九月一日ヨリ十二月中檢查濟石數ニ係ル稅額

第八條

醬油ハ製成ノ後五日以內ニ管廳ニ屆出檢查ヲ受クヘシ

第九條

廢業ノ際未製成ノ醬油ヲ所持スル者ハ其節管廳ニ屆出檢查ヲ受ケ其石數ニ就キ納稅スヘシ但之ヲ同業者ニ賣渡シ又ハ二箇所以上ニ於テ

則第十一條ニ從フヘシ但請賣者ニシテ鹽水ヲ混和販賣スルヲ得ス違フ者ハ税則第廿四條ニ依ルヘシ

明治十八年七月廿二日

○大藏省　滋賀縣ヨリ醬油製造場ノ儀ニ付伺

醬油製造所貳區域ニシテ甲ニハ醪蓄藏場及搾リ器械釜場等ヲ備ヘ乙ハ單ニ醪ヲ蓄藏スルニ止マルモノ或ハ乙ニ釜場ナキノミ餘ハ甲ト同キモノアリ甲乙區域ノ距離纔ニ公道川等ヲ隔ルニ過ス隨テ醪熟

製造スル者其一箇所以上ヲ廢シ尙ホ存スル所ノ製造場ニ之ヲ移ス者ハ其旨屆出製成ノ上其製成者ニ於テ第八條ニ從ヒ檢査ヲ受クヘシ

第十條

檢査未濟ノ醬油ト檢査既濟ノ醬油トヲ混和スル者ハ其混和ノ日ヨリ五日以內ニ其旨管廳ニ屆出更ニ總石數ヲ以テ檢査ヲ受ケ納税スヘシ

第十一條

檢査既濟ノ醬油其造石税納期內ニ非常ノ損害ニ罹リテ廢棄ニ屬シ若クハ腐敗シタルトキハ直ニ管廳ニ申出檢査ヲ受ケ該造石税ノ免除ヲ請フコトヲ得

第十二條

外國ニ輸出スル醬油ハ輸出ノ節税關ニ於テ檢査ヲ受ケ置輸入港税關ノ陸揚免狀若クハ其他ノ證憑ト爲ルヘキ書類ニ在留領事ノ檢印ヲ受ケ之ヲ當初輸出ノ税關ニ差出シ其造石税ニ相當スル金額ノ下戾ヲ請フコトヲ得但造石税ノ下戾ヲ受ケタル醬油ヲ再輸入シタルトキハ更ニ其金額ヲ納ムヘシ

成ノ摸樣ト賣捌ノ都合等ニ依リ甲ノ醪チ乙ニ又ハ乙ノ醪チ甲ニ移轉合併シ或ハ溜リ或ハ仕込其他都合ニ依リ時々醪テ移轉スルモノアリ到底區域コトニ見込石高チ始メ醪仕込及榨リ上ケ等終始分離シ難シ右等ノ如キ止チ得サルモノニ限リ醬業税ハ各個ニ課スルモ見込石高其他撿查上ハ二區域チ壹箇所ト視做シ取扱度相伺候也

明治十八年七月十六日

指令

伺ノ趣聞屆候事

明治十八年七月廿五日

○大藏省

第十三條

醬油製造人ハ左ノ帳簿チ調製スヘシ

醬油製造原品買入帳

醬油仕込帳

醬油賣上帳

第十四條

醬油製造用ノ容器ハ使用以前管廳ニ屆出撿查チ受クヘシ

第十五條

醬油搾リ器械ニハ主任官ノ封緘チ受ケ置使用スルトキハ其旨申出開封チ請フヘシ但過誤等ニテ封緘チ毀損シタルトキハ直ニ管廳ニ屆出更ニ封緘チ請フヘシ

第十六條

醬油製造人ハ毎年一月三十一日迄ニ其年製造見込ノ石數並ニ其製造方法チ管廳ニ屆出ヘシ新ニ開業セシ者ハ免許チ受ケタル翌日ヨリ十五日以内ニ之チ屆出ヘシ但見込石數ノ增減並ニ製造方法ノ變換ハ其

滋賀縣ヨリ醬油税則ノ儀ニ付伺
節取
第一項 醬油未製成ノ儘密賣又ハ竊ニ自用贈物等ニ供スルモノ、罰條税則ニ明文アラサレ𪜈税則第八條ニ醬油ハ製成ノ後五日以内ニ管廳ニ屆出撿査ヲ受クヘシトアルニ據レハ必製成ノ上撿査ヲ受ケタル後ニアラサレハ販賣又ハ自用等ニ消靡スルヲ得サルモノニシテ若シ犯ス者アルトキハ同則第二拾六條ノ罰令ニ照シ告發シ然ルヘキ哉
明治十八年七

時々屆出ヘシ

第十七條

醬油製造ニ屬スル倉庫納屋並ニ諸器械ハ營業免許ヲ受ケタルトキ直ニ之ヲ管廳ニ屆出ヘシ但增減ハ其時々屆出ヘシ

第十八條

醬油製造人ハ他ノ依托ヲ受ケテ醬油ヲ代造シ又ハ同業者ニ非サル者ニ醬油ヲ製造スル爲メ製造場ヲ貸スコトヲ許サス

第十九條

醬油製造人ハ自家用料ニ充ル醬油ト雖モ此規則ニ從ヒ撿査ヲ受ケ其造石税ヲ納ムヘシ

第二十條

醬油卸賣又ハ小賣ヲ以テ營業トスル者ハ自家用料ノ醬油ヲ製造スルコトヲ得ス

第二十一條

醬油營業人ニ非スシテ自家用料ノ醬油ヲ製造スル者ハ同居ノ家族雇

月十七日

指令

伺ノ趣申出ノ通可相心得事

明治十八年七月廿七日

○大藏省

高知縣ヨリ醬油税則取扱ノ儀ニ付キ伺

第一條　從前醬油製造業人ニシテ本年六月限リ廢業シ其殘醬油醪ノ儘今後自家用料トシ制限以上ニ當ル石數ヲ所持スルハ苦シカラスヤ

第二條　從前醬油受賣人ニシテ本年六月以前ニ於テ自家用料ノ爲メ製造セシ醬油醪ノ儘所持スル

人一人ニ付一箇年壹斗五升ノ割合ヲ超ユルコトヲ得ス

第二十二條

醬油製造人ノ醬油仕込高並ニ仕込ニ屬スル豆麥其他ノ原品及ヒ營業ニ關スル諸帳簿ハ主任官隨時之ヲ撿査スルコトアルヘシ

第二十三條

主任官ニ於テ此規則ニ關シ犯罪アリト認知シ又ハ思料スルトキハ其場所ニ立入リ證憑取調ノ處分ヲ爲スコトヲ得但其主任タルノ證票ヲ携帶スヘシ

第二十四條

第一條ニ違ヒ免許鑑札ヲ受ケスシテ醬油ヲ製造シタル者ハ五圓以上五十圓以下ノ罰金ニ處シ仍ホ現在ノ醬油及ヒ製造器械ヲ沒收ス既ニ賣捌キタル者ハ其代金ヲ追徵ス

第二十條ニ違ヒ卸賣人小賣人ニ於テ醬油ヲ製造シタル者亦本條ニ據リ處分ス

第二十五條

ハ若シカラスヤ

第三條 前兩條ハ若シカラストセハ即今右石數屆出リセ置キ其家族人員ニ應シ制限ノ石數ヲ以テ計算シ年數ヲ定メ其年限中別ニ製造スヘカラサル儀カ又ハ本年六月以前ノ製造ニ係ルモノハ格別トシ今後更ニ制限以內ノ石數製造スルハ苦シカラスヤ

指令（電報）明治十八年七月四日

第一條第二條ハ申出ノ通但第二條七月以後ニ於テ製成スルヲ得ス第三條更ニ制

醬油ヲ隱蔽シタル者ハ製成ト未製成トニ拘ハラス其石數ニ相當スル造石税三倍ノ罰金ニ處シ仍ホ其犯罪ニ係ル醬油及ヒ容器ヲ沒收ス既ニ賣捌キタル者ハ其代金ヲ追徵ス但檢查既濟ノ醬油ト檢查未濟ノ醬油トヲ混和シテ隱蔽シタル者ハ其總石數ニ就テ論ス

第二十六條

第八條第九條第十條ノ檢查ヲ受ケスシテ醬油ヲ賣捌貸渡讓渡又ハ自用シタル者ハ其造石税ノ三倍ニ相當スル罰金ニ處シ仍ホ其代金ヲ追徵ス

第二十七條

第十八條ニ違ヒ他ノ依托ヲ受ケテ醬油ヲ代造シ又ハ製造場ヲ貸シタル者又ハ第二十一條ノ制限ヲ超ヘテ醬油ヲ製造シタル者ハ三圓以上三十圓以下ノ罰金ニ處シ仍ホ其醬油及ヒ容器ヲ沒收ス

第二十八條

第五條ニ違ヒ免許鑑札ヲ賣買貸借及ヒ讓受讓渡シタル者第十三條ニ違ヒ帳簿ヲ調製セス若クハ帳簿ノ登記ヲ詐リタル者第十四條ニ違ヒ

限ノ石數ヲ仕込ムヲ得ト雖モ毎年ノ製成ハ制限ニ依ラシムヘシ
明治十八年七月十五日

○大藏省
千葉縣ヨリ未製成ノ醬油販賣ノ儀ニ付伺電報
廢業ニ非スシテ未製成ノ醬油ヲ他ニ賣渡スハ苦シカラスヤ
明治十八年六月十一日電報
指令
相成ラス
明治十八年六月十七日

○大藏省
熊本縣ヨリ醬油製造場區域ノ儀ニ付伺

檢査ヲ受ケスシテ容器ヲ使用シタル者又ハ第十五條ニ違ヒ開封ヲ爲シタル者ハ二圓以上二十圓以下ノ罰金ニ處ス

第二十九條

第三條第四條第八條第九條第十條第十五條但書第十六條又ハ第十七條ノ屆出ヲ怠リタル者ハ一圓以上一圓九十五錢以下ノ科料ニ處ス

第三十條

此規則ヲ犯シタル者ニハ刑法ノ不論罪及ヒ減輕再犯加重數罪俱發ノ例ヲ用ヒス

第三十一條

醬油製造人ノ家族雇人ニシテ其營業ニ係リ此規則ヲ犯シタルトキハ其營業者ヲ處罰ス

第三節ノ二　造石稅金下戾手續

○明治十八年七月第拾四號達

本年五月第拾號布告醬油稅則第十二條ニ據リ外國ニ輸出スル醬油ニ對シ造石稅金下戾ノ手續左ノ通相定ム

醬油製造營業人ニシテ居家ニ搾器械ヲ設置シ他ノ土藏(別屋敷ナリ)ニ釀造醪ヲ貯藏セシモノアリ右ハ製造所二箇所トスヘキ儀ニ之レ有リ候哉
明治十八年六月三日

指令(電報) 申出之通
明治十八年六月十五日

○大藏省
長崎縣ヨリ醬油番水ノ儀ニ付伺(電報)
醬油ノ番水ヲ其儘賣ルハ課税シ醪ヘ混シ搾ルモノハ別ニ課税セサルヤ
明治十八年六月三十日

指令(電報)

第一項　外國輸出ニ係ル醬油ノ税金下戻ヲ請ントスルトキハ甲號書式ノ願書二通ヲ輸出港税關ニ差出シ其現品ノ檢査ヲ經テ檢査濟ノ證明書ヲ受クヘシ

第二項　造石税金ノ下戻ヲ請フニハ乙號書式ノ願書ニ輸入港在留領事ノ檢印ヲ受ケタル陸揚免狀若クハ其他ノ書類(領事不在ノ港ニ於テハ該港税關ノ通關證書若クハ其陸揚セシ證憑トナルヘキ書類)及當初輸出港税關ノ證明書ヲ添ヘ該税關ヘ差出スヘシ

第三項　外國ニ輸出シ造石税金ノ下戻ヲ受ケタル醬油ヲ更ニ輸入スルトキハ丙號書式ノ屆書ヲ税關ニ差出シ現品ノ檢査ヲ受ケ其造石税ヲ納ムヘシ

右布達候事

甲號書式

檢査願書

一醬油

記號

醬油番水ノ儘賣ルハ課税シ醪ヘ混スルモノハ單ニ搾上ケノ總石數ニ課税スヘシ
明治十八年七月三日

○大藏省　福井縣ヨリ醬油税則中疑團ノ儀ニ付伺

第一條　税則第二十一條ニ同居ノ家族雇人トアリ右雇人トハ年期ヲ定メ雇主ノ家ニアルモノヽ謂ニシテ一箇若クハ四箇月間臨時ニ雇使スルモノヽ如キハ勿論含有セサル儀ト心得然ルヘキ乎

第二條　自家用料ノ醬油ト雖モ本

箇數

石數

造石税金

製造地

右ハ何國何船ヲ以テ何國何港ヘ輸出致候ニ付御撿査相願候也

輸出人住所

年月日　　姓　名

某税關長宛

乙號書式

造石税金下戻願書

一醬油　何石

此造石税金　何圓

右ハ明治何年何月何日何國何港ヘ輸入致候ニ付該造石税金御下戻有之度因テ輸入港陸揚免狀（或ハ陸揚ノ證憑書）及撿査濟御證明書共相添此段相願候也

年仕込タル膠ヲ翌年或ハ翌々年製成スル者之レアリ然ルニ本年ノ家族雇人ヲ合シテ十人此人員ニ當テ壹石五斗ノ見込ヲ以テ製成スルモ翌年ニ至リ家族雇人内二人ヲ減少シ製成スル𪜈ハ二人分ノ石數過剩スルコト之レアリ此場合ニ於テハ如何處分シ然ルヘキ乎

明治十八年六月十九日

指令

伺之趣左ノ通可相心得事

第一條　雇人トハ一箇月以上雇主ノ家ニ於テ雇使

年　月　日

輸出人住所

姓　名

某稅關長宛

丙號書式

造石稅金上納書

一醬油　何石

此造石稅金　何圓

記號

箇數

造石稅金下戾年月日

當初輸出港

仕出港

右再輸入致候ニ付書面ノ通造石稅金上納仕候也

年　月　日

輸入人住所

姓　名

スヘキ契約アリテ其家ニ住居スルモノニ限ルヘシ

第二條　製成石數ハ仕込ノ年度ニ拘ハラス毎年一月ノ現員ニ據リ計算スヘシ但本年ニ限リ七月ノ現員ヲ以テスヘシ

明治十八年六月廿九日

○司法省　長崎縣ヨリ租稅官吏職務上家宅搜查ノ儀ニ付伺（電報）客年第四十三號公布ニ依リ主任官吏犯則ノ證憑取調フル件ハ本人拒ムトモ家宅倉庫ヲ搜查スルノ權ア

某稅關長宛

第四節　酒類稅則其他犯則證憑取調處分

○十六年十二月第四十三號布告

酒造稅則、酒麴營業稅則、賣藥印紙稅則、烟草稅則ニ關シ租稅官吏ニ於テ犯則アリト認知シ若クハ思料スルトキハ其場所ニ立入リ犯則ノ證憑取調ノ處分ヲ爲スコヲ得但其官吏ハ主任タルノ證票ヲ携帶スヘシ

第四節ノ二　證憑取調處分ノ時限

○十六年十二月大藏省第七十七號達

本年第四十三號布告ニ依リ人民ノ家宅內ニ立入リ證憑取調ノ處分ヲ爲スハ日出後日沒前ニ於テシ其地戶長若クハ用掛隣佑ノ內ヲシテ立會ハシメ候樣取計フヘシ此旨相達候事

○第五款　煙草稅

第一節　煙草稅則附心得

○十五年十二月第六十三號布告

第一章　煙草營業

リ
裁
明治十七年一月十日
指令
客年第四十三號公布ニ依リ家宅倉庫捜査ノ件ハ伺ノ通
明治十七年一月十四日

○大藏省
滋賀縣ヨリ煙草小賣許可否ノ儀ニ付伺
煙草製造人ヨリ賃銀ヲ受ケ自家ニ於テ製造スル者煙草小賣ノ免許ヲ受ケ其店頭ニテ販賣スルトキハ裝置及消印等ニ據リ自他ノ區別ヲ立ツヘシト雖實際曖昧ニ渉リ弊害ヲ生スヘキニ付

第一條　煙草營業者ヲ分テ左ノ三種トス
　煙草製造人　煙草仲買人　煙草小賣人
第二條　刻煙草又ハ卷煙草等ヲ製造スル者ヲ煙草製造人トス但賃銀ヲ受ケテ他ノ製造人ノ烟草ヲ製造スル者ハ此限ニアラス
第三條　未製造ノ烟草ヲ買入レ之ヲ製造人又ハ同業者ヘ賣渡シ及製造烟草ヲ買入レ之ヲ小賣人又ハ同業者ヘ賣渡ス者ヲ烟草仲買人トス
第四條　製造烟草ヲ自用者ヘ賣捌ク者ヲ烟草小賣人トス

第二章　營業鑑札

第五條　烟草營業者ハ管轄廳ヘ願出營業鑑札ヲ受ク可シ但製造仲買及小賣ヲ兼業スル者ハ各其營業鑑札ヲ受ク可シ
第六條　烟草營業者自己又ハ家族雇人ヲ以テ仕入又ハ出賣ヲ爲ストキハ管轄廳ニ願出仕入又ハ出賣鑑札ヲ受ケ各自之ヲ携帶スヘシ
（十七年六月大藏省第三十九號達參看此末尾ニ在リ）
第七條　煙草營業者ハ鑑札ヲ受クルトキ左ノ通鑑札料ヲ納ム可シ
　煙草營業鑑札料　一枚ニ付金二拾錢

前條小賣ハ許可セサル方可然ヤ右相伺候也
明治十六年六月十一日
指令　願出ニ任セ免許スヘシ
明治十六年六月廿二日

○大藏省

京都府ヨリ巻煙草ノ儀ニ付伺

巻煙草ハ印紙貼用ニ及ハス且煙草營業人ノ外ニ於テ賣買スルモ不苦哉右相伺候也
明治十六年六月十八日
指令　前段申出ノ通後段營業人ノ外販賣不相成
明治十六年六

煙草仕入鑑札料　壹枚ニ付金拾錢
煙草出賣鑑札料　壹枚ニ付金拾錢

第八條　鑑札ヲ失却毀損シ又ハ代替改名轉居セシトキハ之ヲ管轄廳ニ屆出其再渡又ハ書換ヲ請フ可シ但前條ノ通鑑札料ヲ納ム可シ

第九條　營業人廢業スルトキハ管轄廳ヘ屆出鑑札ヲ還納ス可シ

第十條　鑑札ハ貸借買賣及ヒ讓渡ヲ爲スヿヲ得ス

第三章　營業税

第十一條　烟草營業者ハ左ノ通營業税ヲ納ム可シ但兼業スル者ハ各其營業税ヲ納ム可シ

烟草製造營業税　壹ヶ年　金十五圓
烟草仲買營業税　壹ヶ年　金拾五圓
烟草小賣營業税　壹ヶ年　金五圓

第十二條　煙草營業税ハ年々両度ニ區分シ前半年分ハ一月三十一日限後半年分ハ七月三十一日限管轄廳ニ納ム可シ但新ニ開業スル者ハ營業鑑札ヲ受ル節其半年分ノ營業税ヲ納ムヘシ

月十三日

〇大藏省

長崎縣ヨリ煙草營業者自宅外ニテ煙草製造否ノ儀ニ付伺

賃切人ニ付シ煙草製造セシムルハ營業者自宅ノ外ニテモ差支ナキヤ右相伺候也

明治十六年六月廿九日

指令

本年第二十號布達第十項ノ手續ヲ經タルモノハ申出之通

明治十六年六月卅日

〇大藏省

福崗縣ヨリ卷烟草ノ儀ニ付伺

稅則第十三條ノ裝置區分ニ刻莨トノ

第四章　印稅

第十三條　烟草製造人刻烟草ヲ製造スルトキハ左ノ量目ニ從ヒ玉造紙包又ハ箱詰ニ裝置シ相當ノ印紙ヲ用フ可シ

量目	印稅 御賣定價百匁ニ付二十五錢未滿ノ分	同 御賣定價百匁ニ付二十五錢以上五十錢未滿ノ分	同 御賣定價百匁ニ付五十錢以上ノ分
五匁	二厘	三厘	四厘
十匁	四厘	六厘	八厘
十五匁	六厘	九厘	一錢二厘
廿匁	八厘	一錢二厘	一錢六厘
三十匁	一錢二厘	一錢八厘	二錢四厘

（明治十六年十二月十二日第四十一號布告ヲ以テ本條中四十匁及ヒ八十匁ノ二項ヲ追加ス）

四十匁	一錢六厘	二錢四厘	三錢二厘
五十匁	二錢	三錢	四錢
八十匁	三錢二厘	四錢八厘	六錢四厘

ミ明文アリ刻マサル巻莨ハ如何スヘキヤ右相伺候也
明治十六年七月五日
指令 裝置區分ヲ為サシムルノ限ニアラス
明治十六年七月七日

○大藏省
山形縣ヨリ烟草印紙貼用方ノ儀ニ付伺
烟草稅則改正前ヨリ裝置ノ儘マ持越シタル玉造ハ角印紙ヲ貼用スルモ差支ナキヤ右相伺候也
明治十六年七月三十一日
指令 申出ノ通
明治十六年八

百匁	四錢	六錢	八錢

第十四條 刻烟草ヲ玉造ニ為ストキハ帶印紙ヲ以テ結束シ其封緘ノ箇所及印紙ノ彩紋ヘカケ製造人ノ印章ヲ以テ消印シ箱詰又ハ包紙ハ封緘ノ要部ニ印紙ヲ貼用シ製造人ノ印章ヲ以テ之ニ消印ス可シ

第十五條 刻烟草ヲ五匁以下崩シ賣ニ為ストキハ二厘ノ帶印紙ヲ以テ結束ス可シ

第十六條 刻烟草ヲ玉造又ハ崩シ賣ニ為ストキハ帶印紙ノ外他ノ紙類ヲ以テ之ヲ結束スルコトヲ得ス

第十七條 外國ヘ輸出スル烟草ニ限リ輸出ノ節稅關ニ於テ戻稅トシテ印稅相當ノ金額ヲ輸出人ヘ下付ス可シ

第十八條 烟草印紙ノ種類價格左ノ如シ

印紙 帶印紙	黑色	一枚	二厘
同	淡赭色	同	三厘
同	黃色	同	四厘
同	赭色	同	六厘

月三日

○大藏省　富山縣ヨリ煙草小賣人賃切ノ際箱詰玉造ヲモ爲シ得可ヤ否ノ儀ニ付伺

官報第壹號滋賀縣伺　煙草小賣人賃銀ヲ受ケ自家ニ於テ製造トアルハ箱結玉造ヲモ爲スヲ得ヘキヤ右相伺候也　明治十六年七月廿八日

指令　賃切人ノ自家ニ於テ刻マシメタル煙草箱結玉造紙包ミ等ニ裝置スルハ製造人ニ於テ爲スヘキモノト心得ヽシ　明治十六年八月一日

同　萌黄色　同　八厘
同　淡青色　同　九厘
同　茶褐色　同　一錢二厘
同　淡紅色　同　一錢六厘
同　桔梗色　同　一錢八厘
同　橙黄色　同　二錢
同　老綠色　同　二錢四厘
同　濃青色　同　三錢

（明治十六年十二月十二日第四十一號布告ヲ以テ本條中淡黒色嬌栗色朱色ノ三項ヲ追加ス）

同　淡黒色　同　三錢二厘
同　黄綠色　同　四錢
同　嬌栗色　同　四錢八厘
同　紫色　同　六錢
同　朱色　同　六錢四厘

○大藏省
山形縣ヨリ煙草鑑札下附並ニ區分方ノ儀ニ付伺

煙草引續小賣及ヒ廢業ノ者税則改定施行前ヨリノ殘業煙草賣捌ニ鑑札下付スヘキヤ烟草仕入出賣ノ鑑札表面ハ雖名ノ上ニ營業ノ區分アルニ付キ單ニ仕入出賣ト而已區分スヘキヤ右伺候也

明治十六年七月十四日

指令

殘業烟草賣捌ノ者仲買鑑札下附及仕入出賣鑑札表面記載方ハ渾テ申出ノ通

明治十六年七月廿六日

同　赤色　同　八錢

第十九條　烟草印紙ハ管轄廳ノ許可ヲ得タル賣捌所ニ於テ發賣セシム其他ニ於テ賣買スルコトヲ得ス

第二十條　印紙貼用ノ細則ハ布達ヲ以テ定ムル所ニ從フ可シ

第五章　雜則

第二十一條　刻煙草ハ毎個必ス製造人ノ氏名住居ヲ附記ス可シ

第二十二條　煙草營業者ハ無印紙又ハ不足印紙ノ刻烟草ヲ所持スルコトヲ得ス仕入出賣ヲ爲ス者モ亦同シ

第二十三條　烟草營業者ハ左ノ帳簿ヲ調製ス可シ其記載方ハ布達ヲ以テ定ムル所ニ從フ可シ

烟草製造人
　烟草製造帳
烟草仲買人
　烟草買入帳　烟草賣買帳
烟草小賣人

○大藏省

大坂府ヨリ烟草製造人ノ儀ニ付伺

烟草製造免許ヲ受ケタルモノ耕作人ノ自宅ニ於テ耕作人ノ自用烟草ヲ製造スルハ差支ナキヤ右相伺候也

明治十六年七月廿七日

指令

烟草製造人ハ製造場外ニ於テ製造スルヿヲ得ス

明治十六年七月三十日

○大藏省

茨城縣ヨリ煙草崩賣ノ儀ニ付伺

刻烟草五匁以下崩賣ニ爲スハ五匁玉ノミニ限ルヤ將タ稅則第拾三條ニ據

烟草買入帳

第二十四條　烟草營業者ハ管轄廳ニ願出印紙ヲ買入鑑札ヲ受ケ印紙買入ヲ爲ス每ニ其鑑札ヲ携帶シ印紙賣捌人ニ示ス可シ

第二十五條　印紙賣捌人ハ印紙買受人ノ鑑札ヲ照査シテ其賣渡高及買受人ノ氏名住所賣渡ノ年月日ヲ帳簿ニ登記スヘシ

第二十六條　煙草營業者ハ煙草印紙ノ買受高其買入場所及使用高ヲ簿帳ニ登記ス可シ

第二十七條　煙草營業者ハ前年七月一日ヨリ其年六月三十日迄ノ煙草買入高賣捌高並印紙買入高及六月三十日ノ煙草並印紙ノ現在高ヲ取調七月三十一日限管轄廳ニ届出ツ可シ

第二十八條　印紙賣捌人ハ前年七月一日ヨリ其年六月卅日迄ノ印紙賣捌高並買受人ノ氏名住所ヲ取調七月卅一日限管轄廳ニ届出可シ

第二十九條　煙草營業者ハ營業ノ鑑札ヲ戶外ニ揭出ス可シ但書式ハ布達ヲ以テ定ムル所ニ從フ可シ

第三十條　印紙買入鑑札ハ貸借賣買及讓渡ヲ爲スコトヲ得ス

リ装置セシ内何レヲ崩賣ニナスモ妨ケナキヤ右相伺候也

明治十六年七月廿三日

指令　後段申出ノ通

明治十六年七月三十日

○大藏省
山形縣ヨリ烟草印紙貼用方ノ儀ニ付伺

烟草税則改正前ヨリ装置ノ儘持越タル玉造ハ角印紙ヲ貼用スルモ差支ナキヤ右相伺候也

明治十六年七月卅一日

指令　申出ノ通

明治十六年八月三日

第三十一條　未製造ノ煙草ハ煙草營業者アラサル者ニ賣渡スコトヲ得ス但貸與讓與ノ名義ヲ以テスルモ亦同シ

第六章　撿査

第三十二條　烟草營業者ノ帳簿及其所持ノ煙草ハ主任官隨時之ヲ撿査ス可シ

第三十三條　撿査官吏ハ撿査ノ時官ノ印章ヲ携帶シ營業者ノ求ニ應シテ之ヲ示ス可シ

第七章　罰則

第三十四條　營業鑑札ヲ受ケスシテ煙草營業ヲ爲ス者ハ營業税逋脱ニ係ル金高三倍ノ罰金ニ處シ仍ホ現在ノ煙草ヲ沒收シ之ヲ賣捌キタル者ハ其代價ヲ追徴ス

第三十五條　烟草營業者ニシテ無印紙又ハ不足印紙ノ刻烟草ヲ所持シ又ハ賣渡シタル者ハ拾圓以上百圓以下ノ罰金ニ處シ仍ホ其賣渡代價ヲ追徴ス之ヲ貸與讓與シタル者モ同ク其罪ヲ論ス

第三十六條　帳簿ノ登記ヲ詐テ脱税ヲ謀リ若クハ脱税ノ便ヲ與ヘタ

○大藏省
宮城縣ヨリ烟草税則ノ儀ニ付伺
烟草營業者出店ヲ設クルトキハ其店毎ニ鑑札下附シ可然ヤ右相伺候也
明治十六年八月一日
指令
申出之通
明治十六年八月六日

○大藏省
靜岡縣ヨリ烟草印紙ヘ量目並煙草銘附記ノ儀ニ付伺
第一條　本年太政官第貳拾號布達第三項ニ量目ヲ附記スヘシトアリ然ルニ帶印紙ニハ何夂用ノ文字其彩紋中ニ刷出シアルヲ以テ

ル者又ハ届書ニ詐僞ノ記載ヲ爲シタル者ハ拾圓以上百圓以下ノ罰金ニ處ス

第三十七條　烟草營業者ニシテ無印紙又ハ不足印紙ノ刻烟草ヲ買受ケタル者五圓以上五拾圓以下ノ罰金ニ處ス之ヲ借受讓受ケタル者モ同ク其罪ヲ論ス

第三十八條　第六條第十四條第十五條第二十一條第二十四條ニ違犯シタル者及第二十三條ニ違犯シテ帳簿ノ調製ヲ怠ル者ハ五圓以上五拾圓以下ノ罰金ニ處シ仍ホ犯罪ニ係ル烟草ハ之ヲ沒收シ之ヲ賣捌キタル者ハ其代價ヲ追徴ス

第三十九條　管轄廳ノ許可ヲ得スシテ印紙ヲ發賣スル者ハ五圓以上五拾圓以下ノ罰金ニ處シ仍ホ其印紙ヲ沒收ス之ヲ買受ケタル者ハ貳圓以上貳拾圓以下ノ罰金ニ處ス

第四十條　未製造ノ烟草ヲ烟草營業者ニアラサル者ニ賣渡シタル者ハ三圓以上三拾圓以下ノ罰金ニ處ス

第四十一條　第十三條ノ烟草裝置區分ニ違フ者ハ貳圓以上貳拾圓以

帶印紙ヲ用ル者ニ限リ特ニ量目ヲ附記スヘシ

第二條　烟草税則第十四條ニ依リ結束セシ帶印紙面ヘ烟草銘國分ト記スルノ類ヲ附記致度旨申出ルモノアリ右ハ販賣上必要ト云フト雖モ印紙ヲ汚損スルニ似タリ就テハ假令餘白タリトモ烟草銘ヲ附記スルハ相成ラスヤ右相伺候也

明治十六年八月六日

指令

第一條　帶印紙ニ何々用ノ文字刷出ジアルモ猶ホ量目ヲ附記スヘ

下ノ罰金ニ處シ仍ホ其犯罪ニ係ル烟草ヲ沒收ス

第四十二條　鑑札ヲ賣買貸借又ハ讓受讓渡シタル者及第二十五條第二十六條ニ違犯シタル者ハ貳圓以上貳拾圓以下ノ罰金ニ處ス

第四十三條　烟草自用者ニシテ未製造ノ烟草又ハ無印紙ノ刻烟草ヲ買受タル者ハ壹圓以上壹圓九十五錢以下ノ科料ニ處ス

第四十四條　第八條第九條第二十七條第二十八條ノ届出ヲ怠タル者及第二十九條ニ違犯シタル者ハ壹圓以上壹圓九拾五錢以下ノ科料ニ處ス

第四十五條　第二十條第二十三條第二十九條ニ依リ定メタル布達ニ違犯シタル者ハ壹圓以上壹圓九拾五錢以下ノ科料ニ處ス

第四十六條　此規則ヲ犯シタル者ニハ刑法ノ不論罪及減輕再犯加重數罪俱發ノ例ヲ用ヒス

第四十七條　烟草營業者ノ家族雇人ニシテ其營業ニ係リ此規則ヲ犯シタル片ハ其營業者ヲ處罰ス

參看

シ

第二條申出ノ通

但煙草銘ヲ小紙片ニ記載シ印紙彩紋ノ側面ヘ貼附スルハ苦シカラス

明治十六年八月十七日

○大藏省三重縣ヨリ煙草印紙消印ノ儀ニ付伺

煙草印紙ハ實印又ハ仕切判ヲ以テ消印スヘキヤ其他ノ印ヲ用フルトキハ後來ヲ戒メ既ニ消印セシ分ハ再貼セシムルニ及ハスヤ

右相伺候也

明治十六年八月十四日

指令

製造人ノ印章ニ

○十七年六月大藏省第三十九號達

明治十五年(十二月)第六十三號布告烟草稅則第六條ニ家族雇人ヲ以テ仕入又ハ出賣ヲ爲ストキハ云々ト有之右雇人トハ雇主ノ家ニアルモノニ限ル儀ト可相心得此旨相達候事

○十六年六月第二十號布達

明治十五年(十二月)第六十三號布告烟草稅則中左ノ通リ心得ヘシ

第一項　稅則第二條製造人ハ未製造ノ烟草ヲ耕作人又ハ仲買人ヨリ買入レ之ヲ製造シ仲買人又ハ小賣人ヘ賣渡スヲ云フ

第二項　稅則第三十一條烟草(營業者)トアルハ製造人仲買人ノミヲ云フ

第三項　稅則第二十條烟草印紙ノ貼用ハ第一號雛形ノ通リ之ヲ貼用シ其價格及ヒ量目ヲ附記スヘシ帶印紙ハ結束ノ上兩端ニ余紙アルモ之ヲ截斷スヘカラス

第四項　稅則第廿一條製造人ノ氏名住所ハ箱詰紙包ハ其見易キ個所帶印紙ハ其印紙彩紋ノ側面ヘ記載スヘシ

シテ其印面七分以上ノモノナレハ何等ノ印ヲ用フルモ差支ナシ
明治十六年八月十八日

○大藏省山形縣ヨリ煙草定價附記ノ儀ニ付伺

本年第貳拾號布達煙草稅則中心得第三頃ニ價格及量目ヲ附記スヘシトアリ右價格トハ稅則第十三條ノ定價ニ據リ價格何拾錢以上何拾錢未滿ノ分ト附記スルカ又ハ價格即チ定價何拾何錢ト附記スル儀ナルカ右相伺候也

明治十六年八月廿七日

指令

第五項　稅則第十四條烟草印紙ノ消印ハ七分已上ノモノヲ用ヰ黒肉ヲ以テ押捺スヘシ

第六項　稅則第十七條ニ據リ輸出烟草ノ戻稅ヲ請フ者ハ第十三條ノ印稅區別ニ依リ裝置種類ヲ分チ個數量目及ヒ印紙稅金額ヲ仕譯ケタル書面ヲ以テ其輸出港ノ稅關ヘ出願シ檢査ヲ受クヘシ

第七項　稅則第廿三條ノ帳簿ニハ左ノ件々ヲ記載スヘシ

製造人

烟草製造帳　年月日種類及ヒ未製造煙草何程ヲ何某ヨリ買入レ何程ニ製造シ其裝置種類定價區別量目個數代價及ヒ賣渡ノ數等記スヘシ

仲買人

烟草買入帳　年月日種類價格量目及ヒ賣主ノ氏名住所ヲ記スヘシ但未製造煙草ト製造煙草トハ帳簿若クハ記入口譯ヲ異ニスヘシ以下之ニ準ス

同

烟草賣渡帳　年月日種類價格量目及ヒ買主ノ氏名住所ヲ記スヘシ但書前ニ同シ

小賣人

後段申出ノ通一箇ノ定價ヲ附記スヘシ
明治十六年九月八日

○大藏省
靜岡縣ヨリ煙草帶印紙消印ノ儀ニ付伺
帶印紙ニテ結束セシ煙草其封纖ノ箇所ヨリ彩紋ヘ掛ケ消印スルモノハ壹ク所ニテ差支ナキヤ右相伺候也
明治十六年九月廿五日

指令
申出ノ通
明治十六年十月五日

○大藏省
熊本縣ヨリ煙草稅則實施上疑議ノ儀ニ付伺
國立銀行其他ニ於

烟草買入帳　未製造品買入ノヿヲ除クノ外總テ仲買人ノ帳簿ト同シ

第八項　稅則第二十七條第二十八條ノ屆出ヲ爲ストキハ第二號雛形ニ倣ヒ之ヲ調製スヘシ

第九項　稅則第二十九條營業人ノ標札ハ第三號雛形ニ倣ヒ各自之ヲ調製スヘシ

第十項　烟草製造人ハ其製造所及ヒ器械ノ員數增減共其時々管轄廳ヘ屆出ヘシ但シ賃切リニ付スルモノハ其賃切人ノ氏名住所並使用スル器械ノ員數及ヒ增減トモ其時々管轄廳ヘ屆出ヘシ

第十一項　仲買人小賣人ニシテ裝置烟草ヲ五匁以下崩賣ニ爲ストキハ稅則第十五條ニ據リ結束スヘシ但此場合ニ於テハ仲買人小賣人ハ第四項第五項ニ據リ自己ノ氏名住所ヲ附記スヘシ

第一號雛形

烟草印紙貼用方略圖

□　印紙

○　消印　印紙半面ヨリ他所ヘ掛ケテ押捺ス

▭　價格量目氏名住所

テ烟草稅則改定施行以前滯貸金ノ抵當質ト〆取置タル未製造煙草ノ流込トナリタルヲ所持スル者有之トキ該煙草ハ賣却ノ途ナキ者ノ如シ然レ𪜈此場合ニ於テハ仲買營業ノ免許ヲ與ヘ賣却セシメ可然哉此段相伺候也

明治十六年十一月廿六日

指令

伺ノ通

明治十六年十二月十日

○大藏省

長野縣ヨリ煙草稅則取扱方ノ儀ニ付伺

第一條　煙草製造人ニ仲買又ハ小賣人ノ賣子トナルヲ得ヘキ哉果

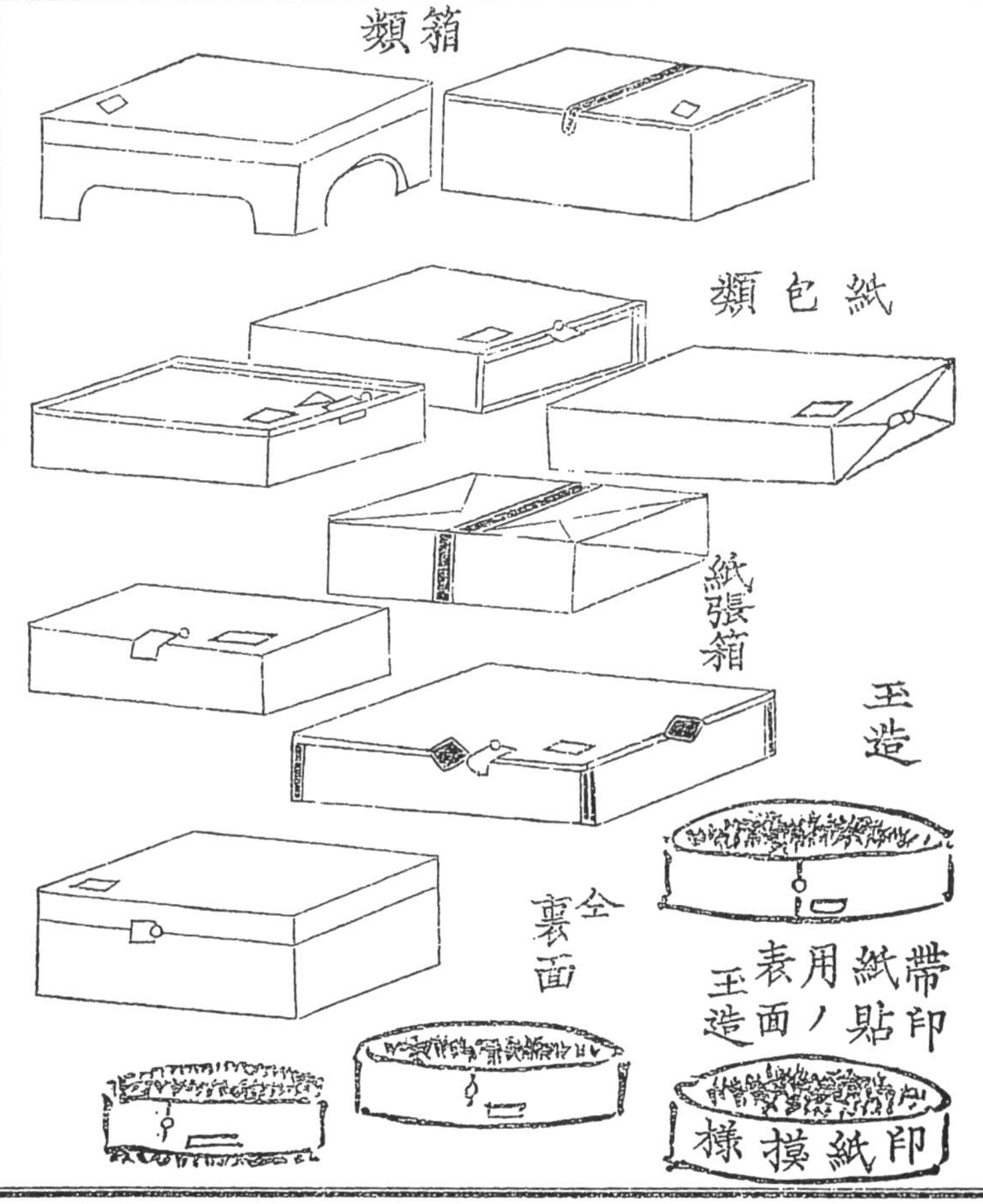

第
シテ然ラハ自己
ノ販賣品ト賣親
仲買人又ハ小賣人ヨリ附
托セラレタル販
賣品トナ併帯出
賣スルモ苦シカ
ラスヤ
二條　前條之區
雇人タルノ貧落
ト自己本分ノ職
業トヲ混スルモ
ノナレハ差許サ
ヽル可キヤ若シ
差許サヽルモノ
トスル件ハ一家
族中甲乙二人ノ
モノ製造ト小賣
ト一業ツヽ鑑札
中受ケ甲ハ乙ノ
賣子トナリ乙ハ
甲ノ賣子トナラ
ンコヲ出願スル
モ許可スヘカラ
サルヤ
明治十六年十

第二號雛形

明治何年何月ヨリ何年何月マテ一ヶ年分烟草及印紙出入高計算帳

未製造ノ烟草越高	
仝　買入高	
仝　賣捌高	
差引殘高	
製造烟草越高	
仝　買入高	
仝　賣捌高	
差引殘高	
烟草印紙越高	
仝　買入高	
仝　賣捌高	
差引殘高	

二月十八日

指令

第一條　出賣ハ自己又ハ家族雇人ニ限ル儀ニ付製造人ニシテ仲買小賣人ノ爲メニ出賣スルハ相成ラス

第二條　一家族中甲乙ノ者各々一業ツヽ願受ルニ於テハ互ヒニ其賣子トナルモ苦シカラス

明治十七年一月十五日

○司法省

兵庫縣ヨリ烟草税則違犯者取扱方ノ儀ニ付伺

烟草製造人ニシテ製造シタル刻ミ煙草ヲ税則第十三條

右之通相違無之候也

年　月　日

(製造)(仲買)(小賣)人住所姓名

府知事
縣令　宛

第三號雛形

鑑札番號 煙草(製造)(仲買)(小賣)營業 營業人住所姓名

木札寸法巾八寸竪二尺九寸

第一節ノ二　同取扱心得書

○十六年四月大藏省第二十號達

第一項　烟草營業免許鑑札並ニ烟草印紙ハ其員數ヲ見積リ租税局ヨ

ノ裝置區分ニ違ヒ例ヘハ制限外ノ量目百五十匁又ハ八十匁ニ裝置シ其量目ノ割合ニ應シ相當スヘキ印紙ヲ用ヒタルノモノヽ類同則第四十一條ニ該ルモノ右烟草ノ現在スルトキハ該條ニ照シ沒收スヘキモノナリト雖𪜈既ニ賣渡シ仲買人小賣人ニ於テ所持スルモ其仲買人小賣人ハ之ヲ買請ヶタル罰令ナキヲ以テ其沒收スルヲ得サルヘシ果シテ然ラバ右製造人ハ第四十一條ノ罰金ノミニ止リ仲買小賣人ハ不問ニ措キ該烟草ハ其儘賣買スルヲ得ヘキ儀ニ候哉

右差掛リタル件ニ

リ之ヲ受取ル可シ

但煙草印紙ノ受拂ハ總テ證劵印紙ノ例ニ準ス可シ

第二項　煙草仕入鑑札出賣鑑札烟草印紙買入鑑札ハ左ノ雛形ニ倣ヒ府縣廳ニ於テ調製シ之ヲ下渡ス可シ

木製　寸法　竪巾二寸三分　横巾一寸七分

番號

〔仕入出賣ノ文字ハ營業ノ種類ニ依リ記載ス可シ〕

表面

番號

煙草　仕入　出賣　鑑札

〔製造〕〔仲買〕人住所姓名

〔小賣〕携帶人姓名

裏面

明治何年何月

管轄廳燒印

番號

表面

番號

煙草印紙買入鑑札

〔製造〕〔仲買〕〔小賣〕人姓名

裏面

明治何年何月

管轄廳燒印

付速ニ電報ヲ以テ指揮有之度此段相伺候也

明治十六年八月七日

指令（電報）

八月七日付伺烟草税違犯ノ儀ハ見込ノ通但該烟草ハ製造人ニ返付シ改造セシムル歟若シクハ税則第十五條ニ依リ崩賣ニ為スニ非サレハ販賣スルヿヲ得ス

明治十六年九月二十七日

○大藏省

滋賀縣ヨリ規則上疑義ノ儀ニ付

伺

犯則ニ由リ官沒トナリタル刻煙草ヲ裁判所ニ於テ公賣

第三項　税則第三十二條煙草印紙撿査手續ハ府縣廳ニ於テ相定メ大藏省ヘ屆出ヘシ

但改正變更等ハ其時々本文ノ手續ヲ為スベシ

第四項　税則第三十三條撿査官吏ノ携帯スベキ印章ハ左ノ雛形ニ倣ヒ府縣廳ニ於テ調製スヘシ（十八年六月達ヲ以テ本項削除ス）

寸法　竪巾二寸三分　横巾一寸七分

厚紙厚製

表面

第何號 烟草税撿査印章 府縣官姓名

裏面

府縣 廳印

第五項　左ノ諸表ハ別紙雛形ニ照準毎半期之ヲ調製シ各翌月二十五日限差立租税局ヘ送付スヘシ

烟草營業表　第一號雛形

烟草印紙税表　第二號雛形

ニ付スル件ハ其煙草ノ現在ノ装置規則ノ適否ニ拘ハラス製造人ノ外仲買人小賣人ニ於テハ買受クルヲ得サル乎果シテ然ラハ製造人其買受タル煙草ヘ更ニ装置相當ノ印紙貼用スヘキハ勿論ニメ之テ爲サヽルモノハ規則第三十五條（烟草營業者ニシテ無印紙又ハ不足印紙ノ刻烟草ヲ所持シ又ハ賣渡シタル者ハ拾圓以上百圓以下ノ罰金ニ處シ云々）ノ違犯者トシ又仲買小賣人ニ於テ之ヲ買受ケ更ニ量目五匁以下ニ装置シ二厘印紙ヲ貼用シタルモ素ト買受クル

烟草印紙受拂計算表　第三號雛形
煙草營業鑑札受拂計算表　第四號雛形
煙草（仕入出賣印紙買入）鑑札下渡高計算表　第五號雛形
（第一號乃至第五號雛形省略）

第二節　博覽會場販賣

○十一年六月内務大藏兩省乙第四十七號達

各府縣ニ於テ一時博覽會相開候節列品中酒類烟草賣藥等販賣方成規有之物品場中ニ於テ賣渡ノ儀ハ其出品人兼テ右營業免許ノ者ニ候ハヽ別段受賣免許鑑札申請ニ不及尤烟草ノ儀ハ假令見本品タリトモ需求ニ應シ賣渡候節ハ成規ノ通印紙貼用可致此旨相達候事

但開場中一時賣物店開設聞屆候向モ本文ニ準シ受賣鑑札申請ニ不及候得共何營業免許人何某ト記載セル木製ノ看板ヲ見易キ場所ヘ必ス掲示可致事

○第六款　菓子税

第一節　菓子税則

ヲ得サル物ヲ買受タルモノナルヲ以テ同規則第三十七條煙草營業者ニシテ無印紙又ハ不足印紙ノ刻煙草ヲ買受ケタル者ハ五圓以上五十圓以下ノ罰金ニ處ス云々ノ違犯者トシ告發スヘキ乎右ハ今般檢查上發見ノ者之レアリ候ニ付此段相伺候也

明治十七年九月八日

（指令）明治十七年十月六日）

改正指令

伺ノ趣稅則ニ適スル刻煙草ハ何人ヲ問ハス買受クルヲ得ヘシト雖𪜈其適セサルモノハ製造人ニ

〇十八年五月第拾壹號布告

菓子稅則別紙ノ通制定シ明治十八年七月一日ヨリ施行ス

但東京府管轄伊豆七島小笠原嶋函館縣沖繩縣札幌縣根室縣ハ當分之ヲ施行セス

第一條

菓子營業者ヲ分テ左ノ三種トス

菓子製造人　菓子ヲ製造シ之ヲ菓子營業者ニ賣渡ス者ヲ云フ

菓子卸賣人　菓子ヲ買入レ之ヲ菓子營業者ニ賣渡ス者ヲ云フ

菓子小賣人　菓子ヲ需用人ニ賣渡ス者ヲ云フ

第二條

菓子營業ヲ爲サントスル者ハ管廳ニ願出營業鑑札ヲ受クヘシ但一人ニテ二箇所以上ノ營業場ヲ設クル者又ハ二種以上ノ營業ヲ兼ヌル者ハ各別ニ營業鑑札ヲ受クヘシ

第三條

菓子營業者自己又ハ家族雇人ヲ以テ仕入又ハ出賣ヲ爲サントスル時

限リ買受ケ改裝スルヲ得ル義ト可相心得事

但仲買又ハ小賣人ニシテ既ニ稅則ニ適セサル煙草ヲ買受ケタル者アラハ此度限リ將來ヲ誡諭シ其煙草ハ崩賣トナサシムヘシ

明治十八年一月廿三日

○大藏省

神奈川縣ヨリ菓子稅則中疑團ノ儀ニ付伺（節錄）

第五條　稅則第八條ニ揭クル雇人トハ其家ニ戶籍ヲ入レ又ハ寄留スルモノニ止ラ

ハ管廳ニ願出仕入鑑札又ハ出賣鑑札ヲ受ケ各自之ヲ携帶スヘシ

第四條

鑑札ヲ受クルトキハ左ノ鑑札料ヲ納ムヘシ

營業鑑札料　一枚ニ付金貳拾錢

仕入鑑札料　一枚ニ付金拾錢

出賣鑑札料　一枚ニ付金拾錢

第五條

鑑札ヲ失却毀損シ又ハ代替改名轉居セシトキハ管廳ニ屆出其再渡又ハ書換ヲ請フヘシ但前條ノ鑑札料ヲ納ムヘシ

第六條

菓子營業者廢業スルトキハ管廳ニ屆出鑑札ヲ還納スヘシ

第七條

鑑札ハ貸借賣買又ハ讓受讓渡ヲ為スコトヲ得ス

第八條

菓子營業者ハ左ノ區別ニ從ヒ營業稅ヲ納ムヘシ但二種以上ノ營業ヲ

ス一時雇（俗ニ渡リ職人ト云フ）ノ者モ含有スルノ義ナルヤ

第六條　露店又ハ呼賣ヲ業ト爲ス者トハ自ラ製造シ又ハ製造者ヨリ買受自己又ハ家族ヲ以テ營業ニ從事シ自家店頭ノ營業ヲナサス要スルニ徽々タル業體ノ者ヲ指スノ意義ニ候ヤ果シテ然ラハ別ニ出賣鑑札ヲ下付セス（仕入鑑札ヲ下付スルハ勿論）營業鑑札ヲ携帶セシムルモノニシテ其業體一家壹人ニ止マルモノニ候ヤ

但本文ニ據レ

兼ヌル者ハ其税額ノ多キモノニ就キ納税スヘシ

製造營業税

雇人十人以上アル者　一箇年　金貳拾圓
雇人六人以上アル者　一箇年　金拾五圓
雇人三人以上アル者　一箇年　金拾圓
雇人二人以下アル者　一箇年　金五圓
雇人ナキ者　一箇年　金壹圓

卸賣營業税

雇人十人以上アル者　一箇年　金貳拾圓
雇人六人以上アル者　一箇年　金拾五圓
雇人三人以上アル者　一箇年　金拾圓
雇人二人以下アル者　一箇年　金五圓
雇人ナキ者　一箇年　金壹圓

小賣營業税

雇人三人以上アル者　一箇年　金七圓

第七條　露店呼賣者ト事實ヲ同フスルモ自家ニテモ營業ヲナス上ハ出賣者トシテ賣上高ヲ合算シ課稅スルハ勿論ナルヤ

第八條　菓子營業ト他ノ營業トヲ兼ヌル者ニシテ一店內區域ヲ異ニセス雇人ヲ區別セサルモノハ其總員ニ就キ課稅シ一店內ト雖モ自ラ區域ヲ異ニシ雇人ノ區別アルモノハ之ヲ

ハ本人ニ代リ其鑑札ヲ以テ家族一時營業ヲ助クル場合アルモ苦シカラスヤ

雇人二人以下アル者　一箇年　金三圓

雇人ナキ者　一箇年　金壹圓

二種以上ヲ兼タル營業者ノ雇人ハ各種ヲ別タス之ヲ合算スル者トス

露店又ハ呼賣ヲ業ト爲ス者ハ其營業稅ヲ免除ス

第九條

營業稅ハ一箇年ヲ二期ニ分チ前半年分ハ其年一月三十一日限後半年分ハ同ク七月三十一日限之ヲ納ムヘシ但新ニ開業スル者ハ營業鑑札ヲ受クルトキ其半年分ノ營業稅ヲ納ムヘシ

第十條

營業稅前半年分ハ其年一月一日後半年分ハ同ク七月一日ノ雇人ノ現員又新ニ開業スル者ハ其營業鑑札ヲ受クルトキノ現員ニ據リ定ムヘシ但雇人增加シタルトキハ該期ノ增稅ヲ納ムヘシ

第十一條

菓子製造人ハ製造稅トシテ菓子賣上金高百分ノ五ヲ左ノ期限ニ從ヒ納ムヘシ

分別シ課税スヘキヤ
明治十八年五月十八日
指令
第五條第七條申出ノ通
第六條 露店又ハ呼賣ヲ業トスルモノハ一家壹人ニ限ラス營業各人ニ其鑑札ヲ下付スヘシ但シ家族ノ者露店又ハ呼賣先ニ於テ其業ヲ助クルハ苦シカラス
第八條 雇人ハ申出ノ通但店内ノ區域ヲ異ニスルト否トニ關セス
明治十八年六月九日
○大藏省

第一期 一月一日ヨリ六月三十日迄賣上金高ニ係ル分 其年八月三十一日限
第二期 七月一日ヨリ十二月三十一日迄賣上金高ニ係ル分 翌年二月二十八日限
半年分ノ賣上金高三拾圓未滿ノ者及ヒ露店又ハ呼賣ヲ業ト爲ス者ハ其製造税ヲ免除ス
第十二條
菓子營業者ハ毎年一月一日七月一日現在雇人ノ員數氏名ヲ取調其月十五日限又新ニ開業スル者ハ出願ノトキ管廳ニ届出ヘシ但増員アルトキハ其時々之ヲ届出ヘシ
第十三條
菓子製造人ハ毎年其製造高及ヒ賣上金高ヲ左ノ通管廳ニ届出ヘシ但露店又ハ呼賣ヲ業ト爲ス者ハ此限ニアラス
一月一日ヨリ六月三十日迄ノ分 其年七月十五日限
七月一日ヨリ十二月三十一日迄ノ分 翌年一月十五日限
第十四條
菓子製造人ハ菓子幷ニ其製造原品ノ賣買ヲ帳簿ニ記載シ置ヘシ但露

栃木縣ヨリ菓子税則中疑團ノ儀ニ付伺

第一條　税則第八條第三項ニ露店ト又ハ呼賣ヲ業ト爲スモノハ其營業税ヲ免除ストアリ右呼賣トハ路上ヲ發聲行商スルモノヲ指稱スルヤ也タ單ニ需求者ノ家宅ニ臨ミ販賣スル行商モ呼賣ト併稱スヘキヤ

第二條　家屋外軒下ヘ戸板或ハ椽臺等ヲ置キ菓子類ヲ販賣スルモノハ露店ト同視スヘキヤ

第三條　本年六月三十日以前製造

店又ハ呼賣ヲ業ト爲ス者ハ此限ニアラス

第十五條

菓子營業者ノ帳簿倉庫營業場及ヒ營業物品ハ主任官隨時之ヲ檢査スルコトアルヘシ

第十六條

主任官ニ於テ此規則ニ關シ犯罪アリト認知シ又ハ思料スルトキハ其場所ニ立入リ証憑取調ノ處分ヲ爲スコトヲ得但其主任タルノ證票ヲ携帶スヘシ

第十七條

第二條ニ違ヒ營業鑑札ヲ受ケスシテ菓子營業ヲ爲シタル者ハ五圓以上五十圓以下ノ罰金ニ處シ仍ホ現在ノ菓子及ヒ製造器械ヲ沒收ス既ニ賣捌キタル者ハ其代金ヲ追徴ス

第十八條

第十二條第十三條ノ届書又ハ第十四條ノ帳簿ニ詐僞ノ記載ヲ爲シタル者ハ五圓以上五十圓以下ノ罰金ニ處ス

ノ菓子モ七月一日以後ノ販賣ニ係ルモノハ無論賣上金高ニ組込納税セシムヘキヤ
明治十八年五月廿六日

指令

第一條後段申出ノ通

第二條申出ノ通但自家ノ軒下ニ於テスルモノハ此限ニアラス

第三條申出ノ通

明治十八年六月八日

○大藏省

石川縣ヨリ菓子税則中疑團ノ儀ニ付伺

税則中呼賣トハ路頭ヲ徘徊スルモノ

第十九條

第三條ニ違ヒ鑑札ヲ携帶セスシテ仕入又ハ出賣ヲ爲シタル者及ヒ第七條ニ違ヒ鑑札ヲ貸借賣買又ハ讓受讓渡シタル者ハ二圓以上二十圓以下ノ罰金ニ處ス

第二十條

第五條第六條第十二條第十三條ノ屆出ヲ怠リタル者及ヒ第十四條ノ帳簿ニ記載ヲ怠リタル者ハ一圓以上一圓九十五錢以下ノ科料ニ處ス

第二十一條

此規則ヲ犯シタル者ニハ刑法ノ不論罪及ヒ減輕再犯加重數罪倶發ノ例ヲ用ヒス

第二十二條

菓子營業者ノ家族雇人ニシテ其營業ニ係リ此規則ヲ犯シタルトキハ其營業者ヲ處罰ス

○第七欵　未納者

第一節　租税未納者處分

出賣トハ家々ヘ立寄リ又ハ小賣露店ヘ賣捌クモノヲ指稱スヘキヤ

○明治十八年五月廿八日大藏省東京府ヨリ菓子税則ノ儀ニ付伺

一 税則第八條ニ掲タル菓子營業者ノ雇人ハ菓子製造及ヒ仕入出賣店賣等ニ從事スル者ニ限ラス一家總テノ雇人（炊飯裁縫等ニ使役スル者共）ヲ指タルモノニ有之候哉果シテ然ラハ菓子營業者ニシテ他ノ營業ヲ兼ルモノハ其雇人中菓子一途ニ從事スルモノト他

○明治十八年七月第貳拾號布告

明治十年十一月第七拾九號布告第二條左之通改正ス

第二條　營業税又ハ製造税ヲ上納セサル時ハ其營業ヲ停止ス其製造品アル者ハ之ヲ公賣シ次ニ其器物ニ及ホスヘシ

酒類醤油造石税ハ前項ニ依テ處分シ仍ホ其製造用ノ諸建物ヲ公賣スルコトヲ得

但酒類醤油及其製造用諸器物建物ハ自他ノ所有ヲ問ハス其一部又ハ全部ヲ公賣シテ徴收ス

右　奉勅旨布告候事

○十年十一月第七十九號布告

租税未納ノ者ハ從來怠納金ヲ徴シ本人身代限ヲ以テ取立ル等ノ處分モ有之候處自今右處分ヲ廢止シ更ニ左ノ通區別相當處分致スヘシ此旨布告候事

第一條（明治十四年第十五號布告ヲ以テ本條中後三十日ノ四字ヲ削除ス故ニ之ヲ除ク）

ノ營業ニ從事スルモノトハ自カラ區別アルヘシト雖トモ同ク一家ノ雇人タレハ是レヲ菓子營業ノ一方ヨリ視ル時ハ殆ト分別シ難シ況ンヤ炊飯等ノ雜事ニ使役スルモノハ誠ニ其限界ヲ定メ兼候如斯モノ、區別ハ如何相心得可然哉

一 稅則第十七條ニ製造器械ヲ沒收ストアリ然ルニ製造器械員數屆出ノ明文無之ヲ以テ實際處分ノ場合ニ臨ミ其區別ハ撿查員ノ認定ニ有之儀ト相心得可然哉

徵收期限每期ヲ云フヲ過テ尚國稅ヲ上納セサルトキハ之ヲ賦課シタル財産ヲ公賣シテ徵收スヘシ若シ其財産他人ヘ賣與讓與シタル時ハ之ヲ買受讓受タル者ヨリ完納スヘシ

但書入質入地所質入ハ其規則ニ從フノ財産ニ未納稅アル時其債主ニ於テ辨納ス可シト申立ル者ハ其意ニ任セ公賣ヲ行ハス

第二條　營業稅ヲ上納セサル時ハ其營業ヲ停止ス其製造品アル者ハ之ヲ公賣シ次ニ其器物ニ及ホスヘシ

（明治十六年八月四日第二十五號布告ヲ以テ本條ノ但書ヲ削除シ第二項ヲ設ケ更ニ十七年三月十四日第六號布告ヲ以テ第二項ヲ左ノ通改正ス）

酒類造石稅ハ前項ニ依テ處分シ仍酒造用ノ諸建物ヲ公賣スルコトヲ得

但酒類並造酒用諸器械建物ハ自他ノ所有ヲ問ハス其一部又ハ全部ヲ公賣シテ徵收ス

第三條　府縣稅民費モ此規則ニ準シテ處分スヘシ

一左記品目ノ如キモ菓子ノ範圍内ニ有之候哉
煎餅類鹽煎餅八ツ橋煎餅辻占煎餅ガラガラ煎餅ツクバ子煎餅飴類汁子懐中汁子團子類醬油團子餡團子黄粉團子味噌團子餅類葛餅餅大々阿部川餅萩ノ牡丹餅櫻餅柏餅葡萄餅麪麭類餅パン菓子パン食パン砂糖豆類福德豆茶豆源氏豆南京豆豌豆空豆ノ類砂糖ヲ用ヒテ包粧セシモノ金花糖オコシカキ餅吹寄類輕燒カリン糖紅梅燒氷菓子アイスクリームノ類白玉トコロテン砂糖ヲ調用スルモノ寒天甘露糖ノ類

但各別ニ財産ヲ指定シテ賦課セサル民費徴收ニ付テハ土地家屋ヲ除キ他ノ財産ニ付先取特權アリトス

第四條 凡租税不納ニ付財産ヲ公賣セントスル時ハ地方官ニ於テ處分シ先ツ公賣ニ關スル入費ヲ引去リ而後國税府縣税民費ヲ徴シ剰餘アル時ハ之ヲ本人ニ還付ス若シ不足アル時國税府縣税ハ官ノ損失ニ歸シ民費ハ該區ノ損失ニ歸ス

但該財産ニ付テ區戸長役所ノ帳簿ニ記載セル債主アル時ハ其殘金ヲ順次其債主ニ給付ス

附則

此布告ニ矛盾スル布告布達ハ廢止トス

（明治十一年十月廿一日布告第三十四號ヲ以テ左ノ二ヶ條ヲ追加ス）

第五條（明治十四年二月二十五日布告第十五號ヲ以テ本條ヲ削除ス）

第六條 財産公賣ノ際買受望人無之節該財産ハ之ヲ官沒スヘシ

參看

○十六年三月第十六號達

砂糖烹金時揚ケ餅
切り揚氷砂糖砂糖
果物菌蔬菜ノ類ヲ乾燥シテ砂糖漬ト爲シタルモノ及ヒ罐詰ノ類
シンコ細工文珠燒
干柿

指令　明治十八年五月廿二日

伺之趣左ノ通可相心得候事
第一項稅則ノ雇人トハ菓子ノ製造其他菓子業ニ從事スルモノヲ指ス故ニ菓子業ニ從事セスシテ專ハラ他ノ業務ヲ執ルモノハ算入スルモノトス但シ附屬寄留ノ者其他手傳等ノ名

明治十年(十一月)第七十九號布告第一條但書ノ塲合ニ於テハ債主ニ其未納稅アル旨ヲ通告シ債主之ヲ辨納セサル時ニ公賣ヲ行フヘキ義ト可相心得此旨相達候事

參看

○十六年八月第三十三號達

明治十年(十一月)第七十九號布告第二條第二項ノ塲合ニ於テ其酒類及器械本人ノ所有ニ非サルトキハ所有主ニ通告シ處分スルハ本年(三月)第十六號達ノ通可相心得此旨相達候事

第二節　區町村費及水利土功費怠納者處分

○十七年五月第十五號布告

區町村會ニ於テ評決シタル區町村費及ヒ水利土功會ニ於テ評決シタル土木費ノ怠納者ハ總テ明治十年(十一月)第七十九號布告ニ據リ處分スヘシ若シ財産公賣ノ際買受望人ナキトキハ官沒ノ手續ヲ爲サス郡區長又ハ戸長ニ於テ之ヲ管掌シ會議ノ評決ヲ取リ府知事縣令ノ認可ヲ得テ處分スヘシ

義ヲ以テスルモノト雖モ雇人同様ノ業務ヲ執ルモノハ總テ算入スルモノトス

第二項　菓子製造ノ用ニ供シタルモノハ没収スルモノトス

第三項　壚煎餅

餡汁子（懐中汁子ヲ除ク）

團子類　餅類

（葛餅櫻大福餅ノ類ニシテ砂糖餡ヲ包ミタルモノヲ除ク）

食麵麭　氷砂糖

白玉　心太　寒天

（甘露糖ヲ除ク）切リ

揚眞粉細工干柿氷菓子砂糖漬ノ内糖汁ニ浸シタルモノ

但明治十四年四月第二十四號布告ハ廢止ス

○第二章　海關稅

第一節　海關輸出入荷物取扱條例

○六年六月第二百十號布告

內國人民一般竝御雇外國人ニ至ル迄海關輸出入荷物取扱條例別冊ノ通被定候條此旨相達候事

（別冊）海關輸出入荷物取扱條例

第一　官省使寮司及府縣官員並留學生徒ニ至ル迄政府ノ命ヲ奉シ海外ニ航旅スル者公用ノ荷物並本人相當ノ旅具ヲ除クノ外輸出入共商品同樣一般收稅スヘシ

第二　前款ニ揭クル官員幷留學生徒發着ノ前後輸出入又ハ他邦滯留中送致セル貨物等無稅通關スヘキ旨大藏省ノ證書無之分ハ商品同樣一切收稅スヘシ

第三　華士族ヨリ平民ニ至ル迄商業或ハ留學遊學等ノ爲メ自費ヲ以テ海外ヘ渡航スル者荷物輸出入ノ際本人相當ノ旅具ヲ除

ヽ類ハ菓子ノ範圍外トス
明治十八年六月四日

○大藏省
高知縣ヨリ西洋菓子課稅ノ儀ニ付伺電報
西洋菓子ノ御小賣ヲ為ス者ハ菓子稅則ニ據リ課稅スヘキモノナルヤ
明治十八年五月十八日電報

指令
申出ノ通心得ヘシ
明治十八年五月廿六日

○大藏省
靜岡縣ヨリ菓子營業者仕入鑑札下付方ノ儀ニ付伺電報

ノ外一切收稅スヘシ

但相當旅具免稅ノ荷物ヲ定ムルハ稅關監吏ノ意見ニシテ本人之ヲ取捨增減スルヿヲ得ヘカラス

第四　官省使寮司及府縣ニ於テ雇役ノ外國人自用品其自國又ハ他國ヨリ取寄或ハ御國產ヲ其本國ヘ差送ル分トモ自今約定書中自用品無稅通關可指許旨ノ明文無之分ハ輸出入トモ商品同樣收稅スヘシ

但向後外國人備入ノ節有稅ノ自用品ハ輸出入トモ免稅致スヘキ旨條約面ニ記載スヘカラス

第五　前款ニ揭クル外國人來着又ハ滿期歸國ノ節輸出入ノ荷物本人相當ノ旅具ヲ除ノ外商品同樣收稅スヘシ

○第三章　備荒貯蓄

第一節　備荒貯蓄法

○十三年六月第三十一號布告

第一條　備荒儲蓄金ハ非常ノ荒凶不慮ノ災害ニ罹リタル窮民ニ食料

薬子製造人原質品買入及ヒ自製ノ薬子小賣スルモノハ仕入鑑札ヲ受クルニ及ハスヤ
明治十八年六月五日電報

指令

薬子原質品買入又ハ自家ニテ仕入ヲナス者ハ仕入鑑札ヲ要セス
明治十八年六月十日

○大藏省

愛知縣ヨリ薬子營業鑑札記載方ノ議ニ付伺

薬子稅則取扱心得書第二項鑑札記識方則第一號雛形中營業二種以上ヲ兼ヌルトキハ(イ)符號ノ箇所ニ其兼業名ヲ朱書スヘシ云々

小屋掛料農具料種穀料ヲ給シ又罹災ノ爲メ地租（國稅ノ部分ニ限ル）ヲ納ムル能ハサル者ノ租額ヲ補助シ或ハ貸與スルモノトス

第二條　各府縣ハ土地ヲ有スル人民ヨリ地租ノ幾分ニ當ル金額ヲ公儲セシメ以テ儲蓄金ヲ設クヘシ各人ヨリ公儲スルノ割合ハ府縣會ノ議決ヲ以テ之ヲ定メ其總額ハ政府ヨリ配付スル金額ヨリ少カラサルヲ要ス但市街ハ府縣會ノ議決ヲ以テ政府ノ許可ヲ得郡村ト其徵收法ヲ異ニスルヲ得

第三條　政府ハ每歲百二十万圓ヲ支出シテ儲蓄金ヲ補助スヘシ

第四條　政府ヨリ補助スル金額ノ內卅万圓ハ中央儲蓄金トシテ大藏卿之ヲ管掌シ九十万圓ハ各府縣ノ地租額ニ應シテ之ヲ配布スヘシ

第五條　府縣儲蓄金ヲ徵收シ管守シ支給シ之ヲ一處ニ集儲シ數所ニ分儲シ或ハ米穀ヲ購入スルノ方法ハ府知事縣令ヨリ之ヲ府縣會ニ付シ其議決ヲ取リ內務大藏兩卿ニ具狀シ其許可ヲ得テ之ヲ施行スヘシ但米穀ヲ儲積スルハ儲蓄金ノ半額ヲ超ユヘカラス他ノ半額ハ公債證書ニ交換シ置クヘキモノトス

トアリ然ルニ三種營業ノ者事故アツテ例ヘハ卸賣ヲ廢シ鑑札還納スルトキハ他ノ製造小賣鑑札(イ)符ノ箇所從テ訂正ヲ要セサルヲ得ス此場合ニ於テハ鑑札料ヲ徵收スヘキモノニ無之ニ付其廢業ノ種目ヲ消却主任者認印下付シ苦シカラスヤ又ハ一業ヲ廢スルトキハ總テ鑑札ヲ書換該鑑札料モ徵收スヘキ儀ナルヤ

明治十八年七月八日

指令

伺之趣前段申出ノ通可相心得事

明治十八年七月廿二日

○大藏省

第六條　府縣會ニ於テ議スル儲蓄金支給ノ方法ハ左ノ制限ヲ超ユヘカラス

第一食料ヲ給スルハ罹災ノ爲メ自ラ生存スル能ハサル者ニ限ル其日數ハ三十日以內トス又同上ノ窮民ニ小家掛料ヲ給スルハ一戶十圓以內農具料種穀料ヲ給スルハ一戶二十圓以內トス

第二地租ヲ補助及ヒ貸與スルハ罹災ノ爲メ土地家屋ヲ賣却スルニアラサレハ地租ヲ納ムル能ハサル者ニ限ル

第七條　各府縣窮民ノ救助地租ノ補助及貸與ノ金額府縣ノ儲蓄金三分二以上ヲ供用支出スルトキハ府知事縣令ノ具申ニヨリ內務大藏兩卿ノ協議ヲ以テ中央儲蓄金ヨリ補助スヘシ

第八條　從前人民公儲金アル府縣郡區町村ハ之ヲ以テ今般施行スル所ノ備荒儲蓄金ニ補充スルヿヲ得

第九條　各府縣內儲蓄金ノ出納ハ大藏卿歲次或ハ臨時ニ之ヲ撿査スヘシ

第十條　府知事縣令ハ毎年七月中ニ其府縣儲蓄金出納ヲ內務大藏兩

福井縣ヨリ菓子營業人員調査表記載方ノ儀ニ付伺

曩ニ露店呼賣兼業者ヘ鑑札下付ノ儀伺（露店呼賣ヲ兼子菓子營業ヲ爲スモノアリ鑑札二枚下付スヘキヤ）ニ對シ御指令（菓子露店業ノ者呼賣ヲ兼ヌルトキハ鑑札ニ露店呼賣ト列記シタルモノ一枚ヲ下付スヘシ）アリ然ルトキハ本年御省第貳拾四號御達第十號雛形菓子營業人員調査表中露店呼賣ノ欄内ヘハ壹人ヲ貳人トシ書載スヘキ儀ト相心得然ルヘキ乎

明治十八年七月一日

卿ニ報告シ両卿ハ毎年中央及ヒ府縣儲蓄金ノ出納ヲ全國ニ公布スヘシ

第十一條　此方法ハ二十ヶ年間施行スルモノトス滿期ノ後ニ至リ各府縣ニ存在スル儲蓄金ハ府縣會ノ議決ヲ以テ保存方法ヲ定ムヘシ

第二節　備荒貯蓄金怠納者處分

○十三年十一月第五十號布告

備荒蓄儲金ヲ怠納スルモノハ十年十一月第七十九號布告ニ據リ處分スヘシ

但該儲蓄金ヨリ給與補助若クハ貸與ヲ受クルモノハ免税スヘシ

第八類　印紙

（一）第一款

第一節　證券印税規則

○十七年五月第十一號布告

第一條　凡ソ財產ノ授受及ヒ契約ノ證明ニ用フル證書帳簿ハ此規則ニ循ヒ印紙ヲ貼用スヘシ

指令

伺ノ趣露店欄内一方ヘノミ書載スヘキ儀ト可相心得事

明治十八年七月二十日

○大藏省

鹿兒嶋ヨリ菓子露店呼賣鑑札下付ノ儀伺（電報）

菓子露店ノ者子弟ヲシテ呼賣ヲ爲スモノハ出賣鑑札ヲ下付シ又一人ニシテ露店呼賣ヲ兼ルハ者ハ營業札二枚下付スヘキヤ

明治十八年六月九日

指令（電報）

露店業ノ者子弟ヲシテ呼賣ヲ爲サシムル時ハ更ニ

第二條　證書帳簿ヲ分テ二類ト爲シ其稅率ハ左ノ如シ

第一類

左ニ掲クル所ノ證書帳簿ハ金高ノ有無多寡ニ拘ハラス下ニ定ムル所ノ印紙ヲ貼用スヘシ但當坐預り金引出小切手ハ大藏省ニ稅印ノ押捺ヲ請フコトヲ得

一當坐預り金引出小切手	印稅五厘
一委任狀	同五厘
一金高記載ナキ約定證文	同一錢
一遺物金證文	同一錢
一跡式讓證文	同一錢
一讓與證文	同一錢
一期限ヲ定メサル預り金證文	同一錢
一耕地小作證文	同一錢
一雇人請合狀	同一錢
一金高記載ナキ諸物品預り證文	同一錢

其子弟ニ呼賣鑑札ヲ下付シ出賣鑑札ヲ下付スルノ限ニアラス又露店業ノ者呼賣ヲ兼ヌルトキハ鑑札ニ露店呼賣ト列記シ二枚ヲ下付スルニ及ハス

明治十八年六月十三日

○第

大藏省

千葉縣ヨリ菓子税則疑義ノ廉伺

一項

税則第二條但書ニ一人ニテ二箇所以上ノ營業場ヲ設クル者（中略）ハ各別ニ營業鑑札ヲ受クヘシトアリ然レハ營業税モ亦隨テ其場所毎ニ之ヲ徴収スヘキハ

一金高記載ナキ諸物品借用　文	同	一錢
一地所家屋預リ證文	同	一錢
一諸物品切手	同	一錢
一借地借家證文	同	一錢
一賣買仕切書	同	一錢
一保險證文	同	一錢
一諸會社株券	同	一錢
一送金手形	同	一錢
一金錢諸物品通帳　一年以內一冊ニ付	同	一錢
一金錢諸物品判取帳　同	同	二十錢
一結社約定書	同	一錢

但結社約定書ニ金圓授受貸借ニ係ル條項アリテ之カ效力ヲ確定スル證書帳簿ハ金高記載ナシト雖モ第二類金高記載アル諸般ノ契約證書ニ準シ印紙ヲ貼用スヘシ

左ニ掲クル所ノ證書ハ金高五圓以上ノモノニ限リ下ニ定ムル所ノ

勿論ニ之アルヘシ就テハ一人ニテ甲乙二箇所ノ營業塲ヲ有シ而シテ一名ノ雇人ヲシテ甲ニ幾日乙ニ何日ト定メ其職其業事セシムル時ハ甲乙執モ二人以下ノ雇人アル者ト見做サヽルヲ得サル儀ト心得可然哉

第二項　一期內ニアリテ甲某ヲ一旬日乃至半箇月ツヽ之ヲ數回ニ雇入ルヽ者ハ引續ノ雇人ト見做シ得可キ乎果シテ然トセハ一月ニ甲某ヲ雇入レ二月ニ之ヲ止メ代ルニ乙某ヲ以テスル等數次ニ

印紙ヲ貼用スヘシ

一營業ニ關スル送狀　印稅　一錢

一營業ニ關スル請取書　同　一錢

右諸證書ヲ通帳ト爲スドキハ都テ一年以內一冊ニ付一錢ノ印紙ヲ貼用スヘシ

第二類

左ニ揭クル所ノ證書ハ金高ノ多寡ニ隨ヒ下ニ定ムル所ノ割合ヲ以テ印紙ヲ貼用スヘシ但爲替手形約束手形ハ手形用紙ヲ用フヘシ

一金錢借用證文

一地所家屋賣買證文

一金高記載アル諸物品預證文

一金高記載アル諸物品借用證文

一諸物品賣買證文

一金錢定期預リ證文

一金高記載アル諸般ノ契約證書

及ヘハ一期中自然甲乙丙丁ノ數人ヘ涉ルヘシト雖モ同時ニ三名以上ノ現員ニ至ラサル限リハ尚ホ二人以下ノ雇人ト見做シ得可キ儀ト心得可然哉

第三項

稅則第十條但書ニ雇人增加シタル時ハ該期ノ增稅ヲ納ムヘシトアリ右ハ例ヘハ雇入ナキ小賣人ニテ半途ニ至リ一名若クハ二名ヲ雇入ルヽ時ハ之ニ對スル半箇年ノ稅額即チ金壹圓五拾錢ノ內ヨリ當初納稅濟ナル五拾錢ヲ扣除シ其全

金高壹圓以上貳拾圓未滿	印稅	壹錢
金高貳拾圓以上五拾圓未滿	同	貳錢
金高五拾圓以上百圓未滿	同	四錢
金高百圓以上百五拾圓未滿	同	六錢
金高百五拾圓以上貳百圓未滿	同	八錢
金高貳百圓以上三百圓未滿	同	拾壹錢
金高三百圓以上四百圓未滿	同	拾四錢
金高四百圓以上六百圓未滿	同	貳拾錢
金高六百圓以上八百圓未滿	同	貳拾六錢
金高八百圓以上千百圓未滿	同	三拾貳錢
金高千百圓以上同千四百圓未滿	同	三十八錢
金高千四百圓以上千七百圓未滿	同	四拾四錢
金高千七百圓以上貳千圓未滿	同	五拾錢
金高貳千圓以上貳千五百圓未滿	同	六拾錢
金高貳千五百圓以上三千圓未滿	同	七拾錢

ク増税ニ係ル壹圓ヲ徴收スヘキ法意ナラン果シテ然リトセハ小賣八ニテ製造又ハ卸賣ヲ兼ネントスル者ハ差引其全ク増税ニ係ル者ノミヲ徴收スヘキ儀ト心得可然哉

第四項

税則取扱心得書第六項ニハ露店又ハ呼賣專業ノ者ニハ出賣鑑札ヲ下付スルノ限ニ在ラストアリ就テ露店又ハ呼賣專業ノ者ニ限リテハ該營業權之徴證ヲ所持セスシテ何レノ塲所ヲ問ハス其營業ヲ爲シ得ラルヽ儀ト心得

金高三千圓以上三千五百圓未滿	同	八拾錢
金高三千五百圓以上四千圓未滿	同	九拾錢
金高四千圓以上	同	壹圓

右諸證書ヲ通帳ト爲ストキハ其附込見積金高ニ隨ヒ下ニ定ムル所ノ印紙ヲ貼用スヘシ

金高百圓未滿	印税	四錢

金高百圓以上總テ諸證書税率ニ據ルヘシ

一金錢當坐預リ證文

一質物預リ書 小札

金高壹圓以上貳拾圓未滿	印税	壹錢
金高貳拾圓以上	同	貳錢

右諸證書ヲ通帳ト爲ストキハ其附込見積金高ニ隨ヒ下ニ定ムル所ノ印紙ヲ貼用スヘシ

金高百圓未滿	印税	貳錢
金高百圓以上	同	四錢

可然哉

第五項　露店又ハ呼賣專業ノ者ニ下付スル免許鑑札ハ唯リ鑑札面記載ノ人ニ限リ其効力ヲ有スヘキ者タルハ其父子兄弟タリト雖モ更ニ鑑札ヲ受クルニ非サレハ一時免許人ニ代リ其營業ヲ爲ス如キハ法理上不相成儀ト心得可然哉

第六項　露店及ヒ呼賣ヲ兼業スル者ニ下付スル鑑札ヘハ税則取扱心得書第一號雛形ニ準シ露店呼賣ト併記スル儀ト心得可然哉

第七項　税則上ノ

一爲替手形
一荷爲替手形
一約束手形

金高五拾圓未滿	印税壹錢
金高五拾圓以上百圓未滿	同貳錢
金高百圓以上貳百圓未滿	同四錢
金高貳百圓以上五百圓未滿	同八錢
金高五百圓以上千圓未滿	同拾五錢
金高千圓以上貳千圓未滿	同貳拾五錢
金高貳千圓以上	同五拾錢

第三條　前條ニ掲クル所ノ證書帳簿ト効用ヲ同フスルモノハ其名稱ニ拘ハラス税率ニ照シ相當ノ印紙ヲ貼用スヘシ

第四條　印紙ヲ貼用スヘキ證書帳簿ニシテ第五條ノ手續ニ循ヒ印紙ヲ貼用セサルモノハ民事裁判上之ヲ受理セス但處罰ヲ受クル後印紙ヲ貼用シタルモノハ此限ニ在ラス

雇人トハ平素雇主ノ家ニ寢食スル者ノミニ限ラス日雇或ハ臨時雇ノ者又ハ手代番頭等ニテ日々雇主ノ家ニ通勤スル者又ハ籍ヲ異ニスル親族等ニテ賃金ヲ受ケス臨時ニ來リテ業務ノ助ケヲ爲ス者ノ如キモ運テ均ク雇人ノ範圍內ヲ以テ論ス可キ儀ト心得可然哉

第八項　前項果シテ雇人ヲ以テ論ス可キ者トセハ今コノ雇人ヲシテ稅則第三條ニ據リ仕入又ハ出賣ヲ爲サシムルモ妨ケナキ儀ト

第五條　印紙ハ證書ノ差出人又ハ帳簿主ニ於テ證書ハ授受ノ前帳簿ハ使用ノ前ニ貼用シ證書帳簿記名ノ下ニ押捺スル印ヲ以テ證書帳簿ノ紙面ト印紙ノ彩紋トニカケテ消印スヘシ

第六條　印紙及手形用紙ノ種類定價ハ布達ヲ以テ之ヲ定ム

第七條　印紙及ヒ手形用紙ハ官ノ許可ヲ得タル賣捌所ニ非サレハ之ヲ賣捌クコトヲ得ス

第八條　印紙ヲ貼用スヘキ帳簿仕切書送リ狀ハ主任官之ヲ撿査スルコトアルヘシ

第九條　左ニ揭クル所ノ證書帳簿ハ印紙ヲ貼用スルヿヲ要セス

一官廳ヨリ差出ス証書帳簿

一官吏準官吏若クハ布告布達又ハ達ヲ以テ定メタル議員若クハ公立學校病院ニ從事スルモノ各其職務ニ依テ用フル證書

一國庫金取扱所又ハ爲換方ヨリ官廳ニ差出ス預リ金ニ對スル抵當證書

一國庫金取扱所又ハ爲換方ヨリ官廳ニ對シタル諸上納金ノ預リ證

心得可然哉

第九項 演劇場寄席又ハ楊弓場等ニ於テ其席主ノ販賣スル者ハ小賣營業者ト心得可然哉

第十項 下タ職ト唱ヘ常ニ自宅ニ在リテ製造人ヨリ送附セル物品ノ製造（「モナカ」皮ノ類ノミヲ製スルニ止ルアリ或ハ落雁ノ類ノ如キハ直ニ仕上ケヲ爲スアリ）ニ從事シ日給又ハ其製造高ニ應シ賃金ヲ受クル者ハ雇入ヲ以テ論シ難キ者タレハ税則範圍ノ外ト心得可然哉

第十一條 菓子ノ

書帳簿

一金員記載アル官廳ヨリノ命令書ニ對シ國庫金取扱所又ハ爲換方ヨリ差出ス請書

一諸上納金ニ付國庫金取扱所又ハ爲換方ヨリ納人ヘ差出ス請取證書

一罹災救助金獻金寄附金ニ關シ人民ヨリ官廳ニ差出ス證書

第十條 第二類ノ帳簿ハ初丁ヘ附込見積金高及ヒ使用期限紙數ヲ記載スヘシ但物品ノ授受ニ關スルモノハ其代價記載スヘシ

第十一條 證書帳簿ニ税率ノ異ナルモノヲ雜記スル𪜈ハ各相當ノ印紙ヲ貼用スヘシ

第十二條 印紙貼用濟第二類ノ帳簿見積金高又ハ使用期限ノ滿チタル𪜈ハ其旨該帳簿ニ記載シ置主任官撿査ノ節之ニ撿印ヲ受クヘシ

第十三條 前條ノ帳簿餘白アリテ尚之ヲ使用セントスル𪜈ハ第十條ノ手續ヲ以テ更ニ相當ノ印紙ヲ貼用スヘシ

第十四條 第二類ノ帳簿見積金高未タ滿タサルカ又ハ使用期限未タ

種（干菓子ノ種即チ「モナカ」ノ皮ノ類）ヲ製シ專業ト爲スル者アリ右ハ其賣先ノ營業者ト否トヲ問ハス總テ稅則範圍ノ外ニ付ス可キ儀ト心得可然哉

第十二項 稅則上ニ揭ケアル露店トハ常ニ一定ノ營業場ヲ有セス神佛ノ緣日夜見世市場等ニ於テ其都度所謂屋臺店又ハ葭簀張等ヲ設ケ營業ヲ爲スノ類ノミニ限ラス立場茶屋（家屋ノ構造ヲ爲スモ平素寢食セサル者）路傍常設ノ葭簀張社等境內ノ掛茶屋（茶菓子トシテ

盡キサルニ紙數盡キタルトキハ更ニ紙數ヲ增加スルコトヲ得此場合ニ於テハ其帳簿初丁見積金高又ハ期限ノ側ニ其事由及ヒ增加シタル紙數ヲ記載スヘシ

第十五條 證書帳簿ニ外國貨幣ヲ以テ員數ヲ記載スルトキハ內國ノ貨幣ニ改算シタル金高ヲ附記シ相當ノ印紙ヲ貼用スヘシ

第十六條 取換セ證書ハ双方トモ相當ノ印紙ヲ貼用スヘシ

第十七條 證書ニ副證書ヲ附シ又ハ裏書等ヲ爲シ本證書ト効用ヲ異ニスルモノ若クハ金高ニ增減ヲ生スルモノハ其副書又ハ其裏書ニ就キ更ニ相當ノ印紙ヲ貼用スヘシ

第十八條 此規則ヲ犯シ脫稅ニ係ルモノハ處罰ヲ受クル後證書帳簿ノ受取人ニ於テ相當ノ印紙ヲ貼用スルコトヲ得

第十九條 印紙ヲ貼用スヘキ證書帳簿ニ之ヲ貼用セス若クハ貼用不足スル者及ヒ手形用紙ヲ用ヰス若クハ不足稅ノ手形用紙ヲ用ヰタルモノハ脫稅高二十倍ノ科料又ハ罰金ニ處ス其證書帳簿ヲ受取タルモノ亦同シ

（來客ニ出スノ外或ハ單ニ販賣スル）者等ニ於テ販ク者其他方言床見世ト唱ヘ朝ニ來リテ店ヲ開キ夕ニ去リテ之ヲ閉ル者ノ類ノ如キ平素一定ノ營業場ヲ設ケ販賣スル者モ亦均ク露店ノ範圍内ト心得可然哉

但在村居宅ノ片隅若シクハ掛出シ等ヲ設ケ農間瑣細ノ雜藥子ヲ鬻ク者ノ如キモ本項ニ準シ可然哉

明治十八年

六月十五日

指令

伺之趣左之通可

第二十條　第十八條ノ場合ヲ除ク外第五條ノ手續ニ據テ消印ヲ爲サス又ハ他ノ印ヲ以テ消印シタルモノハ印稅高十倍ノ科料又ハ罰金ニ處ス其證書帳簿ヲ受取タルモノ亦同シ

第廿一條　此規則ヲ犯シタル證書帳簿ニ請人證人トシテ加印シタル者ハ各正犯ニ係ル科料罰金ノ半額ニ相當スル科料又ハ罰金ニ處ス

第廿二條　第八條ノ證書帳簿ノ檢査ヲ拒ミタルモノハ二圓以上二十圓以下ノ罰金ニ處ス

第廿三條　第十條及ヒ第十三條ヲ犯シタル者ハ二圓以上拾圓以下ノ罰金ニ處ス

第廿四條　第十二條及ヒ第十四條ヲ犯シタルモノハ壹圓以上壹圓九十五錢以下ノ科料ニ處ス

第廿五條　第七條ヲ犯シタルモノハ所持ノ印紙及ヒ賣得金ヲ沒收シ五圓以上五十圓以下ノ罰金ニ處ス

第廿六條　前數條ノ罪ヲ犯シタルモノニハ刑法ノ不論罪及ヒ減輕再犯加重數罪俱發ノ例ヲ用ヒス

相心得事
第一項第三項第六項第八項第十一項申出之通
第二項申出之通但其都度雇入ノ氏名ヲ届出サシムヘシ
第四項營業鑑札ヲ携帯セシムヘシ
第五項家族ノ者一時免許人ニ代ルハ苦シカラス
第七項申出之通但祭禮等ノ場合ニ於テ業務繁多ノ爲メ一時手傳ヲ爲サシムルモノハ此限ニアラス
第九項申出之通但楊弓場等ニ於テ茶菓子トシテ出スモノハ此限ニアラス

第一節ノ二　證券印紙及手形用紙種類定價

○十七年五月第十二號布達

今般第十一號布告ヲ以テ證券印税規則改正ニ付テハ印紙及ヒ手形用紙ノ種類定價左ノ通リ相定ム

但印紙ハ當分ノ內新舊取交貼用スルコトヲ得

印紙

赭色	定價五厘
橙黃色	同壹錢
黃綠色	同貳錢
萌黃色	同五錢
桔梗色	同拾錢
青色	同二拾五錢
淡黑色	同五拾錢
赤色	同壹圓

第十項日給ヲ受クル者ハ雇入トス製造高ニ應シ手間賃ヲ受クル者ハ申出之通

第十二項寢食セサルモノナレハ申出之通但書露店ト稱スルノ限ニアラス

○疊

明治十八年六月廿六日ニ大藏省ニ於テ菓子税則中疑義ニ係ル千葉縣伺中第十二項ニ對シ寢食セサル者ナレハ申出ノ通ト指令セシカ（官報第六百七號伺指令欄內參看）該指令ノ趣旨ハ路傍常說ノ葭簀張社寺境內ノ掛茶屋等ハ寢食ノ如何ニ由リ露店ノ範圍內外

手形用紙

老綠色	定價壹錢
桔梗色	同　貳錢
淡黑色	同　四錢
橙黃色	同　八錢
淡赭色	同　拾五錢
淡紅色	同二拾五錢
淡青色	同　五拾錢

右布達候事

○明治十八年七月大藏省第四拾五號達

諸印紙受拂計算表本年七月ヨリ別紙雛形ニ倣ヒ每月調製シ翌月廿日限リ差立主税局ヘ差出スヘシ

但諸印紙受拂計算表ニ關スル從前ノ達ハ本年第拾九號達ヲ除クノ外總テ廢止ス

右相達候事

ヲ區別スル儀ニメ其店ノ結構雨露ヲ凌クニ足リ寢食ヲ爲スヲ得ルモノハ都テ露店ト見做ス限ニアラサル旨更ニ該縣ヘ通牒シタリ

○司法省
山形縣ヨリ官沒物品其犯則者投票ノ義ニ付伺
國稅ヲ納ムル營業者稅則違犯ニ罹リ其物品ヲ官ヘ沒收シ而メ公賣之場合ニ至リシ𪜈犯則主ト雖モ既ニ處刑濟ノ上ハ投票スルモ差問ヘ無之哉
明治十六年十二月廿七日

指令
伺ノ通
明治十七年一月廿二日

第二節　印紙貼用樣式

○十七年五月大藏省第五十六號告示
本年五月第十一號布告證券印稅規則改正相成候ニ付證書帳簿ヘ印紙貼用ノ樣式左之通相定候條此旨告示候事

金高記載ノ證書印紙貼用樣式

證書差出人ノ印

證

印紙　㊞　印紙

一金何百何拾圓

右者、、、、、、、、、、、

、、、、、、、

年月日　何ノ誰印

證書差出人ノ印

證

一金何圓何拾錢

一金何拾圓

㊞　印紙

合金何拾圓何拾錢

右、、、、、、、、、

、、、、、、、

○大藏省

愛媛縣伺

證券印稅規則第一類期限ヲ定メサル預リ金證文ト第二類金錢當坐預リ金證文トノ區分ハ利子ノ有無ニ仍テ區分スルモノニアラス而シテ第三條(前條ニ揭クル所ノ證書帳簿ト効用ヲ同フスルモノハ其名稱ニ拘ハラス稅率ニ照シ相當ノ印紙ヲ貼用スヘシ)ノ明文アル上ハ證書差出人ニ於テ適宜ニ付記シタル名稱ニ仍リ印紙ヲ貼用セシムルモノニモアラス右ハ如何相心得可然哉

明治十七年八月八日

金高記載ナキ證書印紙貼用様式

何ノ誰殿

何證文ノ事

印紙　印

證書差出人ノ印

今般何々、、、、、、、
、、、、、、

年月日　何ノ誰印

第一類帳簿印紙貼用様式

年月日　何之誰印

何ノ誰殿

印紙　印　印紙

帳簿主ノ印

此帳簿附込期限本年限紙數何百何拾何葉

年月日　何ノ誰印

指令　全ク貸借ノ性質ヲ帯ヒサルモノ即チ保護預リノ類ハ期限ヲ定メサル預リ金證文無定期預リ金ノ使用及ヒ利子等ヲ約諾スルモノハ金錢當座預リ證文ニ屬スル儀ト可相心得事
明治十七年九月五日

○大藏省
石川縣伺
本縣管下金澤區共有積金ト稱シ區會議決ヲ以テ年々收支シ常ニ其金ハ私立銀行ヘ無定期利付預ケヲ爲スモノアリ右金取扱ハ都テ同區役所ニ於テ主管スルヲ以テ假

第二類帳簿印紙貼用樣式

帳簿主ノ印

印紙　印　印紙

此帳簿附込見積金何千圓
附込期限何年何月ヨリ何年何月マテ何年
紙數何百何拾何葉
年月日　何ノ誰印

第一類第二類帳簿附込印紙貼用樣式

帳簿主ノ印

印紙　印　印紙

此帳簿附込期限本年限

印紙　印　印紙

此帳簿附込見積金何千圓
附込期限何年何月ヨリ何年何月マテ何年
紙數何百何拾何葉
年月日　何ノ誰印

令ヒ人民共有金ト雖モ區長ノ職權ヲ以テ主管スル以上ハ印稅規則第九條ニ依リ該證書印紙貼用ニ及ハス哉或ハ別ニ出納取扱ヲ命シタルモノニアラサル上ハ第二類ニ依リ相當印紙貼用致サセヘク儀ニ候哉

明治十七年十月七日

指令

伺之趣區長ヨリ發スル證書ハ印紙貼用ニ及ハス銀行ヨリ發スル證書ハ第二類ニ據リ相當印紙貼用セシムヘキ儀ト可相心得事

明治十七年十月二十日

第三節　證券印稅檢査規程

○十七年八月大藏省第六十號達

第一項　府縣收稅官吏ハ明治十七年第十一號布告證券印稅規則第八條ニ記載セル證書帳簿ノ檢査ヲ行フヘシ

第二項　檢査ヲ分テ二ト爲シ一ヲ定期檢査トシ一ヲ臨時檢査トス

第三項　定期檢査ハ毎年四五六ノ三ヶ月間ニ於テ之ヲ行ヒ臨時檢査ハ該檢査ヲ必要トスル場合ニ於テ之ヲ行フヘシ

第四項　檢査員ヲ派遣スルニハ府縣管内ヲ數部ニ區畫シ毎部其擔當員二名以上ヲ定ムヘシ

第五項　檢査員ハ其擔當部内ノ商況戸數及路程ノ遠近ニ應シ一町村若クハ數町村ヲ以テ一區トシ區内ノ便宜ヲ量リ檢査場ヲ設クヘシ

第六項　檢査員ハ豫シメ檢査日割ヲ定メ其日割及前條檢査場ヲ其區内ノ町村ニ告知スヘシ

第七項　臨時檢査ノ節ハ時宜ニヨリ前第五項第六項ノ手續ヲ履行セサルヿアルヘシ

○太政官
農商務省伺
雇員等俸給旅費等ノ受取證書ニ證券印紙貼否ノ儀ハ去ル七月廿三日ノ伺濟ニ依リ致區分來候處過般檢査院ヘ御指令ノ趣ニ依レハ今後當省各局部定備ノ定夫園丁農夫牧夫等ノ給料旅費其他手當報酬人民公用旅費ノ如キ支給金ニ係ルモノヽ受取證書ハ總テ印紙貼用ニ不及儀ト相心得可然哉
明治十七年十一月十七日
指令
伺ノ通
明治十七年十二月十二日
○大藏省
靜岡縣ヨリ證券

第八項　檢査ハ力メテ便捷ヲ要シ人民ノ營業ニ障害ナキヲ圖ルヘシ
第九項　檢査員檢査ノ要領左ノ如シ
一　證書帳簿上印紙貼用ノ有無當否
一　帳簿見積金高及使用期限紙數記載方ノ有無當否
一　貼用印紙消印ノ有無當否
一　印紙再貼用又ハ印紙僞造變造ノ有無
一　帳簿調製上詐僞ノ有無
一　證書帳簿差出方店舗商況ニ相應スルヤ否
第十項　檢査員ハ豫メ帳簿ヲ備ヘ受檢査人ノ宿所職業姓名及證書帳簿ノ種類員數ヲ記載スヘシ
第十一項　證書帳簿ノ檢査ヲ受ケサルモノ又ハ之ヲ受クルモ尙疑訝ニ渉ルモノアルトキハ直チニ本人家宅ニ就テ檢査ヲ爲スヘシ
第十二項　檢査員ハ檢査セシ證書帳簿ニ檢印スヘシ
第十三項　檢査濟證書帳簿ノ種類員數及犯則ニ係ル證書帳簿ノ員數ハ一回分取纒メ左ノ報告書式ニ倣ヒ收稅長ヨリ主稅局ニ報告スヘ

印税規則中帳簿ノ儀ニ付伺

金高記載アル封金ノ儀受取タルモノハ第一類金錢判取帳ヘ記載セシムヘキヤ撿査ノ際貼用印紙ヘ他ノ印章ヲ以テ調印シアル件ハ後來ヲ戒メ更ニ實印ヲ押サシムヘキヤ

明治十七年一月廿八日

指令

前段金高記載アル封金ノ儀受取ルモノハ物品請取證ト視認メ荷物判取帳ヘ記載セシムヘシ後段申出ノ通

明治十七年一月廿九日

○大藏省

シ

但臨時撿査ノ節ハ撿査ノ實況ヲ報告スヘシ

（用紙美濃紙）（帳簿名ハ實際記名ノ儘ヲ掲クヘシ）

自明治何年何月何日
至仝　何年何月何日　證券印税撿査濟報告表

國名	郡區名／種目		證書帳簿種類	仝上員數	仝上犯則ニ係ル員數	仝上逋脱ニ係ル税金
何國	何區	證書第一類	送り状	何通	何通	何圓
			仕切書	何通	何通	何圓
			判取帳	何冊	何冊	何圓
			物品通帳	何冊	何冊	何圓
		第二類	何々帳	何冊	何冊	何圓
	小計		證書	何通	何通	何圓
			帳簿	何冊	何冊	何圓
	何郡	證書壹類貳類	何々	ヽ ヽ	ヽ ヽ	ヽ ヽ
			何々	ヽ ヽ	ヽ ヽ	ヽ ヽ
			何々	ヽ ヽ	ヽ ヽ	ヽ ヽ
	小計		ヽ ヽ	ヽ ヽ	ヽ ヽ	ヽ ヽ
			ヽ ヽ	ヽ ヽ	ヽ ヽ	ヽ ヽ

島根縣ヨリ米穀借用證文ニ印紙貼用ノ儀ニ付伺
米穀借用證文ハ證券印税規則第一類相當印紙ヲ貼用スヘキ哉
明治十七年六月六日

指令
新税則實施後ハ金高記載無レハ第一類記載アレハ第二類相當ノ印紙ヲ貼用スヘキ儀ト心得ヘシ
明治十七年六月十七日

○大藏省
愛媛縣ヨリ證券印税規則ノ儀ニ付伺
證券印税規則第一類期限ヲ定メサル預リ金證文ト第二

合計		何國				合計	總計
	何郡	小計	何郡	小計			
、、	、、	、、	、、、	、、	、、	、、	、、
、、	、、	、、	、、、	、、	、、	、、	、、
、、	、、	、、	、、、	、、	、、	、、	、、
、、	、、	、、	、、、	、、	、、	、、	、、

右及報告候也

年月日

何府縣收税長姓名印

主税官長宛

類金錢當座預リ金證文トノ區分ハ利子ノ有無ニ仍テ區分スルモノニアラス而シテ第三條(前條ニ掲クル所ノ證書帳簿ト効用ヲ同フスルモノハ其名稱ニ係ハラス税率ニ照シ相當ノ印紙ヲ貼用スヘシ)ノ明文アル上ハ證書差出入ニ於テ適宜ニ付記シタル名稱ニ依リ印紙貼用セシムルモノニモアラス右ハ如何心得然ルヘキ哉

明治十七年八月八日

指令

全ク貸借ノ性質ヲ帶ヒサルモノ即チ保護預リノ類ハ期限ヲ定メ

○第二款　賣捌

第一節　印紙類賣捌規程

○十七年四月第九號布達

第一條　印紙類ノ賣捌ハ陸軍恩給令海軍恩給令巡査看守給助例ニ依テ傷痍ノ爲メ終身恩給ヲ受クル者及ヒ陸軍恩給令第二十一條第一項海軍恩給令第二十二條第一項巡査看守給助例第二條第三項ニ掲クル寡婦(孤兒)ニシテ扶助料ヲ受クル者ニ限リ之ヲ許可スヘシ

第二條　府知事縣令ハ適宜毎郡區內ニ印紙類賣捌人員ヲ定メ之ヲ大藏省ニ屆出ヘシ

第三條　第一條ノ資格ヲ有スル出願者第二條ノ定員ニ滿タサル時ハ一般陸軍恩給令海軍恩給令巡査看守給助例ニ依リ恩典ヲ受クル者ヲ以テ之ニ充ツヘシ

但本條ヲ以テスルモ猶定員ニ充タサル地方ニ於テハ二ケ年以內ノ期限ヲ定メ一般人民ニ許可スルヿヲ得

第四條　印紙類ノ賣捌ヲ爲サントスル者ハ現居住地方ノ郡區役所エ

サル預リ金證文無定期預リ金ノ使用及ヒ利子等ヲ約諾スルモノハ金錢當座預リ證文ニ屬スル儀ト可相心得事

明治十七年九月五日　大藏省

○山梨縣ヨリ證券印税規則第二條第一額中送狀金高區別ノ儀ニ付伺

證券印税規則第二條第一類ノ證書中營業ニ關スル送狀ニシテ金高五圓以上ノモノハ壹錢印紙ヲ貼用スルノ制規ナリ然ルニ右金高ハ其送狀ヲ副フヘキ物品ノ送賃ニ係ルカ又ハ運送ス

願出管轄廳ヨリ賣捌所看板ヲ受ケ之ヲ店頭ニ掲クヘシ

第五條　印紙類賣捌所ハ一人一ケ所ニ限リ許可スルモノトス

第六條　此規程ニ依リ賣捌クヘキ印紙類左ノ如シ

一證券(印界)紙

一烟草印紙

一訴訟用印紙

一賣藥印紙

第七條　印紙類ハ必ス定價ヲ以テ賣捌クヘシ賣捌ノ外讓與貸與スルコトヲ許サス

第八條　印紙類ハ其代金ヲ上納セシメタル後下渡スヘシ

但第一條ノ資格ヲ有スル者及ヒ第三條ノ受恩典者ニハ其代金五百圓マテ公債證書ヲ抵當トナシ六ケ月以内之カ延納ヲ許スコアルヘシ

第九條　印紙賣捌手數料ハ第一條ノ資格ヲ有スル者ニハ賣捌代金高百分ノ十其他ノ者ニハ百分ノ七ヲ給フヘシ

ヘキ物品ノ代價ニ依ルカ　明治十七年七月二十八日

指令　其運送物品ノ代價ニ據ルヘキ義ト心得ヘシ　明治十七年八月七日

○大藏省會計檢査院ヨリ定傭諸職工及小使等ノ給料並旅費受領書ヘ印紙貼用ノ儀ニ付太政官ヘ伺　各廳作業塲ニ於テ工事熟練ノ者或ハ學校卒業生ヲ採用シ他ノ技手同様ノ勤務爲致其身分取扱ハ雇吏ト認ム可キモノニシテ事業上整理ノ都合ニ依

第十條　賣捌人ニシテ左ノ事項ニ該ル者ハ賣捌殘餘ノ印紙類及ヒ賣捌所看板ヲ返納スヘシ此塲合ニ於テハ返納印紙代金ニ對スル當初下渡ノ手數料ヲ除去シ其殘金額ヲ返付スヘシ

一　恩給ヲ受クルノ權消絕シタル時

一　恩給停止ノ時

一　廢業シタル時

一　此規則ニ背キ營業禁止又ハ停止セラレタル時

第十一條　印紙類火災盜難等ノ爲メニ亡失スルモ其代金ノ返付ヲ請求スルヿヲ得ス但避クヘカラサル事變ニ遭遇シタル者ハ事狀ヲ具シテ處分ヲ請フヘシ

第十二條　印紙類ノ損傷又ハ汚染シタル時ハ其印紙ニ代金百分ノ五ノ金額ヲ添ヘ印紙交換ヲ請求スルヿヲ得

第十三條　此規程ニ違背シタル者ハ情狀ニ依リ管轄廳ニ於テ其營業ヲ禁止シ又ハ停止スルヿアルヘシ

第一節ノ二　同取扱手續

リ其給料ハ職工給ノ名義ヲ以テ仕拂フ者（工部省等給アル職工印刷局等內外職工ノ類及官船定傭ノ水火夫及各廳定備ノ給仕小使ノ給料（月給日給ヲ論セス）若クハ旅費等受領證書へ證券印紙ヲ貼用シ或ハ貼用セス各廳取扱區々ニ渉リ且去ル十年九月工部省伺へ御指令ノ趣モ有之候處右ハ如何相心得可然哉

明治十七年九月十八日

指令

伺ノ趣印紙貼用ニ及ハサル儀ト心得ヘシ

明治十七年十月二十一日

○十八年四月大藏省第拾九號達

第一項　印紙類ハ需用者及現在高ノ景況ヲ參酌シ凡六箇月分見込相立テ收稅長ノ名印ヲ以テ主稅官長ニ宛テ之ヲ請求スヘシ

第二項　印紙類ノ取扱ハ主任官二名以上ノ立會ヲ要スルモノトス

第三項　印紙類到達ノ節ハ日數五日以內到達ノ月日ヲ記載セシ領收證書ヲ主稅局ニ送附スヘシ

第四項　印紙類賣捌看板ハ第壹號雛形ニ據リ調製シ之ヲ下附スヘシ

二種類以上賣捌クモノハ各種類ヲ壹枚ニ併記スルモ妨ケナシ

第五項　印紙類賣捌人改姓名轉居ノ節ハ其旨郡區役所ニ申出サセ看板ニ記載アル住所姓名ノ書換ヲ請ハシムヘシ

但燒失等ノ節ハ其事由ヲ詳記シ更ニ看板ノ下渡ヲ請ハシムヘシ

第六項　印紙類賣捌人休業ノ節ハ規程第十條ニ準據シ賣捌看板ヲ返納セシムヘシ

第七項　規程第二條ニ據リ印紙類賣捌人員ヲ定ムルニハ從前賣捌方ノ摸樣其他ノ景況ヲ參酌シ需用者ニ差支ナキ樣之ヲ定ムヘシ

○大藏省
福岡縣ヨリ印紙價額ヨリ低價ニ賣捌ノ儀ニ付而印紙賣捌人ニシテ分引ト稱ヘ印紙ノ價額ヨリ幾分カ低價ヲ以テ賣捌ノ者アリ這ハ官ヨリ定メタル價額ヲ亂ルノ廉ヲ以テ賣捌ヲ差止メ然ルヘキヤ
右相伺候也
明治十六年七月六日

指令
賣捌ヲ差止ムルニ及ハス分引ハ成ラサル旨申渡スヘシ
明治十六年七月廿六日

○大藏省
大坂府ヨリ印紙類賣捌出願人處

第八項　他管轄ヨリ轉籍シ又ハ寄留シタル者印紙類ノ賣捌ヲ請願スルトキハ規程第十三條ニ據リ禁止又ハ停止セラレタルヿナキヤ否ヲ詳査スヘシ

第九項　印紙類賣捌人員ハ一箇年ヲ二期ニ分チ第貳號雛形ニ倣ヒ六月十二月末日ノ現在人員ヲ取調ヘ七月二十日限リ地方廳差立テ主税局ニ送付スヘシ

第十項　規程第八條但書ニ據リ延納ヲ許可スルトキ其抵當トナスヘキ公債證書ノ價格ハ明治十三年當省乙第壹號達ニ據リテ之ヲ定ムヘシ

第十一項　印紙類代金延納ヲ許可シタルトキハ第三號雛形ニ倣ヒ上納受書ヲ差出サシムヘシ

第十二項　印紙類代金ノ延納ヲ許可シタルトキ其期限該年度内ニ係ルモノハ印紙ヲ下渡シタル時期ノ税表ヘ編入シ其期限翌年度ニ渉ルモノハ該年度ノ税表ヘ編入スヘシ

第十三項　印紙類ヲ運送會社ノ類ニ運搬セシメタル分ハ到達ノ節社

分ノ儀ニ付伺
客年第二十七號公達第一條ニ依リ印紙賣捌ヲ出願スルモノ。内明治九年十月第九十九號公達陸軍恩給令發行以前ノ救助ヲ受クルモノ(明治七年二月佐賀暴徒征討ノ際陸軍ニ從事シ戰地ニ於テ傷病ヲ受クシニ因リ救助トシテ年金下賜ノモノ)ニシテ該令ニ依リ恩典ヲ受クルモノニハアラサルモ功勞ニ依リ年金ヲ受クルハ異ナルヿナシ然ラハ印紙賣捌手續第一條ニ準據處分シ可然ヤ右相伺候也

明治十六年五月廿六日

員等爲立會撿査ヲ遂ケ若シ損傷汚染或ハ護謨糊粘着等ニテ全ク使用シ得ヘカラサルモノヲ發見セハ社員ノ手續書ヲ徵シ之ニ其枚數調書ヲ添附シ處分方ヲ稟議スヘシ

但天災地變等ニ罹リタルモノハ本項手續書ニ社外貳名以上ノ證明ヲナサシムヘシ

第十四項　印紙類萬一封中ノ員數ニ過不足ヲ生スルモノアルトキハ其封紙帶紙ニ立會官吏ノ姓名書ヲ添附シ處分方ヲ稟議スヘシ

第十五項　印紙類ノ受拂ハ適宜帳簿ヲ設ケ種類ヲ別テ記載シ置クヘシ

第十六項　印紙類ノ受拂ヲ爲シタルトキハ即日受拂及ヒ殘在高ヲ記載シ帳簿ト現品トヲ對照シ主任官之ニ撿印スヘシ

第十七項　前項ノ場合ニ於テ主任官交代スルトキハ帳簿ト現品在高トヲ對照シ撿印證明シテ受渡ヲナスヘシ

第十八項　印紙類賣捌手數料ハ即納延納トモ印紙代金上納ノ節之ヲ下渡スヘシ

指令

現今扶助ヲ受ケ居ルモノハ客年第二十七號布達第一條ニ準據シ賣捌ヲ許可スヘキ儀ト可相心得事

明治十六年八月十日

○大藏省東京府ヨリ印紙類賣捌出願ノ受恩與者保證人ノ儀ニ付伺

受恩典者印紙類賣捌出願ノ者保證人ノ制限ハナキモ證人戶主ニ非サルカ又ハ戶主ト雖モ同居等ニシテ固ヨリ不動產ヲ所有セス拂下印紙價額ニ對シ保證ノ任不適當ト認ムルモノハ許

第十九項　規程第十條ニ據リ返納セシ印紙中代金既納ノモノアルトキハ左ノ區別ニ從ヒ其代金ヲ返附スヘシ

但返納セシ印紙代金ニ對スル手數料ハ其節之ヲ返納セシムヘシ

一代金納附ト印紙返納ト其時日同年度ニ係ルモノハ該年度收入金ノ內ヨリ返附シ稅表皆濟帳トモ其員數ヲ除去スヘシ

一代金納附ト印紙返納ト其時日年度ヲ異ニスルトキハ印紙ノ種類（煙草印紙ハ量目賣價印紙ハ角長ヲ區別ス）枚數及代金納入年度區分等明細仕譯書ヲ添附シ別途還附ヲ收稅長ヨリ主稅官長ニ稟申シ稅表皆濟帳トモ其員數ヲ除却スルニ及ハス尤返納ノ印紙ハ受拂計算表ヘ一畫ヲ設ケ元請ニ組入スヘシ

第二十項　規程第十二條ノ損傷又ハ汚染印紙交換ノ際上納セシ代金百分ノ五ノ金額及ヒ第十九項但書ニ據リ返納セル手數料ノ內最前下渡セシ時ト年度ヲ異ニスルモノハ雜收入ニ編入納附スヘシ

第二十一項　印紙類ハ肉色變更又ハ護謨糊粘着ノ患アルモノニ付濕氣豫防等貯藏方ニ注意スヘシ

可セラルヘキヤ右相伺候也
明治十六年九月三日

指令
伺ノ趣保證人不適當ト認ムルトキハ更ニ相當ノ者ヲ撰定ノ上出願セシムヘシ
明治十六年九月十三日

○大藏省
和歌山縣ヨリ印紙類賣捌ノ儀ニ付伺
明治五年以來公務上傷痍ニ罹リ終身壹人扶持扶助料下賜ノ元兵卒ニシテ同八年（四月）第四拾八號公達（陸軍武官傷痍扶助死亡ノ者ノ祭粢家族扶助概則年金下賜ノモノ）

第二十二項　損傷又ハ汚染印紙ノ交換ヲ許可シタルトキハ府縣廳現在ノ印紙ヲ以テ交換シ其交換シタル印紙ハ受拂計算表拂ノ部ヘ一欄ヲ設ケ記載シ損傷汚染ニヨリ返納ノ印紙ハ毎半年分取纒メ事由ヲ記シ主税局ニ送附スヘシ

第二十三項　府縣廳ニ於テハ隨時各郡區役所ニ主任官ヲ派遣シ受拂ノ實況及ヒ現在高等ヲ精査セシムヘシ

第二十四項　印紙類賣捌人ハ各種類ヲ區別シタル帳簿ヲ製シ其賣捌高ヲ明記シ置カシムヘシ
但煙草印紙ハ別ニ成規アルヲ以テ本項ノ限ニアラス

第壹號雛形表

長二尺九寸

表　面

ヤ　く　呈

第何號 口　何々印紙賣捌所 何府縣何國何郡何町村何番地 何某

ニ依リ客年（十二月）第二拾七號御布達印紙類賣捌手續第一條ニ準スヘキヤ

右相伺候也

明治十六年八月四日

指令　伺ノ通

明治十六年九月十八日

○大藏省

靜岡縣ヨリ印紙賣捌許否區分ノ議ニ付伺

印紙賣捌規程第三條（第一條ノ資格ヲ有スル出願者第二條ノ定員ニ滿タサルトキハ一般陸軍恩給令海軍恩給令巡査看守給助例ニ依リ恩典ヲ受クルモノヲ以テ之ニ充ツヘシ）ハ現ニ恩典ヲ受ケ居ル者ニ限ル

第貳號雛形　用紙美濃

明治何年何月印紙類賣捌人員表

何府縣

類分／郡區名	規程第一條ノ受恩典者	同第三條ノ受恩典者	計	非恩典者	合計	前期ニ比較増減（朱字）規程第一條ノ受恩典者	前期ニ比較増減（朱字）同第三條ノ受恩典者	前期ニ比較増減（朱字）非恩典者

右之通候也

年月日

收税長名印

主税官長宛

第三號雛形

印紙代金上納方受書

一印紙代金何圓

內譯　印紙ノ種類及枚數ヲ掲記スヘシ

ヤ又ハ既ニ一時ノ恩典ヲ受ケタル者モ包含スルヤ
明治十七年六月三日

指令　現ニ恩典ヲ受ケ居ルモノニ限ルヘシ
明治十七年六月十日

○大藏省ヨリ福岡縣ヨリ印紙賣捌規程ノ儀ニ付伺

陸軍恩給令第二十六條ノ孤兒ハ印紙賣捌規程第一條ノ資格アリヤ同第二拾九條ノ父母祖父母ハ規程第三條ノ資格アリヤ
明治十七年六月十日

指令

右印紙代金ノ義ハ來ル　月　日無相違上納可仕因之右代金ニ對シ別紙（左ノ）廉書ノ公債證書ヲ抵當トシテ差出シ申候若シ上納期日ニ不納候トキハ該公債證書御賣拂ノ上印紙代金御差引御徵收相成聊異議無之且印紙類ハ保護可致ハ勿論萬一水火盜難等有之候トモ印紙代金ハ屹度上納可致候此段御受申上候也

但印紙類賣捌規程第十條及ヒ休業ノ塲合ニ於テハ本文ノ期限ニ拘ラス直チニ上納可仕候也

年　月　日

國郡區町村　番地
賣捌人
某　印

他人記名ノ公債證書ヲ借受抵當トスル時ハ其記名者ノ連署ヲ要ス

府知事　縣令宛

前書之通相違無之ニ付奧印候也

年　月　日

総テ申出ノ通
明治十七年七
月三日

公債證書廉書
一何種類公債證書　　何枚
此金高何圓
內譯
何印何號何番何枚此金高何圓
右之通相違無之候也
戶長
某　印
他人記名ノ公債證書ヲ借受抵當トスル片ハ其記名者所在地戶長ノ連署ヲ要ス
國郡區町村番地
賣拂人
某　印
他人記名ノ公債證書ヲ借受抵當トスル片ハ其記名者ノ連署ヲ要ス

第二節　諸印紙手形用紙買上方

○十七年十月大藏省第七十三號達

民事訴訟身代限リ又ハ税金不納ニヨリ財産ノ全部ヲ公賣スル際諸印紙手形用紙ヲ所持スルモノ及ヒ烟草賣藥營業者廢業又ハ其營業税不納公賣處分ノ際該印紙ヲ所持スルモノハ損傷汚損ノ分ヲ除キ手數料トシテ代價百分ノ十ヲ上納スル𪜈ハ之ヲ管廳ニ買上ルコトヲ得

但買上タル印紙類ハ各廳元受ニ組入レ買上代金ハ收税長ヨリ主税官長ヘ別途請求シ手數料ハ雜收入トシテ納付スヘシ

第九類　公債

○第一款　新舊公債證書發行條例

第一節

○八年五月第九十五號布告

明治五壬申年マテノ間從來舊諸藩縣ニ於テ內國人民ヨリノ逋債ヲ改メテ政府ノ公債トシ之レヲ大藏省ニ引受ケ其債主ヘハ各此公債證書ヲ交付シ定期ヲ逐テ之レヲ償却スルニ付キ政府ニ於テ制定シタル條々左ノ如シ

第一條　（新舊公債ノ區別及ヒ證書ノ種類記號ノ品別等ヲ明

ニス）

第一節　弘化元甲辰年ヨリ慶應三丁卯年マテ舊諸藩ニ於テ借用シタルモノチ舊公債ト稱シ明治元戊辰年太政官始以後明治四辛未年七月廢藩マテ及ヒ明治五壬申年迄ノ間舊諸縣ニ於テ借用シタルモノチ新公債ト稱スヘシ

第二節　新舊公債トモ各其高チ五分シテ第一第二第三第四第五トシ證書面ノ金高チ五百圓三百圓一百圓五十圓二十五圓ノ五種ニ區別スヘシ

第三節　新公債證書ハ向後抽籤ノ方法チ以テ其元金チ償却スヘキニ付便宜ノ爲メ四十七部ニ別チ（いろは）四十七字ノ記號ヲ證書面ニ命名スヘシ

第二條（新公債償却年度及ヒ利息ノ割合ヲ明カニス）

第一節　舊公債ハ無利息ニシテ元金ハ明治五年壬申ヨリ明治五十四年迄五十ケ年賦トシ其年ノ拂方ニ當リタル賦金ヲ毎年十二月一日ヨリ同十五日マテノ間ニ之ヲ拂渡スヘシ

○大藏省
京都府ヨリ公債證書處分方ノ儀ニ付伺
當府平民下京區第四組楳忠町遠藤重兵衞所有舊公債證書額面金五百圓（此券五枚）竹村藤太郎ヘ可讓渡段屆出候ニ付撿查候處曾テ貼付有之候繼足紙ノ內下段ノ四枠（表裏計筭）切取有之依テ尋問ニ及候ニ別紙書面ノ通斷書差出候右ハ不都合ニ候得共故造ノ所為𪜈不被存候ニ付將來ヲ制シ此儘流通為致候テ可然儀ニ候哉別紙離形壹葉相添此段相伺候也
明治十六年七月卅一日

第二節　新公債ハ利息付ニシテ明治八年ヨリ明治二十九年迄二十二年ノ間ヲ限リ大藏省ノ都合ニヨリ每年或ハ隔年ニ抽籤ノ方法ヲ以テ其年ニ拂戻スヘキ證書ノ記號ヲ公定シ其割合ニ隨テ之レヲ拂戻スヘシ其利息ハ年々元金百分ノ四分トシ明治五年壬申ヨリ明治二十九年マテ每年六月一日ヨリ十五日迄（以上十字九年第五十號布告ヲ以テ追加ス）十二月一日ヨリ十五日迄ノ間ニレ之ヲ拂渡スヘシ（本文總テ其金額ハ大藏省ノ都合ニヨリ金銀貨又ハ紙幣ヲ以テ之ヲ下渡スヘシ）

但シ明治八年ヨリ抽籤法ヲ以テ元金ヲ拂ヒ戻スニ當リテハ年四分ノ利息月割ヲ以テ右抽籤法行ヒシ月マテノ分下ケ渡スヘシ

第三條（公債證書ノ渡方及ヒ其簿記ノ手續ヲ明ニス）

第一節　新舊公債證書共各債主ヘ交付スルニハ大藏省ニ於テ其金高及ヒ新舊ノ區分共調査シテ後チ之レヲ簿冊ニ登記シ證書九種ノ區別（新公債ナレハ四十七種ノ記號）中ニ於テ其金高ニ應シ相當ノ割合ヲ定メ其證書ハ簿冊ニ割印シテ各債主ノ地方管廳ニ送達ス可シ

指令

伺之趣裁斷ノ事由及ヒ届出ノ年月日等簿冊ヘ詳記シ證書裏面繼足紙貼付セシ箇所ヘ前同様記載公債掛證印メ通用爲致不苦候事

明治十六年八月十四日

○大藏省

東京府ヨリ公債證書記名書換故障ノ儀ニ付伺

戸長ニ於テ地所建物船舶賣買等公證ノ際該物件又ハ所有主之身分ニ關シ既ニ訴訟ヲ起シ公證猶豫之儀申立之者アルキハ其裁判ヲ執行シ得ヘキマテ公證ヲ爲スヘカラサル旨客歳第六

但シ此ノ公債證書ヲ其地方管廳ニ送達スルニハ勿論其債主ノ名面金高證書等ノ種類等詳明ニ目錄書ヲ添ヘテ相渡スヘシ

第二節　地方管廳ニ於テハ別ニ公債掛ノ局ヲ設ケ各種ノ簿冊ヲ備ヘ大藏省ヨリ渡サレタル證書ヲ點檢シ其債主ノ名面及ヒ證書ノ金高種類ヲ分別シテ之レヲ簿冊ニ登記シ且ツ其證書裏面ヘ悉ク債主ノ名面ヲ記入シ管廳ノ割印ヲ加ヘテ其渡方ヲ取計フヘシ

第四條（舊公債證書元金年賦並ニ新公債證書ノ利息渡方手續等ヲ明カニス）

第一節（明治九年四月十七日第五十號布告ヲ以左ノ通リ改正ス）

毎年舊公債元金年賦並ニ新公債利足下渡方ハ各地方ハ官ニ於テ各管下ノ公債證書所持人ノ數ヲ取調其年ノ渡方ニナルヘキ利息並ニ元金年賦共金額内譯合計表ヲ作リ新公債上半季ノ利金表ハ五月十日マテ下半季ノ利金表及ヒ舊公債年賦金表ハ十一月十日マテニ毎年大藏省ヘ差出スヘシ

第二節　大藏省ヨリ右合計表ニ從テ其下渡スヘキ金高ヲ拂場所ヘ廻

拾號ヲ以テ公布相成候處公債證書記名書換之擴印ヲ爲スヘキヰニ際シ該證書又ハ所有主之身分ニ關シ既ニ訴訟中之旨ヲ以テ記名書換擴印猶豫之儀申立之者往々有之右ハ實際同一之處分ニ不相成候ラハテハ彼此權衡ヲ得サルヿト存候得共前顯公布明文外ノ儀ニ付直ニ準擬難致又他ニ據ヘキ法則モ無之差支ヲ生シ候條至急何分御詮義相成候樣致度此段上申候也

明治十六年五月廿四日

指令

上申ノ趣公債證書賣買授受等ニ

送ノ手續ヲ爲シ臨時官員出張スルカ又ハ其地方官ニ委任シ都テ證書ノ下ニ附添スル其年ノ拂方ニ屬スル小札ヲ切取リ引換ニ其拂方ヲ爲スヘシ

第三節　右切取リタル小札ハ其拂方ヲナシタル明細調書ト共ニ直チニ之ヲ大藏省ニ送納スヘシ

第五條（新公債證書拂方諸般ノ手續ヲ明ニス）

第一節　新公債證書ノ元金拂方テ爲スニハ每年又ハ隔年大藏省ノ都合ニ從ヒ抽籤ノ法ヲ以テ拂渡ス可シ

右抽籤ノ法ハ證書ノ記號ヲ明ニシ其年拂戾ス可キ金高ヲ定メ此金高ニ證書ノ高ヲ部分シ東京或ハ大坂等證書ノ金額最モ多キ塲所ヘ國債寮ノ官員出張シテ其地方ノ長官及ヒ公債掛リ立會ノ上管下ノ證書所持人十人以上ヲ集メ眼前ニ於テ籤ヲ抽キ其籤ニ當リシ部分ヲ其年ノ拂戾スヘキモノト定ムヘシ

第二節　抽籤ノ處置相濟ミ賦當ノ記號公定スレハ立會タル證書所持人等ヨリ其抽籤ノ方法公正ナル事ヲ保證スル爲メ書面ヲ出サシメ

關シ旣ニ訴訟チ起シ檢印猶豫ノ儀申立ル時ハ裁判所ヘ照會ノ上回答チ得テ其裁判チ執行シ得ヘキ迄檢印チ中止候儀苦カラス候事
明治十六年八月十四日

○大藏省
熊本縣ヨリ公債證書引分ケ所持ノ儀ニ付伺
公債證書所持ノ者他管ヘ寄留スルモ都合ニ因リ本貫ヘ殘シ置キ或ハ其幾分チ引分ケ携帶他管ヘ寄留スルハ條例第六條第十節ノ通ニ候處右所持ノ者甲縣ヨリ乙縣ヘ悉皆携帶寄留ノ上都合ニ依リ寄留セ

然ル後チ何記號證書ハ何月何日何處ニ於テ拂戻ス可シト云フヿチ布告書又ハ新聞紙ニテ普ク世上ニ公告ス可シ

第三節　右拂場所ヘハ大藏省ヨリ拂戻スヘキ金高ノ廻送ヲ爲シ公債拂方ノ官員出張シテ（時宜ニヨリテ地方官ニ委任スルヿアル可シ）其錢ニ當リタル證書引換ニ其拂方チナシ其證書ハ拂濟ノ證チ印シ明細書ト共ニ直ニ大藏省ニ送納スヘシ

第四節　右拂方ノ取扱ハ（年賦又ハ利息拂方トモ）大藏省ノ都合ニヨリテ追テ各地ニ創立スヘキ國立銀行ニ命シ名代人トシテ其處置チ爲サシムルヿアルヘシ

（明治十二年七月五日第二十六號布告チ以テ第五節チ追加ス）

第五節　凡ソ公債元金並ニ利賦金拂渡ノ際其期日チ失シ受取方申出テス其拂渡スベキ年ノ翌年ヨリ向五ケ年ヲ過クルトキハ一切之レチ拂渡サス證書所持主ノ損失タルヘシ然レドモ其受取リ難キ事由チ該期限內ニ其管廳ニ申出テ認可チ經タル者ハ此限ニ在ラス

但シ起業公債證書記名無記名モ本節ニ準ス又次條改正追加ノ內

サル丙縣ヘ又幾分ヲ引分ケ所轄換ノ儀申立候者有之右ハ年々元利金受取或ハ讓リ渡賣等本人ヨリ他ヘ委任狀ヲ與ヘ置ク上ハ情願ニ爲任送達方取計可然哉又ハ甲縣本貫ヨリ乙縣寄留地而已ニ限リ候哉前條情願ニ爲任差支サル譯ナレハ甲縣本貫ヘ幾分ヲ殘シ置キ乙縣寄留地ヘ携帶ノ處尙丙縣ヘ寄留換ニ付都合有之乙縣ヘ幾分ヲ殘シ置キ丙縣ヘ携帶シ或ハ右ノ順序ヲ以テ幾縣ヘ所持スルモ本人不在ノ地ニハ委任狀ヲ與ヘ置キ候上ハ情願ニ任セ差支無之哉

第十二節ヲ除キ該公債記名證書ニ適用スルモノトス

第六條　（新舊公債證書受授賣買等ノ手續ヲ明ニス）

第一節　（明治十三年六月七日第三十號布告ヲ以テ左ノ通リ改正ス）

新舊公債證書共全ク所持人ノ所有物ナレハ他人（外國人ヲ除ク）ヘ讓渡賣渡質入等都テ勝手タルヘシ尤モ死者又ハ失踪者遺留ノ公債證書並ニ養子ノ戶主離緣復籍スル時其養家ニ屬スル公債證書ハ特約アルモノヽ外總テ其遺留財產ヲ相續スヘキモノヽ所有ニ歸スルモノトス

但本文讓渡賣渡ハ第二節以下ノ手續ニ照準スヘク又死亡失踪離緣ニヨリ遺留セル證書ハ此條例附錄第二圖ノ振合ニ依テ名面書替ノ上管廳ノ撿印ヲ受クヘシ

第二節　證書ヲ受授及ヒ賣買スルニハ双方示談整ヒシ上ニテ甲ノ方（讓リ主賣主ヲ云フ）ハ證書裏面ヘ形ノ通リ（裏面雛形）記名調印シテ別ニ其證書ノ種類記號番號金高枚數月日及ヒ乙（受ル者買人ヲ云フ）ノ姓名等ヲ認メ其證書ト共ニ甲ヨリ之レヲ其管廳ニ差出スヘシ

指令
明治十六年十月十一日
伺之趣左之通可相心得事
第一條 前段申出之通
明治十六年十一月五日
○大藏省
石川縣ヨリ公債證書書換故障等ノ儀ニ付伺
金員貸借ノ爲公債證書ヲ抵當トシ或ハ所持人ノ都合ニヨリ他人ヘ差預ケ候節元利金受取方及讓替撿印屆等ノ權限ヲ委任セシ後チ委任者ト被任者トノ間ニ於テ行違其他ノ紛紜ヲ生シ追テ熟談相調候迄豫メ日限ヲ期シ元

（明治十四年八月二十五日第四十一號布告ヲ以但書追加ス）

但シ裁判所ニ於テ公賣スル證書ヲ買受ケタル者又ハ裁判所ノ言渡ニヨリ流質トナリタル證書ヲ有スル者此ノ條例附錄第三圖ノ振合ニ依テ名面書替ノ上裁判所ヨリ管廳ヘノ通知書ヲ添ヘ管廳ノ撿印ヲ受クヘシ

第三節 管廳ノ公債掛ハ右證書ト屆書トヲ受取リ其次第ヲ承リ正シ證書裏面ヘ形ノ如ク（裏面雛形）年號月日ヲ記シ撿印メ之ヲ差出セシ者ヘ下渡シ其趣ヲ簿冊ニ詳記シ大藏省ヘハ翌月五日迄ニ屆出ヘシ

第四節 （明治十二年七月五日第二十六號布告ヲ以テ本節中「若シ遠隔ノ地方云々以下罰金ヲ命スヘシ」ノ百二字ヲ削除ス）

右ノ手續ニテ撿印濟ノ證書ヲ甲ヨリ乙ヘ渡シタル時甲乙トモ同管下ノ者ナレハ別ニ屆書ヲ出スニ及ハスト雖モ管轄違ナレハ其證書ノ種類記號番號枚數及ヒ甲ノ姓名年號月日ヲ詳記シテ乙ヨリ其管廳ヘ速ニ屆出ヘシ

但シ利賦命拂方施行中ニ讓受買受ノ證書他ノ地方ヨリ增加シ來

利金ノ下附又ハ讓替撿印猶豫ノ儀委任者ヨリ願出候者ハ撿印等相見合來候處本年八月東京府上申ヘ對シ御指令ニ既ニ訴訟ヲ起シタル者ハ撿印中止候儀不苦云々ト有之然レ共出訴前ニ於テハ撿印中止難致哉ニ相見ヘ候得共談判中未タ起訴ノ場ニ至ラサルモ前同樣願出候者往々有之尙其實際ニ就キ勘考候ニ右樣出訴ニ至ルハ示談不相調萬不得止ヨリ生シ候儀ニ付其前若干ノ日子ヲ要シ候儀ハ必然ノ儀ニ有之候ハ先以テ撿印等猶豫願出候ハ敢テ不都合

ル分ハ先ツ買主ノ届出ヲ開屆最初ノ拂方相濟シ上ニテ利賦金受取方追加表ヲ製シ倘大藏省ニ差出スヘシ

第五節　乙ノ地方管廳ニテハ右ノ届出アレハ前以テ備置キタル公債簿冊ヘ其證書ノ金高種類記號番號枚數及ヒ其名面取引ノ年號月日ヲ登記シ且ツ證書ヘ割印シテ下渡スヘシ

第六節　右ノ手續ヲ以テ引取リタル證書ヲ更ニ他人ニ（外國人ヲ除ク）讓渡ストキモ都テ前條ノ手續ニ從テ之ヲ處置スヘシ

第七節（明治十二年七月五日第二十六號布告ヲ以テ本節中「若其送達云々違令ノ罪ニ處スヘシ」ノ四十字ヲ削去ス）

新舊公債證書ヲ管轄違ヒニテ讓渡賣買等ノ事アレハ甲ノ地方管廳ヨリハ即日乙ノ地方管廳ヘ其證書ノ種類記號金高及ヒ名面取引ノ年月日ヲ詳記シ送達スルトキ直チニ公債牒簿上ヲ削除スヘシ尤モ此時證書ヘ割印ヲ爲スニ不及乙管廳ニテハ右送達書ヲ得タレハ直チニ其旨ヲ甲管廳ヘ回報スヘシ尤モ甲管廳ヨリ乙管廳ヘ送達ノ封書ヲ都合ニ因テ讓受買受人ヘ托シテ送達スルモ妨ケナシ且ツ大藏省

ノ儀ニモ無之ト存候尤モ委任者ニシテ正當ナル委任状ヲ附與シタル以上ニ於テ前陳ノ如キ撿印等願出候儀ハ有之間敷儀ニ候得共地方廳ニ於テハ到底其由直孰レニ往ルヤ判別難致儀ニ付右樣撿印等猶豫申立候上ハ既ニ故障相生シ前モノトシ出訴以候ノ者ト雖モ同樣撿印等中止候儀ハ公債證書保護上ニ於テ相當ノ順序ト存候得共爲念相伺候

明治十六年十一月二十九日

指令　伺之通

明治十六年十二月十九日

○大藏省

ヘハ一月分翌月五日マテニ甲乙管廳ヨリ互ニ届出ヘシ

但シ乙ノ管廳ニテハ右送達之レナキ間ハ其證書賣買スルヲ差留置クヘシ

第八節　新舊公債證書所持ノ者管轄替相成ル節ハ甲ノ地方管廳ヨリ乙地方管廳ヘ相達スル儀ハ第七節ノ通リタルヘシ本人ハ所持ノ證書種類記號番號金高枚數及ヒ轉籍ノ年號月日住居ノ地名等詳記シ乙管廳ニ届出ヘシ管廳ニテハ公債簿冊ニ登記シ證書ヘ割印シテ下渡スヘシ

第九節　他ノ府縣ヨリ寄留ノモノ新舊公債證書ヲ讓受ケ買受ケントスル片ハ寄留地ノ管廳ニ申立管廳ニテハ本管ノ人民同一ノ取扱ヲ爲スヘシ就テハ年々元利金モ其廳ヨリ拂渡スヘシ

但シ後日本籍ヘ復歸スル片ハ本人ヨリ即日管廳ヘ届出ヘシ管廳ニテハ復歸ノ地方廳ヘ通達方并ニ本人届方等第八節ノ通タルヘシ

第十節　新舊公債證書所持ノモノ他ノ府縣ヘ寄留スル片ハ年々元利

嶋根縣ヨリ公債證書元利金渡方費用ノ儀ニ付伺

諸公債證書元利金渡方郡長ヘ委任ノ儀ニ付明治十三年五月七日第二千五百七拾七號同十四年六月廿二日第二千八百五十七號御指令ノ趣モ有之候ニ付元利金渡方ノ儀特ニ郡長ヘ委任致候ニ付左ノ費目ハ郡役所經費ノ内ヨリ支辨候テ可然儀ト存候得共據ルヘキ適例モ無之儀ニ付為念相伺候也

一公債證書元利金本廳ヨリ郡役所ヘ回付後事故有之渡期月ヨリ五ケ月間ニ渡方不相成分本廳ヘ還納ノ際為替

拂及ヒ讓渡シ賣渡シトモ寄留地管廳ノ主務ト為スニ付キ寄留セントスル者ハ證書ノ種類記號番號金高枚數トモ本管廳ヘ屆出ヘシ本管廳ニテハ寄留地ノ管廳ヘ送達シ寄留地ノ管廳是ヲ受ケテ取扱ヲ為ス手續ハ第七節第八節ニ照準スヘシ若シ其身他ヘ寄留スト雖圧都合ニ因テ公債證書ハ本貫ヘ殘シ置キ年々元利受取或ハ讓渡賣渡ヲ為ス如キハ寄留地管廳ニテ與カルヿナカルヘシ然レ圧所持高ノ内都合ニ因リ幾分カ引分ケ寄留先ヘ携帶スル旹ハ其分ヲ本管廳ヘ屆出本管廳ヨリ寄留地ノ管廳ヘ送達ノ手續ハ前條ニ記載セル通タルヘシ尤モ本籍ヘ殘シタル證書ハ本管廳ノ所轄勿論ニシテ年々元利受取或ハ讓渡賣渡等本人ヨリ委任狀ヲ與フヘシ代理人ヲ以テ其取扱ヲ為ス妨ケナカルヘシ

但シ後日本籍ヘ復歸スル旹ハ第九節但書ノ通リタルヘシ

第十一節（明治十二年七月五日第廿六號布告ヲ以左ノ如ク改正ス）

都テ讓渡シ又ハ賣買等ハ相對ノ約定ヲ以テ其所有權ヲ轉移スルヲ得ヘシ然レ圧前各節ノ手續ヲ了セサル間ハ其讓受ケ主買主ニ於テ

手數料
一同上渡濟ノ證券及ヒ利賦札郡役所ヨリ縣廳マテ遞送費

指令
明治十七年九月四日
伺ノ通
明治十七年十月七日

○大藏省
滋賀縣ヨリ記名諸公債書所有欄變換ノ儀ニ付伺
七月廿五日第廿一號官報伺指令欄內福井縣ヨリ諸公債證書ヲ甲ヨリ乙ヘ賣渡ヲ委任シソノ乙者買受候節ノ記名方伺ニ對シ伺ノ通ト御指令相成候處右ハ甲ヨリ乙ヘ讓賣渡狀ヲ與ヘ而〆其名前切替方ヲ

假令其證書ヲ所持スルトモ利賦利金及ヒ元金ハ官簿ニ記載ノ債主ニアラサレハ下渡サス又證書紛失等ヨリ代リ證書ヲ願出ルモ亦同シ

第十二節 （明治九年四月十七日第五十號布告明治十年三月二十八日第三十四號布告明治十一年八月二十八日第二十二號布告及ヒ明治十二年七月五日第二十六號布告ヲ以テ本節ヲ改正並ニ追加スルヿ左ノ如シ）

毎年六月一日ヨリ十五日マテニ新舊公債利息渡方幷ニ十二月一日ヨリ十五日迄ニ新公債利息舊公債元金年賦渡方ヲ爲スニ付キ五月一日ヨリ六月十五日迄十一月一日ヨリ十二月十五日迄ハ各地方證書所持人ノ混淆セサル爲メ右證書ノ讓渡賣買ノ屆出ヲ見合スヘシ

（明治十二年七月五日第二十六號布告ヲ以テ第十三節及ヒ第十四節ヲ追加ス）

第十三節 公債證書ヲ諸官廳ノ所有ト〆引受ル節ハ其廳主掌官ノ官名姓名ヲ記シ讓渡等ノ節ハ其官印（官印ナキトキハ其實印）ヲ捺スヘシ

委任セル如キハ前段御指令ノ通リニシテ疑議無之候得共果シテ讓買受タルト確認スヘキ證左ナク唯讓賣渡ノ權ヲ記シタル委任状ノミヲ以テ乙ノ受任者ヘ名前切替ヲ請フ如キハ自擅ニ其名義變換スルノ嫌ナキ能ハス斯ノ如キハ乙者讓買受タルト確認スヘキ證左ナキ以上ハ難聞屆筋ニシテ前段御指令ノ限リ無之候哉

但會テ賣渡ノ權ヲ記シタル委任状ヲ添ヘ公債證書ヲ抵當トナシタル處其返償期限ヲ過クルチ以テ證書明文ニ據

（明治十三年六月七日第三十號布告ヲ以テ但書ヲ追加ス）

但シ記名者代換ノ時ハ次節ノ手續ニ照準スヘシ

第十四節　（明治十三年六月七日第三十號布告ヲ以テ左ノ如ク改正ス）

銀行及ヒ公認シタル會社學校又ハ町村組合等ノ類共同合資ニシテ所有主一個人ニ限リ難クトモ其内主長タル者又ハ證書管保ノ責ニ任スル者等一個人ノ姓名ヲ記シ肩書ニ其責任タル名義ヲ記シ（例ヘハ學校ハ其取締又ハ世話掛銀行又ハ會社ハ頭取其支店ハ支配人町村組合ハ總代人等何レモ其責任タル名目ヲ肩書ニシ以テ一個人ノ私有ニ非ヲサルコトヲ明ニスルノ類）而シテ讓渡其他一切右記名者ノ實印ヲ以テ取引致ス可シ右記名者代換等ノ節ハ右ノ類ニ限リ代任ノ者ヘ引繼キ證書書換ニ及ハスト雖モ代換ノ譯及ヒ其肩書姓名印影ヲ管廳ヘ屆出スヘシ其廳ニ於テハ簿冊ヘ其譯幷ニ名面年號月日等ヲ登記シ置クヘシ

但シ是マテ銀行會社學校等ニ於テ記名者ヲ定メス所有スル向ハ證書書換ニ及ハス本節ニ照ラシ記名者ヲ定メ管廳ヘ屆置ク可シ

リ之ヲ自己（受任者ニシテ債主ナリ）ノ名前ニ切替ヲ請フトキハ更ニ所有本人ノ承認書等ヲ不要シテ本縣有證ト同視可然候乎

一會社又ハ數人共有ノ公債證書ヲ其記名者一分ニ讓賣渡スニハ其社員又ハ數人ノ内ニテ連署申出候ハヽ許可シ券面記名方ハ前項ノ例ニ從ヒ記載可然乎

右ハ疑岐ヲ生シ候ニ付此段相伺候也

明治十六年八月四日

指令

伺ノ趣左ノ通可相心得事

第壹條申出ノ通

向後讓渡其他一切本節ニ照準シテ取引致ス可シ

第七條（新舊公債證書引當物等ニナシタル處置ノ手續ヲ明ニス）

第一節　新舊公債證書借金ノ引當又ハ質物ノ證據金トシ所持人ヨリ他ニ預ケ置クヿアリトモ其拂戻ス可キ元金利息ハ其所持人ヘ下渡ス可シ尤モ本人調印ノ委任狀ヲ持參セルトキニハ（外國人ヲ除クノ外）何人ヘナリトモ相渡ス可シ

第二節　若シ又質入流込ミトナリタル類ハ讓リ渡賣買ノ手續ヲ爲スヿ第六條第二節第三節第四節ノ通タル可シ

第八條（新舊公債證書共裏面並ニ引換等ノ手續ヲ明ニス）

第一節　新舊公債證書讓渡賣買頻繁ニシテ裏面記名ノ塲所ナキニ至ル時ハ其所持人ハ書面ヲ以テ其地方管廳ニ申立證書ノ繼足ヲ願ヒ其證書ヲ差出スヘシ

第二節　地方管廳ニテハ其證書ノ假受取ヲ所持人ニ渡シ置キ證書ヘハ兼テ大藏省ヨリ渡置タル記名紙ヲ補足シ割印シテ其次第年號月日等ヲ簿冊ニ記入シ假受取ト引換ニ之レヲ其所持人ニ渡スヘシ

尤モ但書ノ場合ニ在リテハ更ニ所有本人ノ承認書ヲ要スヘキ筋ト相心得ヘシ

第二條　伺ノ通　明治十六年十二月七日

○内務省

福井縣ヨリ重罪ノ刑ニ處セラレタル者所有公債證書取扱方ノ儀ニ付伺

第壹條　刑法第三拾五條ニ重罪ノ刑ニ處セラレタル者ハ別ニ宣告ヲ用井ス其重刑ノ終ル迄自ラ財產ヲ治ムルコヲ禁スト有之右受刑者所有ノ公債證書家事ノ都合ニ依リ賣買並利

第九條　（新舊公債證書共紛失等ノ處置ヲ明ニス）

第一節　新舊公債證書ノ所持人若シ證書ヲ取失フカ又ハ盜難ニ逢テ證書ヲ盜取レシ𪜈ハ何號何番何高ノ證書幾許ヲ紛失又ハ盜取ラレタル由ヲ直ニ其地方管廳ヘ屆出管廳ヨリ之ヲ大藏省ヘ屆出ヘシ

但シ管廳ニテハ大藏省ヘ屆出ル𪜈管內ヘ其趣ヲ布達スヘシ

第二節　大藏省ニテ右ノ屆書ヲ受取レハ速ニ其趣幷ニ證書種類番記號枚數等ヲ揭ケ何月何日後日ハ右證書ヲ取引スヘカラス又何人ニ限ラス所持致居候ヲ見聞候者ハ速ニ管轄廳ヘ訴出管轄廳ヨリハ即チ大藏省ニ屆出ヘキ旨ヲ布達ス地方管廳ニテハ即チ右ノ旨ヲ新聞紙其他ノ手續（新聞紙ナキ地ハ町村高札場ニ揭示セシム）ヲ以テ紛失又ハ盜取ラレシ月ヨリ七ケ月間管內ヘ公布ス可シ

第三節　右公布ノ間ハ其證書ノ元金又ハ利息共之ヲ拂ヒ渡サヽル可シ

第四節　七ケ月ヲ過キ其證書發見セサレハ大藏省ニテ其證書ニ換フヘキ新證書ヲ作クリ其地方管廳ヲ通シテ之レヲ所持人ヘ交付ス可シ尤モ公告時間中ニ積リタル元利ノ高ハ其新證書ヲ渡シタル次ノ

金受取方等親族協議ノ上連署之ニ戸長奥印シ出願スル𬼀ハ撿印方幷ニ利金交付方取計可然乎

第二條　前條果シテ同ノ通ナル𬼀ハ舊法ニ據リ禁獄五年ニ處セラレシ者ハ前同樣相心得可然乎

明治十七年四月廿五日

指令　内務大藏両省

伺之趣左ノ通可相心得事

第壹條ハ其ノ受刑者ヲシテ家族又ハ親戚ノ内ニ就テ財産管理人ヲ撰定セシメ其氏名ヲ管轄裁判所ニ届出置キ他日賣買貸借等ノヿ

拂期月ニ一同之ヲ拂渡ス可シ

但シ此ノ新證書ヲ渡ス時元證書ノ記號其外紛失又ハ盜難ニ付此條々ノ手續ヲナセシ後チ更ニ交付スルノ趣意ヲ大藏省及ヒ其管廳ノ簿冊ニ記入ス可シ

第十條　（新舊公債證書共燒失等ノ處置手續ヲ明カニス）

第一節　水火災ニテ證書流失燒失ノ事アレハ所持人ハ前條ノ手續ニ從テ書面ニテ其由ヲ管廳ニ申立テ新證書下渡方ヲ乞フヘシ

第二節　管廳ニテハ其流失燒失ノ次第ヲ推糺シ判然タレハ直チニ其次第及ヒ推糺ノ手續ヲ大藏省ヘ申立ツヘシ

但シ其流燒失若シ判然タラサレハ第九條紛失ノ手續ニ從テ之ヲ處置スヘシ

第三節　大藏省ニテハ其申立ニ從テ代リ證書ヲ作リ之ヲ其管廳ニ送達シテ所持人ニ交付スヘシ

但シ證書流燒失ニ付キ新證書交付ノ趣旨ハ大藏省地方官ノ簿冊ニ詳記スヘシ

アルトキハ都テ該所ノ處分ヲ仰カシムヘキモノニ付何ノ場合ニ在リテハ其財產管理人ヨリ裁判所ニ申出其指揮ヲ得タル上ハ撿印ヲ爲スヘシ

但公債證書ヲ賣渡ストキ證書裏面ニ別紙書式ノ通リ記載セシメ其他條例ニ據リ授受ノ手續ヲ爲スヘシ

別紙略之

第貳條ハ總テ代理人ヲ以テ可取扱儀ト心得ヘシ

明治十七年七月九日

○大藏省

和歌山縣ヨリ諸

第四節　若シ又水火災ニテ其證書ノ部分燒切レ又ハ消滅シテ通用シ難キ程ナレハ所持人ハ證書ノ殘紙ヲ添ヘ書面ニテ其由ヲ其管廳ニ申立證書ノ書替ヲ乞フヘシ

第五節　其管廳ニテハ其證書ノ殘紙ヲ添ヘ書面ニテ大藏省ヘ申立書替證書ヲ得テ之レヲ下渡ス可シ

但シ其書替ノ手續ハ大藏省地方官ノ簿冊ニ詳記スヘシ

第十一條（新舊公債證書贋造等ノ處分ヲ明ニス）

第一節　何人ニ不拘公債證書ヲ更ラニ剝去リ又ハ切裂キ又ハ塗抹シ孔ヲ穿チ糊付ニスル等ノ事ヲ爲ス可カラス若シ犯ス者アラハ裁判ノ上其金高十倍以下ノ罰金ヲ命ス可シ

但シ舊公債證書ハ年賦拂濟ノ金高ヲ引去リ殘餘ノ小札金額ニ依テ計算シ罰金ヲ當ル者トス

第三節　何人ヲ論セス此ノ公債證書ヲ贋造シ又ハ人ヲシテ之ヲ摸擬セシメ又ハ人ノ贋造スルヲ助ケ又ハ贋造ト知リテ通用セシメ又ハ證書ノ圖書文字ヲ變換シ又ハ人ヲシテ變換セシメ又ハ變換セシモ

公債證書利賦金下付方ノ儀ニ付伺

一 茲ニ瘋癲人アリ所有ノ公債證書利賦金受取方ヲナサヽルヨリ親戚ノ者該病者ヘ其請求方ヲ懇示スト雖モ之ヲ肯セス實印ヲ固有スルヨリ不得止親戚ノ者連署ノ上情實申立請取方申出ル圧ハ該金下渡可然哉

一 又失踪者アリ（踪跡搜索中ニシテ）所有ノ公債證書利金其家族ヨリ家事窮迫ノ事情ヲ申立該金請取方申出ル者ハ事實取糾下付取計可然哉

ノト知リテ之レヲ通用シ其他似寄ノ板版紙品雛形ノ圖畫文字等ヲ所持スル者ハ都テ裁判ノ上法ニ處スヘシ

第十二條

第一節 政府ノ都合ニヨリテ要用ノ事アレハ利息及ヒ償却年限ヲ除クノ外此條例ヲ增補シ又ハ之ヲ改正スルコアルヘシ

第二節 右增補改正等アレハ速ニ其由ヲ世上ニ公告スヘシ

證書讓（賣渡）裏面雛形

割印

一此證書是迄拙者所持ノ處貴殿ヘ讓（賣）渡候事實正也

明治　年　月　日　甲　某印

何府縣下何大區何小區何町何番地

乙　某　殿

本文之通相違無之者也

何府縣
公債掛

明治　年　月　日　何　某印

乙某寄留人ナル圧ハ左ノ通

明治十六年十二月廿五日

指令

伺之趣両條共其財産保管者タル家族又ハ親族二人以上連署之ニ戸長ノ奥印ヲ為サシメテ利賦金又ハ元金交付取計フヘキ事

明治十七年三月三十一日

○大藏省

島根縣ヨリ公債證書ノ利金遞送費等ノ儀ニ付伺

一諸公債證書寄留地ヘ携帶スルモ其携帶屆出以前ニ於テ當鑯ニ相成タル時寄留地官廳ニテ元利金受取度旨願出ル節ハ願意聞屆本籍

本貫何（府縣華士族カ平民カ）

何（府縣）下何大區何小區何町何番地寄留

何所何番地居留

乙　某　殿

右ノ通タルヘシ尤モ施行濟ノ分ハ此限ニ非ラス

第一節ノ二　小札截落

○八年九月大藏省甲第二十四號達

新公債秩祿公債利金舊公債年賦金拂渡ノ節ハ公債主所持ノ證書ヲ其管轄廳ヘ持參セシメテ證書ニ附添シタル小札ヲ切取候定規ノ處所持人ノ內手元ニ所持無之ヨリ其時ニ臨ミ不便ノ趣ニ相聞候間本年十一月以來ハ證書全紙ヲ持參ニ不及所持人手元ニ於テ其季ノ小札ヲ截落シ管廳ヘ持參候得ハ撿査ノ上引替ニ現金可相渡事ニ改定候尤僻陬人民ノ如キ其季ノ小札切取ヲ辨知致シ難キ者ハ其拂塲所ヘ證書ヲ持參スルモ不苦候條此旨布達候事

但新舊公債利足ハ本年ヨリ十二月一季拂ニ付利金拂ノ節ハ六月ト

官廳ヨリ利元金寄留地官廳ヘ回送シ其遞送費ハ官費ヲ以テ支拂可然哉

一諸公債證書賣買讓與ノ節其證券裏面記名調印ノ上屆出ト共ニ郵便ニ托シ差出シ候節其印影豫テ官廳ヘ取置タル印鑑ト對照スルニ於ハ敢テ不都合モ無之様被相考候ニ付撿印取計可然哉果シテ然リトセハ其撿印濟ノ證券本人下渡ス件ノ郵便税ハ官費ヲ以テ支拂可然哉

指令

伺ノ趣左ノ通可相心得事

記載有之分モ小札二枚截落候儀ト可相心得事

第一節ノ三　利賦札割印

○九年四月大藏省甲第九號布達

秩祿並新舊公債利賦金請渡方ニ付昨八年九月甲第三十四號ヲ以テ布達ノ趣モ有之候處現金請渡ノ際右利賦札紛失又ハ盜ミ取ラレ候者有之ニ付以後取締ノタメ利賦札切取前小札一畫每ノ界ニ當ル裏面ニ證書所持主(代理委任ヲ受タル者ハ代印)各々實印ヲ押シ候上切落シ且官廳ニ於テハ印形突合セ現金　引替候樣可致此旨布達候事

但諸官廳ヘ抵當物ニ取置候類ハ時宜ニヨリ主務官吏ノ割印ニテ不苦候事

第二節　家祿引換公債證書拂渡

○八年八月第百三十號布告

明治七年(三月)第三十九號布告家祿引替公債證書發行條例自今相廢止候條左ノ二ケ條ノ外諸般ノ手續總テ本年(五月)第九十五號布告新舊公債證書發行條例ノ通可相心得此旨布告候事

第一條ハ明治十年當省乙第五十七年號達ニ準シ官費支辨之義ト心得ヘシ同ノ通第二條明治十七年四月十四日

一家祿引換公債證書ノ元金拂渡ハ家祿引換相渡候三ヶ年目ヨリ七ヶ年ノ間ニ政府ノ都合ニ寄リ抽籤ノ法ヲ以テ拂渡ス可シ

一（明治十年三月二十八日第三十四號布告明治十一年八月廿八日第二十二號布告及ヒ明治十二年七月五日第二十六號布告ヲ以テ此條ヲ左ノ通リ改正ス）

年八朱ノ利息ハ年々十一月一日ヨリ十五日マテニ拂渡スニ付キ證書所持人混淆セサル爲メ十月一日ヨリ十一月十五日マテ證書ノ賣買讓渡等ノ屆出ヲ見合各管廳ニ於テ十月一日證書所持人ノ數ヲ取調ヘ其季ノ拂方ニナルヘキ名面並金高内譯合計表ヲ作リ同月十五日マテニ大藏省ニ差出スヘシ

第三節　金祿公債證書發行條例

○九年八月第百八號布告

第一條　華士族及ヒ平民トモ各自ノ家祿賞典祿給與ノ制限ヲ改メ一時ニ之ヲ下渡スコト爲シ以テ公債證書ヲ附與ス可シ

一永世祿ノ者ヘハ

金祿元高（賞典祿アルモノハ家祿ニ合計シ元高トス）	年限
七萬圓以上	五ヶ年分
（七萬圓未滿六萬圓以上）	五ヶ年二分五厘分
（六萬圓未滿五萬圓以上）	五ヶ年半分
（五萬圓未滿四萬圓以上）	五ヶ年七分五厘分
（四萬圓未滿三萬圓以上）	六ヶ年分
（三萬圓未滿二萬圓以上）	六ヶ年二分五厘分
（二萬圓未滿一萬圓以上）	六ヶ年半分
（一萬圓未滿七千五百圓以上）	六ヶ年七分五厘分
（七千五百圓未滿五千圓以上）	七ヶ年分
（五千圓未滿二千五百圓以上）	七ヶ年二分五厘分
（二千五百圓未滿千圓以上）	七ヶ年半分
右一ヶ年五分ノ利子ヲ給ス	
（千圓未滿九百圓以上）	七ヶ年七分五厘分
（九百圓未滿八百圓以上）	八ヶ年分

（八百圓未滿七百圓以上）　八ヶ年二分五厘分
（七百圓未滿五百圓以上）　八ヶ年半分
（六百圓未滿五百圓以上）　八ヶ年七分五厘分
（五百圓未滿四百五十圓以上）　九ヶ年分
（四百五十圓未滿四百圓以上）　九ヶ年七分五厘分
（四百圓未滿三百五十圓以上）　九ヶ年半分
（三百五十圓未滿三百圓以上）　九ヶ年七分五厘分
（三百圓未滿二百五十圓以上）　十ヶ年分
（二百五十圓未滿二百圓以上）　十ヶ年二分五厘分
（二百圓未滿百五十圓以上）　十ヶ年半分
（百五十圓未滿百圓以上）　十一ヶ年分

右一ヶ年六分ノ利子ヲ給ス

（百圓未滿七十五圓以上）　十一ヶ年半分
（七十五圓未滿五十圓以上）　十二ヶ年分
（五十圓未滿四十圓以上）　十二ヶ年半分

（四十圓未滿三十圓以上）　十三ヶ年分
（三十圓未滿二十五圓以上）　十三ヶ年半分
二十五圓未滿以下　十四ヶ年分
右一ヶ年七分ノ利子ヲ給ス

一終身祿ノ者ヘハ
右永世祿年限十分ノ五ヲ給ス
但利子ハ永世祿ノ割合ニ同シ

一年限祿ノ者ヘハ
十年以上ノ者ヘハ右永世祿年限十分ノ四ヲ給ス
（十年未滿八年以上）ノ者ヘハ右永世祿年限十分ノ三五ヲ給ス
（八年未滿六年迄）ノ者ヘハ右永世祿年限十分ノ三ヲ給ス
（六年未滿四年迄）ノ者ヘハ右永世祿年限十分ノ二五ヲ給ス
（四年未滿三年迄）ノ者ヘハ右永世祿年限十分ノ二ヲ給ス
二年ノ者ヘハ右永世祿年限十分ノ一五ヲ給ス

但利子ハ永世祿ノ割合ニ同シ

第二條　此ノ公債證書ノ利子下渡シハ明治十年分ハ十一月翌年五月ニ相渡シ以後之ニ準シ年々兩度ニ下ケ渡スコトス

（明治十一年九月十三日第二十六號布告ヲ以テ左ノ但書ヲ追加ス）

但シ利子下ケ渡シ混淆セサル爲メ毎年四月一日ヨリ五月二十八日マテ十月一日ヨリ十一月廿八日マテハ證書ノ讓渡シ賣買等（以上三字十二年第廿六號布告ヲ以テ追加ス）ノ届出ヲ見合ス可シ

第三條　家祿賞典祿元高ヲ附與スル年限ニヨリテ利子ノ差異ヲ生スルトキハ元高ニ向テ公債證書ヲ付與スル年限左ノ如シ

譬ヘハ

一金壹萬圓　　家祿賞典祿合高

此六ヶ年半分金六萬五千圓此公債證書ノ利子一ヶ年五分金三千二百五十圓ト成ル

一金九千九百圓　　家祿賞典祿合高

此六ケ年七分五厘分金六萬六千八百二十五圓此公債證書ノ利子

一ヶ年五分金三千三百四十一圓二十五錢ト爲ル
右比較九千九百圓ノ方利子九十一圓二十五錢ノ過ト成ル然ルトキハ壹萬圓ノ利子金額ニ超過セサルヲ以テ制限トナル故ニ九十一圓二十五錢ヲ引去リ利子三千二百五十圓ニ適當スル公債證書ヲ下渡スヲ以テ規則トス其他右ニ類似ノ件ハ皆之ニ準ス
第四條　此公債證書ハ利子ノ差ニヨリ區別アリト云トモ其發行スル種類ハ左ノ如シ

五圓	十圓	二十五圓	五十圓	百圓
三百圓	五百圓	千圓	五千圓

第五條　前條公債證書ヲ付與スルトキニ當リテハ公債證書ニ未滿ノ端金ハ總テ通貨ニテ相渡スヘシ
第六條　此公債證書ノ元高ハ五ヶ年間之ヲ据置キ六ヶ年目ヨリ大藏省ノ都合ニ因リ毎年抽籤ノ方法ヲ以テ之ヲ消却シ都合三十ヶ年間ニ悉皆之ヲ消却ス可シ
第七條　此公債證書發行ニ付テノ順序其外トモ此條例外ノ事件ハ都

テ新舊公債證書發行條例ノ通リタルコト心得可シ

○九年十二月第五十二號布告

家祿賞典祿改制ノ儀本年(八月)第百八號ヲ以テ布告候處右ノ內舊藩廳ニ於テ祿劵賣買差許有之從來現場賣買致シタル家祿ノ向ニ限リ其高ノ多寡ニ不拘總テ十ケ年分ノ金高公債證書ヲ以テ一時ニ下賜來明治十年ヨリ年一割ノ利息下渡候條右元金消却利金下渡方等ノ儀ハ金祿公債證書發行條例ノ通可相心得此旨布告候事

○十三年五月大藏省甲第七十一號布達

金祿公債證書ノ內五拾圓二拾五圓拾圓等ノ證書多分所持致居候者ハ枚數相嵩ミ不便利ノ趣ニ相聞候ニ付今般右三種ノ證書ニ限リ所持高纒メテ五百圓ニ滿ツル分ハ五百圓證書ト交換差許候條志願ノ者ハ明細書ヘ本證書相添ヘ管轄廳ヘ可願出最モ手數料トシテ五百圓證書一枚ニ付金拾壹錢宛上納可致此旨布達候事

但本文布達候ニ付テハ管轄廳ニ於テ取扱方ハ明治九年(七月)當省甲第十五號布達ノ通可相心得事

○十三年九月大藏省乙第三十一號達

金祿公債利子渡ノ季節ニ臨ミ(利子渡前月ヘノ越高表屆出後)本年甲第七拾一號布達ニ依リ五拾圓以下ノ證書五百圓證書ト交換ノ儀出願ノ分ハ該季ノ利札所有者ニ於テ切斷爲致候上交換可申出此旨相達候事

但シ該利金ハ切斷ノ利札ト引替可相渡儀ト可心得事

第三節ノ二　利子札別途下賜

○十一年八月大藏省甲第二十七號布達

明治九年(八月)第百八號公布ヲ以テ發行相成候金祿公債證書ノ儀ハ用紙ノ都合ニ依リ先ツ十年分(明治十年ヨリ同十九年マテ)ノ利子小札記載有之因テ殘ル二十年分ノ利子札ハ追テ別途ニ下附可致候條此旨布達候事

但此公債證書ハ利子小札ニモ番記號記載有之ニ付切取ノ節一枚毎ノ界ヘ所持主割印ニ不及候事

第四節　配當祿公債證書下賜

○十年三月第三十二號布告

各社領朱黑印地並ニ除地收額中ヨリ從前配當受來候舊神官ノ輩ハ右配當高ヲ別紙祿制ニ引充候上金額ニ換ヘ五ケ年分ノ合計配當祿公債證書ヲ以テ一時ニ下賜候條右公債證書ハ明治八年(八月)第百十三號布告ノ通可相心得此旨布告候事

但配當米金受來候者ハ確正相添來ル四月三十日限リ其管轄廳ヘ可申出若シ右期限後ニ至リ如何樣ノ事情申出候共採用不相成候條此旨兼テ可相心得事

祿制

配當現米	祿制現米
千石以上	三百石
千石未満 九百石迄	二百八十石
九百石未満 八百石迄	二百六十石

八百石未満	二百四十石
七百石迄	
七百石未満	二百二十石
六百石迄	
六百石未満	二百石
五百石迄	
五百石未満	百六十二石五斗
四百石迄	
四百石未満	百二十五石
三百石迄	
三百石未満	八十七石五斗
二百石迄	
二百石未満	五十石
百石迄	

百石未満 九十石迄	四十五石二斗二升
九十石未満 八十石迄	四十石四斗四升
八十石未満 七十石迄	三十五石六斗七升
七十石未満 六十石迄	三十石八斗九升
六十石未満 五十石迄	二十六石一斗一升
五十石未満 四十石迄	二十一石三斗三升
四十石未満 三十石迄	十六石五斗八升

三十石未滿
二十石迄　　十一石七斗八升
二十石未滿
十石迄　　七石
十石未滿
五石迄　　五石
五石以下　　從前之通

○第二款

第一節　金札引換公債證書條例

○十三年十月第四十七號布告

第一章　總則

第一條　金札引換公債證書ハ政府發行ノ紙幣ヲ交換支消スル爲メ發行シ其元利金共ニ金銀貨幣ヲ以テ仕拂フモノトス

第二條　金札引換公債證書ハ記名利札付ニシテ五百圓百圓五十圓ノ三種トス

第三條　何人ニテモ（外國人ヲ除ク）前條ニ記載スル各種證書面ノ金高ノ紙幣ヲ差出シ金札引換公債證書ニ交換スルヿヲ得ヘシ

（本條ハ十六年第四十八號布告ニ依リ停止ス）

第四條　金札引換公債證書ヲ以テ交換シタル紙幣ハ大藏省ニ於テ成規ニ遵ヒ之ヲ截斷スヘシ

第二章　元利金ノ仕拂

第五條　金札引換公債ノ元金ハ其證書交付ノ年ヨリ三ヶ年据置キ四ヶ年目ヨリ向十二ヶ年間政府ノ都合ニヨリ抽籤ノ法ヲ以テ消却シ利息ハ一ヶ年六分（百分ノ六）トシ右金消却ニ至ルマテ毎年五月十一月ノ兩度ニ拂渡スヘシ

但シ抽籤法ヲ以テ元金ヲ拂戻スニ當リテハ年六分ノ利息月割（一抽籤十五日以前ニ係レハ前月迄ノ分十六日後ニ係レハ半ヶ月ヲ下渡スヘキ者トス）ヲ以テ右抽籤法ヲ行ヒシ時迄ノ分下渡スヘシ

第三章　證書ノ交付及ヒ簿記ノ手續

第六條　紙幣ヲ以金札引換公債證書ニ交換セントスル者ハ其紙幣

並ニ紙幣ノ高ヲ記載シタル交換願書ヲ其地方ノ管廳ニ差出スヘシ
第七條　地方管廳ニ於テハ紙幣ト願書トヲ受取リ其受領證ヲ製シ本人ニ渡シ其紙幣ヲ大藏省出納局若クハ其出張所ニ納付シ其預リ證ト共ニ金札引換公債證書申請書ヲ大藏省國債局ニ送付スヘシ
第八條　交換願書ヲ差出シタル者ニ地方管廳ヨリ其受領證ヲ交付スルヿ各月十五日以前ナレハ其月十六日以後ナレハ其翌月ヨリ計算シテ其年利ヲ拂渡スヘシ
第九條　國債局ニ於テハ申請書ニ據リ其金高ニ相當スル公債證書ノ番號記號枚數ヲ定メ其債主ノ住所姓名ヲ簿冊ニ登記シ並ニ割印シタル上ニテ其證書ヲ各債主ノ地方管廳ヘ送達スヘシ
第十條　地方管廳ニ於テハ其債主ノ住所姓名及ヒ證書ノ金高種類枚數番號記號ヲ公債掛リノ簿冊ニ登記シ及ヒ證書裏面ノ右側ヘ債主ノ姓名ヲ記入シ且ツ管廳ノ割印ヲ加ヘ本人ヘ渡置キタル受領證ト引換ヘニ證書ヲ交付スヘシ
但シ諸書交付ノ後チ他管ニ移轉シ若クハ他管ヨリ移轉シ來ルモ

ノハ其出入增減表ヲ製シ每翌月五日マテニ大藏省國債局ニ屆ケ出ツヘシ
第十一條　公債證書ト引換ヘタル受領證ノ裏面ニ本人ヲシテ證書ノ受取ヲ記サシメ翌月五日マテニ之レヲ取纏メ明細表ヲ添ヘ大藏省國債局ヘ送致スヘシ

第四章　證書ノ樣式及ヒ賣渡讓渡ノ手續

第十二條　此條例頒布以後ト雖𪜈金札引換公債證書ハ從前ノ金札引換公債證書無記名利札付ノ樣式ヲ用ヒ不要矛盾ノ文字ハ朱書ヲ以テ點竄スヘシ
第十三條　金札引換公債證書ノ所有者ニ於テ始メテ之レヲ他人（外國人ヲ除ク）ヘ賣渡シ若クハ讓渡サントスル𪜈ハ其證書ヲ其地方管廳ヘ差出シテ繼足紙ヲ請願スヘシ
管廳ニ於テハ新舊公債證書ニ用フル繼足紙ヲ該證書ノ左側ニ糊付繼印シテ請願人ニ下付シ名前書替ノ手續ヲ爲サシメタル上其撿印ヲ取計フヘシ

但シ利息渡方混淆セサル爲メ毎年四月一日ヨリ五月十五日マテ十月一日ヨリ十一月十五日マテ證書ノ讓渡シ買賣ノ屆出ヲ見合スヘシ

第十四條　此條例頒布以前交付シタル金札引換公債證書ハ記名無記名ノ分共改定ノ證書ト引換ユヘシ

第十五條　凡ソ此條例ニ明文ナキノ件ハ都テ明治八年（五月）第九十五號布告改正新舊公債證書發行條例第四條ヨリ第十二條マテ及ヒ右ニ關シ爾來改正增補ノ个條ニ準據スヘシ

第一節ノ二　同無記名公債證書條例

○十六年十二月第四十八號布告

金札引換無記名公債證書條例左之通制定シ明治十三年（十月）第四十七號布告金札引換公債證書條例第三條ヲ停止ス

金札引換無記名公債證書條例

第一條　金札引換無記名公債證書ハ政府發行ノ紙幣ヲ交換支消スル爲メ發行シ其元利金共銀貨ヲ以テ仕拂フモノトス

此公債證書ト交換シタル紙幣ハ大藏省ニ於テ之ヲ燒却スル者トス

第二條　此公債證書ハ望人ノ申込ニ任セ大藏卿隨意之ヲ發行スルモノトス但大藏卿ハ財政ノ都合ヲ計リ其申込ヲ拒ムコトアルヘシ

第三條　此公債證書ハ無記名利札付ニ〆千圓五百圓百圓ノ三種トス

第四條　此公債ノ利子ハ年六分トス

第五條　此公債證書ハ證書額面百圓ニ付發行價格紙幣百圓ト定ム此證書ヲ引受ケンコトヲ望ムモノハ隨時日本銀行本支店又ハ代理店ヘ申出ヘシ

第六條　此公債證書ノ見本ハ大藏卿ヨリ告示スルモノトス

第七條　此公債ノ元金ハ其證書交付ノ年ヨリ五ケ年据置其翌年ヨリ向フ三十ケ年ヲ限リ毎年抽籤法ヲ以テ償還スヘシ但償還ノ金高ハ抽籤ノ月ヨリ少クモ六十日以前ニ大藏卿ヨリ告示スルモノトス

此公債ノ利子ハ元金償還ニ至ルマテ毎年五月十一月ノ両度ニ拂渡スモノトス但元金ヲ償還スルトキハ月割ヲ以テ右抽籤ヲ行フ月マテノ利子ヲ拂渡スヘシ

滿期ニ至リ償還ノ證書ニ屬スル利子ハ償還ノ月マテノ分ヲ拂渡スモノトス

第八條　此公債ノ利子ハ其元金拂込ノ日ニ從ヒ各月十五日前後ヲ以テ區別シ十五日以前ナレハ其下半月分ヨリ十六日以後ナレハ其翌月分ヨリ拂渡スモノトス

第九條　此公債ノ元金償還利子拂渡ノ事務ハ總テ日本銀行ヲシテ之ヲ取扱ハシムヘシ其時期及場所等ハ抽籤ノ日ヨリ少クモ三十日以前ニ大藏卿ヨリ告示スルモノトス

第十條　此公債ノ利子ハ日本銀行本支店又ハ代理店ニ於テ利札ヲ切取リ之ト引換ニ拂渡スヘシ

第十一條　此公債證書ハ何人ニテモ授受賣買スルヿヲ得

第十二條　此公債ノ元金償還ノ件ハ日本銀行ニ於テ抽籤配賦計算ノ割合ヲ定メ東京横濱居住人ニテ此公債證書ヲ多額所持スル者十名以上幷大藏省國債記錄兩局ノ官員五名以上立會ノ上抽籤ヲ執行シ其當籤證書ノ記號番號種類金高等ハ大藏卿ヨリ告示スルモノトス

第十三條　此公債證書ノ所有者其證書ヲ亡失セシ片ハ其事由幷證書面ノ金高記號番號及所有セシ片ノ手續ヲ詳記シ其亡失セシ地ノ官廳ヲ經テ大藏省ニ屆出ヘシ大藏卿ハ其證書ノ授受賣買ヲ差止ムヘキ旨ヲ告示スルモノトス但發見シタル片ハ同樣ノ手續ヲ以テ屆出ヘシ

亡失ノ證書ヲ發見セス其償還年限ノ末期ニ至リ證書消滅セシト認ムヘキ場合ニ於テハ該證書ノ元利金額ヲ其屆出人ヘ拂渡スヘシ

第十四條　此公債證書當籤ト爲リ元金ヲ拂渡ス可キ場合ニ於テ其證書ノ亡失セシコヲ覺知シタル片ハ其當籤ノ効ヲ失フモノトス

第十五條　此公債汚染又ハ毀損セシ片ハ日本銀行本支店又ハ代理店ヲ經テ證書ノ引換ヲ大藏省ヘ請求スヘシ但其證書面金高記號番號及大藏卿ノ印章ヲ撿査シ其眞正ナルヲ證認シ得ヘキモノニアラサレハ引換サルヘシ此引換ヲ得タルモノハ本人ヨリ相當ノ手數料ヲ銀行ヘ拂フヘシ

第十六條　此公債證書引換又ハ償還ノ片其證書汚染毀損シ金高記號

番號及大藏卿ノ印章ヲ認メ難キモノハ其元利金トモ償還方總テ亡失證書ト同一タルヘシ

第十七條　此公債ノ元利金受取方申出テス其拂期月ヨリ滿十五ヶ年ヲ過クル件ハ一切之ヲ償還セサルヘシ

第十八條　政府ノ都合ニ依リ要用ノ事アレハ利子ノ割合及元金償還年限ヲ除クノ外此條例ヲ增補改正スルヿアルヘシ

第二節　起業公債證書發行條例

〇十一年四月第七號布告

今般全國中公益ノ事業ヲ興シ物產繁殖ノ道ヲ開キ內外ノ商賣ヲ盛ニスル爲メ新タニ壹千貳百五十萬圓ノ內國債ヲ起シ其費用ニ供スヘキニ被決定右募債方一切大藏卿ヘ御委任相成候條此旨布告候事

但シ詳細之儀ハ大藏卿ヨリ可及布達候事

〇十一年五月大藏省甲第十三號布達

今般內國債募集ノ儀ニ付キ本年（四月）太政官第七號布告ノ旨趣ニ因リ起業公債證書發行條例別冊ノ通相定施行セシメ候條此旨布達候事

起業公債證書發行條例

此公債ハ明治十一年（四月）太政官第七號布告ノ旨趣ニ基ツキ要用ノ金額ヲ募集スル爲メ起ス所ニシテ是ヲ大日本政府ノ公債トシテ各債主ヘハ此公債證書ヲ交付シ年限ヲ定メテ之ヲ償却スルニ付大藏省ニ於テ制定シタル條々左ノ如シ

第一條　（公債證書ノ元高種類並ニ利息ノ制限ヲ示ス）

第一節　此公債ノ元高ハ壹千貳百五十萬圓ニシテ年六分、百分ノ六ノ利付トシ其元金ハ二箇年間据置キ三ヶ年目（即チ明治十三年）ヨリ向二十三年ヲ限リ（即チ明治三十五年迄）毎年大藏省ノ都合ヲ以テ（第四條ニ掲クル）抽籤ノ方法ヲ用ヒ之ヲ拂戻スヘシ而メ其利息ハ（第三條第二節ノ但書幷ニ第四節ノ分ヲ除キ）募金拂込ミ皆濟ノ後ヨリ明治三十五年迄毎年六月十二月ノ兩度ニ之ヲ拂渡スヘシ（本文金額ハ總テ大藏省ノ都合ニ依リ金銀貨又ハ紙幣ヲ以テ之ヲ下渡スヘシ）

但シ明治十三年ヨリ抽籤法ヲ以テ元金ヲ拂戻スニ當テハ年六分

ノ利息月割（抽籤十五日以前ニ係ルハ前月迄テノ分十六日以後ニ係レハ半ケ月分下渡スヘキモノトス）ヲ以テ右抽籤法ヲ行ヒシ時迄ノ分下渡スヘシ

第二節　此公債證書面ノ金高ヲ五百圓百圓五拾圓ノ三種ニ區別シ利足ノ小札付キトス

但シ本文ノ利札ハ毎半年利息渡ノ時ニ其渡方ヲ取扱フ銀行等ニテ切リ取リ引換ニ其金額ヲ得ヘキモノトス

第二條　（公債證書授受賣買等ノヿヲ示ス）

第一節　此公債證書ハ（第六條ニ掲クル記名ニ變改スル分ヲ除キ）所有主ノ名ヲ記サス故ニ書換又ハ管廳ノ撿印ヲ受クル等ノ手數ナクシテ授受賣買等（外國人ヲ除クノ外）各自ノ隨意タルヘシ

但シ質入書入（外國人ヲ除キ）及相續人ヘノ遺物モ勝手タルヘシ

第三條　（募債並ニ出金等ノ手續概略ヲ示ス）

第一節　此公債ノ募集方並ニ元利金ノ渡方トモ都テ第一國立銀行並ニ三井銀行ヘ委任シテ取扱ハシムルカ故ニ申込ノ手續引受ノ實高

期限場所及ヒ利息並ニ元金ノ渡方其他必要ノ件々ハ右兩銀行本店若クハ支店及其取引中間等ヨリ追テ新聞紙等ヲ以テ廣告ニ及フ可シ

第二節　募リニ應シ出金スルノ時期ハ都合四度ト定メ最初引受方申込ノ節手付金ヲ拂込マシメ其後ハ第一第二第三ト割合ヲ以テ順次ニ出金セシムルモノトシ其時日ハ右兩銀行等ヨリ廣告ス可シ

（明治十一年七月四日大藏省甲第二十三號布達ヲ以但書ヲ改正ス）

但シ第三割拂マテノ利息ハ其出金高ニ準シ年六分ノ割合ナル月割ヲ以テ之ヲ拂渡ス可シ

第三節　右四度ノ內手附金拂込ノ節ハ該銀行ノ受取書ヲ與ヘ第一割拂ノ拂込ニハ右受取書ト引換ニ假證券ヲ與ヘ第二割拂ニハ新假證券ヲ以テ舊假證券ト取換ヘ第三割拂ノ拂込濟ミニ至リ此公債證書ヲ假證券ト引換ニ交付ス可シ

但シ公債證書ノ種類ハ大藏省ノ都合ニ依リ之レヲ交付ス可シ

第四節　（明治十一年七月四日大藏省甲第二拾三號布達ヲ以テ第二節

但書ノ割註「拂込十五日云々」ノ四十字ヲ移シテ本節「月割」ノ下ニ挿入ス）手付金又ハ第一第二第三割拂ノ拂込金トモ都テ其定期ノ時日ニ先ツテ入金スル者ヘハ其高ニ對シ年六分ノ割合ナル利息月割（拂込十五日以前ニ係ルハ半ケ月分十六日以後ニ係レハ翌月ノ分ニ立テ、計算スルモノトス）ヲ以テ入金ノ内ヨリ割引シテ債主ヘ拂渡ス可シ

第五節　右ノ如ク四度ニ配賦シテ拂込マシムルニ付テハ若シ初度ノ手付金相濟ミ更ニ第一割拂若クハ第二第三割拂出金ノ定期ヲ愆マツ者ハ其以前差出シタル金額ハ當人ノ損失ニ歸セシメテ返與セサルヘシ

第六節　出金未タ皆濟ニ至ラス此公債證書ヲ受取ラサル以前タリトモ當人ノ都合ニ依リ第一割拂ヨリ交付シタル假證券ヲ授受賣買質入書入ニスルハ（外國人ヲ除クノ外）勝手タルヘシ尤モ授受賣買ノ節ハ其證券ノ裏面ニ讓渡人（又ハ賣主）ノ姓名住所ト讓受人（又ハ買主）ノ姓名住所トヲ記載シ且ツ調印スルモノトス

但シ此讓受人（又ハ買主）ニテ其次ノ割拂出金ヲ愆期スル片ハ本條第五節ノ通タル可シ

第七節　若シ申込ノ出金高募集ス可キ見込高ヨリ超過スル片ハ該銀行ニテ之ヲ總體ノ申込高ニ割付ケヲ平等ニ減却シ而メ其手付金ノ過剩トナル分ハ第一割拂ノ拂込金ニ廻スヘシ尤モ其時ノ都合ニ依テハ別ニ適宜ノ方法ヲ設ケ之ヲ減却スルコトモアル可シ

第四條（抽籤ノ手續概略ヲ示ス）

第一節　毎年抽籤ヲ以テ此公債ノ拂戻シヲ定ムルニハ此公債ヲ取扱フ銀行本店ニ於テ其年ノ十月中該地方身柄ノ人ニテ此公債證書（無記名記名トモ）ヲ所持スル者五人以上ヲ撰ミ大藏省國債局ノ官員ト其地方廳ノ官員各兩名以上立會ノ上抽籤ヲ以テ其年ニ拂戻スヘキ證書ノ記號番號ヲ公定シ中リ籤ノ記號番號ハ速ニ新聞紙等ヲ以テ廣告スヘシ

第五條（證書ノ毀損紛失盜難流燒失等ノ心得方ヲ示ス）

、點七字十一年七月大藏省甲第二十三號布達ヲ以テ追加ス

○大藏省
大坂府ヨリ起業公債證書取扱方ノ儀ニ付伺
無記名起業公債證書盜難流燒失ニ係リ所在不分明ナル旨管下人民ヨリ届出候節ハ同條例第五條第二節ニヨリ御省ヘ御届致來候中ニハ借金ノ抵當

第一節　此公債證書ハ自然垢付或ハ少々ノ損等アルトモ金高及ヒ主要ノ印部等ニ損害ナク眞正ノ證書タルヲ保認スヘキ分ハ當然ノ規則ニ隨ヒ元利金ノ渡方ヲ爲ス可シ尤モ過失ニテ此公債證書ノ一部分ヲ燒損シ又ハ金高及ヒ主要ノ印部等ヲ毀損シ或ハ之ヲ見認メ難キ程ノ墨附等アレハ速ニ其手續書ヲ添ヘテ兩銀行ノ本店又ハ大坂ニ在ル支店ニ持參シテ引換ヲ乞フヘシ兩銀行ハ其事實ヲ承明シテ後チ之ヲ大藏省ヘ具申シテ此引換ヲ爲スヘシ尤モ大藏省ニ於テハ其事實ハ勿論該證書面ニ金高番記號ノ部分必ス判然存在シ眞正ノ公債證書ニ相違ナシト見認ムル分ハ引換ヲ爲スヘシ

但シ此引換ヲ乞フニハ本人ヨリ相當ノ手數料ヲ銀行ヘ拂フヘシ

（明治十一年七月四日大藏省甲第二十三號布達ヲ以テ第二節及ヒ第三節ヲ追加ス）

第二節　此公債證書紛失盜難又ハ流燒失ニ罹ル分ハ所有主ニ於テ其事實ヲ審明シ證書ノ記號番號金高枚數及ヒ所有トナリシ時ノ手續等詳細相認メ地方管廳ヲ經テ大藏省ヘ届出置キ償却年限ノ末期ニ

トシテ他人ニ相預ケ期限ニ至リ返還セサルヲ以テ返戻方出訴ニ及ヒタル處預リ主失踪所在不分明ナル者ヲ以テ更ニ該證書盜難届出ヲナス者往々有之抑モ起業公債證書條例第五條第二節盜難云々其末段全消滅云々ト有之ハ其犯人ノ誰タルヲ知ラス且ツ全ク證書顯出セサル塲合ニシテ前述預リ主失踪シテ所在不分明ナルカ如キハ已ニ所業人ノ誰タルヲ證明シ得ヘキヲ以テ法衙ノ處分ヲ仰クヘキモノニシテ御省ヘ御屆出スヘキ限リニ無之儀ト推考致候得

至ル迄該證書終ニ顯出致サス全ク消滅セシニ相違ナキニ於テハ該
證書ニ對シテ積リタル利息元金トモ一同ニ之レヲ拂渡スヘシ

第三節　前事届出ノ後チ該證書顯出シ而シテ未タ犯罪人ノ手ニ在ルカ或ハ犯罪ノ情ヲ知リ轉受セシモノカ或ハ情ヲ知ラストモ恩惠（貨幣又ハ物品ヲ渡サスシテ受取ルノ類）ノ讓與ニ係ルモノハ原所有主ニ於テ之ヲ取戻スヿヲ得ヘシ

但シ第二節ノ塲合ニ於テ事實判明致シ難キ片ハ都テ法官ノ裁決ニ付シ相當ノ處分ニ及フヿアルヘシ

第六條　（記名公債證書ニ變改スル手續並ニ變改セシ以後ノ規則ヲ示ス）

第一節　此公債證書ハ授受賣買等ヲ便ニスル爲メ本來無記名ナレ圧所有主ノ請願ニ依リテハ之ヲ變改シテ更ニ記名證書ト爲スヿヲ得ヘシ其變改ノ手續幷ニ規則等ハ左ノ如シ

第二節　無記名證書ヲ記名ニ變改スルニハ證書ヲ引換ユルニ非ラス又證書本紙ニ記名スルニ非ラスシテ本條第四節ノ取扱ヲ以テ之ヲ

共爲念相伺候
明治十七年三月五日
指令
伺ノ通
明治十七年三月廿七日

○大藏省
大坂府ヨリ紛失公債證書發見ノ儀ニ付伺
紛失無記名起業公債證書百圓券第五號六三八九番壹枚發見セシ趣第一國立銀行大坂支店ヨリ屆出候ニ付取調候處右ヘ根元滋賀縣士族松本泰順ノ所有ニ係ル同縣平民村井甚三同甚一ノ兩名ヘ預ケ中甚一ハ去ル十五年八月中死亡致シ甚三ハ他出ノ末昨十六年十月中復歸シタ

定ムルモノトス

第三節　右記名ヲ請願スルニハ第三條最後出金ノ定期ヨリ七八十日乃至五六十日以前ニ其旨ヲ此公債ヲ取扱フ兩銀行ノ本支店若クハ取引仲間等ニ申込ムヘシ右銀行ハ（支店並ニ取引仲間等ニ申込ミタル分ハ之ヲ取纏メ）請願人ノ姓名住所並ニ入用證書ノ金高等ヲ詳記シ大藏省ヘ具申シ記名極印濟ミノ證書ヲ（記名紙相添ヘ）受取リ之ヲ其本人ニ交付シ本人ヨリ更ニ之ヲ管廳ヘ持出テ記名其他次節ノ手續ヲ受クヘシ

第四節　前節ノ如ク大藏省ヘ具申ノ上ハ同省ニ於テ該證書ニ記名シタル極印ヲ押シ之ヲ簿冊ニ登記シ置キ再ヒ之ヲ其銀行ニ送附シテ其本人ヘ交付シ本人ヨリ管廳ヘ持出ルモノトス管廳ニ於テハ該證書ノ種類金高記號番號枚數及ヒ所有主ノ姓名住所年月日等ヲ簿冊ニ登記シ該證書ニ記名紙ヲ糊付シ該廳ノ繼印ヲ爲シ所有主ノ姓名住所ヲ記入シ該廳ノ割印及ヒ公債掛ノ撿印ヲ捺シテ再ヒ之ヲ所有主ヘ付與スヘシ

ルニ依リ右證書ノ所在相尋候得共不明瞭遂ニ告示方松本泰順ヨリ同縣ヘ届出則チ客年御省布達第百五號ヲ以テ告示相成リタル者ニ有之候然ルニ御省ニ於テ公債證書ノ取引チ停止セラル丶ハ純然ダル盗火難流失等ニ罹リ紛失シタルモノ丶ミニテ右等他人ヘ預ケ中預主ノ死亡或ハ失踪ニ依リ證書ノ所在不分明者ノ如キハ人民互相ノ取引ニ任セ御省ニ於テハ關係無之者ト相見込候得共本件ノ如キハ已ニ御省ニ於テモ告示濟ノ者ニ付發見ノ上ハ前際告第百

但シ一旦無記名證書ヲ引受ケ置キ追テ記名ニ改メント欲スル者ハ該證書ニ其種類金高記號番號枚數ノ目錄書及ヒ願書ヲ添ヘ管廳ヘ申立ツヘシ管廳ヨリハ願人ヘ證書ノ受取書ヲ渡シ置キ之ヲ大藏省ヘ具申シ極印濟ミノ證書並ニ記名紙ヲ受取リ成規ノ如ク再ヒ之ヲ其本人ヘ付與スルノ手續ヲ爲ス者トス尤モ記名紙ハ地方官ノ見込ヲ以テ豫メ之ヲ大藏省ヨリ受取リ置クモ適宜タルヘシ

第五節　前節ノ如ク無記名證書ヲ記名證書ニ變改シタル上ハ之ヲ授受賣買シ或ハ引當物ニ爲シ又ハ紛失盗難及ヒ流失等ノ廉ハ明治八年(五月)太政官第九十五號布告改正新舊公債證書發行條例第六條第七條第八條第九條第十條ヲ適用スヘシ尤モ右條例ヲ此記名公債證書ニ適用スル場合ニ於テハ右條例中換用ノ文字並ニ不用ノ廉々左ノ如シ

但シ元利金渡方等ノ手續ハ無記名公債證書ト同樣ナルモノトス

右條例第六條ヨリ第十條迄ノ內ニ「新舊公債證書共」並ニ「新舊公債證書」トアルハ都テ「此記名公債證書」ト改ム

五號及ヒ十四年乙第五十號達ニ依リ處分スヘキ筈ニハ候得共退テ熟考スルニ該證書ハ松本泰順ヨリ村井甚三全甚一ノ兩名ヘ預ケ中去十三年十二月中同縣平民山村市右衞門ナル者右兩名ノ內(其頃甚三甚一ノ兩名ハ共同ノ質商ニテ證書ヲ賣却セシハ兩名內何レカ不分明)ヨリ正當ニ買得シ爾後轉賣シテ目下當府平民高井喜次郞所有致シ居ル者ニ付之ヲ乙第五十號達ニ依リ直ニ原所有者松本泰順ニ交付スルハ甚タ穩當ナラサルヤニ推考致シ疑義ヲ生シ候條

同第六條第一節但書ノ「其都度大藏省ヘ屆出可シ」ヲ「置ク可シ」ニ改ム同條第二節ニ「證書裏面ヘ形ノ通リ(裏面雛形)」及ヒ同條第三節ノ「證書裏面ヘ形ノ如ク(裏面雛形)」ハ都テ「記名紙ノ末ニ附スル雛形ノ通リ」ト改ム同條第三節ノ「大藏省ヘハ云々」ノ十五字ヲ「置クヘシ」ニ改ム

同條第四節ノ但書ヲ削除ス

同條第五節並ニ第七節第八節ノ「證書ヘ割印」ハ「總テ記名紙ヘ割印」ニ改ム

同條第七節ノ「且大藏省ヘハ一月分翌月五日迄ニ云々」ノ二十七字ハ不用

同條第九節ノ「就テハ年々元利金云々」ノ十八字ヲ「尤モ年々元利金拂方ハ此公債ヲ取扱フ銀行等ニテ拂渡スヘシ」ニ改ム

同條第十節ノ「年々元利拂及」ノ六字並ニ「年々元利受取或ハ」ト兩所ニ在ル都合十六字及ヒ第十二節ヲ削除ス

同條同節中ノ「前條」ヲ「第七節」ニ改ム

何分ノ御指令有之度此段相伺候也

（參考書略）

明治十七年四月九日

指令

伺之趣其府下平民高井喜次郎所持ノ手續ヲ滋賀縣ヘ通知スル迄ニ止メ十四年十二月（當省乙第五十號達ニ據リ復手スヘキ限リニ無之儀ト可相心得因テ參考書類下戻候事

但證書發見ノ儀ハ告第五三號ヲ以テ告示ニ及ヒ候條此旨相心得ヘシ

明治十七年四月三十日

○大藏省

同第七條第一節ノ「其所持人ヘ下渡スヘシ云々」ノ四十七字ヲ「何人タリトモ其持參人ヘ（外國人ヲ除クノ外）相渡スヘシ」ニ改ム

同第八條割註二十一字ヲ（「此公債證書記名繼足ノ手續ヲ明ニス」）ニ改ム

同條第一節ノ「裏面記名ノ場所」ヲ「記名紙ノ餘枠」ニ改メ「證書ノ繼足」ヲ「記名紙ノ繼足」ニ改ム

同第九條第一節ノ但書ヲ削除ス

同條第二節ノ「地方管廳ニテハ即右ノ旨ヲ云々」ノ六十三字ヲ削除ス

同條第三節ノ「公布」ヲ「布達」ニ改ム

同條第四節ノ「元利」ヲ「利金」ニ改ム

第七條　（證書贋造等ノ處分ヲ示ス）

第一節　此公債證書（無記名記名トモ）ヲ私ニ剝去リ又ハ切裂キ又ハ塗抹シ孔ヲ穿チ糊附ニスル等ノ事ヲ爲スヘカラス若シ犯ス者アレハ裁判ノ上其金高十倍以下ノ罰金ヲ命スヘシ

第二節　此證書ヲ贋造シ又ハ人ヲシテ贋造セシメ又ハ人ノ贋造スル

京都府ヨリ盗難公債證書發見ニ付復手ノ手續取計方ノ儀ニ付伺
滋賀縣平民山本仁助所有無記名起業公債百圓證書壹葉盗難ニ付十六年九月御省第八拾五號告示ノ分今般當府下ニ於テ發見シ乃其旨御省へ御届並全縣へ通知候末十四年十二月御省乙第五拾號御達ニ依リ復手方運ノ爲メ該證書一旦引揚候得共熟考スルニ該證書タルヤ轉輾シテ公商ノ手ヲ經買取シタル品ニ付十一年七月御省甲第二十三號布達第五條第三節及十四年十二月第六十七號

ヲ助ケ又ハ贋造ト知リテ通用シ又ハ證書ノ圖書文字ヲ變換シ又ハ人ヲシテ變換セシメ又ハ變換セシモノト知テ之ヲ通用シ其他似寄ノ板版紙品等ヲ所持スル者ハ都テ裁判ノ上法ニ處スヘシ

第八條

第一節 政府ノ都合ニ依リ要用ノヿアレハ利息及ヒ償却年限ヲ除クノ外此條例ヲ增補シ又ハ改正スヘシ

第二節 右增補改正等アル𪜈ハ速ニ其旨趣ヲ公告スヘシ

第三節 中山道公債證書條例

〇十六年十二月第四十七號布告

第一條 中山道鐵道公債證書ハ群馬縣下上野國高崎ヨリ岐阜縣下美濃國大垣ニ至ルマテ中山道ニ沿ヒ及ヒ大垣ヨリ三重縣下伊勢國四日市ニ至ルマテ鐵道ヲ敷設シ及ヒ其事業ヲ經營スルノ資金ニ充ツルカ爲メ發行スルモノトス

（丶點二十一字十七年第十七號布告ヲ以テ追加ス）

第二條 此公債證書發行高ハ二千萬圓ヲ限リ大藏卿工業ノ都合ヲ計リ漸次之ヲ發行スルヿヲ得其發行ノ手續ハ大藏卿時々之ヲ定ムル

公布刑法附則第五章第五十四條ニ據レハ當廳ニ於テ復手ノ手續可取計限ニ無之儀ト被存候處右ニテ可然哉但ル文證書ニ屬ス本利札二季分不足ニ付取調候處右利金ハ三井銀行ニ於テ拂渡利札ヘ消印ヲ捺シ仝行ニ保管罷在候旨申立候右處分方ヲモ併セテ相伺候也

明治十七年九月三十日

指令

伺之通

但利札ノ廉モ本文同一タルヘシ

明治十七年十月廿二日

モノトス

第三條　此公債證書ハ無記名利札附ニ〆千圓五百圓百圓ノ三種トス

第四條　此公債ノ利子ハ年七分トス

第五條　此公債證書引受ノ申込高大藏卿ノ需用スル金高ヨリ超過スル𪜈ハ其超過高ニ比例シ各申込人ヘ對シ證書渡高ヲ減少スルモノトス但價格ヲ定メテ發行シタル場合ニ於テ其價格以上ニテ申込ム者ニハ其渡高ヲ減少セサルヘシ其價格ハ大藏卿之ヲ定ムル者トス

第六條　此公債證書ノ見本ハ大藏卿ヨリ告示スルモノトス

第七條　此公債證書ノ元金ハ證書發行ノ年ヨリ五ケ年据置其翌年ヨリ向フ二十五ケ年ヲ限リ毎年抽籤法ヲ以テ償還スヘシ但償還ノ金高ハ抽籤ノ日ヨリ少クモ六十日以前ニ大藏卿ヨリ告示スル者トス

此公債ノ利子ハ元金償還ニ至ルマテ毎年六月十二月ノ兩度ニ拂渡スモノトス但元金ヲ償還スル𪜈ハ月割ヲ以テ右抽籤ヲ行フ月マテノ利子ヲ拂渡スヘシ

此公債ノ元利金額ハ總テ通貨ヲ以テ仕拂フモノトス

第八條　此公債ノ利子ハ其元金拂込ノ日ニ從ヒ各月十五日前後ヲ以

テ區別シ十五日以前ナレハ其下半月分ヨリ十六日以後ナレハ其翌月分ヨリ拂渡スモノトス

第九條　此公債ノ元金償還利子拂渡ノ事務ハ總テ日本銀行ヲシテ之ヲ取扱ハシムヘシ其期限及ヒ塲所等ハ抽籤ノ日ヨリ少クモ三十日以前ニ大藏卿ヨリ告示スルモノトス

第十條　此公債ノ利子ハ日本銀行本支店又ハ代理店ニ於テ利札ヲ切取リ之ト引換ニ拂渡スヘシ

第十一條　此公債證書ハ何人ニテモ授受賣買スルコヲ得

第十二條　此公債ノ元金償還ノ時ハ日本銀行ニ於テ抽籤配賦計算ノ割合ヲ定メ東京横濱居住人ニテ此公債證書ヲ多額所持スルモノ拾名以上幷大藏省國債記錄兩局ノ官員五名以上立會ノ上抽籤ヲ執行シ其當籤證書ノ記號番號種類金高等ハ大藏卿ヨリ告示スル者トス

第十三條　此公債證書ノ所有者其證書ヲ亡失セシ時ハ其事由並證書面ノ金高記號番號及ヒ所有セシ時ノ手續ヲ詳記シ其亡失セシ地ノ官廳ヲ經テ大藏省ニ屆出ヘシ大藏卿ハ其證書ノ授受賣買ヲ差止ムヘキ旨ヲ告示スルモノトス但發見シタル時ハ同樣ノ手續ヲ以テ屆

出ヘシ
亡失ノ證書ヲ發見セス其償還年限ノ末期ニ至リ證書消滅セシト認ム可キ場合ニ於テハ該證書ノ元利金額ヲ其屆出人ヘ拂渡スヘシ

第十四條　此公債證書當籤ト爲リ元金ヲ拂渡スヘキ場合ニ於テ其證書ノ亡失セシヿヲ覺知シタル時ハ其當籤ノ効ヲ失フモノトス

第十五條　此公債證書汚染又ハ毀損セシ時ハ日本銀行本支店又ハ代理店ヲ經テ證書ノ引換ヲ大藏省ヘ請求スヘシ但其證書面金高記號番號及ヒ大藏卿ノ印章ヲ撿査シ其眞正ナルヲ證認シ得ヘキモノニアラサレハ引換サルヘシ此引換ヲ得タルモノハ本人ヨリ相當ノ手數料ヲ銀行ヘ拂フヘシ

第十六條　此公債證書引換又ハ償還ノ𪜈其證書汚染毀損シ金高記號番號及大藏卿ノ印章ヲ認メ難キモノハ其元利金トモ償還方總テ亡失證書ト同一タルヘシ

第十七條　此公債ノ元利金受取方申出テス其拂期月ヨリ滿十五ヶ年ヲ過クル𪜈ハ一切之ヲ償還セサルヘシ

第十八條　政府ノ都合ニ依リ要用ノ事アレハ利子ノ割合及元金償還

年限ヲ除クノ外此條例ヲ增補改正スルコトアルヘシ

○第三欵　亡失

第一節　公債證書亡失屆出

○十七年四月大藏省第四十八號告示

公債證書所有者其所有ノ公債證書ヲ亡失シタル片ハ明治八年五月第九拾五號布告新舊公債證書發行條例第九條第一節第十條第一節ニ據リ屆出ツヘキノ處公債證書亡失ニ關スル告示ハ急速ヲ要スルモノニ付自今他管廳所轄ノ證書ト雖モ左ノ塲合ニ於テハ其亡失地ノ管廳ヘ直ニ屆出ツルコトヲ得

轉籍寄留ノ爲メ他ノ管下ヘ携帶其地管廳割印又ハ押印未濟ノモノヲ亡失シタル時

自己ノ都合ニ依リ公債證書ヲ他管下ヘ携帶又ハ他管下ノ者ヘ質入若クハ預ケタル等ノモノヲ亡失シタル時

他管下ノ人民ニシテ旅行滯在中其同管廳所轄ノ公債證書ヲ讓受買受等ヲ爲シ納旅中ノ故ヲ以テ其地管廳割印又ハ押印未濟ノモノヲ亡失シタル時

右告示候事

第二節　亡失告示取扱手續

〇十七年四月大藏省第二十三號達

凡公債證書亡失ニ關スル告示ハ急速ヲ要スルモノニ付本年四月第四十八號告示ニ據リ亡失ノ屆出アル𪜈其取扱手續左ノ通リ之ヲ定ム

公債證書亡失ニ關スル取扱手續

第一條　他管廳所轄ノ證書亡失ノ屆出アル𪜈ハ本管廳所轄ノ證書同一ノ取扱ヲ以テ該屆出ヲ受理シ其旨速ニ管內ヘ告示シ詳細書ヲ以テ同時ニ大藏省ヘ屆出且證書所轄廳ヘ通知スヘシ

第二條　前條ノ場合ニ在リテ證書所轄廳ヨリ亡失地ノ管廳ヘ證書ノ送達書已ニ到達シアレハ所持人ノ屆書ヲ該送達書ニ照シ第一條ノ手續ヲ爲スヘシ

第三條　證書所轄廳ノ送達書未タ亡失地ノ管廳ヘ到達セスシテ證書ノ種類記號番號金高枚數及ヒ記名等證明シ難キ𪜈ハ屆出人ヨリ賣際取引授受ノ證據物或ハ手記等ノ如キ書類ヲ提出セシメ左ニ掲載

ヌル各項ニ據リテ篤ト取糺シ相違ナキモノト認定シ得ル證憑アル
モノハ第一條ノ手續ヲ爲スヘシ
一證書ノ所轄廳
二證書ノ種類記號番號金高枚數
三前(記名所有)者ノ氏名族籍住所
四讓渡賣渡等ニ關スル取引授受ノ證據物若クハ證據物無之トキハ
其年月日並授受取引ノ場所及ヒ因由
五利賦札截斷現金交換濟之分何年何月渡リ迄ノ分界
第四條　證書所轄廳ヘ往復セサレハ證書ノ種類記號番號金高枚數及
ヒ記名等證明シ難キ片ハ證書所轄廳ヘ照會シ確報ヲ得テ第一證ノ
手續ヲ爲スヘシ
第五條　無記名公債證書亡失シタル片モ亦第一條ノ如ク管內ヘ告示
ヲ爲シ大藏省ヘ屆出ツヘシ

第十類　貨幣

○第一欵

鼇頭伺指令內訓　現行類聚　大日本六法類編
行政法〔第一分冊〕　　　　日本立法資料全集　別巻 1161

平成29年 7 月20日　　復刻版第 1 刷発行

編算者　小　松　　　恒

発行者　今　井　　　貴
　　　　渡　辺　左　近

発行所　信　山　社　出　版
〒113-0033　東京都文京区本郷 6 - 2 - 9 -102
モンテベルデ第 2 東大正門前
電　話　03（3818）1019
F A X　03（3818）0344
郵便振替　00140-2-367777（信山社販売）
Printed in Japan.

制作／(株)信山社，印刷・製本／松澤印刷・日進堂

ISBN 978-4-7972-7272-7 C3332

巻数	書　名	編・著者	ISBN	本体価格
950	実地応用町村制質疑録	野田藤吉郎、國吉拓郎	ISBN978-4-7972-6656-6	22,000円
951	市町村議員必携	川瀬周次、田中迪三	ISBN978-4-7972-6657-3	40,000円
952	増補 町村制執務備考 全	増澤鐵、飯島篤雄	ISBN978-4-7972-6658-0	46,000円
953	郡区町村編制法 府県会規則 地方税規則 三法綱論	小笠原美治	ISBN978-4-7972-6659-7	28,000円
954	郡区町村編制 府県会規則 地方税規則 新法例纂 追加地方諸要則	柳澤武運三	ISBN978-4-7972-6660-3	21,000円
955	地方革新講話	西内天行	ISBN978-4-7972-6921-5	40,000円
956	市町村名辞典	杉野耕三郎	ISBN978-4-7972-6922-2	38,000円
957	市町村吏員提要〔第三版〕	田邊好一	ISBN978-4-7972-6923-9	60,000円
958	帝国市町村便覧	大西林五郎	ISBN978-4-7972-6924-6	57,000円
959	最近検定 市町村名鑑 附 官国幣社 及 諸学校所在地一覧	藤澤衛彦、伊東順彦、増田穆、関惣右衛門	ISBN978-4-7972-6925-3	64,000円
960	鼇頭対照 市町村制解釈 附 理由書 及 参考諸布達	伊藤寿	ISBN978-4-7972-6926-0	40,000円
961	市町村制釈義 完　附 市町村制理由	水越成章	ISBN978-4-7972-6927-7	36,000円
962	府県郡市町村 模範治績　附 耕地整理法 産業組合法 附属法令	荻野千之助	ISBN978-4-7972-6928-4	74,000円
963	市町村大字読方名彙〔大正十四年度版〕	小川琢治	ISBN978-4-7972-6929-1	60,000円
964	町村会議員選挙要覧	津田東璋	ISBN978-4-7972-6930-7	34,000円
965	市制町村制 及 府県制　附 普通選挙法	法律研究会	ISBN978-4-7972-6931-4	30,000円
966	市制町村制註釈 完　附 市制町村制理由〔明治21年初版〕	角田真平、山田正賢	ISBN978-4-7972-6932-1	46,000円
967	市町村制詳解 全　附 市町村制理由	元田肇、加藤政之助、日鼻豊作	ISBN978-4-7972-6933-8	47,000円
968	区町村会議要覧 全	阪田辨之助	ISBN978-4-7972-6934-5	28,000円
969	実用 町村制市制事務提要	河邨貞山、島村文耕	ISBN978-4-7972-6935-2	46,000円
970	新旧対照 市制町村制正文〔第三版〕	自治館編輯局	ISBN978-4-7972-6936-9	28,000円
971	細密調査 市町村便覧(三府 四十三県 北海道 樺太 台湾 朝鮮 関東州)　附 分類官公衙公私学校銀行所在地一覧表	白山榮一郎、森田公美	ISBN978-4-7972-6937-6	88,000円
972	正文 市制町村制 並 附属法規	法曹閣	ISBN978-4-7972-6938-3	21,000円
973	台湾朝鮮関東州 全国市町村便覧 各学校所在地〔第一分冊〕	長谷川好太郎	ISBN978-4-7972-6939-0	58,000円
974	台湾朝鮮関東州 全国市町村便覧 各学校所在地〔第二分冊〕	長谷川好太郎	ISBN978-4-7972-6940-6	58,000円
975	合巻 佛蘭西邑法・和蘭邑法・皇国郡区町村編成法	箕作麟祥、大井憲太郎、神田孝平	ISBN978-4-7972-6941-3	28,000円
976	自治之模範	江木翼	ISBN978-4-7972-6942-0	60,000円
977	地方制度実例総覧〔明治36年初版〕	金田謙	ISBN978-4-7972-6943-7	48,000円
978	市町村民 自治読本	武藤榮治郎	ISBN978-4-7972-6944-4	22,000円
979	町村制詳解　附 市制及町村制理由	相澤富蔵	ISBN978-4-7972-6945-1	28,000円
980	改正 市町村制 並 附属法規	楠綾雄	ISBN978-4-7972-6946-8	28,000円
981	改正 市制 及 町村制〔訂正10版〕	山野金蔵	ISBN978-4-7972-6947-5	28,000円

巻数	書　名	編・著者	ISBN	本体価格
915	改正 新旧対照市町村一覧	鍾美堂	ISBN978-4-7972-6621-4	78,000 円
916	東京市会先例彙輯	後藤新平、桐島像一、八田五三	ISBN978-4-7972-6622-1	65,000 円
917	改正 地方制度解説〔第六版〕	狭間茂	ISBN978-4-7972-6623-8	67,000 円
918	改正 地方制度通義	荒川五郎	ISBN978-4-7972-6624-5	75,000 円
919	町村制市制全書 完	中嶋廣蔵	ISBN978-4-7972-6625-2	80,000 円
920	自治新制 市町村会法要談 全	田中重策	ISBN978-4-7972-6626-9	22,000 円
921	郡市町村吏員 収税実務要書	荻野千之助	ISBN978-4-7972-6627-6	21,000 円
922	町村至宝	桂虎次郎	ISBN978-4-7972-6628-3	36,000 円
923	地方制度通 全	上山満之進	ISBN978-4-7972-6629-0	60,000 円
924	帝国議会府県会郡会市町村会議員必携 附関係法規 第1分冊	太田峯三郎、林田亀太郎、小原新三	ISBN978-4-7972-6630-6	46,000 円
925	帝国議会府県会郡会市町村会議員必携 附関係法規 第2分冊	太田峯三郎、林田亀太郎、小原新三	ISBN978-4-7972-6631-3	62,000 円
926	市町村是	野田千太郎	ISBN978-4-7972-6632-0	21,000 円
927	市町村執務要覧 全 第1分冊	大成館編輯局	ISBN978-4-7972-6633-7	60,000 円
928	市町村執務要覧 全 第2分冊	大成館編輯局	ISBN978-4-7972-6634-4	58,000 円
929	府県会規則大全　附 裁定録	朝倉達三、若林友之	ISBN978-4-7972-6635-1	28,000 円
930	地方自治の手引	前田宇治郎	ISBN978-4-7972-6636-8	28,000 円
931	改正 市制町村制と衆議院議員選挙法	服部喜太郎	ISBN978-4-7972-6637-5	28,000 円
932	市町村国税事務取扱手続	広島財務研究会	ISBN978-4-7972-6638-2	34,000 円
933	地方自治制要義 全	末松偕一郎	ISBN978-4-7972-6639-9	57,000 円
934	市町村特別税之栞	三邊長治、水谷平吉	ISBN978-4-7972-6640-5	24,000 円
935	英国地方制度 及 税法	良保両氏、水野遵	ISBN978-4-7972-6641-2	34,000 円
936	英国地方制度 及 税法	髙橋達	ISBN978-4-7972-6642-9	20,000 円
937	日本法典全書 第一編 府県制郡制註釈	上條慎蔵、坪谷善四郎	ISBN978-4-7972-6643-6	58,000 円
938	判例挿入 自治法規全集 全	池田繁太郎	ISBN978-4-7972-6644-3	82,000 円
939	比較研究 自治之精髄	水野錬太郎	ISBN978-4-7972-6645-0	22,000 円
940	傍訓註釈 市制町村制 並ニ 理由書〔第三版〕	筒井時治	ISBN978-4-7972-6646-7	46,000 円
941	以呂波引町村便覧	田山宗堯	ISBN978-4-7972-6647-4	37,000 円
942	町村制執務要録 全	鷹巣清二郎	ISBN978-4-7972-6648-1	46,000 円
943	地方自治 及 振興策	床次竹二郎	ISBN978-4-7972-6649-8	30,000 円
944	地方自治講話	田中四郎左衛門	ISBN978-4-7972-6650-4	36,000 円
945	地方施設改良 訓諭演説集〔第六版〕	鹽川玉江	ISBN978-4-7972-6651-1	40,000 円
946	帝国地方自治団体発達史〔第三版〕	佐藤亀齢	ISBN978-4-7972-6652-8	48,000 円
947	農村自治	小橋一太	ISBN978-4-7972-6653-5	34,000 円
948	国税 地方税 市町村税 滞納処分法問答	竹尾高堅	ISBN978-4-7972-6654-2	28,000 円
949	市町村役場実用 完	福井淳	ISBN978-4-7972-6655-9	40,000 円

巻数	書　名	編・著者	ISBN	本体価格
878	明治史第六編 政黨史	博文館編輯局	ISBN978-4-7972-7180-5	42,000 円
879	日本政黨發達史 全〔第一分冊〕	上野熊藏	ISBN978-4-7972-7181-2	50,000 円
880	日本政黨發達史 全〔第二分冊〕	上野熊藏	ISBN978-4-7972-7182-9	50,000 円
881	政党論	梶原保人	ISBN978-4-7972-7184-3	30,000 円
882	獨逸新民法商法正文	古川五郎、山口弘一	ISBN978-4-7972-7185-0	90,000 円
883	日本民法鼇頭對比獨逸民法	荒波正隆	ISBN978-4-7972-7186-7	40,000 円
884	泰西立憲國政治攬要	荒井泰治	ISBN978-4-7972-7187-4	30,000 円
885	改正衆議院議員選擧法釋義 全	福岡伯、横田左仲	ISBN978-4-7972-7188-1	42,000 円
886	改正衆議院議員選擧法釋義 附 改正貴族院令,治安維持法	犀川長作、犀川久平	ISBN978-4-7972-7189-8	33,000 円
887	公民必携 選擧法規ト判決例	大浦兼武、平沼騏一郎、木下友三郎、清水澄、三浦數平	ISBN978-4-7972-7190-4	96,000 円
888	衆議院議員選擧法輯覽	司法省刑事局	ISBN978-4-7972-7191-1	53,000 円
889	行政司法選擧判例總覽―行政救濟と其手續―	澤田竹治郎・川崎秀男	ISBN978-4-7972-7192-8	72,000 円
890	日本親族相續法義解 全	髙橋捨六・堀田馬三	ISBN978-4-7972-7193-5	45,000 円
891	普通選擧文書集成	山中秀男・岩本溫良	ISBN978-4-7972-7194-2	85,000 円
892	普選の勝者 代議士月旦	大石末吉	ISBN978-4-7972-7195-9	60,000 円
893	刑法註釋 卷一～卷四(上卷)	村田保	ISBN978-4-7972-7196-6	58,000 円
894	刑法註釋 卷五～卷八(下卷)	村田保	ISBN978-4-7972-7197-3	50,000 円
895	治罪法註釋 卷一～卷四(上卷)	村田保	ISBN978-4-7972-7198-0	50,000 円
896	治罪法註釋 卷五～卷八(下卷)	村田保	ISBN978-4-7972-7198-0	50,000 円
897	議會選擧法	カール・ブラウニアス、國政研究科會	ISBN978-4-7972-7201-7	42,000 円
901	鼇頭註釈 町村制 附 理由 全	八乙女盛次、片野続	ISBN978-4-7972-6607-8	28,000 円
902	改正 市制町村制 附 改正要義	田山宗堯	ISBN978-4-7972-6608-5	28,000 円
903	増補訂正 町村制詳解〔第十五版〕	長峰安三郎、三浦通太、野田千太郎	ISBN978-4-7972-6609-2	52,000 円
904	市制町村制 並 理由書 附 直接間接税類別及実施手続	高崎修助	ISBN978-4-7972-6610-8	20,000 円
905	町村制要義	河野正義	ISBN978-4-7972-6611-5	28,000 円
906	改正 市制町村制義解〔帝國地方行政学会〕	川村芳次	ISBN978-4-7972-6612-2	60,000 円
907	市制町村制 及 関係法令〔第三版〕	野田千太郎	ISBN978-4-7972-6613-9	35,000 円
908	市町村新旧対照一覧	中村芳松	ISBN978-4-7972-6614-6	38,000 円
909	改正 府県郡制問答講義	木内英雄	ISBN978-4-7972-6615-3	28,000 円
910	地方自治提要 全 附 諸届願書式 日用規則抄録	木村時義、吉武則久	ISBN978-4-7972-6616-0	56,000 円
911	訂正増補 市町村制問答詳解 附 理由及追輯	福井淳	ISBN978-4-7972-6617-7	70,000 円
912	改正 府県制郡制註釈〔第三版〕	福井淳	ISBN978-4-7972-6618-4	34,000 円
913	地方制度実例総覧〔第七版〕	自治館編輯局	ISBN978-4-7972-6619-1	78,000 円
914	英国地方政治論	ジョージ・チャールズ・ブロドリック、久米金彌	ISBN978-4-7972-6620-7	30,000 円

巻数	書名	編・著者	ISBN	本体価格
843	法律汎論	熊谷直太	ISBN978-4-7972-7141-6	40,000円
844	英國國會選擧訴願判決例 全	オマリー、ハードカッスル、サンタース	ISBN978-4-7972-7142-3	80,000円
845	衆議院議員選擧法改正理由書 完	内務省	ISBN978-4-7972-7143-0	40,000円
846	犢齋法律論文集	森作太郎	ISBN978-4-7972-7144-7	45,000円
847	雨山遺稾	渡邉輝之助	ISBN978-4-7972-7145-4	70,000円
848	法曹紙屑籠	鷺城逸史	ISBN978-4-7972-7146-1	54,000円
849	法例彙纂 民法之部 第一篇	史官	ISBN978-4-7972-7147-8	66,000円
850	法例彙纂 民法之部 第二篇〔第一分冊〕	史官	ISBN978-4-7972-7148-5	55,000円
851	法例彙纂 民法之部 第二篇〔第二分冊〕	史官	ISBN978-4-7972-7149-2	75,000円
852	法例彙纂 商法之部〔第一分冊〕	史官	ISBN978-4-7972-7150-8	70,000円
853	法例彙纂 商法之部〔第二分冊〕	史官	ISBN978-4-7972-7151-5	75,000円
854	法例彙纂 訴訟法之部〔第一分冊〕	史官	ISBN978-4-7972-7152-2	60,000円
855	法例彙纂 訴訟法之部〔第二分冊〕	史官	ISBN978-4-7972-7153-9	48,000円
856	法例彙纂 懲罰則之部	史官	ISBN978-4-7972-7154-6	58,000円
857	法例彙纂 第二版 民法之部〔第一分冊〕	史官	ISBN978-4-7972-7155-3	70,000円
858	法例彙纂 第二版 民法之部〔第二分冊〕	史官	ISBN978-4-7972-7156-0	70,000円
859	法例彙纂 第二版 商法之部・訴訟法之部〔第一分冊〕	太政官記録掛	ISBN978-4-7972-7157-7	72,000円
860	法例彙纂 第二版 商法之部・訴訟法之部〔第二分冊〕	太政官記録掛	ISBN978-4-7972-7158-4	40,000円
861	法令彙纂 第三版 民法之部〔第一分冊〕	太政官記録掛	ISBN978-4-7972-7159-1	54,000円
862	法令彙纂 第三版 民法之部〔第二分冊〕	太政官記録掛	ISBN978-4-7972-7160-7	54,000円
863	現行法律規則全書（上）	小笠原美治、井田鐘次郎	ISBN978-4-7972-7162-1	50,000円
864	現行法律規則全書（下）	小笠原美治、井田鐘次郎	ISBN978-4-7972-7163-8	53,000円
865	國民法制通論 上卷・下卷	仁保龜松	ISBN978-4-7972-7165-2	56,000円
866	刑法註釋	磯部四郎、小笠原美治	ISBN978-4-7972-7166-9	85,000円
867	治罪法註釋	磯部四郎、小笠原美治	ISBN978-4-7972-7167-6	70,000円
868	政法哲學 前編	ハーバート・スペンサー、濱野定四郎、渡邊治	ISBN978-4-7972-7168-3	45,000円
869	政法哲學 後編	ハーバート・スペンサー、濱野定四郎、渡邊治	ISBN978-4-7972-7169-0	45,000円
870	佛國商法復説 第壹篇自第壹卷至第七卷	リウヒエール、商法編纂局	ISBN978-4-7972-7171-3	75,000円
871	佛國商法復説 第壹篇第八卷	リウヒエール、商法編纂局	ISBN978-4-7972-7172-0	45,000円
872	佛國商法復説 自第二篇至第四篇	リウヒエール、商法編纂局	ISBN978-4-7972-7173-7	70,000円
873	佛國商法復説 書式之部	リウヒエール、商法編纂局	ISBN978-4-7972-7174-4	40,000円
874	代言試驗問題擬判録 全 附録明治法律學校民刑問題及答案	熊野敏三、宮城浩蔵、河野和三郎、岡義男	ISBN978-4-7972-7176-8	35,000円
875	各國官吏試驗法類集 上・下	内閣	ISBN978-4-7972-7177-5	54,000円
876	商業規篇	矢野亨	ISBN978-4-7972-7178-2	53,000円
877	民法実用法典 全	福田一覺	ISBN978-4-7972-7179-9	45,000円

巻数	書　名	編・著者	ISBN	本体価格
810	訓點法國律例 民律 上卷	鄭永寧	ISBN978-4-7972-7105-8	50,000円
811	訓點法國律例 民律 中卷	鄭永寧	ISBN978-4-7972-7106-5	50,000円
812	訓點法國律例 民律 下卷	鄭永寧	ISBN978-4-7972-7107-2	60,000円
813	訓點法國律例 民律指掌	鄭永寧	ISBN978-4-7972-7108-9	58,000円
814	訓點法國律例 貿易定律・園林則律	鄭永寧	ISBN978-4-7972-7109-6	60,000円
815	民事訴訟法 完	本多康直	ISBN978-4-7972-7111-9	65,000円
816	物権法(第一部)完	西川一男	ISBN978-4-7972-7112-6	45,000円
817	物権法(第二部)完	馬場愿治	ISBN978-4-7972-7113-3	35,000円
818	商法五十課 全	アーサー・B・クラーク、本多孫四郎	ISBN978-4-7972-7115-7	38,000円
819	英米商法律原論 契約之部及流通券之部	岡山兼吉、淺井勝	ISBN978-4-7972-7116-4	38,000円
820	英國組合法 完	サー・フレデリック・ポロック、榊原幾久若	ISBN978-4-7972-7117-1	30,000円
821	自治論 一名人民ノ自由 巻之上・巻之下	リーバー、林董	ISBN978-4-7972-7118-8	55,000円
822	自治論纂 全一册	獨逸學協會	ISBN978-4-7972-7119-5	50,000円
823	憲法彙纂	古屋宗作、鹿島秀麿	ISBN978-4-7972-7120-1	35,000円
824	國會汎論	ブルンチュリー、石津可輔、讃井逸三	ISBN978-4-7972-7121-8	30,000円
825	威氏法學通論	エスクバック、渡邊輝之助、神山亨太郎	ISBN978-4-7972-7122-5	35,000円
826	萬國憲法 全	高田早苗、坪谷善四郎	ISBN978-4-7972-7123-2	50,000円
827	綱目代議政體	J・S・ミル、上田充	ISBN978-4-7972-7124-9	40,000円
828	法學通論	山田喜之助	ISBN978-4-7972-7125-6	30,000円
829	法學通論 完	島田俊雄、溝上與三郎	ISBN978-4-7972-7126-3	35,000円
830	自由之權利 一名自由之理 全	J・S・ミル、高橋正次郎	ISBN978-4-7972-7127-0	38,000円
831	歐洲代議政體起原史 第一册・第二册／代議政體原論 完	ギゾー、漆間眞學、藤田四郎、アンドリー、山口松五郎	ISBN978-4-7972-7128-7	100,000円
832	代議政體 全	J・S・ミル、前橋孝義	ISBN978-4-7972-7129-4	55,000円
833	民約論	J・J・ルソー、田中弘義、服部徳	ISBN978-4-7972-7130-0	40,000円
834	歐米政黨沿革史總論	藤田四郎	ISBN978-4-7972-7131-7	30,000円
835	内外政黨事情・日本政黨事情 完	中村義三、大久保常吉	ISBN978-4-7972-7132-4	35,000円
836	議會及政黨論	菊池學而	ISBN978-4-7972-7133-1	35,000円
837	各國之政黨 全〔第1分冊〕	外務省政務局	ISBN978-4-7972-7134-8	70,000円
838	各國之政黨 全〔第2分冊〕	外務省政務局	ISBN978-4-7972-7135-5	60,000円
839	大日本政黨史 全	若林淸、尾崎行雄、箕浦勝人、加藤恒忠	ISBN978-4-7972-7137-9	63,000円
840	民約論	ルソー、藤田浪人	ISBN978-4-7972-7138-6	30,000円
841	人權宣告辯妄・政治眞論一名主權辯妄	ベンサム、草野宣隆、藤田四郎	ISBN978-4-7972-7139-3	40,000円
842	法制講義 全	赤司鷹一郎	ISBN978-4-7972-7140-9	30,000円